보안장비활용의 이해

권창기 · 강영숙 · 정준식

도서출판 **진 영 사**

보안장비활용의 이해

권창기 · 강영숙 · 정준식 공저

2012년 8월 24일 초판 인쇄
2012년 8월 26일 초판 발행
2015년 2월 17일 초판2쇄 발행
발행인 박 진 영
발행처 도서출판 진영사
인천광역시 부평구 갈산동 16-22번지
전화 : 032)505-4207
팩스 : 032)505-4206
E-mail : 0183734207@hanmail.net
등록 : 122-91-77317

ISBN 978-89-6541-090-4 93350
값 20,000원

머 리 말

현대사회는 과학, 의료, 교통, 정보, 통신 등 다양한 분야의 첨단기술로 우리들에게 생활수준향상과 많은 편익을 제공해 주었다. 그러나 인간의 편익과 복지를 위한 현대사회의 일상생활 속에서 우리 인간은 그 누구도 위험으로부터 자유로울 수 없으며 우리가 그 위험들을 안전하게 관리하지 못하면 우리들의 신체, 정신, 물질, 정보 등 여러 부분에서 항상 우리에게 잠재적인 위험을 주고 있다.

인간의 안전과 행복을 위협하는 여러 가지 사고와 재난 및 범죄사건 속에서 우리의 귀중한 생명과 재산을 보호하고 안전을 추구하려는 노력은 우선은 인간 개개인의 책무이지만, 국가의 제도, 정책과 함께 사회 전반적인 질서의식과 타인을 먼저 배려하는 민주시민의 의식, 보안 및 안전의식도 함께 성장해 나가야 가능한 것이다.

특히 21세기 정보화 사회에서는 인간생활의 안전과 보안에 대한 관심이 급속히 증가하면서 국가안보를 비롯하여 조직 및 개인에 관련되는 비밀이나 사람·문서·기재·시설·지역·정보 등을 다양한 위해요인으로부터 보호하기 위하여 소극적·적극적 사전예방활동과 함께 삶의 모든 영역에서 안전과 보안의식에 대해 깊이 각성하며 노력해야할 시점이다.

따라서 본서는 장차 이사회를 이끌어갈 대학생들에게 인간의 생활 속에서 필수적인 안전 및 보안의식 제고에 대한 교육 자료로 사용하고자 뜻을 모은 것이다.

본서는 제1장부터 제11장까지 구성되었으며 크게 2부로 나누어 그 내용을 구성하였다. 1부(제1장~제3장)에는 '스마트보안의 이론적 이해'를 다루면서 보안에 대한 이론을 다양한 측면에서의 접근하였다.

제2부(제4장~제11장)에서는 '보안장비 활용의 이해'를 다루었다. 특히 생명이나 재산을 위협하는 직, 간접적인 위해를 방어하기위한 장비의 사용뿐 아니라 개인이나 조직의 비밀을 보호해 줄 수 있는 장비의 사용에 대해 많은 관심이 요구되는 현대사회에서 장비를 해당 업무의 활동개념과 상응하게 효율적으로 운용되어야

하므로 각 장비의 특징을 파악하고 기준을 숙지하여야 하며, 장비를 사용할 경우 관련법에 따라 장비의 휴대나 사용이 제한적일 수 있으므로 법이 정하는 범위 내에서 선택되고 사용될 수 있도록 내용을 구성하였다.

본서의 내용을 구성함에 있어서 현대사회의 특징과 함께 일상생활에서 우리의 안전을 위협하는 너무나 광범위한 요소 가운데 일부만 다루었음을 안타깝게 생각하고 있지만 우리의 안전에 대해 각자 깨달을 수 있는 동기부여에 그 의미를 두고자 하며, 구성상 미비한 점이 많으나 앞으로 계속 노력하여 보완 수정해 나갈 것임을 약속드린다.

그동안 학문적으로 도움을 주신 존경하는 교수님들과 이 책이 완성되기까지 항상 뜻을 같이하여 힘을 주신 동료들, 그리고 열과 성을 다하여 좋은 책으로 만들어 주신 도서출판 진영사의 박진영사장님과 직원들께 진심으로 감사드린다.

끝으로 학문의 길을 정진하는 학생들과 이 분야에 관심을 가진 여러분들에게 이 책이 자그마한 도움이 되었으면 하는 소망을 품고 부족한 부분은 앞으로 계속 노력할 것을 약속드린다.

2012년 8월

저자 일동

Contents

제1부 보안의 이론적 이해

제2부 보안장비 활용의 이해

부 록

제1부

보안의 이론적 이해

제1장 보안개념의 이해

제2장 보안관리

제3장 영역별 보안관리 요령

제1장 보안개념의 이해

1. 보안의 개념

'보안(保安)'이란 국가안전보장을 비롯하여 조직 및 개인에 관련되는 비밀이나 인원 · 문서 · 기재 · 시설 · 지역을 간첩 등 불순분자로부터 보호하기 위하여 행하는 소극적 · 적극적 사전예방활동을 말한다.[1)]

보안(保安)은 일반적으로 사회의 안녕과 질서를 유지하기 위하여 비밀 따위가 누설되지 않게 보호한다는 뜻이다. 즉 보안(保安)은 위험, 손실 및 범죄가 발생하지 않도록 방지하는 상태를 가리키며 피해발생의 원인이 '인간의 행위'라는 점에서 무언가가 안전하지 않으나 안전해야 함을 뜻하여 안전(安全)유지를 전제로 하고 있다.[2)] 보안이 안전의 의미를 확보하고 있고 안전과 동의어로 쓰이기도 하지만, 보안이라는 기술적 용어는 무언가가 안전하지 않으나 안전해야 함을 뜻한다. 일반적으로 보호해야하는 대상에 대해 접근제어를 통해 안전을 도모하는 경우 보안이라는 용어를 사용한다.[3)]

보안(保安)의 가장 근접한 의미를 담고 있는 영어의 'Security'를 보면 안전(safety), 안전 확보의 의미가 크며 국가안전(national security), 치안(public security), 개별적 영역의 민간경비(personal security, private security) 등 다양한 영역에서의 안전 확보를 위한 개념으로 사용되면서 안보, 치안, 경호(신변보호), 경비 등의 용어로 상황에 따라 여러 가지로 달리 사용되고 있다.

이와 같이 '보안'이라는 용어는 각 분야에 따라 별도의 용어를 정의하여 한정적으로 규정하여 사용하고 있다.

---

1) 이상원 · 김상균, 「경찰학개론」, 대명출판사, 2005, p.537.
2) 강민완 · 전용태 · 김효준, 「경호보안관리론」, 도서출판 진영사, 2011, p.25.
http://ko.wikipedia.org/wiki/보안(검색일: 2012.07.15)
3) http://ko.wikipedia.org/wiki/보인(검색일: 2012.07.15)

2. 보안 유사개념

1) 안보(安保)

안보(安保)란 ①편안히 보전함 ②다른 나라의 침략이나 위협으로부터 국가의 주권과 국민의 안전을 지키는 일을 말하며 이를 위해서는 군사력뿐만 아니라 경제적 수단과 외교력 및 다방면의 안보도 필요하다.[4]

안보의 의미는 21세기 국제사회가 9.11사태 이후 과거 군사적 안보위협에서 한 국가의 주권과 국민을 보호할 수 있다는 전통적 안보개념에서 핵, 테러, 마약 등 비전통적 안보위협에 대응해야 한다는 '포괄적인 안보(comprehensive security)'라는 새로운 안보개념의 등장을 가져왔다.

포괄적 안보(comprehensive security)란 학자들의 주장에 차이가 있지만 군사안보, 정치안보, 경제안보, 사회안보 등 전통적인 군사적 안보위협은 물론 테러, 마약, 재난 등 비전통적인 안보위협을 포함하고 있다. 또한 포괄적 안보는 국가안보를 넘어서 인간이 안위와 복지에 영향을 주 다양한 위협으로부터 자유로울 수 상황을 포함한다는 인간안보, 즉 인권(human lights)을 포함하고 있기 때문에 범위가 넓다고 할 수 있다.

(1) 국가안보 요소

① **군사적 안보 :** 국가방위와 공격능력에 주력

- 가상 적국의 공격 가능성과 방어 전략에 역점을 두어 무기체제, 우방과의 공동방위 전략 등에 관심
- 다양한 국가안보요소의 뒷받침이 필요

② **정치적 안보 :** 정부 및 국가기구에 대한 국민적 지지에 근거

- 합법적인 정부와 통치자 : 국민적 지지로 정치통합과 안정을 이룸
- 비민주적인 방법(쿠테타)으로 집권 : 국가안보 면에서 취약함

4) 국어사전, http://dic.daum.net/word/view.do?wordid=kkw000168942&q=%EC%95%88%EB%B3%B4 (검색 : 2012.07.16)

③ 경제적 안보

- 적절한 국민 복지 수준과 국가의 힘을 유지하기 위한 자원, 재정, 시장의 확보에 근거
- 국제 경쟁력을 가지기 위해 자연 자원과 에너지 자원 확보가 필수

④ 사회적 안보 : 사회 구성원 간의 갈등 해소와 국민의 화합, 단결

- 사회의 안정을 위해 사회 구성원 간의 갈등해소와 국민의 화합 및 단결에 역점을 둠
- 국민 간 갈등 요소: 다인종, 다민족, 다종교의 국가
- 국민 화합 저해 요소: 계층 간 빈부 격차, 지역 간 감정 대립, 전재 지변, 질병의 확산, 사회 범죄의 증가 등

⑤ 환경적 안보 : 모든 인류의 생존과 유지에 적합한 환경을 조성하는 것.

(2) 우리나라의 국가안보 위협 요인

① 군사적 안보 위협 요인

- 주변 강대국들의 19세기 경쟁 체제의 재현 가능성
- 남북한 간의 냉전 구도

② 정치적 안보 위협 요인: 국민 통합이나 결속력 약화

- 정치인들의 주관과 지조 없는 표리부동한 행위 → 권위, 신뢰 상실
- 정치인들의 부정부패

③ 경제적 안보 위협 요인

- 에너지 자원의 결핍 문제, 물가 인상, 기업 퇴출로 인한 실업문제,
- IMF 외환위기 이후 빈부 격차 심화, 노사 갈등 문제 등

④ 사회적 안보 위협 요인

- 도덕의식의 해이

- 사회 계층 간 불평등 의식, 지역감정 등

⑤ 환경적 안보 위협 요인

자연을 도구나 수단시하는 자연관,
산업화의 도시화로 인한 공기와 수질 등의 오염[5)]

2) 치안(Public security, Public safety)

치안(治安)은 ①국가와 사회의 안녕과 질서를 유지하고 보전함, ②편안히 다스려지다[6)]는 뜻이다. 치안(治安)은 사회 통제의 개념이며, 국가에 의한 통치가 안정적으로 실행되고 있는 것을 의미하는 공적 영역의 보안개념이라 할 수 있다. 국가는 치안 유지를 위해 법률을 정하고 사법기관, 경찰을 조직한다. 치안유지는 자유주의 국가에서도 안전보장과 함께 국가의 최소한의 역할 중 하나로 생각되고 있으며, 안정된 국민 생활의 필수적인 기초이다. 치안은 종합적이고 복합적인 형태이므로 객관적으로 파악하는 것은 어렵지만, 테러, 전투, 폭동, 강력 범죄 등이 빈발하는 지역은 대체로 치안이 나쁘다고 하며, 범죄 발생 건수 등이 높은 경우가 많다. 또한 국가의 관점에서 보면 치안유지라는 것은 반란 예방으로서의 측면도 강하게 가지고 있으며, 과거에는 치안유지의 명목으로 국가가 국민에게 첩보, 모략, 탄압을 기획하는 등 국가가 국민에게 손해를 주기도 하였다.[7)]

치안(治安)은 사회 통제의 개념이며, 국민에 대한 경찰활동을 통해서 국가에 의한 통치가 안정적으로 실행될 수 있도록 하는 것을 의미한다. 국가는 치안 유지를 위해 법률을 정하고 사법 기관, 경찰을 조직한다. 치안 유지는 자유주의 국가에서도 안전 보장과 함께 국가의 최소한의 역할 중 하나로 생각되고 있으며, 안정된 국민 생활의 필수적인 기초이다. 치안은 종합적이고 복합적인 현상 형태이므로 객관적으로 파악하는 것은 어렵지만, 테러, 전투, 폭동, 강력 범죄 등이 빈발하는 지역은 대체로 치안이 나쁘다고 하며, 범죄 발생 건수 등이 높은 경우가 많다. 또

5) http://k.daum.net/qna/view.html?category_id=QFF001&qid=0BFXn&q=%EC%95%88%EB%B3%B4&srchid=NKS0BFXn(검색 : 2012.07.16)

6) 국어사전, http://dic.daum.net/word/view.do?wordid=kkw000261267&q=%EC%B9%98%EC%95%88%EC%9D%B4%EB%9E%80(검색 : 2012.07.16)

7) 위키백과, http://ko.wikipedia.org/wiki/치안(검색 : 2012.07.16)

한 국가의 관점에서 보면 치안 유지라는 것은 반란 예방로서의 측면도 강하게 가지고 있으며, 과거에는 치안 유지의 명목으로 국가가 국민에게 첩보, 모략, 탄압을 기획하는 등, 국가가 국민에게 손해를 주기도 하였다.[8]

'경찰법' 제3조에서는 치안이란 법적 권한과 공권력을 가지고 국민의 생명과 신체, 재산을 보호하고 범죄의 예방과 진압·수사, 범인의 체포, 치안정보의 수집, 교통의 단속, 공공의 안녕과 질서유지 등의 경찰활동을 말한다(경찰법 §3). 이는 국가가 국민에게 베푸는 한시적 시혜나 특혜가 아니라 국가가 이행해야 하는 대국민 의무이다. 따라서 경찰활동은 특정 사회계층을 대상으로 하여 이루어지는 것이 아니며, 일반적 시민의 안위를 대상으로 하고 있다.

경찰관직무집행법은 경찰관의 직무수행에 대한 근거법이 된다. 따라서 경찰관의 직권은 그 직무수행에 있어서 필요한 최소한도 내에서 행사되어야 하고 이를 남용하여서는 아니 되며(경찰관직무집행법 §1), 공공의 안전에 국한되어야 한다. 경찰의 직무를 수행하기 위해서 경찰은 공권력을 사용할 수 있고, 또한 공무집행에 대한 항거의 억제를 위하여 필요하다고 인정되는 상당한 이유가 있을 때에는 필요한 한도 내에서 무기를 사용할 수도 있다(경찰관직무집행법 §10의4). 사회치안 기능으로서 경찰의 우선적 활동은 예방과 방어에 중점을 두고 있다[9]

사회의 치안유지를 위해 경찰관직무집행법 제2조에는 경찰의 직무범위를 다음과 같이 규정하고 있다.

① 범죄의 예방, 진압 및 수사

- 예방

순찰지구대를 통해 지역사회 경찰활동을 함으로써 범죄피해를 사전에 예방하고, 근본원인을 제거하는 목적이 있다.

- 진압

집단적 범죄를 미연에 방지하고 범죄발생 시 확대를 방지하고 종식시키기 위한 목적.

8) http://ko.wikipedia.org/wiki/치안(검색 : 2012.08.21)
9) 공배완, "범죄예방을 위한 경찰과 민간경비의 협력방안", 한국치안행정논집 제7권2호, 2010, 56.

- 수사

범죄사실 발견 시 증거수집, 조사, 보존 등의 수사기관 일련의 활동

② 경비, 요인경호 및 대간첩 작전수행

- 경비

- 인명, 재산을 인위적, 자연적 위해로부터 보호하기 위해 특정지역 및 시설 등의 경계, 순찰.
- 비상사태 발생우려가 있을 시 경찰의 조직적 부대활동으로 대처.

- 요인경호

국내외 주요인사의 신변에 대해 직, 간접적으로 가해지는 위해를 방지하여 안전을 도모.

- 대간첩작전

간첩, 및 무장공비 등이 육상, 해상, 공중으로 침투하는 것을 봉쇄하고, 침투한 적을 조기에 적발하여 섬멸하는 작전 수행.

③ 치안정보의 수집, 작성 및 배포

- 국가의 안전을 침해하는 개인 혹은 단체의 위해행위를 예방, 수사하기 위하여 수집된 첩보를 평가, 종합, 분석, 해석하여 얻은 것을 말함.
- 국민의 자유와 권리를 침해하는 것이 아니라면 정보수집 범위와 대상에 제한이 없음.
  (예 : 경비정보, 범죄정보, 외사정보 등)

④ 교통의 단속과 위해의 방지

- 도로에서 발생하는 위해(교통사고)를 방지하고, 교통법규 위반에 대한 지도 및 단속을 실시하여 교통의 안전과 원활한 소통을 도모하는 활동.

⑤ 기타 공공의 안전과 질서유지 등

- 사회생활의 평온한 상태가 인적, 물적 현상에 의해 파괴되는 것을 사전에 예방하고, 또한 경찰상 위해가 발생하였을 경우 이를 제거하는 활동을 말함.
- 경찰상의 위해는 범죄행위뿐만 아니라 적법한 행위, 자연현상, 사고 등에 의해

발생할 수 있으므로 구체적으로 나열하지 않고 포괄적으로 표현하였음.

- 경찰은 사회의 안전유지자 역할(질서유지, 범죄예방 및 통제)과 사회변화 담당자(사회변동문제 해결)역할을 해야 하는 것이다.

3) 안전(安全)

안전이란 단어는 일반적으로 위험이 생기거나 사고가 날 염려가 없이 편안하고 온전한 상태, 또는 그러한 상태를 유지하는 일을 의미하며 현대사회에서 대단히 포괄적이고 광범위하게 사용되고 있다.

또한 안전은 위험에 대립되는 말로 위험이 없는 것을 말하며 위험의 가능성, 혹은 사고를 제거하는 것을 목적으로 하는 인간의 행동에서 발생하는 행태, 또는 위험의 가능성을 없애고 사고의 제거를 목적으로 하는 물리적 환경에서 발생한 상태라고 할 수 있다.[10)]

흔히 안전이라는 의미는 재난이나 위험이 상존하지 않는 것을 의미할 뿐만 아니라 인간이 위해를 받거나 또는 받을 걱정이 없는 것, 사물이 손해나 또는 그 우려가 없는 것을 말하는 것이다.

안전의 동양적의미를 보면 安이 (갓머리 部)+ 女로서 여자가 집에 있다는 뜻으로 정서적인 안정을 뜻하며, 全은 八 + 王으로 나라의 위계질서를 상징하는 王이 궁궐에 앉아 위엄을 갖추고 있는 상태로서 질서가 유지되는 것을 뜻한다.

서양적 의미의 안전(Safety)을 살펴보면 SAFETY에 나타난 단어의 앞 글자를 각각 따서 다음과 같이 해석되고 있다.

- S : Supervise → 관리감독, 관찰
- A : Attitude →태도기술
- F : Fact →현상파악
- E : Evaluation →평가분석 및 대책수립
- T : Training →반복훈련
- Y : You are the Owner →주인의식 철저

따라서 안전이란 불안전 상태 및 행동을 6개의 요소 (S. A. F. E. T. Y)를 통

10) 권봉안 · 정순광, "청소년 수련원의 실태조사를 통한 안전교육 필요성의 고찰", 「청소년 안전교육 실천 방법모색」, 2001년도 하계학술세미나, 2001, p.52.

해 사고가 없는, 마음이 평온하고 몸을 온전한 상태로 만드는 것을 의미한다.

안전은 우리가 일상생활에서 접하는 모든 위험으로 부터 방지하고자 하는 것이며, 기업에서 안전 목표가 달성되었다는 것은 사람·재료설비나 제품도 손해손상을 받지 않으며 또 앞으로도 받을 우려가 없는 상태로 잘 관리되고 있는 이상적 상태를 뜻하는 것이다.

따라서 안전은 인간의 정신적·육체적 위험의 가능성을 없애고 사고 및 위험 여건을 제거하는 것을 목적으로 하는 인간의 내·외면적 행동(이성, 이념, 물리적 상태 등)에서 발생하는 상태를 뜻하는 것이다.

3. 보안의 위해요소

인간의 안전 및 보안에 대한 위해요소는 인간의 삶을 둘러싼 모든 면에서 다양하게 위해환경이 존재하고 있지만 크게 다음과 같이 정리하고자 한다.

1) 발생요인에 따른 위해요소 구분

(1) 자연적 위해

자연적 위해는 화재, 폭풍우, 지진, 자연재앙, 건물붕괴, 시설물 파손, 사고 등이 있지만 그 가운데 화재와 사고는 주로 사람에 의해 발생되는 경우가 많다.

(2) 인위적 위해

인위적 위해는 사람에 의한 범죄(절도, 강도, 살인, 사기, 횡령, 태업, 스파이행위, 폭탄위협, 사고 등 특정상황 하에서 공공연하게 발생되는 폭력행위 등이 포함된다.[11)]

11) Robert J. Fisher and Gion Green, Introduction to Security(Woburn, MA : Butterworth -Heinemann, 1998), p.77. 이상원 「범죄예방론」, 대명출판사, 2005, p.501, 재인용.

2) 사회적 위해 요소

(1) 경제발전

경제발전은 필연적으로 물질위주의 사회구조로 변모시키고, 많은 사람들의 부의 적을 가져왔다. 이러한 경제생활 향상은 반면에 빈부의 격차에 따른 지역 간·계층 간의 갈등을 가져와 인간의 삶에 여러가지 문제를 야기함으로써 폭리범죄, 신용범죄, 특허범죄 등의 경제사범을 증가시키는 등 안전 및 보안에 위해요소로 작용하게 된다.

(2) 과학기술발전

현대의 과학기술의 발전은 위해를 가하려는 위해자 또는 위해소식이 위해의 수단으로서 첨단장비나 기술을 활용함으로써 위해자 입장에서는 위해의 성공 가능성을 높여 위해의 의지를 수월하게 하는 역할을 한다.

(3) 정보화

현대사회의 정보화의 진전은 범죄의 광역화와 지능화, 신속화, 국제화, 대량 살상화, 범죄은닉 및 무기취득의 용이성, 정보화 수단의 이용(이메일, 인터넷 등) 등으로 범죄 발각의 가능성은 낮아지고 그 만큼 위해 가능성을 높였다.

(4) 사회구조와 국민의 의식구조 변화

인구의 도시집중과 주거지역의 밀집화, 산업시설의 증대와 산업지역의 증가는 범죄유발요인을 낳게 하여 각종 범죄의 양적 증가와 범죄의 도시화·흉악화 등 질적 변화를 가져오게 되고, 교통수단의 발달과 1일 생활권의 확대는 범죄의 기동화·광역화 및 도시범죄의 지방교류 등을 촉구하게 되며, 과학기술의 이용, 풍부한 정보의 활용은 범죄의 지능화·조직화 등 질적 변화를 초래하게 된다.

이러한 사회구조의 변화에 따라 국민들의 의식구조와 생활양식이 개인화·이기주의화됨으로써 그 만큼 안전 및 보안위해의 가능성을 높이고 있다.

(5) 국제화 · 개방화

최근 가속화된 국제화와 개방화의 동향은 안전 및 보안작용에 매우 커다란 영향을 미치고 있다. 개방화와 국제적 교류의 증대는 국제적으로 악명 높은 테러분자나 테러조직의 활동성을 높이고, 경찰이나 경호보안기관의 통제성을 어렵게 하는 결과를 낳고 있다. 국제교역 및 교류의 증대는 범죄의 국제화를 초래하여 범죄조직의 국제화, 범죄수법의 국제교류 뿐만 아니라 관세범죄, 외자범죄, 밀수범죄, 국제밀무역 등의 증가를 가져오게 된다.[12)]

(6) 국내외 정세변화

① 국제정세 변화

과거 미국과 소련을 중심으로 한 동서간의 냉전체제가 붕괴되고 이전의 사회주의 체제하에서 힘에 의해 억눌려 있던 인종갈등, 민족주의, 지역주의 등이 본격적으로 대두되어 서로간의 무력충돌과 테러, 암살 등의 다양한 형태로 발생됨으로써 생존과 안전에 대해 광범위한 위해환경이 증가되었다.

또한 정치적 이해관계를 이루던 국제관계가 정치적 이해관계를 중심으로 하는 실리외교체제로 변하고 있어 다자간 국제협력기반을 유지하면서도 금융 · 환율 · 기술 · 산업 · 투자 등의 각 분야별 국제간 마찰이 증가하고 있는 상황이다. 이러한 체제는 냉전체제 못지않은 많은 갈등을 수반하고 있기 때문에 자국이 치안정책은 물론 국민의 삶에도 많은 영향을 끼쳐 안전 및 보안위해요소로 작용하게 되는 것이다.

② 범죄 양상변화

21세기 우리사회 범죄의 증가 원인으로는 인구의 증가, 도시화, 경제구조의 변화와 물질적인 풍요에 따른 가치관의 혼란, 정보통신의 발달 등이 복합적으로 관계되어 있다. 범죄의 행위, 방법 등에 있어서도 흉악, 난폭, 무차별화 양상을 띠고 있으며 고학력자들에 의한 지능화되고 전문화된 금융, 보험, 신용카드, 컴퓨터

---

12) 김두현, 「경호학개론」, 백산출판사, 2002, pp.392~394.
강민완 · 전용태 · 김효준, 전게서, pp. 130~131.

등과 관련된 화이트칼라 범죄도 급증하였으며, 교통·통신 등의 발달로 범죄양상이 광역화, 기동화되면서 조직화, 집단화를 보이고 있다.

개인주의, 이기주의, 도덕적 해이 등으로 인한 국민들의 사회규범, 준법정신 등의 약화 등으로 범죄의 연소화, 흉폭화는 우리사회의 안전 및 보안위해요소로 크게 작용하게 되는 것이다.[13]

3) 안보위협의 변화

오늘날 안보위협의 변화와 특징은 전통적 인 군사위협 외에 초국가적·비군사적 위협이 증대되면서 위협양상은 매우 복잡하고 다양해졌다. 대량살상무기(WMD)의 확산, 테러, 해적, 사이버 공격 등 초국가적 위협이 증대되고 전염성 질병, 자연재해, 지구 온난화, 환경오염 등 비군사적 위협도 주요 안보현안으로 부상하면서 우리의 안전 및 보안과 직결된 문제로 인식하게 되었다.

안보와 관련된 보안 위해요소를 정리하면 다음의 표 〈1-1〉과 같다.[14]

〈표 1-1〉 주요 안보위협요소와 내용

구분	주요위협	위협내용
과거	군사적 위협	• 대규모 전쟁 : 제1, 2차 세계대전 • 소규모/국지전 : 영토, 자원, 종교, 인종분쟁 등
현재	군사적 위협	위와 같음
	초국가적 위협	• 대량살상무기의 확산 : 핵무기, 생화학무기, 탄도미사일 등 • 각종 테러, 해적, 사이버 공격 등
	비군사적 위협	• 전염병 : SARS(중증급성호흡기 증후군), 신종플루, 조류독감 등 • 지연재해, 쓰나미, 대지진, 원자력발전소 사고, • 지구 온난화 • 환경오염 등

*참고 : 남기봉, 「국가안보학」, 도서출판 진영사, 2011, p.25.

13) 이윤근, 「경비지도사 민간경비론」, 도서출판 엑스퍼트, 2004, pp.62~63.
14) 남기봉, 「국가안보학」, 도서출판 진영사, 2011, p.25.

제 2 장 보안관리

1. 보안누설의 개념 및 유형[1)]

1) 보안누설의 개념

'누설(漏泄)'이라 함은 비밀이 남에게 은밀히 알려진다는 뜻으로 기존에 지득(知得)한 기밀이나 보안사항을 특정인 또는 특정다수인이 인식할 수 있는 상태에 두기 위해 통보하거나 고지하는 일체의 행위를 말한다. 적국 또는 반국가단체에 대하여 비밀로 하는 것이 대한민국의 이익을 위하여 필요하다고 인정되는 모든 기밀을 특히 보안사항(국가기밀)으로 다루고 있다. 국가기밀 또는 군사상 기밀은 평시에 있어서 국가안보상 극히 중요하게 다루어지고 누출되지 않도록 하여야 한다. 평시에는 물론 전시에 국가의 존립 및 안위를 위협할 만한 인터넷상의 국가기밀 등의 누설을 효과적이고 체계적으로 차단하고, 보안할 수 있는 대책을 마련하고 있다. 즉, 인터넷 등 정보통신망상에서 국가이익과 관련된 정보 중 '법령에 의하여 분류된 비밀 등 국가기밀을 누설하는 내용의 전기통신'은 유통행위 자체를 금지하고 있는 것이다.

전시에는 적과의 교전상태에 있어 전황을 극도로 불리하게 하거나, 행정 · 입법 · 사법기능의 수행을 현저히 곤란하게 할 수 있는 군사상 기밀 또는 국가기밀이 간첩행위 등으로 인해 누설 · 훼손 · 변경되거나 또는 적국 및 반국가단체에 전달되는 등 전쟁의 승패를 가름할 수 있을 정도로 국가안전에 중대한 위협이 될 수 있는 상황이 연출될 수 있으므로, 유출되지 않도록 유지되어야 할 것이다.

특히, 신속한 전파성과 익명성, 비국경성 등 인터넷상의 정보유통의 특성으로 인해 비밀취급의 인가를 받지 않는 사람이 비밀로 구분된 첩보나 자료에 접근하여 국가의 기밀 등을 누설하는 경우에는 국가의 존위자체가 훼손될 우려가 있다.

1) 강민완 · 전용태 · 김효준, 전게서, pp.485~491.

따라서 정부는 평시에는 물론 전시에 국가의 존립 및 안위를 위협할 만한 인터넷상의 국가기밀 등의 누설을 효과적이고 체계적으로 차단하고, 보안할 수 있는 대책을 마련하고 있다. 즉, 인터넷 등 정보통신망상에서 국가이익과 관련된 정보 중 '법령에 의하여 분류된 비밀 등 국가기밀을 누설하는 내용의 전기통신'은 유통행위 자체를 금지하고 있다.

한국에서는 「국가보안법」(§4)상 국가기밀누설죄 뿐만 아니라 「형법」(§113) 외교상비밀누설죄, 제127조(공무상비밀누설죄), 「군사기밀보호법」상의 군사기밀누설 등의 죄, 「군형법」(§80)상 군사기밀누설죄 등으로 국가기밀을 누설한 자를 처벌하고 있다.[2)]

2) 보안누설의 유형

(1) 의도적인 누설

조직 내 인원 중 불평불만이나 다른 동기 때문에 의도적으로 외부에 정보를 누설시키는 것이 기도적인 누설이다. 이는 자기 스스로 누설하는 경우와 외부로부터 포섭되어 누설하는 경우도 있다.

(2) 보안의식 결핍으로 인한 누설

정보누설은 보안에 대한 무관심이나 자기 지식을 자만하거나 과시하는 과정에서 발생한다. 보안의식 결여는 주인의식이 희박한데서 기인하며 사고의 무형성으로 인하여 사고에 대한 사전 확인이 곤란하고 위험의식도 희박하다. 또 정보보호 자체를 제외하고 구체적인 실적이 드러나지 않기 때문이다. 자칫 컴퓨터 해킹, 전화도청, 컴퓨터바이러스 등의 수법을 통하여 컴퓨터관련 정보침해범죄를 저지를 수도 있으므로 주의해야 한다.

2) 강민완 · 전용대 · 김효준, 전게서, pp.485~486.

(3) 제3자의 침입에 의한 누출

① 절취

정보를 빼내가려는 자가 대상목표에 잠입하여 필요한 자료 등을 절취하거나 복사 또는 사진 촬영하여 정보를 절취해 가는 방법이다.

② 도청

도청(盜聽, eavesdropping)은 타인의 대화나 전화 내용을 당사자의 동의 없이 몰래 엿듣는 행위를 말하는데, 전화도청(wiretapping)이나 컴퓨터 네트워크에 대한 도청, 아마추어 무선통신(HAM)용 수신기에 의한 도청이 이용되고 있다. 선진국가에서는 사생활의 침해로써 법률이나 판례에 따라서 금지되고 있으나 아직 무시되는 경향이 있다. 1972년 미국에서 닉슨 정부가 야당의 선거사무소의 전화에 도청장치를 설치하였다가 발각되어 정치문제화 되어 1974년 닉슨이 결국 사임하게 된 것은 유명한 사례이다.

1977년 박동선사건(朴東宣事件)의 와중에서 드러난 미국정보기관의 청와대도청사건은 한국 국민의 분노와 경악을 불러일으켰다. 이 사건은 정치·외교적 차원에서 흐지부지 수습되고 말았지만, 상당 기간 한·미 외교관계에 불협화음을 지속시켰다.

또 1995년 미·일자동차 협상 때 미국 CIA가 일본측의 기밀회의를 도청, 작전을 미리 알고 협상했다고 해서 물의를 일으킨 사건도 국가 대 국가 간의 기밀 도청사건으로 화제가 되었다. 녹음테이프로 일반에 공개된 도청사건은 1979년 12·12사태 때 육군 3군사령부가 육군 전지휘관의 전화를 도청한 것이었다.

「대한민국 헌법」은 사생활의 비밀과 자유, 통신의 비밀을 보장하고 있으며(§17·18), 구체적으로 통신의 비밀을 보호하고 통신의 자유를 신장할 목적으로 제정된 「통신비밀보호법」은 통신 및 대화의 비밀과 자유에 대한 제한은 그 대상을 한정하고 엄격한 법적 절차를 거치도록 하고 있다. 따라서 법률의 규정에 의하지 않은 도청은 위법한 것이다.

③ 해킹(hacking)

보안은 허가되지 않을 사람은 볼 수 없는 기밀성, 허가받은 사람에게 정보를 보여 주는 가용성, 허가받지 않은 사람에 의해서 훼손될 수 없는 무결성을 말한다. 이와 같은 보안의 3요소인 기밀성, 가용성, 무결성을 훼손하는 행위를 해킹이라고 미국의 보안전문협회인 ISC2협회에서 정의를 하고 있다. 컴퓨터 네트워크의 보안 취약점을 찾아내어 그 문제를 해결하고 이를 악의적으로 이용하는 것을 방지하는 행위를 말한다. 이런 행위를 하는 사람들을 해커(hacker)라고 한다. 이 말은 1950년대 말 미국 매사추세츠공과대학(MIT) 동아리 모임에서 처음 사용되었던 '작업과정 그 자체에서 느껴지는 순수한 즐거움'이란 뜻의 '해크(hack)'에서 유래된다. 그러나 순수하게 작업과정 자체의 즐거움에 탐닉하는 컴퓨터 전문가들의 행위로 시작된 해킹은 컴퓨터가 일반화되면서 점차 나쁜 의미로 변질되었다. 즉, 다른 사람의 컴퓨터에 침입하여 정보를 빼내서 이익을 취하거나 파일을 없애버리거나 전산망을 마비시키는 악의적 행위가 빈발하게 된 것이다.

이런 파괴적 행위를 하는 자들은 크래커(cracker)라고 하여 해커와 구별하기도 한다. 그러나 일반적으로 해커와 크래커는 구별되어 쓰이지 않고 범죄 행위를 하는 자의 의미로 쓰인다. 해킹에 대응하여 컴퓨터 보안기술도 발달하였는데, 방화벽을 쌓아 불법접근을 차단하는 방식 등을 사용한다. 최근 들어 급증하고 있는 해킹범죄는 기술발전과 변화의 정도가 매우 빨라서 해킹에 대한 보안 솔루션을 개발해 대응책을 마련했다고 할지라도 하루가 다르게 변화하는 침입과 공격에 대처하는데 많은 어려움이 따른다. 컴퓨터 해킹을 통한 스파이 행위는 정보·기술을 훔치는 것뿐만 아니라 자료를 삭제하거나 교묘히 왜곡하는 행위, 그리고 바이러스를 이용해 시스템 자체를 공격·마비시키는 행위를 포함한다.

대표적인 해킹 사례로는 1985년 3명의 구서독 해커가 구소련의 KGB요원에게 포섭된 뒤 개인용 컴퓨터를 이용하여 미국 등 서방 선진국의 주요 군사기술 시스템에서 수천 개에 달하는 암호 등 극비정보를 빼내 건네준 사건을 들 수 있다.

한국에서 「정보통신망 이용촉진 및 정보보호 등에 관한 법률」은 정당한 접근권한이 없거나 허용된 접근권한의 범위를 초과하여 정보통신망에 침입하는 행위를 금지한다(§48①). 이를 위반하면 3년 이하의 징역 또는 3000만 원 이하의 벌금에 처한다(§63①1).

「정보통신기반보호법」에서도 주요 정보통신기반시설을 침해하여 교란·마비 또는 파괴한 자는 10년 이하의 징역 또는 1억원 이하의 벌금에 처하도록 규정하고 있다(§28①). 또 「형법」에서도 컴퓨터 등 정보처리장치에 허위의 정보 또는 부정한 명령을 입력하거나 그 밖의 방법으로 정보처리에 장애를 발생하게 한 자는 업무방해죄로 5년 이하의 징역 또는 1,500만원 이하의 벌금에 처하도록 규정하고 있다(§314②).[3)]

3) 한국의 국가보안기관

국가안전보장 관련기관 중 중추적인역할은 대통령 직속인 국가정보원(國家情報院, NIS : National Intelligence Service, 이하 '국정원')에서 맡고 있다. 1961년 중앙정보부로 창설된 이래 1981년 국가안전기획부로 이름이 바뀌었다가 1998년 4월 새정부 출범을 계기로 이미지 개선과 국민 신뢰를 위해 지금의 이름으로 새롭게 출발했다.

국정원은 ㉮국외정보 및 국내보안정보(대공·대정부전복·방첩·대테러 및 국제범죄조직)의 수집·작성 및 배포, ㉯국가기밀에 속하는 문서·자재·시설 및 지역에 대한 보안업무(다만, 각급기관에 대한 보안감사는 제외), ㉰「형법」중 내란의 죄, 외환의 죄, 「군형법」중 반란의 죄, 암호부정사용죄, 「군사기밀보호법」에 규정된 죄, 국가보안법에 규정된 죄에 대한 수사, ㉱국정원직원의 직무와 관련된 범죄에 대한 수사, ㉲정보 및 보안업무의 기획·조정 등의 업무를 수행한다(국정원법 §3). 국가정보원장은 국가정보 및 보안업무에 관한 정책의 수립 등 기획업무를 수행하며, 동 정보 및 보안업무의 통합기능수행을 위하여 필요한 합리적 범위 내에서 각 정보수사기관의 업무와 행정기관의 정보 및 보안업무를 조정한다(「정보 및 보안업무 기획·조정규정」 §3).

이외에도 정보 보안과 관련된 국가기관으로는 한국인터넷진흥원, 인터넷침해사고대응지원센터, 정보보호사령부(국방부 산하 2012년초 창설예정), 국가사이버안전센터(국정원 산하), 사이버테러대응센터(경찰청 산하) 등을 들 수 있다. 경찰청 사이버테러대응센터(Cyber Terror Response Center, 약칭 '네탄')는 해킹, 바이러스제작 및 유포 등 각종 컴퓨터 범죄의 포착과 수사를 담당하는 대한민국 경찰

3) 강민완·전용태·김효준, 전게서, pp.486~488.

청의 사이버범죄 전담 수사기관을 말하며 네티즌들 사이에는 '사이버수사대'라고 불리기도 한다.[4]

2. 보안의 원칙과 기본자세

1) 보안점검사항

일상적 업무로부터 정보가 누설되지 않도록 인원, 문서, 통신, 시설 등에 대한 필요한 보안대책이 소극적 대책이고, 적극적 대책으로는 상대적인 첩보수집 활동이나 조직의 와해, 이간행위 또는 국가적 파업 등을 계획적이고 조직적으로 보호·저지하는 것을 말한다.

일상적이고 소극적인 보안 점검사항으로는 ㉠자기 책상, 서류는 제대로 정리하고 어떠한 장치를 하였는가, ㉡자기 취급업무를 남에게 의존하고 있지는 않는가, ㉢사무실 장치는 제대로 되었는가, ㉣주요물건은 비밀 또는 특별취급을 하고 있는가, ㉤비밀문건은 비밀관리기록부에 등재하며 원칙대로 하는가, ㉥불필요한 방문객이 자기 업무를 엿보지 않도록 하는 것 등이다.

계획적이고 적극적인 보안 점검사항으로는 ㉠생산문건의 배부가 필요한 곳으로 필요한 사람에게 정확하게 전달되었는가, ㉡배부기관 상호간에 접수확인 점검은 즉각 시행되었는가, ㉢배부된 자료가 보관 또는 관리상 허점은 없는가, ㉣자료의 대외 또는 국외 유출시 상당한 국가적 손실을 감안한 보안대책의 강구여부는, ㉤타 화재 등 긴급안전대책은 수립되어 있는지 확인하는 것이다.[5]

2) 보안의 보호대상

기업경영 및 생산 활동에서 발생되는 인원, 문서, 시설, 정보통신 등 기술상, 영업상의 각종 정보로 비밀성을 유지하고 있는 유무형의 자산이 그 보호대상이다.

- 중장기 계획 등 경영전략

4) 강민완 · 전용태 · 김효준, 전게서, pp.490~491.
5) 강민완 · 전용태 · 김효준, 전게서, p.490.

- 핵심 기술 · 인력
- 연구 프로젝트 등 관련 정보
- 영업활동전략 및 시장정보
- 설비 · 공정 등 고부가가치 경제성 보유 시설
- 정상적인 기업 활동에 영향을 주는 제반요소[6]

3) 보안의 원칙

① 알 사람만 알아야한다

보안에 있어서 가장 기본적이며 중요한 원칙이다. 보안의 대상이 되는 사실은 전파가 반드시 필요한가의 여부를 신중히 검토한 후에 이루어져야 한다.

② 적당성 원칙

수집한 정보나 생산된 정보는 사용자가 필요한 만큼 적당한 양을 전달하도록 한다. 사용자가 요구하는 것 이상으로 정보를 제공하는 것은 불필요한 보안상의 문제를 야기할 수도 있다.

③ 보안과 능률의 원칙

보안을 지나치게 강조할 경우 애써 생산한 정보가 사용자에게 제대로 전달되지 않아 정책결정에 활용하지 못하는 불상사가 초래될 수 있다.

또한 지나치게 보안의 범위를 광범위하게 실정할 경우 보안시스템을 유지하는 것 자체가 과중한 업무 부담으로 작용하여 본말이 전도될 수 있다. 따라서 무조건적으로 보안시스템을 가동시킬 것이 아니라 생산된 정보에 대한 충분한 사전검토가 있어야 한다.

---

6) http://spy-zone.co.kr/industrysecurity/industrysec-concept/protect(검색 : 2012.08.21)

④ 비밀은 그 비밀을 알고 있는 사람이 지켜야 한다.

정보기관 관계자나 요원은 기밀사업 내용을 불필요하게 알리지 않도록 하고 측근자에게까지도 알리지 않는 자세가 중요하다.

⑤ 비밀의 존재 자체를 감지 당하지 않도록 한다.

현실적으로 어떤 새로운 비밀이 생겼을 경우 그 책임자나 관계자는 평소와 다른 조심성을 보임으로써 분위기가 달라지고 따라서 사무실 내의 모든 직원사이에 억측과 유언비어가 나돌며 궁금한 사항을 추리하게 된다.

⑥ 보안을 억지로 해서는 안 된다

가정의 등기문서나 재산관리의 경우 가족들에 대해 취급제한이나 열쇠관리를 한다. 모든 보안은 자기가 필요에 의해서 해야 한다.

⑦ 위험을 미리 예견할 줄 알아야 한다.

위험을 예견한다는 것은 절반은 피한 것이나 다름없으며, 이를 예방할 수 있다.

⑧ 의심 외의 보안은 없다

경제활동에서는 신용이나 신뢰는 하나의 자본이지만 보안에서는 선의(善意)의 의심이 필요하다.

⑨ 자신은 금물이다

보안에는 완전은 없다. 예컨대 철통같은 경호보안속의 중요비밀도 내부직원의 배반행위에 의하여 누설될 수 있다. 내부직원의 신원조사가 끝났다고 해서 보안이 다 끝난 것은 아니다.

⑩ 자만심을 경계하라

사람은 비밀을 알고 있을 때 타인에 대해서 우월해지고 자만해지기 마련이다. 현명한 보안요원은 말하는 것보다 겸손하게 듣기를 좋아한다.[7]

4) 보안관리자의 기본적 자질

(1) 보안요원의 기본적 자질

우수한 보안요원은 적어도 건강한 정신과 육체를 겸비하여 높은 수준의 훈련과 대학교육을 받고, 안전업무에 동기가 충분하며, 사태파악이 빠르며, 기본적으로 사람을 다루는 기술을 잘 알고 있고, 외모와 규율이 중요하다는 것도 이해하고 있고, 어떤 사람도 두려워하지 않는 유형이다.

보안요원의 기본적 자질은 다음과 같이 정리할 수 있다.

- 국가관이 투철하고 사명감 의식이 확고하며 신뢰 할 수 있어야 한다.
- 조직적이며 협동심이 강하며 규율관념이 체계적이어야 한다.
- 동작이 민첩하고 빈틈이 없어야 하며 용맹스러워야 한다.
- 침착하고 친절하며 최고의 도덕적 예의를 갖추고 모든 이에게 모범이 되어야 한다.
- 근면 성실한 자세로 매사에 방심과 긴장을 풀지 않으며 일을 신중하고 능숙하게 처리한다.
- 지혜롭고 명석하여야 하며 정서적인 양식이 풍부하여야 한다.
- 임무수행에 있어 항상 책임감이 있어야 하며 나 보다 타인을 소중히 생각할 줄 알아야 한다.
- 올바른 가치관과 주관력이 있어야 하며 겸허한 자세와 인내심과 결단력이 있어야 한다.
- 임무를 수행함에 있어 확실하고 명분있게 임하여야 하며 항시 초지일관이어야 한다.
- 봉사와 희생정신으로 적극적이고 진취적으로 확고하게 일을 해야 한다.
- 상 · 하 지휘체제가 정확하여야 하며 인류와 호국에 안전과 평화를 이해 희생과 봉사정신으로 임해야 한다.[8)]

---

7) 강민완 · 전용태 · 김효준, 전게서, pp.483~484.

8) 강민완 · 전용태 · 김효준, 전게서, pp.69~70.

(2) 경호전문가의 기본적 자질

① 지식적 측면

경호업무는 지식을 기반으로 한 고도로 전문화된 직무를 수행해야 하는 특성이 있다. 때문에 경호이론과 경호 실무에 대한 전문지식을 요구하는 것은 지극히 당연한 것이다. 지식은 경험적으로 얻는 것으로는 한계를 드러내고 있다. 단순히 오랜 기간 경호업무를 수행하였다고 해서 전문시식을 습득하였다고 할 수 있는 것이 아니기 때문에 경험을 초월할 수 있는 유일한 수단이 교육훈련이다. 오랜 기간 시행착오를 겪으며 축적한 노하우가 바로 경험주의적 경륜으로 자리 매김하는데, 경호업무의 특성상 시행착오란 곧바로 경호작전의 실패로 간주되며, 실제로 경호업무를 수행함에 있어 시행착오를 겪는다면 인적경호대상의 신변의 안전을 책임질 수 없을 뿐더러 생명을 지킬 수도 없게 된다. 또한, 물적 경호대상인 시설 또는 재산에 극심한 손해를 끼칠 수밖에 없는 것이다. 이런 경우가 발생된다면 경호원으로서의 생명은 그것으로 끝이라고 표현하는 것이 맞을 것이다. 대개 이론과 실전은 다르다는 표현을 쓰게 되는 경우가 매우 많으나 이는 지극히 이중적 잣대에서 기준한 것이라 할 수 있다.

이론이라 함은 기초학문을 모두 익히고 이를 응용하는 과정에서 오는 지식적 측면이라 표현하는 것이 올바른 것이다. 즉, 전문이론(학문)을 익혀 이를 기초로 실제 실무현장에서 상황에 따라 적합하게 응용하는 것이 지식이라 표현된다. 단순 이론에 치우쳐 현장상황을 무시하고 지극히 이론적 원론으로 접근한다면 당연 상황적합성이 뒤떨어짐으로 시행착오와 실패의 확률이 높다. 이럴 때 보통 이론과 실전은 다르다는 표현을 하는 것이다. 하지만, 이론이 지식으로 습득된다면 반대의 뜻이 된다.

지식은 실전에서 다양하고 돌발적인 상황에서도 상황파악과 문제분석이 최단시간 내에 이루어지고 이에 따른 문제해결과 진단을 곧바로 시행할 수 있게 되며, 관리자 또는 전문가의 전문지식은 경호조직의 성공적인 경호작전을 전개 할 수 있도록 하는 가장 중요한 수단이 된다. 즉, 경호에 대한 전문지식의 습득은 경호실무, 경호학, 법률(경호관련법), 행정, 조직운영, 정보분석, 경호무술 등의 모든 영역에 걸쳐 필요하다 할 수 있다. 또한, 지식을 기술과 접목하고 응용할 수 있도록 하여야 하며, 필요 지식에 대한 습득에 끝나지 않고 지식에 대한 연구과 발전도 함께 이루어 낼 수 있는 자세와 태도가 요구된다.

② 기술적 측면

경호작전에서는 고도의 전문지식을 갖추고 포괄적은 경호활동을 할 수 있는 기술적 능력이 요구된다. 위해 및 위험에 대한 분석능력과 방지할 수 있는 능력을 갖추어야 하며, 이에 따르는 정보수집 및 첩보활동과 조사활동을 전개 할 수 있어야 한다. 또한, 수행경호를 위한 전문적인 경호실무능력과 유사시에 대비한 경호무술의 고수로서의 기술을 갖출 수 있어야 한다. 이밖에서 의전, 비서, 경호보디랭귀지 운용, 경호운전능력, 경호장비운용 및 활용능력이 필요하며, 경호작전의 성공을 위한 경호보안이 필수적으로 이루어져야 한다. 아울러 경호직무수행에 있어 지식과 기술이 고도로 요구되는 경호행정능력과 경호기획능력, 경호협상능력, 경호 컨설팅능력을 최종적으로 갖추어야 한다.

③ 정신적 측면

경호직무의 특성상 경호전문가에게는 강인하면서도 초인적인 정신력을 요구한다. 고도로 교육훈련 된 경호원은 경호대상자에게 선택받은 자라는 자부심을 가지고 전문가로의 맡은바 직무를 책임을 다해 수행 할 수 있어야 한다. 특히, 유사시 육탄방어를 불사하는 희생정신을 더불어 경호5대 정신으로 무장되어야 하며, 충성심, 책임감, 사명감이 요구되며, 직무수행에 임하는 자세에서는 공정심과 올바른 인성이 요구된다. 항상 과학적 사고로 문제를 분석 하고 해결할 수 있는 적극적이고 진취적인 자세와 사고가 요구된다.

④ 신체적 측면

경호직무수행과 유사시 육탄방어를 수행하기 위한 지구력, 순발력, 근력을 갖춘 민첩하고 강인한 체력과 신체 오감을 최대한 활용할 수 있는 예민성이 요구 되며, 이를 바탕으로 각급의 경호실무 기술습득과 뛰어난 경호무술 능력을 갖추어야 한다. 또한 항상성을 가지고 유지관리 할 수 있는 자기개발 및 자기관리 능력이 필수적으로 요구된다.

⑤ 직업적 적성

경호직무영역 상 핵심직무능력에 해당하는 고유직무를 수행하기 위한 경호전문지식 및 실무능력을 갖추고 자기개발을 위한 진취적이고 과학적인 태도가 필요하다. 경호활동에 필요한 정보 및 첩보 수집 분석을 통하여 인적·물적 경호대상의 직접적 또는 간접적인 위해요소를 파악·분석하고 위험을 사전에 방지·제거 할 수 있는 사고와 능력이 필요하며, 긴급 상황에서도 침착하고 즉각적인 대처를 할 수 있는 판단력과 조건반사신경을 갖춘 문제해결능력이 필수적으로 요구되며, 또한 유사시 육탄방어를 불사하는 초인정신과 경호무술 능력이 요구된다. 경호대상의 주변 환경에서 올 수 있는 위해·유해환경을 확인하고 이를 분석하여 효율적인 경호활동 및 경호조직운영을 위한 경호계획서를 수립하며, 예방, 방지, 방호 효과를 극대화 할 수 있는 경호실무 기술과 인원 및 장비와 같은 자원 활용능력과 경호수행과정에서 분석적 사고가 요구된다.[9)]

(3) 경호보안요원의 경비업법상 자격요건

경호보안요원에 대한 자격 등의 기준은 「경비업법」에 근거하고 있다. 「경비업법」에 의하면 "경비원은 경비업의 허가를 받은 법인(경비업자)이 채용한 고용인으로서 경비업무를 수행하는 자"를 말한다. 다시 말해, 「경비업법」상 '경비원'이라 함은 정상적으로 허가를 받은 경비업자가 운영하는 법인에 고용되어 일체의 경비업무를 수행하는 자를 말하며, 개인적으로나 비법인체로 운영되는 회사나 단체에 고용되어 경호보안업무를 수행하는 것은 법적인 '경비원'의 자격으로 볼 수 없다는 것이다.

이러한 경호보안요원은 '일반경비원'과 '특수경비원'으로 구분된다(「경비업법」 §2 제3호). 일반경비원이라 함은 시설경비, 호송경비, 신변보호, 기계경비 업무 등을 수행하는 자를 말하고, 특수경비원은 대통령령이 정하는 국가의 중요시설에서 특수한 경호보안업무를 수행하는 자를 말한다.

「경비업법」에서 규정한 신분적 결격사유를 종합해 보면 다음과 같다.[10)]

---

9) http://bbs1.agora.media.daum.net/gaia/do/debate/read?bbsId=D003&articleId=2569971 (검색일 : 2012.08.08)

10) 상민완·전용태·김효준, 전게서, pp64~65.

〈표 2-1〉 경비원 · 청원경찰의 경비업법 상 결격사유

구분	내 용	근거법조항
일반 경비원	1. 만18세 미만인 자 2. 금치산자, 한정치산자 3. 파산선고를 받고 복권되지 아니한 자 4. 금고 이상의 실형의 선고를 받고 그 집행이 종료(집행이 종료된 것으로 보는 경우를 포함)되거나 집행이 면제된 날부터 5년이 지나지 아니한 자 5. 금고 이상의 형의 집행유예선고를 받고 그 유예기간 중에 있는 자	「경비업법」 §10①
특수 경비원	1. 만18세 미만 또는 만60세 이상인 자 2. 금치산자, 한정치산자 3. 위의 제1항제2호 내지 제4호의 1에 해당되는 자 4. 금고 이상의 형의 선고유예를 받고 그 유예기간 중에 있는 자 5. 행정안전부령이 정하는 신체조건(팔과 다리가 완전하고 두 눈의 맨눈시력 각각 0.2 이상 또는 교정시력 각각 0.8 이상)에 미달되는 자	「경비업법」 §10② 「경비업법 시행규칙」§7
청원 경찰	1. 금치산자 한정치산자 2. 파산선고를 받고 복권되지 아니한 자 3. 금고 이상의 실형을 선고받고 그 집행이 종료되거나 집행을 받지 아니하기로 확정된 후 5년이 지나지 아니한 자 4. 금고 이상의 형을 선고받고 그 집행유예 기간이 끝난 날부터 2년이 지나지 아니한 자 5. 금고 이상의 형의 선고유예를 받은 경우에 그 선고유예 기간 중에 있는 자 6. 법원의 판결 또는 다른 법률에 따라 자격이 상실되거나 정지된 자 7. 공무원으로 재직기간 중 직무와 관련하여 「형법」 제355조 및 제356조에 규정된 죄를 범한 자로서 300만원 이상의 벌금형을 선고받고 그 형이 확정된 후 2년이 지나지 아니한 자 8. 징계로 파면처분을 받은 때부터 5년이 지나지 아니한 자 9. 징계로 해임처분을 받은 때부터 3년이 지나지 아니한 자	청원경찰법 §5② (국가공무원법 §33)

5) 보안업무 담당별 업무

(1) 보안심사위원회 기능

- 기업체(연구소)보안제도 연구 발전
- 제반 보안업무에 관한 기획, 조정, 감독 및 통제
- 인원, 문서, 시설 등 분야별 보안대책 강구에 관한 사항
- 보안위규자의 심사처리 및 비밀공개 여부 심의
- 기타 보안업무의 기본계획 수립과 이행에 관한 사항

(2) 정보보호 총 책임자 : 사장(연구소장)

- 기업보안업무 기본계획 수립 시행
- 보안관리규정 제정/개정 사항
- 기업의 비밀관련 기획, 조정, 감독유지관리
- 보안심사위원회 운영 등

(3) 보안관리 책임자 : 총무-기획 부서장(연구관리실장)

- 보안심사위원회 실무운영
- 자체 보안활동계획 수립/책임수행/조정 감독
- 보안업무 제반 지원/규정이행 상태점검
- 보안지도감사, 보안교육

(4) 분임보안담당관 : 각 부서장(프로젝트별 팀장)

- 업무기능별 보안대책 강구
- 비밀생산, 보관, 반출, 등급분류 담당
- 보안교육 실시

(5) 보안실무자 : 선임사원(연구원)

- 일일보안점검/시건장치 확인
- 분임보안담당관 지시사항 이행
- 기타 보안실무 수행

6) 보안관리 활동 수행자세

보안 활동은 일상 업무와 생활의 일부로 습성화된 실천을 요구하고 있다.

- 나 자신과 우리가 보안의 주체라는 성숙된 주인의식 함양
- 보안은 필요에 의한 필연적으로 실천해야 하는 관리자의 인식 제고
- 보안취약요소 예상, 판단하기 위해 사전 예방활동 수행
- 타성적 보안업무 탈피하고 자발적 실천의지 필요
- 업무에 대한 주인의식과 효용성 고려-최소한의 노력, 최대 효과
- 보안규정 숙지, 준수로 보안활동의 생활화
- 획일적 통제위주 보안은 지양하고 보안마인드를 조직원 모두 공유, 확대
- 보안의 능률과 합리성 고려(행정규제 최소화)
- 보안의 방법은 자연스럽게(갑작스런 변화는 오해와 관심유발, 보안누설 초래)
- 보안위반규정, 제재 엄격 적용(책임한계 명확, 책임감 부여)
- 사업장, 연구소등 특성에 맞는 보호프로그램 적용[11]

3. 분야별 보안관리 요령

보안관리(保安管理, security management)란 자원에 접근할 수 있는 이용자에 관한 권한과 암호화를 위한 열쇠를 관리하는 기능을 말한다. 또한 보안관리는 인증 데이터나 신분, 접근 권한, 보안 레이블, 감사 기록 파일, 레코드 등과 같은 정보 시스템 내의 중요 데이터를 보호하기 위하여 필요한 관리적 기능을 의미하기도 한다.[12]

11) http://spy-zone.co.kr/industrysecurity/industrysec-concept/protect-rule(검색 : 2012.08.21)

1) 인원보안

국가를 비롯하여 국가기관, 기업 등의 조직 기밀을 지키는 주체도 사람이고 침해, 위해하는 주체도 사람이므로 인원관리가 보안의 기본이라 할 수 있다.

(1) 기본원칙

- 신규임용, 보직 시 사전 보안성 검토
- 채용 후 지속적인 사후관리 유지
- 조직에 대한 신뢰감, 일체감 등 애사심 고취

(2) 인원 보안의 수단

- 신원확인 : 입사구비서류, 면담 시 성장과정 등 심층 파악
- 근무관리 : 근무태도, 대인관계, 사생활 문란여부
- 보안점검 : 정기적 보안실태 점검, 보안관리 수준 향상
- 서약집행 : 競業禁止, 비밀유지 명시, 비밀취급범위, 보안유지서약, 유효기간 등의 내용 포함
- 인센티브부여 : 보안업무 종사자 보직우선권 부여, 보안관리부서 선호 유도

(3) 인원보안 착안사항

① 입사 시

- 기업 및 조직보유 정보자산에 대한 보안유지방침 고지
- 비밀유지 계약서 작성, 서약 집행
- 보안업무 관련규정 등 교육

12) 강민안 · 전용태 · 김효준, 전게서, p.488.

② 근무 시

- 정기, 불시 보안관리 실태 평가, 우수 직원 인센티브 부여
- 정기적 보안교육 실시 및 관리실태 점검(비밀보호 동기부여, 자발적 참여 유도)
- 보직이동, 승진 시 보안업무수행 평가, 반영(부서·개인별 보안관리 실태 평가결과 반영)
- 보안업무 부서에 우수요원 유치, 보안관리 활성화

③ 퇴사 시

- 동일업종 특정분야 취업제한 계약
- 취급업무 관련 비밀유지각서 징구
- 신분증, 기밀서류 등 인계 확인
- 컴퓨터ID 반납(조직은 퇴직자 신분증 반납확인, ID카드 변경)

④ 고용 외국인

- 외국인 연수생 · 유치과학자 · 기술고문 등에 대한 효율적 관리방안 강구, 비밀열람 범위제한
- 전담 관리자 지정운영
- 인터넷ID 확인
- 반출문건 수시확인[13)]

2) 비밀보안

비밀보안은 그 내용을 알아서는 안 될 불특정인에게 공개될 경우 조직의 안전과 이익에 해를 끼칠 우려가 있는 사항에 대한 보안관리이다.

(1) 비밀관리 고려사항

- 참여인원의 최소화 : 경영전략, 영업 · 연구활동 등에 대한 불필요 인원 접촉소지 제거

13) http://spy-zone.co.kr/industrysecurity/area-admin/people-notice(검색 : 2012.08.21)

- 적정분류 : 가치정도, 보호한계 고려 등급부여 (예)극비, 중요비, 사외비 등
- 관리책임 부여 : 기업비밀은 지휘감독상 책임이며 실질적 의미의 책임은 개인 책임
- 책임소재의 명확성 : 책임한계나 근거를 명확히 하고 안일한 생각 금물
- 비밀통제에 대한 전체사원 인식전환 : 비밀관리의 뚜렷한 목적의식 확산으로 상대방 불신 배제 이해 유도
- 알아야 할 것은 흐름대로 자연스럽게 전파하는 것이 보안관리에 더 효율적이며, 절차와 형식에 얽메이지 않고 사업장 현실에 맞게 적용해야 할 것이다.

(2) 비밀보안 착안사항

① 비밀의 생산

- 제한된 지역에서 최소인원 참여 작성
- 초안, 파지 등 처리 확인
- 적정분류(기업실정에 맞게 비밀분류체계 유지)
- 과도, 과소분류 여부 판단

② 비밀표지

- 외견상 구별이 쉽게 표지(경고내용 포함) 〈보통 적색표지 원칙〉
- 자재, 필름, 사진, 도면, 디스켓 등 포함
- 매 면마다 전체면수와 일련번호 부여

③ 예고문 부여

- 보안도, 보호기간 등 고려 최종처리방침 결정
- 보관 · 열람
- 무단접근, 도난보호, 화재 등 위해대비책
- 비밀의 성격, 유형을 판단 보관
- 비밀반출시 분임보안담당관 승인
- 비밀열람은 업무관련자로 제한, 열람대장 유지

④ 파기

- 원형이 재생되지 않도록 소각, 용해, 세절
- 비밀파지, 실험데이터, 기술자료 등 이면지 사용금지
- 균주류, 진단시약, 신물질 성분노출 차단

⑤ 복제 · 복사

- 보관책임자 필히 승인, 근거유지
- 복제, 복사된 비밀문건 원본과 동등관리
- 비밀복사 활용 지양

⑥ 관리기록

- 작성, 분류, 수발 및 취급 등에 대한 일체의 관리사항 기록유지

⑦ 대외공개

- 보안심사위원회 결정, 정보보호 총책임자 승인[14)]

3) 시설물 보안

시설보안이란 구조물 자체 보호는 물론 내부에 잠재되어 있는 유,무형의 정보가치와 정상적인 관리의 운영 보호이다.

(1) 효율적 시설보안관리

- 종심적 · 유기적 관리 : 보호대상 목표까지 장애물과의 유기적 연계성 접촉소지 제거
- 과신금물 : 대책이 최고라는 자신감은 위험초래 상황 · 환경 변화에 적응할 수 있는 시설보안대책 수립, 적용
- 침입자 입장에서 예상되는 위험성 고려 : 보호대책에 투입될 시간, 노력, 비용

14) http://spy-zone.co.kr/industrysecurity/area-admin/sec-notice(검색 : 2012.08.21)

은 산업스파이 또는 비관련자로부터 침해당할 위험 등에 따라 결정
- 도피시간 최대한 지연 유도 : 범행현장 발각 가능성과 저지력을 높일 수 있도록 보호방벽 수립

(2) 보안방벽 유형

- 자연방벽 : 하천, 절벽 등 지리적 방벽
- 인공방벽 : 울타리 시건장치, 보관용기 등 인위적 방벽
- 동물방벽 : 후각, 공격, 민첩성 동물적 특성을 이용한 방벽
- 전기전자방벽 : 고압전기, 전자인식 등을 이용한 방벽[15)]

(3) 시설보안관리 착안사항

① 효율적 시설보안관리

- 특정한 공간관리를 위해 보호구역 설정
- 제한지역 : 울타리 등 외곽 장애물 설치, 일반인의 출입감시 요구지역(사내시설, 연구소 전지역)
- 제한구역 : 안내가 요구되는 지역 (제조기술부서, 전산관리실)
- 통제구역 : 극히 중요한 핵심시설 (비밀보관소, 연구·실험실)

② 보호구역 보안

- 업체 생산, 기능시설에 적합한 방책 선택
- 안전보장을 위해 강제적, 인위적 보안장치 강구
- 실질적인 관리가능여부 수시 판단
- 중앙 보안통제체제 운영
- 보호구역에 대한 직원들의 인식제고 유도

15) http://spy-zone.co.kr/industrysecurity/area-admin/facilities-sec(검색 : 2012.08.21)

③ 출입통제

- 외부 출입자 최대한 억제, 안내요원 동행
- 출입대상별로 방문증 패용
- 출입자 명부 구비(전자식 통제제도와 병행)
- 차량 출입 시 탑승자, 적재물 확인 등 검문, 검색
- 외국인 기업방문 시 방문증 제공
- 방문목적 외 행위 방지(이탈, 녹취, 개별행위)
- 방문코스 사전지정
- 통제구역은 별도 허가받은 자에 한해 지정 운영[16)]

4) 전자 · 통신 보안관리

컴퓨터에 존재하는 유무형의 정보를 내부, 외부 위협으로부터 보호

(1) 전산 · 통신보안관리 원칙

- 전산보안에 대한 발생 가능한 문제점 도출 : 영향을 받을 수 있는 자원 목록화(H/W, S/W, 자료, 사람, 문서)
- 위협요소별 적절한 제어장치와 보호메카니즘 선택 : 위협요소에 대한 분석 및 데이터베이스화
- 컴퓨터의 불법사용 검출절차 구성 : 주기적인 확인, 조사 검증단계 수행
- 보안대책 지원도구 강구
- 방화벽(Fire Wall)
- 기밀유지(Confidentiality)
- 발신처 인증(Origin Authentication)
- 정보 무결성(Information Integrity)
- 네트워크 검색 제한(Limiting Network Access)

  ※ 중요시설, 회선에 대한 통신 안전성 확보

---

16) http://spy-zone.co.kr/industrysecurity/area-admin/facilities-notice(검색 : 2012.08.21)

(2) 전자통신 보안관리 착안사항(전산 · 통신보안관리 원칙)

- 중요자료는 디스켓에 복사, 안전하게 보관 관리
- 특정사실과 연계된 화일명, PASSWORD 사용 금지
- 바람직한 PASSWORD관리 :
  - 영문 대소문자 혼용화
  - 특수기호 포함 사용
  - 빨리 입력할 수 있는 것
  - 잘 잊어버리지 않는 것
  - 쉽게 짐작할 수 없는 것
- 디스켓 등 보조기억장치 보안관리 강구
- 사용자 파일, 디렉토리 타인접근 방지책 강구
- 사용자에 대한 보안 시스템 사용 환경 이해 유도
- 보안관리 발생 시 처리절차 규정
- 중요업무 담당 전화 또는 회로에 보안장비 설치
- 전화, FAX 사용 시 중요내용 통화 자제[17)]

17) http://spy-zone.co.kr/industrysecurity/area-admin/data-notice(검색 : 2012.08.21)

제3장 영역별 보안관리 요령

1. 정보의 일반적 보안관리(Information Security)

1) 의미

정보보안(Information Security)은 정보를 여러 가지 위협으로부터 보호하는 것을 뜻한다. 정보보안이라는 의미는 정보 통신수단으로 수집·가공·저장·검색·송수신 되는 정보의 유출·위변조·훼손 등을 방지하거나 정보통신망을 보호하기 위하여 관리적·물리적·기술적 수단을 강구하는 일체의 행위를 말한다.

전자통신에서 보안이라는 용어는 불의의 행위나 영향으로부터 침입 상태를 보증하는 보호 기준의 확립과 유지 보수의 결과를 낳는 상태, 권한이 없는 사람들이 국제 보안을 지키는 공식 정보에 접근하지 못하도록 하는 상태로 정의한다.

○ 공급자 측면 : 내·외부의 위협요인들로부터 네트워크, 시스템 등의 하드웨어, 데이터베이스, 통신 및 전산시설 등 정보자산을 안전하게 보호·운영하기 위한 일련의 행위

○ 사용자 측면 : 개인 정보 유출, 남용을 방지하기 위한 일련의 행위

인터넷, 컴퓨터 등의 통신정보는 전기통신수단에 의하여 발신되는 통신을 수신·분석하여 산출하는 정보를 말하고, 통신보안이라 함은 통신수단에 의하여 비밀이 직접 또는 간접으로 누설되는 것을 미리 방지하거나 지연시키기 위한 방책을 말한다. 누설되어서는 안 될 보안사항이 통신수단에 의해 전달되는 과정에서 누설되지 않도록 하는 것으로서 통신장치에 대한 보안장비의 설치, 은어자제의 이용, 중요내용의 통화억제 등의 방법이 있다.

또한 문서보안은 문서의 내용에 따른 비밀의 분류, 보안책임자의 지정, 복제 및 복사의 제한, 절차에 따른 대출열람, 비밀문서의 안전한 파기 등의 방법으로 문서보안을 실시한다.

2) 정보보안의 목표

정보 보안의 주요 목표정보에 대한 위협이란 허락되지 않은 접근, 수정, 노출, 훼손, 파괴 등이다. 정보에 대한 위협은 나날이 늘어가고 있기 때문에 모든 위협을 나열할 수는 없으나, 전통적으로 다음의 세 가지가 정보 보안의 주요한 목표이다. (때로는 정보 보안만이 아닌 보다 넓은 보안의 목표로 이야기되기도 한다.)

① 기밀성(機密性, confidentiality)

허락 되지 않은 사용자 또는 객체가 정보의 내용을 알 수 없도록 하는 것이다. 비밀 보장이라고 할 수도 있다. 원치 않는 정보의 공개를 막는다는 의미에서 프라이버시 보호와 밀접한 관계가 있다.

② 무결성(無缺性, integrity)

허락되지 않은 사용자 또는 객체가 정보를 함부로 수정할 수 없도록 하는 것이다. 다시 말하면, 수신자가 정보를 수신했을 때, 또는 보관돼 있던 정보를 꺼내 보았을 때 그 정보가 중간에 수정 또는 첨삭되지 않았음을 확인할 수 있도록 하는 것이다.

③ 가용성(可用性, availability)

허락된 사용자 또는 객체가 정보에 접근하려 하고자 할 때 이것이 방해받지 않도록 하는 것이다. 최근에 네트워크의 고도화로 대중에 많이 알려진 서비스 거부 공격(DoS 공격, Denial of Service Attack)이 이러한 가용성을 해치는 공격이다.

3) 정보보안 방법

정보보안을 위해서는 물리적인 방법과 비 물리적인(소프트웨어적인) 방법이 사용될 수 있다. 물리적인 방법 중 대표적인 것은 자물쇠의 사용이나 경비원, 보초의 활용 등을 들 수 있고, 비 물리적인 방법 중 대표적인 것은 암호기술을 사용하는 것이다.

① 부인 방지(否認防止, non-repudiation)

부인 봉쇄(否認封鎖)라고도 한다. 정보를 보낸 사람이 나중에 정보를 보냈다는 것을 발뺌(부인)하지 못하도록 하는 것이다.

② 보안등급

분류, 보호할 대상을 중요성에 따라 분류하여 각각의 중요도에 따라 보호방법에 차등을 두는 것을 말한다. 일반적으로 기업의 경우 공개자료, 대외비, 기밀 등으로 구분되며 최근에 개인정보를 취급하는 기업의 경우 개인정보를 포함한다.

③ 위험관리(risk management)

위험요소의 발견에서부터 위험요소의 최소화 및 제거를 위한 모든 관리체제를 말한다. 주로 다음과 같은 항목을 정의한다.

○ 위험의 정의
○ 위험의 수준 분류
○ 위험요소 발견 시 제거를 위한 위험의 수준별 처리시간
○ 위험의 신고에서 제거까지의 정보공유방법 및 절차
○ 위험의 기록

④ 접근제한(Access control)

보호할 대상에 대해 인가된 접근을 허용하고 비 인가된 접근시도를 차단하는 것.

⑤ 신분증명(Identification) : 개개인을 식별할 수 있는 정보

○ 아이디(ID)
○ 주민등록증, 주민등록번호
○ 여권
○ 출입카드

⑥ 인증(認證, authentication)

인증에는 실체 인증(개체 인증으로도 표현함)과 출처 인증이 있다.

○ 실체 인증(entity authentication) : 어떤 실체가 정말 주장하는 실체가 맞는지 확인하는 것이다. 특정방법으로 약속된 정보를 인가된 자와 교환한 후 해당 정보를 제시하는 경우에 한해 접근을 허용하는 것을 말한다.

– 로그인(아이디와 암호), 군대의 암구호, 자물쇠와 열쇠 등

○ 출처 인증(message origin authentication) : 메시지 또는 자료의 출처가 정말 주장하는 출처가 맞는지 확인하는 것이다. 인가된 자에게만 있는 중복되지 않은 정보에 대한 인가목록을 만든 후 인가목록에서 확인된 자에 한해 접근을 허용하는 것을 말한다.

⑦ **암호화(Cryptography)** : 암호화한 정보 전달과정에서 인가되지 않은 사람이 취득한 경우 암호화하기 이전 정보를 취득하지 못하게 하는 방법.

○ 양방향암호화 : 암호화한 정보를 복호화하여 암호화하기 이전의 정보를 취득하는 암호화 방식

○ 단방향암호화
중복되지 않는 유일한 정보를 암호화한 이후 해당 정보에 해당하는 유일한 값으로 변환함. 복호화하여 이전 정보를 취득할 수 없다.[1]

2. 개인정보 보안관리(Private Information Security)

정보사회를 맞이하여 사회 각 분야에서 인터넷과 정보통신기술의 사용이 일상화되면서, 개인정보는 과거의 단순한 신분정보에서 오늘날에는 전자상거래, 고객관리, 금융거래 등 사회의 구성, 유지, 발전을 위한 필수적인 요소로서 기능하고 있다. 또한 개인정보는 기업의 입장에서도 수익 창출을 위한 자산적 가치로서 높게 평가되고 있다. 따라서 만약 누군가에 악의적인 목적으로 이용하거나 유출될 경우 개인의 안전과 재산에 큰 피해를 줄 수 있다. 매일 수신되는 스팸문자, 보이스 피싱, 나를 사칭한 메신저 상의 금융사기 등이 모두 개인정보 유출과 관련 될 수 있고, 현재 개인정보의 유출 및 부정이용 및 부실관리는 사회적으로 매우 큰 문제가 되고 있다.[2]

1) http://ko.wikipedia.org/wiki/%EC%A0%95%EB%B3%B4_%EB%B3%B4%EC%95%88(검색일: 2012.07.15)

1) 개인정보(個人情報)의 정의

개인 정보(個人情報)는 일반적으로 개인에 관한 정보 가운데 각 개인을 식별할 수 있는 정보를 가리킨다. 생존하는 개인에 대한 정보로서 성명, 주민등록번호 등에 의하여 개인을 알아볼 수 있는 부호, 문자, 음성, 음향 및 영상 등의 정보로 개인의 신체, 재산, 사회적 지위, 신분 등에 관한 사실, 판단, 평가 등의 모든 정보를 말한다. 식별 가능성이 없는 정보는 개인 정보로 보지 않는다. "개인을 식별할 수 있는 기록된 정보 중 주로 체계적으로 관리되고 이용되는 정보"를 말한다는 견해도 있다. 대한민국의 경우, 규정하고 있는 법률에 따라 그 정의가 약간 다르다.

(1) 정보통신망 이용촉진 및 정보보호 등에 관한 법률

개인정보라 함은 생존하는 개인에 관한 정보로서 성명·주민등록번호 등에 의하여 당해 개인을 알아볼 수 있는 부호·문자·음성·음향 및 영상 등의 정보(당해 정보만으로는 특정 개인을 알아볼 수 없는 경우에도 다른 정보와 용이하게 결합하여 알아볼 수 있는 것을 포함한다)를 말한다. (정보통신망 이용촉진 및 정보보호 등에 관한 법률제2조 제6호) 예컨대 취미나 출신학교 등의 정보는 그 자체만으로는 개인을 식별할 수 없으나 성명과 결합하여서는 당해 개인을 알아볼 수 있는 개인정보에 해당한다.

(2) 전자서명법

개인정보라 함은 생존하고 있는 개인에 관한 정보로서 성명·주민등록번호 등에 의하여 당해 개인을 알아볼 수 있는 부호·문자·음성·음향·영상 및 생체특성 등에 관한 정보(당해 정보만으로는 특정 개인을 알아볼 수 없는 경우에도 다른 정보와 용이하게 결합하여 알아볼 수 있는 것을 포함한다)를 말한다. (전자서명법 제2조 제13호)

2) http://www.privacy.go.kr/nns/ntc/inf/personalInfo.do(검색일: 8012.07.23)

(3) 위치정보의 보호 및 이용 등에 관한 법률

"위치정보"라 함은 이동성이 있는 물건 또는 개인이 특정한 시간에 존재하거나 존재하였던 장소에 관한 정보로서 전기통신 기본법 제2조 제2호 및 제3호의 규정에 따른 전기통신설비 및 전기통신 회선설비를 이용하여 수집된 것을 말한다.(제2조)

(4) 개인정보 보호법

개인정보란 살아 있는 개인에 관한 정보로서 성명, 주민등록번호 및 영상 등을 통하여 개인을 알아볼 수 있는 정보(해당 정보만으로는 특정 개인을 알아볼 수 없더라도 다른 정보와 쉽게 결합하여 알아볼 수 있는 것을 포함한다)를 말한다.(개인정보보호법 제2조(정의) 1항)

「개인정보 보호법」은 공공부문과 민간부문 모두에 적용되는 일반법이므로 기존에 공공분야에서 개인정보보호 일반법으로 역할을 해온 「공공기관의 개인정보 보호에 관한 법률」은 그 역할을 다하여 폐지하였다. (대한민국 공공기관의 개인정보 보호에 관한 법률)

개인정보보호법은 개인정보의 수집·유출·오용·남용으로부터 사생활의 비밀 등을 보호함으로써 국민의 권리와 이익을 증진하고, 나아가 개인의 존엄과 가치를 구현하기 위해 개인정보 처리에 관한 사항을 규정한 법률로서, 2011년 3월29일 법률 제10465호로 신규 제정되어 2011년 9월30일 발효되었다.

2) 개인정보의 유형과 종류

〈표 3-1〉 개인정보의 유형과 종류

이름	개인정보 유형
일반정보	이름, 주민등록번호, 운전면허번호, 주소, 전화번호, 생년월일, 출생지, 본적지, 성별, 국적
가족정보	가족구성원들의 이름, 출생지, 생년월일, 주민등록번호, 직업, 전화번호

교육 및 훈련정보	학교출석사항, 최종학력, 학교성적, 기술 자격증 및 전문 면허증, 상벌사항 이수한 훈련 프로그램, 동아리활동,
병역정보	군번 및 계급, 제대유형, 주특기, 근무부대
부동산정보	소유주택, 토지, 자동차, 기타소유차량, 상점 및 건물 등
소득정보	현재 봉급액, 봉급경력, 보너스 및 수수료, 기타소득의 원천, 이자소득, 사업소득
기타수익정보	보험(건강, 생명 등) 가입현황, 회사의 판공비, 투자프로그램, 퇴직프로그램, 휴가, 병가
신용정보	대부잔액 및 지불상황, 저당, 신용카드, 지불연기 및 미납의 수, 임금압류 통보에 대한 기록
고용정보	현재의 고용주, 회사주소, 상급자의 이름, 직무수행평가기록, 훈련기록, 출석기록, 상벌기록, 성격 테스트결과, 직무태도
법적정보	전과기록, 자동차교통위반기록, 파산 및 담보기록, 구속기록, 이혼기록, 납세기록
의료정보	가족병력기록, 과거의 의료기록, 정신질환기록, 신체장애, 혈액형, IQ, 약물테스트 등 각종 신체테스트 정보
조직정보	노조가입, 종교단체가입, 정당가입, 클럽회원
통신정보	전자우편(e-mail), 전화 통화내용, 로그파일(log file), 쿠키(coo-kies)
위치정보	GPS나 휴대폰에 의한 개인의 위치정보
신체정보	지문, 홍채, DNA, 신장, 가슴둘레 등
습관 및 취미정보	흡연, 음주량, 선호하는 스포츠 및 오락, 여가활동, 비디오 대여기록, 도박성향
*참고 : http://www.privacy.go.kr/nns/ntc/inf/personalInfo.do(검색일: 8012.07.23)	

3) 정보의 침해 및 사례

(1) 개인정보의 침해

개인정보는 정보주체의 프라이버시 보호 요구와 사업자의 마케팅 등 의 수집 및 활용 사이에 이해상충 및 갈등관계에 있으며 이에 따라 개인정보 침해의 위험성이 증가되고 있다. 또한 대량의 개인정보가 중앙 집중 방식으로 수집·관리되어 데이터베이스화 되면 사업자의 고의 또는 과실에 의해 언제라도 개인정보가 침해·누설될 수밖에 없는 위험성에 놓이게 된다. 개인정보의 침해는 이러한 상황에서'정보주체의 동의 없이 개인정보가 수집·이용·제3자에게 제공되는 일체의 피해'를 포괄하여 일컫는 것으로 해석할 수 있을 것이다.[3] 정보는 개인적, 기업적, 국가적으로 다음과 같은 유형의 피해를 줄 수 있다.

① 개인적 피해

정신적 피해뿐만 아니라 명의도용, 보이스피싱에 의한 금전적 손해, 유괴 등 각종 범죄에 노출

② 기업의 피해

기업의 이미지 실추, 소비자단체 등의 불매운동, 다수 피해자에 대한 집단적 손해배상 시 기업 경영에 큰 타격.

③ 국가적 피해

프라이버시 라운드의 대두에 따른 IT산업의 수출애로, 전자정부의 신뢰성 하락, 국가브랜드 하락 등

(2) 국내 · 외 개인정보 유출 사례

국내외에서 발생한 개인정보 유출사례는 다음의 〈표 3-2〉, 와 〈표 3-3〉과 같다.

---

3) http://ko.wikipedia.org/wiki/개인정보(검색 : 2012.08.23)

〈표 3-2〉 국내의 개인정보 유출사례

사례	시기	정보유출규모
KT	2012.7	KT 올레닷컴의 휴대전화 고객정보 870만건이 유출되면서 주민등록번호와 고객 이름, 휴대전화 번호 등 기본적인 개인 정보 외에도 휴대전화 가입일, 고객 번호, 사용하고 있는 요금제 정보 등 이동통신 가입과 해지에 관련된 정보 대부분이 유출.
EBS	2012.5	400만명의 개인정보유출
SK텔레콤, KT	2012.3	20만명의 개인정보유출
넥슨	2011.11	해킹으로 1320만명 고객정보 유출
SK컴즈(네이트)	2011.7	해킹(중국소재IP)으로 네이트와 싸이월드 회원 3500만명의 개인 정보 유출
대부은행, 저축은행 채팅사이트	2011.6	개인정보 DB판매상들이 중국 해커에게 의뢰하여 대부업체 사이트 등에서 1900만명의 고객정보 유출
현대캐피탈	2011.4	175만명의 개인정보 유출
신세계 몰 등	2010.3	개인정보 DB판매상들이 중국 해커에게 의뢰하여 신세계 몰 사이트 등에서 2000만명의 개인정보 구입
GS칼텍스(고의)	2008.9	GS칼텍스 자회사 직원이 GS칼텍스 상담홈페이지에서 고객정보 1151만명의 개인정보를 DVD에 저장
하나로 텔레콤	2008.4	운영진에 의한 텔레마케팅 무단 판매사건으로 600만명 고객정보 유출
옥션 해킹	2008.2	중국해커가 웹서버를 뚫고 회원1863만명의 개인정보 유출

*여러 매스컴자료를 활용함.

〈표 3-3〉 해외의 개인정보 유출사례

사례	시기	정보유출규모
1. 미국 초이스포인트사 사례	2004.10	o 미국 신용정보제공사인 초이스포인트사는 14만 여명의 정보가 유출되어, 부적절한 사업자에 의해 오남용된 사고 발생 - 유출정보에는 성명, 사회보장번호, 생일, 고용정보, 신용이력 등이 포함됨 - 유출된 정보가 위조 신용카드에 이용(800여명)됨 o FTC는 동 사건에 대해 보안실패 및 개인정보 취급에 관한 소비자 권리 침해 등을 이유로, 1,000만달러 벌금(Civil penalty)과 5백만달러의 對 고객 손해배상을 결정('06.1) - 개인정보 기밀유지 및 정보를 제공받는 자에 대한 엄격한 심사·승인 절차를 약속한 개인정보보호정책을 미이행하여 FTC법을 위반 ※ 1,000만달러의 벌금은 FTC 역사상 최고액. ※ FTC(Federal Trade Commission): 미국연방통상위원회. 셔먼법, 크레이튼법 등 독점금지법 실시상황의 감사, 가격협정 등의 부정경쟁 방지, 식품 약품 등의 과대광고 단속 등을 맡고 있는 정부기관이다. 1914년에 설립됐으며 필요에 따라 사법권의 발동을 요청하거나 스스로 정지명령을 발동하기도 한다.
2. 일본 소프트뱅크 BB사 손해배상 사례	2012.5	o 인터넷서비스를 제공하는 일본 "소프트뱅크 BB"사는 800여만명의 고객정보 DB 유출에 따른 책임을 지고 피해자에 대해 1인당 500엔, 총 40억엔의 손해배상금 지급을 결정('04. 3)

* 여러 매스컴자료를 활용함.

4) 개인정보 유출에 대한 법적 제재 사항

(1) 정보통신망 이용촉진 및 정보보호 등에 관한 법률

- 제22조 (개인정보의 수집)에서는 정보통신서비스제공자는 개인정보를 수집할 때

반드시 당사자의 동의를 얻어야만 한다.

- 제23조 (개인정보의 수집의 제한 등)에서는 정보통신서비스제공자는 이용자의 개인정보를 수집하는 경우 서비스의 제공을 위하여 필요한 최소한의 정보를 수집해야 한다.
- 제24조 (개인정보의 이용 및 제공 등)을 보면, 서비스제공자는 이용자의 동의가 있거나, 법률에 특별한 규정이 있는 경우를 제외하고 이용자에게 알려준 범위를 넘어서 개인정보를 이용할 수 없다.
  단, 예외는 서비스 이용 요금을 연체한 경우, 학술연구를 위한 경우 등이 이에 해당된다.
- 제29조 (개인정보의 파기)를 보면 서비스제공자는 개인정보를 수집한 후에 목적을 달성하면, 해당 개인정보를 지체 없이 파기하여야 한다고 규정하고 있다.

(2) 주민등록법

- 제21조 벌칙 조항. 다른 사람의 주민등록번호를 자기 또는 다른 사람의 재물이나 재산상의 이익을 위하여 부정 사용한 자는 3년 이하의 징역 또는 1천만원이하의 벌금에 처한다.

(3) 신용정보의 이용 및 보호에 관한법률

- 제23조 (개인신용정보의 제공·활용에 대한 동의)에서는 신용정보를 신용정보업자 등에게 제공하고자 하는 경우에는 개인으로부터 서면에 의한 동의를 얻어야 한다.
- 제24조 (개인신용정보의 제공·이용의 제한 및 통보) 개인신용정보는 해당 신용정보주체와의 금융거래등 상거래 관계의 설정 및 유지여부 등의 판단목적으로만 제공·이용되어야 한다.
- 제26조 (신용정보업자 등의 금지사항) 에서는 신용정보업자 등이 해서는 안 되는 일에 대해서 규정하고 있다. 그 중 알아두셔야 할 내용은 일반적으로 특정인의 소재를 탐지하거나 사생활을 조사하는 일은 금지되어 있지만, 채권추심을 위해서는 특정인의 소재를 탐지할 수도 있다. 하지만, 채권추심을 할 때에 채무자

를 보호하기 위해서 금지하고 있는 일들이 있다. ⓐ폭행, 협박을 가하거나 위계, 위력을 사용하는 일 ⓑ채무자의 채무사실을 친족, 직장동료 등에게 알려서 부담을 주는 일 ⓒ채무자 또는 그의 관계인에게 채무에 관한 허위사실을 알리는 일 ⓓ심야방문 등과 같이 채무자의 사생활 또는 업무의 평온을 해치는 일 등이다.

(4) 통신비밀보호법

- 제3조 (통신 및 대화비밀의 보호)에서는 누구든지 통신비밀 보호법, 형사소송법, 또는 군사법원법의 규정에 의한 것이 아닐 때는 우편물을 검열하거나, 전기통신(유선전화, 핸드폰, 이메일 등)을 감청하지 못한다.

  예외 사항은 범죄 수사 등과 관련한 것이어서 보통 사람들에게 해당되지는 않는다. 이 규정을 위반한 때에는 10년 이하의 징역과 5년 이하의 자격정지를 받는다.

(5) 개인정보보호법

개인정보보호법 위반사항에 대한 제재규정(벌칙 및 과태료)은 그 양이 방대하여 부록 1(개인정보보호법)을 참고하여 확인할 것.

5) 개인정보 침해 대처방안

(1) 개인정보 일반적 관리방안

① 가장 중요한 것은 꼭 필요한 경우가 아니면 개인정보를 사이트에 제공하지 않는다.

특히 주민등록번호를 제공하고 실명확인절차까지 거치는 사이트의 경우 누출됐을 때 위험성이 더 크므로 반드시 필요한 경우에만 가입해야 한다. 꼭 가입해야 한다면 되도록 '필수 정보'만 제공하고 '추가 정보'는 제공하지 않도록 하고, 약관을 반드시 읽어본다. 일단 가입했다 하더라도 자주 이용하지 않는 사이트의 경우 번거롭더라도 탈퇴해 개인정보 유출 가능성을 차단한다. 탈퇴 메뉴를 제공하지 않는 사이트는 우선 해당 사이트의 개인정보관리담당자에 연락하고, 탈퇴 요청을 거부할 경우 개인정보침해센터에 신고한다.

'제휴 마케팅'에 현혹되지 않도록 주의한다. 인터넷 업체들이 보험회사나 금융회사 등에 고객의 동의를 얻어 회원 정보를 제공하기 위해 경품 행사를 하는 경우가 있는데, 수시로 걸려오는 보험이나 신용카드 가입 권유 전화는 이러한 행사에 참가하면서 무심코 개인정보 제공을 동의했기 때문인 경우가 많다.

② 타인이 자신의 명의를 도용해 인터넷 사이트에 가입했거나 인터넷 검색엔진을 통한 개인정보 누출 등 정보통신서비스제공자에 의한 개인정보 침해사고가 발생했을 경우에는 개인정보관리책임자 또는 사이트 운영자에게 본인 여부에 대한 신원 확인 절차를 거쳐 적절한 조치나 보상을 요구한다. 후에 주민등록번호를 도용한자의 ID 및 개인정보의 삭제를 요청한다.

해당 업체와 합의가 되지 않았을 경우에는 사실을 입증하는 자료와 함께 한국정보보호진흥원의 개인정보침해신고센터(www.cyberprivacy.or.kr)에 문의한다.

전화(02-1336), 인터넷(www.e-privacy.or.kr)이나 팩스(02-405-4729)로도 신고할 수 있다. 회원 가입 시 명백히 필요하지 않은 개인정보까지 필수적으로 요구하거나 회원 탈퇴 이후 업체가 개인 정보를 폐기하지 않고 계속 소지하고 있는 것도 불법이므로, 개인정보침해신고센터에 신고하면 된다.

개인정보 침해와 관련해 피해자와 정보통신 서비스제공업체 간 분쟁이 발생한 경우에는 한국정보보호진흥원의 개인정보분쟁조정위원회에서 조정을 받는 것이 좋다. 별도의 조정 비용이 필요 없고 조정 기간도 1~3개월 정도로 짧은데다 소송으로 인한 부담도 없기 때문에 양자 모두에 유리하다. 인터넷에서 분기별 조정 사례와 통계 등을 열람할 수 있다.

또 특정인에 의해 ID나 비밀번호가 도용돼 명예 훼손이나 경제적 피해를 입었다면 수사권이 있는 경찰청 사이버테러대응센터(02-392-0330)나 검찰청 컴퓨터수사부(www.dci.sppo.go.kr, 서울지검 : 02-530-4977)에 신고해야 한다. 명의도용으로 피해를 입힌 범인은 5년 이하의 징역이나 5,000만원 이하의 벌금형에 처해진다.

한편 신용카드사 등이 채권 추심 등을 위해 비 동거 가족의 개인정보를 무단으로 수집할 경우 불법적인 정보 수집에 해당되므로 금융감독위원회 금융소비자보호센터(www.fsc.go.kr, 서울 본원: (02) 3786-8534~40)에 신고할 수 있다.

개인정보는 정보사회의 기본인권이자 인터넷 시대에 모든 경제활동과 일상생활을 위해 필요한 기본 수단이다. 그런데 최근 회원 데이터베이스가 마케팅 수단으로 자리 잡으면서 인터넷상의 개인정보 유출에 대한 우려가 더욱 커지고 있다.

그러나 금전적인 피해가 없으면 주민등록번호 도용을 처벌할 수 없는 현행 주민등록법 규정 때문에 주민등록번호를 도용한 사람조차 찾아내지 못하고 있는 것이 현실이다. 그러므로 명의도용 예방을 위한 노력이 선행되어야 한다. 인터넷사이트 회원가입 정보를 수시로 확인하는 등 개인정보 관리에 스스로 철저히 대비를 해야 한다. 또한 개인정보 유출, 명의도용을 사전에 차단하여 신용상의 불이익과 금융 사고를 미리 예방할 수 있는 SIREN24 명의도용방지 서비스를 적극 활용하여 사이버 명의도용문제를 확실하게 차단하여야 한다.[4)]

(2) 개인정보 처리자의 안전성 확보 조치방안

개인정보보호법이 2011년 9월30일 발효된 이후 법과 관련된 수많은 대책들이 쏟아져 나왔지만 관련업체들의 법령에 관한 모호하고 자의적인 해석으로 인해 실제 도입을 고려하고 있는 업체들은 어디서부터 어떻게 대비해야 하는지 쉽게 결정하지 못하고 고민하고 있는 실정이다. 구축배경 이에 개인정보보호법에서 요구하는 '안전성 확보를 위한 조치'에 대해 무엇부터 어떻게 준비해야 좋을지 정리해 보고자 한다.

개인정보의 안전성 확보조치 기준은 개인정보보호법 시행령 제30조에 따라 개인정보처리자는 개인정보의 안전성 확보에 필요한 조치를 다음과 같이 취해야 한다고 명시하고 있다.

이와 같이 개인정보의 안전성 확보에 필요한 조치는 비인가자/해커 대상으로 개인정보에 접근을 통제 하는 조치와 인가를 받은 내부자를 대상으로 개인정보 접근에 대한 기록을 보관하고 관리하는 조치로 나누어 생각할 수 있다. 필자는 특히, 이 가운데서도 접속기록의 보관 및 위변조 방지 항목에 주목하고자 한다.

개인정보의 유출 및 오남용 사건 사례를 통해 알 수 있듯이, 내부정보 사고의 70% 이상이 내부자, 특히 업무담당자 등 인가자에 의해 주로 발생한다. 이로 인해 접근권한의 관리나 암호화 등 통제 위주의 보안대책으로는 이들의 범죄를 막을 수 없기 때문에 접속기록을 누락 없이 정확하게 생성하여 안전한 장소에 보관

4) http://cafe.daum.net/kangch95(검색 : 2012.08.23)

해 사고 시 그 기록을 통해 범죄사실을 확인하고 근거자료를 확보하는 것이 반드시 필요하다.

또한, 개인정보 접속기록을 토대로 업무자의 행동 분석을 통해 개인정보의 사용여부를 상시 모니터함으로써 사고를 미연에 방지하는 효과도 기대할 수 있다.

① 개인정보 접속기록, 개인정보취급자의 정확한 식별 등이 중요

개인정보 접속기록이란 이용자 및 개인정보취급자 등이 개인정보처리시스템에 접속하여 수행한 업무 내역에 대하여 식별자, 접속일시, 접속지를 알 수 있는 정보, 수행업무 등 접속한 사실을 전자적으로 기록한 것을 말한다(개인정보보호법 제29조 안전조치 의무).

이때 개인정보 접속기록의 가장 중요한 점은 어떠한 업무시스템에서라도 실제 개인정보취급자를 정확히 식별하고, 이 취급자가 언제 어디에서 누구의 정보를 어떻게 수행했는지 빠짐없이 명확하게 기록해야 한다.

② 개인정보 접속기록의 보관

개인정보 접속기록을 생성한 후, 6개월 이상 안전한 장소에 보관하여 위변조를 방지해야 한다(개인정보보호법 시행령 제30조 및 개인정보의 안전성 확보조치 기준 고시 제8조).

③ 개인정보 상시 모니터링 시스템

보관된 개인정보 접속기록을 생성하는 이유는 유출 사고나 오남용 사고 등 만일의 사태에 대비하여 그 증거를 확보하기 위해서라고 할 수 있다. 하지만 개인정보 접속기록은 매일매일 대량으로 생성되며, 6개월 이상 무계획적으로 보관할 경우 그 기록들은 단순한 로그더미에 지나지 않게 된다. 따라서 개인정보 접속기록의 생성과정에서부터 구조화·표준화하여 보관하고 이를 상시적으로 모니터링하여 사전에 부정행위나 이상 징후를 포착할 수 있는 것이 진정한 개인정보 접속기록의 관리라고 할 수 있다.

④ 개인정보 유출사고 시 통지 · 신고 항목

만일 개인정보 유출사고가 발생한 경우, 5일 이내에 정보주체(개인정보의 당사자)에게 이를 통지하고, 1만명 이상의 유출사고 시에는 통지 및 조치결과를 5일 이내에 한국정보화진흥원 또는 한국인터넷진흥원 등 대통령령이 정하는 전문기관에 신고해야 한다(개인정보보호법 제34조 개인정보 유출통지 등). 이때 정보주체에게 통지하는 항목으로는, ①유출된 개인정보의 항목과 유출된 시점과 그 경위, ②유출로 인하여 발생할 수 있는 피해를 최소화하기 위하여 정보주체가 할 수 있는 방법 등에 관한 정보, ③개인정보처리자의 대응조치 및 피해구제절차 등이 있다.

또한 정보주체에게 피해가 발생한 경우 신고 등을 접수할 수 있는 담당부서 및 연락처 등이 있으며, 전문기관에 신고하는 항목으로는 ①정보주체에의 통지 여부, ②유출된 개인정보의 항목 및 규모, ③유출된 시점과 그 경위, ④유출피해 최소화 대책·조치 및 결과, ⑤정보주체가 할 수 있는 피해 최소화 방법 및 구제절차 등이 있다(개인정보보호법 시행령 제39조, 제40조, 표준 개인정보 보호지침 제2장 제4절 제 27조).

이를 위해 개인정보 접속기록의 모든 항목을 100% 누락없이 기록하고, 이를 구조화·표준화해 보관·관리함으로써 만일의 사고 발생 시 즉각적인 조치와 사고 항목, 시점, 경위 및 규모 확인, 나아가 범인의 추적이 가능하도록 해야 한다.

〈표 3-4〉 개인정보 처리자의 안전성 확보 조치방안(행정안전부 고시)

구분	상세	비고
관리적 조치	내부관리계획의 수립·시행	비인가자 · 해커대상의 통제 조치
	접근 권한의 권리	
	비밀번호 관리	
물리적 조치	물리적 접근 방지	
기술적 조치	접근통제 시스템 설치 및 운영	
	개인정보의 암호화	
	보안프로그램 설치 및 운영	
	접속기록의 보관 및 위 · 변조 방지	내부자(인가자)대상 조치

*참고 : http://www.boannews.com/media/view.asp?idx=32582(검색 L 2012.8.23)

이와 같이 개인정보의 안전성 확보에 필요한 조치는 비인가자/해커 대상으로 개인정보에 접근을 통제 하는 조치와 인가를 받은 내부자를 대상으로 개인정보 접근에 대한 기록을 보관하고 관리하는 조치로 나누어 생각할 수 있다. 필자는 특히, 이 가운데서도 접속기록의 보관 및 위변조 방지 항목에 주목하고자 한다.

개인정보의 유출 및 오남용 사건 사례를 통해 알 수 있듯이, 내부정보 사고의 70% 이상이 내부자, 특히 업무담당자 등 인가자에 의해 주로 발생한다. 이로 인해 접근권한의 관리나 암호화 등 통제 위주의 보안대책으로는 이들의 범죄를 막을 수 없기 때문에 접속기록을 누락 없이 정확하게 생성하여 안전한 장소에 보관해 사고 시 그 기록을 통해 범죄사실을 확인하고 근거자료를 확보하는 것이 반드시 필요하다.

또한, 개인정보 접속기록을 토대로 업무자의 행동 분석을 통해 개인정보의 사용여부를 상시 모니터함으로써 사고를 미연에 방지하는 효과도 기대할 수 있다.

⑤ 개인정보 접속기록, 개인정보취급자의 정확한 식별 등이 중요

개인정보 접속기록이란 이용자 및 개인정보취급자 등이 개인정보처리시스템에 접속하여 수행한 업무 내역에 대하여 식별자, 접속일시, 접속지를 알 수 있는 정보, 수행업무 등 접속한 사실을 전자적으로 기록한 것을 말한다(개인정보보호법 제29조 안전조치 의무).

사회적 이슈가 되고 있는 개인정보 부정사용, 오남용 등 내부보안 위협에 보다 적극적으로 대처하기 위하여 '개인정보 부정사용 감시 시스템'의 구축이 필요하며, 특히 기관업무의 특성상 만일의 개인정보 부정사용 발생은 기관 이미지에 막대한 영향을 끼치므로 모든 업무 시스템에서 효과적으로 개인정보 조회 로그를 생성하고, 개인정보 부정사용을 감시·적발할 수 있는 일체의 기능을 통합 제공하는 감시 시스템의 도입이 필요하다.[5)]

---

5) http://www.boannews.com/media/view.asp?idx=32582(검색: 2012.8.23)

6) '개인정보보호법'의 주요 요지

(1) 제정이유

2011년 3월 29일 법률 제10465호로 제정되어 6개월 후인 2012년 9월30일 시행되었다. 정보사회의 고도화와 개인정보의 경제적 가치 증대로 사회 모든 영역에 걸쳐 개인정보의 수집과 이용이 보편화되고 있으나, 국가사회 전반을 규율하는 개인정보 보호원칙과 개인정보 처리기준이 마련되지 못해 개인정보 보호의 사각지대가 발생할 뿐만 아니라, 최근 개인정보의 유출·오용·남용 등 개인정보 침해 사례가 지속적으로 발생함에 따라 국민의 프라이버시 침해는 물론 명의도용, 전화사기 등 정신적·금전적 피해를 초래하고 있는 바, 공공부문과 민간부문을 망라하여 국제 수준에 부합하는 개인정보 처리원칙 등을 규정하고, 개인정보 침해로 인한 국민의 피해 구제를 강화하여 국민의 사생활의 비밀을 보호하며, 개인정보에 대한 권리와 이익을 보장하려는 것이다.

이 법의 제정으로 현행 '공공기관의 개인정보보호에 관한 법률' 전부와 '정보통신망 이용촉진 및 정보보호 등에 관한 법률'의 일부조항(제33조~40조, 제66조제1호 및 제67조)은 흡수되어 폐지된다.

그 구성은 제1장 총칙, 제2장 개인정보 보호정책의 수립 등, 제3장 개인정보의 처리, 제4장 개인정보의 안전한 관리, 제5장 정보주체의 권리 보장, 제6장 개인정보분쟁조정위원회, 제7장 개인정보 단체소송, 제8장 보칙, 제9장 벌칙 등 전문 75조와 부칙으로 이루어져 있다.

(2) 제정 의의

'개인정보보호법'은 개인정보의 수집 · 유출 · 오용 · 남용으로부터 사생활의 비밀 등을 보호함으로써 국민의 권리와 이익을 증진하고, 나아가 개인의 존엄과 가치를 구현하기 위해 개인정보 처리에 관한 사항을 규정한 법률이다.

개인정보보호법은 약 350만개 모든 공공기관과 사업자를 규율대상으로 확대(약 300만개 기관 · 사업자 제도권 편입)해, 법적용 사각지대를 해소하는데 큰 의의가 있다. 또한 개별법간 상이한 처리기준에 대해 개인정보 수집 · 이용, 처리, 파기

단계별 공통된 보호기준과 원칙을 규율하게 된다.

그리고 개인정보 열람·정정·삭제 및 처리 정지권 보장, 개인정보 유출시 통지·신고제도, 집단분쟁조정제도, 권리침해 중지를 구하는 단체소송 도입으로 국민의 피해구제가 한층 강화될 것이다.

더불어 주민등록번호 등 고유 식별번호의 처리를 엄격히 제한하고 영상정보처리기기(CCTV) 설치·제한에 대한 근거규정을 마련하며 공공기관은 개인정보 영향평가를 의무화하는 등 개인정보 침해사고 예방과 국가의 개인정보보호 수준이 획기적으로 강화될 전망이다.

한편 대통령소속으로 '개인정보 보호위원회'를 구성해 주요 정책사안을 심의·의결하도록 하고 헌법기관, 중앙행정기관, 지자체의 법규위반 사항에 대해 시정조치 권고권, 국회 연차보고서 제출권과 자료제출 요구권을 부여했다.

또한 '개인정보 분쟁조정위원회'를 확대 설치하여 정책과 의사결정의 독립성을 크게 강화했다.[6]

① 개인정보 보호의 범위(제2조)

- 공공기관뿐만 아니라 비영리단체 등 업무상 개인정보파일을 운용하기 위하여 개인정보를 처리하는 자는 모두 이 법에 따른 개인정보 보호규정을 준수하도록 하고, 전자적으로 처리되는 개인정보 외에 수기(手記) 문서까지 개인정보의 보호범위에 포함함.
- 그동안 개인정보 보호 관련 법률 적용을 받지 않았던 사각지대를 해소함으로써 국가사회 전반의 개인정보 보호수준이 제고될 것으로 기대됨.

② 개인정보 보호위원회 설치(제7조 및 제8조)

- 개인정보 보호 기본계획, 법령 및 제도 개선 등 개인정보에 관한 주요 사항을 심의·의결하기 위하여 대통령 소속으로 위원장 1명, 상임위원 1명을 포함한 15명 이내의 위원으로 구성하는 개인정보 보호위원회를 두고, 개인정보 보호위원회에 사무국을 설치함.
- 개인정보 보호와 관련한 중요 사항에 대하여 의사결정의 신중성·전문성·객관성을 확보할 것으로 기대됨.

6) http://www.boannews.com/media/view.asp?page=&gpage=&idx=25456&search=&find(검색 : 2012. 8.25)

③ 개인정보의 수집, 이용, 제공 등 단계별 보호기준 마련(제15조부터 제22조까지)

- 개인정보를 수집, 이용하거나 제3자에게 제공할 경우에는 정보주체의 동의 등을 얻도록 하고, 개인정보의 수집·이용 목적의 달성 등으로 불필요하게 된 때에는 지체 없이 개인정보를 파기하도록 함.
- 개인정보의 수집, 이용, 제공, 파기에 이르는 각 단계별로 개인정보처리자가 준수하여야 할 처리기준을 구체적으로 규정함으로써 법규의 실효성이 높아지고 개인정보의 안전한 처리가 가능해질 것으로 기대됨.

④ 고유 식별정보의 처리제한 강화(제24조)

- 주민등록번호 등 법령에 따라 개인을 고유하게 구별하기 위해 부여된 고유식별정보는 원칙적으로 처리를 금지하고, 별도의 동의를 얻거나 법령에 의한 경우등에 한하여 제한적으로 예외를 인정하는 한편, 대통령령으로 정하는 개인정보처리자는 홈페이지 회원가입 등 일정한 경우 주민등록번호 외의 방법을 반드시 제공하도록 의무화함.
- 주민등록번호의 광범위한 사용 관행을 제한함으로써 주민등록번호 오·남용을 방지하는 한편, 고유 식별정보에 대한 보호가 한층 강화될 것으로 기대됨.

⑤ 영상정보처리기기의 설치제한 근거마련(제25조)

- 영상정보처리기기 운영자는 일반적으로 공개된 장소에 범죄예방 등 특정 목적으로만 영상정보처리기기를 설치할 수 있도록 함.
- 영상정보처리기기의 설치 · 운영 근거를 구체화함으로써, 폐쇄회로 텔레비전 등 영상정보처리기기의 무분별한 설치를 방지하여 개인영상정보 보호를 강화할 수 있을 것으로 기대됨.

⑥ 개인정보 영향평가제도 도입(제33조)

- 개인정보처리자는 개인정보파일의 구축·확대 등이 개인정보 보호에 영향을 미칠 우려가 크다고 판단될 경우 자율적으로 영향평가를 수행할 수 있도록 하되, 공공기관은 정보주체의 권리침해 우려가 큰 일정한 사유에 해당될 때에는 영향평가 수행을 의무화함.

- 개인정보 침해로 인한 피해는 원상회복 등 사후 권리구제가 어려우므로 영향평가의 실시로 미리 위험요인을 분석하고 이를 조기에 제거하여 개인정보 유출 및 오 · 남용 등의 피해를 효과적으로 예방할 수 있을 것으로 기대됨.

⑦ 개인정보 유출사실의 통지 · 신고제도 도입(제34조)

- 개인정보처리자는 개인정보 유출 사실을 인지하였을 경우 지체 없이 해당 정보주체에게 관련 사실을 통지하고, 일정 규모 이상의 개인정보가 유출된 때에는 전문기관에 신고하도록 하는 한편, 피해의 최소화를 위해 필요한 조치를 하도록 함.
- 개인정보 유출로 인한 피해의 확산 방지를 위한 신속한 조치 및 정보주체의 효과적 권리 구제 등에 기여할 수 있을 것으로 기대됨.

⑧ 정보주체의 권리 보장(안 제35조부터 제39조까지)

- 정보주체에게 개인정보의 열람청구권, 정정·삭제 청구권, 처리정지 요구권 등을 부여하고, 그 권리행사 방법 등을 규정함.
- 정보주체의 권리를 명확히 규정함으로써 정보주체가 훨씬 용이하게 개인정보에 대한 자기 통제권을 실현할 것으로 기대됨.

⑨ 개인정보 분쟁조정위원회 설치 및 집단분쟁조정제도의 도입(안 제40조부터 제50조까지)

- 개인정보에 관한 분쟁조정 업무를 신속하고 공정하게 처리하기 위하여 개인정보 분쟁조정위원회를 두고, 개인정보 분쟁조정위원회의 조정결정에 대해 수락한 경우 재판상 화해의 효력을 부여하며, 개인정보 피해가 대부분 대량·소액 사건인 점을 고려하여 집단분쟁조정제도를 도입함.
- 개인정보 관련 분쟁의 공정하고 조속한 해결 및 개인정보처리자의 불법, 오남용으로 인한 피해의 신속한 구제를 통해 정보주체의 권익 보호에 기여할 것으로 기대됨.

⑩ 단체소송의 도입(제51조부터 제57조까지)

- 개인정보처리자로 하여금 개인정보의 수집 · 이용 · 제공 등에 대한 준법정신과 경각심을 높이고, 동일 · 유사 개인정보 소송에 따른 사회적 비용을 절감하기 위

해 개인정보단체소송제도를 도입함.

- 다만, 단체소송이 남발되는 것을 막기 위해 단체소송 전에 반드시 집단분쟁조정제도를 거치도록 하고 단체소송의 대상을 권리침해행위의 중단·정지 청구소송으로 제한함.

⑪ 개인정보 침해사실의 신고(제62조)

- 개인정보처리자로부터 권리 또는 이익을 침해받은 자는 행정안전부장관에게 그 침해사실을 신고할 수 있으며, 행정안전부장관은 신고 접수 및 업무처리 지원을 위해 개인정보 침해신고센터를 설치·운영함.
- 개인정보 침해사실을 신고하고 상담할 수 있는 창구를 마련하여 정보주체의 신속한 권리구제와 고충처리에 기여할 것으로 기대됨.[7)]

(3) '개인정보보호법' 주요 요지

A. 주요 용어(법 제2조)

이 법에서 사용하는 용어의 뜻은 다음과 같다.

① "개인정보"란 살아 있는 개인에 관한 정보로서 성명, 주민등록번호 및 영상 등을 통하여 개인을 알아볼 수 있는 정보(해당 정보만으로는 특정 개인을 알아볼 수 없더라도 다른 정보와 쉽게 결합하여 알아볼 수 있는 것을 포함한다)를 말한다.

② "처리"란 개인정보의 수집, 생성, 기록, 저장, 보유, 가공, 편집, 검색, 출력, 정정(訂正), 복구, 이용, 제공, 공개, 파기(破棄), 그 밖에 이와 유사한 행위를 말한다.

③ "정보주체"란 처리되는 정보에 의하여 알아볼 수 있는 사람으로서 그 정보의 주체가 되는 사람을 말한다.

④ "개인정보파일"이란 개인정보를 쉽게 검색할 수 있도록 일정한 규칙에 따라 체계적으로 배열하거나 구성한 개인정보의 집합물(集合物)을 말한다.

---

7) http://cafe.daum.net/CodeLaw/K8Hp/9999?docid=14fHE|K8Hp|9999|20110927000735&q=%B0%B3%C0%CE%C1%A4%BA%B8%BA%B8%C8%A3%B9%FD%20%C1%D6%BF%E4%BF%E4%C1%F6&re=1 (검색 : 2012.08.25)

⑤ "개인정보 처리자"란 업무를 목적으로 개인정보파일을 운용하기 위하여 스스로 또는 다른 사람을 통하여 개인정보를 처리하는 공공기관, 법인, 단체 및 개인 등을 말한다.
⑥ "공공기관"이란 다음 각 목의 기관을 말한다.
가. 국회, 법원, 헌법재판소, 중앙선거관리위원회의 행정사무를 처리하는 기관, 중앙행정기관(대통령 소속 기관과 국무총리 소속 기관을 포함한다) 및 그 소속 기관, 지방자치단체
나. 그 밖의 국가기관 및 공공단체 중 대통령령으로 정하는 기관
⑦ "영상정보처리기기"란 일정한 공간에 지속적으로 설치되어 사람 또는 사물의 영상 등을 촬영하거나 이를 유·무선망을 통하여 전송하는 장치로서 대통령령으로 정하는 장치를 말한다.

B. 개인정보 보호 원칙 (제3조)

① 개인정보처리자는 개인정보의 처리 목적을 명확하게 하여야 하고 그 목적에 필요한 범위에서 최소한의 개인정보만을 적법하고 정당하게 수집하여야 한다.
② 개인정보처리자는 개인정보의 처리 목적에 필요한 범위에서 적합하게 개인정보를 처리하여야 하며, 그 목적 외의 용도로 활용하여서는 아니 된다.
③ 개인정보처리자는 개인정보의 처리 목적에 필요한 범위에서 개인정보의 정확성, 완전성 및 최신성이 보장되도록 하여야 한다.
④ 개인정보처리자는 개인정보의 처리 방법 및 종류 등에 따라 정보주체의 권리가 침해받을 가능성과 그 위험 정도를 고려하여 개인정보를 안전하게 관리하여야 한다.
⑤ 개인정보처리자는 개인정보 처리방침 등 개인정보의 처리에 관한 사항을 공개하여야 하며, 열람청구권 등 정보주체의 권리를 보장하여야 한다.
⑥ 개인정보 처리자는 정보주체의 사생활 침해를 최소화하는 방법으로 개인정보를 처리하여야 한다.
⑦ 개인정보처리자는 개인정보의 익명처리가 가능한 경우에는 익명에 의하여 처리될 수 있도록 하여야 한다.
⑧ 개인정보처리자는 이 법 및 관계 법령에서 규정하고 있는 책임과 의무를 준수하고 실천함으로써 정보주체의 신뢰를 얻기 위하여 노력하여야 한다.

C. 정보주체의 권리(제4조)

정보주체는 자신의 개인정보 처리와 관련하여 다음 각 호의 권리를 가진다.

① 개인정보의 처리에 관한 정보를 제공받을 권리

② 개인정보의 처리에 관한 동의 여부, 동의 범위 등을 선택하고 결정할 권리

③ 개인정보의 처리 여부를 확인하고 개인정보에 대하여 열람(사본의 발급을 포함한다. 이하 같다)을 요구할 권리

④ 개인정보의 처리 정지, 정정 · 삭제 및 파기를 요구할 권리

⑤ 개인정보의 처리로 인하여 발생한 피해를 신속하고 공정한 절차에 따라 구제받을 권리

D. 주요내용

'개인정보보호법'의 주요내용은 ①개인정보는 필수 정보만 최소한으로 수집할 것 ②주민등록번호와 건강정보 등 민감 정보 수집 금지 ③수집 목적 외 사용 또는 제3자 제공 금지 ④개인정보를 처리할 경우 처리방침 공개 ⑤개인정보의 이용이 끝난 후에 반드시 파기 ⑥개인정보가 유출되었을 때 즉시 정보주체에게 통보 ⑦CCTV를 운영할 경우 안내판을 설치 할 것 등의 내용이 담겨있다.

이 법에서 사용하는 '개인정보'란 살아 있는 개인에 관한 정보로서 성명, 주민등록번호 및 영상 등을 통해 개인을 알아볼 수 있는 정보를 말한다(제2조). 개인정보 처리자는 개인정보의 처리 목적을 명확하게 해야 하고, 그 목적에 필요한 범위에서 최소한의 개인정보만을 적법하고 정당하게 수집해야 하며, 개인정보의 처리 목적에 필요한 범위에서 적합하게 개인정보를 처리해야 하고 그 목적 외의 용도로 활용해서는 안 된다(제3조). 국가와 지방자치단체는 개인정보의 목적 외 수집, 오용·남용 및 무분별한 감시 · 추적 등에 따른 폐해를 방지하여 인간의 존엄과 개인의 사생활 보호를 도모하기 위한 시책을 강구해야 한다(제5조).

개인정보의 보호와 정보주체의 권익 보장을 위해 행정안전부장관은 3년마다 개인정보 보호 기본계획을 관계 중앙행정기관의 장과 협의 하에 작성하여 보호위원회에 제출하고, 보호위원회의 심의 · 의결을 거쳐 시행해야 한다(제9조). 개인정보처리자로부터 개인정보를 제공받은 자는 정보주체로부터 별도의 동의를 받은 경우, 다른 법률에 특별한 규정이 있는 경우를 제외하고는 개인정보를 제공받은 목

적 외의 용도로 이용하거나 이를 제3자에게 제공해서는 안 된다(제19조).

개인정보 처리자는 사상 · 신념, 노동조합 · 정당의 가입 · 탈퇴, 정치적 견해, 건강, 성생활 등에 관한 정보, 그 밖에 정보주체의 사생활을 현저히 침해할 우려가 있는 개인정보로서 대통령령으로 정하는 정보를 처리해서는 안 된다(제23조). 개인정보 처리자는 개인정보가 분실 · 도난 · 유출 · 변조 또는 훼손되지 않도록 내부 관리계획을 수립하고, 접속기록 보관 등 대통령령으로 정하는 바에 따라 안전성 확보에 필요한 기술적·관리적 및 물리적 조치를 해야 한다(제29조). 개인정보 처리자는 개인정보가 유출되었을 경우 지체 없이 해당 정보주체에게 유출된 개인정보의 항목, 유출된 시점과 경위, 개인정보 처리자의 대응조치 및 피해 구제절차 등을 해당 정보주체에게 알려야 한다(제34조).

정보주체는 개인정보 처리자가 처리하는 자신의 개인정보에 대한 열람을 해당 개인정보 처리자에게 요구할 수 있으며(제35조), 개인정보 처리자에게 그 개인정보의 정정 또는 삭제를 요구할 수 있다(제36조). 개인정보에 관한 분쟁을 조정하기 위해 '개인정보 분쟁 조정위원회'를 둔다(제40조). 행정안전부장관은 개인정보 처리자에게 이 법 등 개인정보 보호와 관련된 법규의 위반에 따른 범죄혐의가 있다고 인정될 만한 상당한 이유가 있을 때는 관할 수사기관에 그 내용을 고발할 수 있다(제65조). 공공기관의 개인정보 처리업무를 방해할 목적으로 공공기관에서 처리하고 있는 개인정보를 변경하거나 말소하여 공공기관의 업무 수행을 중단하거나 마비시키는 등 심각한 지장을 초래한 자는 10년 이하의 징역 또는 1억 원 이하의 벌금에 처한다(제70조).[8)]

3. 컴퓨터 보안관리(computer security)

컴퓨터 보안(computer security)은 이론 컴퓨터 시스템과 실제 컴퓨터 시스템에 적용되는 정보 보안의 하위분류인 동시에 컴퓨터의 운영에서 보안의 강화를 말하는 컴퓨터 과학의 하위분류이다. "보안"의 뜻은 응용 프로그램마다 다르며, 보통 컴퓨터 시스템에 저장되거나 처리되는 정보의 신뢰성, 이용 가능성을 말하는 보안 정책으로 정의된다.

8) http://100.daum.net/encyclopedia/view.do?docid=b01g1858n119(검색 : 2012.08.25)

1) 해킹(hacking)

전자 회로나 컴퓨터의 하드웨어, 소프트웨어, 네트워크, 웹사이트 등 각종 정보 체계가 본래의 설계자나 관리자, 운영자가 의도하지 않은 동작을 일으키도록 하거나 체계 내에서 주어진 권한 이상으로 정보를 열람, 복제, 변경 가능하게 하는 행위를 광범위하게 이르는 말이다.

본래 거칠게 자르거나 헤집는다는 뜻의 핵(영어: hack)이라는 낱말에 지금의 의미를 부여한 것의 유래는 분명하지 않으나 미국 매사추세츠 공과대학교(MIT)에서 한 동아리 회원들이 자신들을 해커(hacker)라고 부른 데에서 유래했다는 설이 있다.

해킹의 정의는 시간에 따라 변화되어 왔는데 초기에는 '개인의 호기심이나 지적욕구의 바탕 위에 컴퓨터와 컴퓨터간의 네트워크를 탐험하는 행위'를 말했다. 이후 악의적인 행동이 늘어나면서 '다른 컴퓨터 시스템을 침입할 때 파괴적인 계획을 갖고 침입하는 행위'라는 부정적의미를 갖게 되었으며, 일명 크래킹이라 하였다.

현재 사용하고 있는 해킹이란 의미는 대체적으로 '어떠한 의도에 상관없이 다른 컴퓨터에 침입하는 모든 행위'로서 전산망을 통하여 타인의 컴퓨터 시스템에 엑세스 권한 없이 무단 침입하여 부당 행위를 하는 것을 말하며, 여기서 부당행위란 불법적인 시스템 사용, 불법적인 자료열람, 유출 및 변조등을 뜻한다. 반면 긍정적 의미로는 '각종 정보 체계의 보안 취약점을 미리 알아내고 보완하는 데에 필요한 행위'란 뜻을 가지고 있다.[9)]

2) 컴퓨터보안관리

컴퓨터보안대책으로는 직무권한의 명확화, 패스워드의 철저한 관리, 컴퓨터처리 과정의 감사, 데이터 취급자의 견제 및 규제, 컴퓨터범죄에 대한 철저한 수사 등의 방법이 있다.[10)]

---

9) http://ko.wikipedia.org/wiki/%ED%95%B4%ED%82%B9(검색일: 2012.07.15)
10) 강민완 · 전용태 · 김요준, 전게서, pp.488~490.

〈표 3-5〉 컴퓨터보안관리시스템

1단계 : 보안인프라구축	2단계 : 보안시스템구축	3단계 : 감사 및 유지관리
• 문서화 -보안정책의 작성 및 확정 -보안지침 및 표준작성 -보안운영 및 변경관리 절차	• 관리적보안 -부서별 정책, 지침수립 -보안시스템관련 교육실시 -보안시스템 평가 및 진단 실시 -정보분류 체계 수립	• 모니터링 및 점검 -보안관리체계 모니터링 -정기적 보안검사
• 보안조직 -관련조직의 구성 및 확정	• 물리적보안 -출입통제시스템 강화 -재난복구계획강화	• 유지관리 -보안개선사항 검토 후 적용 -침해사고 예방 및 대응활동
• 보안교육 -교육프로그램 개발 및 확정 -일반보안교육실행	• 네트워크보안 -인터넷보안 아키텍쳐구축 -웹방화벽도입	
• 보안관리 -보안감사 및 평가방안 마련 -위험관리기법 도입	• 서버보안 -보안운영체계수립 -DB암호화 틀 사용	
• 긴급대응 -외부해킹대응책 강화 -PC보안기능강화	• 응용시스템보안 -C/S환경 하에서의 보안시스템 구현 -시스템개발,변경관리 보안대책 수립	
	• PC보안 -PC보안관리체계수립 -그룹웨어 보안태책수립	

3) 인터넷 보안(Internet security)

인터넷 보안(Internet security)은 인터넷을 통해 권한이 없는 컴퓨터 시스템 접근이나 위험을 막는 것을 말한다. 대부분은 자료의 암호화와 암호를 통해 보호를 받는다. 데이터 암호화는 이해할 수 없는 형태의 데이터를 별도의 번역 장치

없이 번역하는 과정을 말한다. 암호는 특정한 프로그램이나 시스템에 대한 사용자 접근을 제공하는 비밀의 낱말이나 구문을 말한다.

(1) 라우터

네트워크 주소 변환(NAT)은 컴퓨터의 나가고 들어오는 연결을 제어한다. 소호의 경우, 소프트웨어 NAT는 인터넷 연결이 되어 있는 컴퓨터에 사용할 수 있다. 라우터와 비슷한 동작과 보안 수준을 제공하지만 비용이 낮고 그다지 복잡함이 없다.

(2) 방화벽

방화벽은 컴퓨터의 들어오고 나가는 네트워크의 포트 가운데 사용자가 허용하지 않는 포트를 막는 역할을 한다. 대부분 사용자는 운영 체제에 내장된 소프트웨어 방화벽을 사용하며, 라우터를 이용할 경우 자체 방화벽을 내장하고 있는 것이 보통이다.

(3) 바이러스 검사 프로그램

다음과 같은 유형의 경우 보안을 위해 바이러스 검사 프로그램을 통해 치료를 받는 것이 좋다.

- 트로이 목마 : 사용자가 바라지 않는 기능이 사용자로부터 숨어 있는 상태에서 실행된다. 표면적으로 보았을 경우, 아무런 문제가 없는 것처럼 보이므로 사용자를 속일 수 있다.
- 웜: 스스로를 복제하는 것은 바이러스와 비슷하지만, 웜의 경우 자체 코드를 서드파티 소프트웨어에 추가한다. 바이러스나 웜에 감염되면, 다른 프로그램이나 다른 컴퓨터를 감염시킬 수 있다.
- 바이러스: 컴퓨터 성능을 떨어트리고 시스템을 이상하게 만들며, 심각한 경우 컴퓨터에 해를 미치거나 부작용을 일으킬 수 있다.

(4) 악성 코드 검사 프로그램

- 스파이웨어: 사용자의 허가 없이 컴퓨터에서 실행되는 소프트웨어이다. 사용자 컴퓨터의 개인 정보를 빼간 다음 이 자료를 인터넷을 거쳐 소프트웨어 제조업체로 건넨다.
- 애드웨어: 소유자의 동의 없이 컴퓨터에서 실행되는 소프트웨어로 스파이웨어와 비슷하다. 다만 정보를 가져가지는 않고, 백그라운드에서 실행되면서 팝업 광고를 띄운다. 대부분 컴퓨터를 느리게 만들며, 소프트웨어 충돌을 일으키기도 한다.[11)]

4) 해킹방지를 위한 pc보안 10계명

① 정기적으로 백업한다.

하드디스크는 어떤 이유이건 데이터가 손상될 수 있는 저장 매체이다.
최악의 상황을 항상 대비해서 중요한 데이터는 정기적으로 백업해야 한다.

② 정품 프로그램을 사용

출처가 불명확하거나 성능이 검증되지 않은 프로그램 은 쓰지 말아야 한다.
간혹 정품도 악성 코드에 감염되는 경우가 있다.

③ 최신백신으로 검사하라

모든 새 프로그램은 반드시 최신 버전의 백신 프로그램으로 검사한 뒤 이상이 없을 때만 써야 한다. 꾸준한 V3, 바이로봇 등 백신 프로그램을 업데이트하여 이전 및 현재에 발생한 해킹프로그램 설치를 차단한다.

④ 시스템감시기능을 써라

백신 프로그램은 항상 최신 버전을 쓸 수 있도록 수시로 업데이트해야 한다.
시스템 감시(예방)기능을 항상 활성화해야 한다. 설치된 백신프로그램을 귀찮다고 실시간 감시설정을 임시중지로 해놓으면 해킹방지를 할 수 없다.

---

11) http://ko.wikipedia.org/wiki/%EC%9D%B8%ED%84%B0%EB%84%B7_%EB%B3%B4%EC%95%88(검색일: 2012.07.15)

⑤ 첨부파일을 조심하라

해킹 및 바이러스의 기본경로는 메일에 딸린 첨부파일이다. 항상 모르는 상대에게 온 첨부파일은 완전삭제 하시기 바라며 간혹 주소록에 첨부된 주소로 변형되어 올 경우가 많으니 각별한 신경을 써야 한다.

e메일의 첨부파일은 아는 사람이 보낸 메일이라 할지라도 반드시 최신 버전의 백신프로그램으로 검사한 뒤 이상이 없을 때만 쓴다. 발신자가 명확하지 않은 전자메일이나 스팸메일 등은 읽어 보지 말고 바로 삭제 한다.

⑥ 아웃룩 보안패치를 써라

아웃룩 등의 보안 허점을 이용해 e메일 첨부 파일이 자동으로 실행되는 경우가 많으므로 최신 보안패치 파일을 다운받아 쓰며 보안패치는 반드시 업데이트하라

윈도우나 웹브라우저, MS오피스 프로그램 등 많은 사용자를 갖고 있는 프로그램들의 보안 허점을 악용하는 악성 프로그램 이 늘어나고 있다.

정기적으로 관련 제품 제작사의 홈페이지를 정기적으로 방문하여 최신 보안패치 파일을 다운받아 써야 한다. 반드시 윈도우 OS를 최신상태로 유지하시기 바라며, 정기 업데이트를 한다.

⑦ 보안정보를 확인하라

정기적으로 보안 관련 사이트(www.ahnlab.com 또는 www.certcc.or.kr 등)를 방문해 보안 관련 각종 정보를 확인한다. 항상 최신소식으로 신종 바이러스 및 해킹에 대한 정보를 파악하도록 한다.

⑧ 공유폴더엔 암호를 써라

공유 폴더를 사용할 때는 반드시 암호 설정을 한 뒤 사용하며, 접근자에게 읽기 권한만 줘야 한다. 공유한 목적이 달성된 뒤에는 공유 해제한다.

⑨ 부팅용 디스켓을 준비하라

시스템이 부팅되지 않는 긴급한 경우를 대비해 부팅용 디스켓을 만들어둔다.[12]

12) http://cafe.daum.net/kangch95(검색 : 2012.08.23)

4. 산업(기업) 보안관리(Industrial Security)

1) 산업보안(기업보안)의 의미

산업보안(Industrial Security)산업이란 첨단기술 뿐만이 아니고 산업 활동에 유용한 기술상, 경영상의 모든 정보와 인원, 문서, 시설, 자재 등을 산업스파이나 경쟁기업은 물론이고 관계없는 자에게 누설 또는 침해당하지 않도록 보호, 관리하기 위한 대책이나 활동을 말한다. 최근에 첨단산업기술이 발달하면서 기술이 산업 경쟁력을 좌우하게 되었고, 기술을 확보하려는 산업스파이들의 활동이 치열해지면서 이러한 산업기술을 보호·관리한다는 뜻으로 사용하여 왔다.

즉, 국가는 안전보장을 지키고 국제사회에서 국가이익을 위하여 국가의 보안관리를 하는 것이고, 개개인의 사람들은 자기의 명예와 이익을 위하여 나름대로 사생활에서의 보안관리를 하는 것과 마찬가지로 기업도 산업활동을 하면서 도산하지 않고 다른 기업과 경쟁에서 더욱 발전하기 위해선 필연적으로 보안관리를 하여야 한다. 이와 같이 산업계에서 동종 또는 유사기업 간에 생존경쟁을 위하여 산업활동 상의 모든 보안활동을 산업보안이라 하는데

산업보안(Industrial Security)은 국가의 핵심산업의 기술과 정보유출을 방지하기 위해 기업뿐만 아니라 국가기관, 연구소 등을 포함하기 위해 사용되었다. 산업보안이란 학술상 또는 법률상으로 정립된 용어는 아니며, 산업보안은 국가안보라는 개념과는 달리 기업에 관련된 보안활동이라고 볼 수 있어, 기업보안이라는 용어와 동의어로도 인식된다.

기업보안(Corporate Security)은 '기업이 보유하고 있는 유형, 무형의 자산을 온전히 보호하기 위한 활동'이라고 정의할 수 있으며, 현재 CIO(Chief Information Officer)와 CSO(Chief Security Officer)는 기업의 보안책임자를 지칭하는 말인데 IT 및 기업의 보안이 중요시되면서 부각된 이름이다.[13)]

'기업보안'이란 주체인 기업의 입장에서 표현한 용어이고 '산업보안'이란 기업의 밖에서 볼 때 산업계의 보안관리 문제라는 뜻으로 사용하고 있지만 유사의미로 사용되고도 있지만 엄밀한 의미에서는 산업보안과 다소의 차이가 있다.

---

13) 민진규, 산업보안학ISS, 국가정보전략연구소, http://blog.yes24.com/blog/blogMain.aspx?blogid=stmin777&artSeqNo=6219047&viewReply=1 (검색:2012.07.02)

우선 기업보안이란 보안관리의 주체를 기준으로 하여 기업이 주체가 될 때 기업보안, 국가가 주체가 될 때 국가보안, 개인이 주체가 될 때 개인보안이라고 하는 분류이고, 산업보안이란 업무분야를 기준으로 한 분류이다. 즉 산업분야에서 관리하여야 할 보안문제를 산업보안, 공작업무를 수행하는 과정에서 관리하여야 할 보안을 공작보안, 군사 분야에서 관리하여야 할 보안을 군사보안, 정보기관요원들이 은밀하게 활동하는 과정에서 지켜야 할 보안문제를 활동보안이라고 하는 것과 마찬가지로 주체가 누구이든 간에 관계없이 영역별로 구분하는 개념이다.

다음으로 기업보안과 산업보안은 대상이 다르다. 기업보안의 대상은 기업의 존립이나 명예, 영리와 관련이 있는 것은 모두 기업보안의 대상이 되는 반면에, 산업보안의 대상은 기업뿐만 아니라 국가의 산업계 취약점이나 산업계의 발전전략까지도 보안관리의 가치가 있다면 산업보안의 대상이 된다. 따라서 기업의 금융비리나 환경관리상의 취약점은 기업비밀은 될 수 있어도 산업보안의 대상이 될 수는 없다.[14)]

2) 산업비밀(기업비밀)의 보안유형

국내 산업기술 유출이 매년 증가세를 보임에 따라 최첨단 산업기술의 연구개발 못지않게 이를 보호하기 위한 법적 대책마련이 시급한 실정이다. 국가정보원 산하 산업기밀보호센터에 따르면 2004년부터 7년간 국내 첨단기술을 해외로 불법유출하였거나 유출을 기도하려고 한 총 244건을 적발하였다고 한다. 연도별 적발건수도 매년 증가세를 보이고 있으며, 대기업의 전기·전자, 자동차, 조선, 정보통신산업을 중심으로 유출되던 과거의 추세와는 다르게 현재 피해대상은 중소기업과 연구소등을 망라하고 있으며, 유출분야도 그린에너지 개발을 위한 바이오산업에 이르고 있는 실정이다. 산업기술의 유출을 규제하고 있는 법률로는 부정경쟁방지 및 영업비밀보호에 관한 법률과 산업기술의 유출방지 및 보호에 관한 법률이 대표적이며, 기타 산업보안 관계법령[15)]이 있다. 부정경쟁방지 및 영업비밀보호에 관한

14) http://cafe.daum.net/guard1113/8P4e/11?docid=11zl8|8P4e|11|20060105194837&q=%BA%B8%BE%C8%B4%A9%BC%B3%B0%B3%B3%E4(검색: 2012.07.19)

15) 산업보안과 관계된 법률로는 공법과 사법, 실체법과 절차법을 포함하며, 각종 법률에 부분적으로 산개되어 있는 실정이다. 이러한 법률로는 형법과 형사소송법, 민법, 상법, 특정경제범죄 가중처벌 등에 관한 법률, 기술개발촉진법, 정부출연기관 등의 설립·운영 및 육성에 관한 법률, 정보통신기반보호

법률은 1961년 부정경쟁방지법으로 제정되어 당시 영업비밀에 관한 사항을 다루고 있지 않았다. 이후 1998년 국제교류의 증가에 따라 국내 핵심기술의 유출을 방지하고자 법률명을 부정경쟁방지법에서 현재의 부정경쟁방지 및 영업비밀보호에 관한 법률로 변경하고 관련사항을 보강하였으며, 이후에도 몇 차례의 개정을 통해 현재에 이르고 있다. 기존의 부정경쟁방지 및 영업비밀보호에 관한 법률이 제정된 이후에도 국내 핵심기술에 대한 유출사례가 증가하게 되자, 동법의 한계와 공백에 대해 보다 근본적으로 국가차원에서 개입하고자 한 시도가 바로 산업기술의 유출방지 및 보호에 관한 법률 제정이었다.[16]

부정경쟁방지 및 영업비밀 보호에 관한 법률은 1961년 부정경쟁방지법으로 제정되었으며, 당시 영업 비밀에 관한 사항을 다루고 있지 않았다. 하지만, 1998년 우리나라 기업의 기술 수준이 크게 향상되고 국제교류가 증가함에 따라 국내 핵심기술의 유출을 방지하고자 법률명을 기존 부정경쟁방지법에서 부정경쟁방지 및 영업비밀보호에 관한 법률로 변경하고 관련사항을 보완하였다. 2001년 영업비밀 침해행위와 관련한 소송을 보다 용이하게 진행하고자 부정행위로 인한 영업상의 이익을 침해당한 자의 손해를 효과적으로 보전할 수 있도록 하기 위하여 손해액 산정방식을 개선하는 등 현행 법령의 일부 미비점을 개선하였다. 2004년에는 보호되는 기업영업비밀의 범위를 확대하였으며, 영업비밀 침해행위자에 대한 형사처벌을 강화하였다. 이와 같이 동법은 1961년 제정에서부터 현재에 이르기까지 총12회에 걸쳐 개정을 한 바 있다.

이 법은 국내에 널리 알려진 타인의 상표·상호 등을 부정하게 사용하는 등의 부정경쟁행위와 타인의 영업비밀을 침해하는 행위를 방지하여 건전한 거래질서를 유지함을 목적으로 한다.[17] 이 법에서 보호되는 영업비밀이란, 공공연히 알려져 있지 아니하고 독립된 경제적 가지를 가지는 것으로서, 상당한 노력에 의하여 비밀로 유지된 생산방법, 판매방법, 그 밖에 영업활동에 유용한 기술상 또는 경영상의 정보를 말한다.[18] 즉 영업비밀이란 공연히 알려져 있지 않을 것, 독립된 경제적 가치를 가질 것, 비밀로서 관리되고 있을 것이란 세 가지의 조건을 만족하는

법, 정보통신망 이용촉진 및 정보보호에 관한 법률, 저작권법, 통신비밀보호법, 반도체집적회로의 배치설계에 관한 법률, 대외무역법, 방위사업법, 출입국관리법, 외국인투자촉진법등이 있다.

16) 김창호, "산업기밀 보호를 위한 법적고찰", 한국치안행정논집 제8권2호,2011, p.146.

17) 부정경쟁방지 및 영업비밀보호에 관한 법률 제1조(목적)

18) 동법 제2조(정의)의 2호

생산방법, 판매방법 기타 영업상의 유용한 기술상 또는 경영상의 정보를 말한다.[19] 구체적인 기술상의 영업비밀과 경영상의 영업비밀을 살펴보면 〈표 3-6〉, 〈표 3-7〉, 〈표 3-8〉과 같다.

〈표 3-6〉 기술상의 영업비밀

대 상	설 명	비 고
시설 및 제품의 설계도	중요 공장의 설계도면, 기계장치의 배치도, 제품 생산라인의 설계도, 공정 설계도	그 회사만의 독자적이며, 미공개된 정보나 자료
물건의 생산 및 제조방법	제품의 생산, 가공, 조립 또는 제조방법으로 비법이거나 미공개된 것	
물질의 배합방법	물질을 생성하는 반응순서, 원료의 배합순서, 배합비율, 시차 등으로도 미공개되고 Reverse Engineering으로 알아낼 수 없는 것	식품이나 음식의 제조비법, 의약품이나 화공약품의 제조생산 방법 등
연구개발 보고서 및 데이터	연구개발과정, 결과보고서 및 연구에 사용된 데이터	연구에 성공하지 못하고 실패한 자료도 영업비밀로 보호 가능
실험데이터	개발 중인 시제품 또는 시제품의 성능 실험, 의약품의 효능 시험, 기계장치의 시운전 데이터 등	
시설, 기계설비, 장비	기업이나 개인이 독자적으로 개발하여 보유하고 있는 시설, 특수장비와 설비	시설과 지역을 통제구역으로 지정하고 접근을 제한하여 비밀로 관리

*자료: 현대호, "산업스파이에 대한 법적 대응방안". 서울: 법제연구원. 2008, p.123.

19) 김창호, 전게논문, p.147.

〈표 3-7〉 경영상의 영업비밀

대 상	설 명	비 고
각종 주요계획	경영전략, 신규 투자계획, 신제품 개발, 생산계획, 마케팅, 판매계획, 인력수급계획 등	공개되면 경쟁업체의 대응이 있을 수 있는 계획은 영업비밀로 지정
고객명부	지역별 고객리스트, 연령별 또는 직업별 분류표 및 대리점, 영업점의 제반 영업자료 등	고객정보의 유출은 개인정보보호 차원에서 사회적 물의를 일으킬 수 있음
관리정보	원가분석, 마진율, 거래처 정보, 인사·재무관리 및 경영분석 정보 등	공개되면 지사의 피해가 우려되거나 경쟁회사에 유리한 정보
매뉴얼 등 중요자료	기업의 기술과 경험을 바탕으로한 방법 기술 서류, 기업만의 독특한 방법이나 기법을 담고 있는 모든 매뉴얼 등	원료 투입순서, 화합물의 반은 방법, 합성방법 등, 판매기법, 고객 접근 및 설득방법, 시장 조사방법, 원가 산정방법 등

*자료: 현대호, "산업스파이에 대한 법적 대응방". 서울: 법제연구원. 2008, p.124.

〈표 3-8〉 산업기술의 정의

용어	정의	
산업기술	1	국내에서 개발된 독창적인 기술로서 선진국 수준과 동등 또는 우수하고 산업화가 가능한 기술
	2	기존제품의 원가절감이나 성능 또는 품질을 현저하게 개선시킬 수 있는 기술
	3	기술적·경제적 파급효과가 커서 국가기술력 향상과 대외경쟁력 강화에 이바지할 수 있는 기술
	4	위 세 가지의 산업기술을 응용 또는 활용하는 기술

*자료: '산업기술의 유출방지 및 보호에 관한 법률' 제2조의 제1호 요약

경찰에서는 산업기술유출 방지활동 강화를 위해 경찰청·지방청 인터넷 홈페이지에 산업스파이 신고센터를 운영하여 관련 신고접수 및 상담을 실시하고 있으며, 지방경찰청별로 산업체 · 연구소 보안담당자와 경찰관으로 구성된 산업보안협의회

를 운영하여 보호대상 기관과의 협력을 강화하고 있다. 또한 경찰청 외사국을 중심으로 전국 지방경찰청에 전문수사인력을 편성하고, 경찰청 외사수사과에 전담수사대(국제범죄수사대)를 운영하여 첨단 산업기술유출 관련 수사 활동을 적극 전개하고 있다.[20]

3) 조직 내부 보안관리[21]

어떠한 조직이건 손실의 대부분은 내부적인 관리의 취약성에 기인하므로 조직 내부의 손실예방은 조직 내부로부터의 구조적인 취약성을 분석하는데 초점을 맞추어야 한다. 그러나 취약성 분석자가 시큐리티 또는 위험 분석·관리에 대한 전문성이 부족한 비전문가인 경우나 조직 내부인인 경우, 기존의 조직문화와 관행에 익숙한 상황에서 내부의 취약성을 분석하려면 먼저 익숙해진 관행과 선입관을 배제해야 하므로 객관적인 관점을 유지하기가 어렵다.

기업체에서의 내부 손실의 주요 원인은 구성원의 부정행위, 화재와 재난·사고지만 또 다른 여러 가지 원인들도 존재한다. 이러한 기업의 생산성 손실은 잘못된 사업장의 배치(layout)나 직원들의 약물남용에서도 기인하고, 종업원들이 일을 하지 않고 빈둥거리는 것, 작업장에 늦게 도착하거나 빨리 퇴근하는 것, 쉬는 시간을 많이 갖는 것, 과도하게 사회화되는 것, 잔업을 만들기 위해 의도적으로 일을 질질 끄는 것 등도 기업 손실의 원인으로 이 또한 시간 절도로 간주돼야 한다.

(1) 내부인 부정행위

내부인의 부정행위는 구성원의 절도, 위탁금 횡령과 유용 등과 관련돼 있으며, 직원절도는 그들의 고용주로부터 회사 재산을 직원들에 의해 무단으로 훔쳐지는 모든 행위를 의미한다.

좀도둑질은 작은 양을 훔치는 것을 지칭하며, 위탁금 무단사용은 돈이나 재산을 그들의 관리 하에 맡겨둔 사람들에 의해 발생한다. 이는 즉 신뢰의 위반으로 발생

---

20) 이상열, "한국 외사경찰의 역사적 변천과 활동에 관한 고찰", 한국치안행정논집 7권 1호, 2010, p.199.
21) 시큐리티월드, http://www.boannews.com/media/view.asp?page=1&gpage=1&idx=4687&search=titlo&find=&kind-1

하며 위탁금 무단사용이나 배임과 횡령(embezzlement)은 유사한 의미이다.

직원들의 절도에 의한 피해금액은 절도의 규정과 통계가 서로 상이하기 때문에 매우 다양하나 미국 홀크레스트 보고서는 미국 기업에서 연간 1,000억 달러 정도로 추산하고 있다. 이러한 수치는 직접적인 손실만을 의미함으로 간접적인 비용을 포함하면 이러한 통계상의 수치는 빙산의 일각에 불과하다. 간접손실은 직접손실과 관련된 생산의 지연이나 관련 소송 후 보험료의 높은 증가율이 포함되며, 베이커(Baker)와 웨스틴(Westin)은 내부 범죄에 이르게 된 직원들의 도덕성 붕괴와 기업 이미지의 손상은 또 다른 엄청난 간접손실이라고 주장하기도 했다.

따라서 어떤 방법으로 적용되던 간에 내부인의 부정행위문제는 모든 단체나 기업들의 생존에 치명적인 위협요인이다. 더구나 이러한 위협은 완벽하게 통제하는 것이 불가능하므로 기업경영에 있어 매우 심각한 문제로 대두되고 있다.

① 내부인 부정행위의 원인

내부인의 부정행위 원인은 크게 직원 개인적인 문제들과 환경적인 문제로 분류할 수 있으며 특히, 직원들의 개인적인 문제들은 직장에서의 행동에 직접적인 영향을 미친다.

개인적인 문제로는 재정적 문제, 가정 내 불협화음, 약물남용, 과도한 도박 등이 절도를 저지르는 근본적인 원인이 되기도 한다. 이러한 문제들을 갖고 있는 직원들이 모두 절도를 저지른다고 하기엔 부적절하지만 절도에 대한 유혹은 더욱 강할 수밖에 없다. 따라서 현명한 고용주는 문제가 있는 직원들을 경계해야 하며, 관련기관의 도움을 받아야 한다.

이와 더불어 현재의 기업환경은 내부인 절도의 가장 강력한 요인으로 지적되고 있다. 매스컴을 통해 끊임없이 보도되는 부패한 정치가들, 기업체 경영자들이나 사회의 주요 인물들에 의해 지속되는 각종 범죄 행태들은 범죄자를 만들어 내는 부적절한 사회화의 결과로 작용한다.

어떤 업무에서는 심지어 훔치지 않는 사람이 비정상적인 사람이거나 이방인으로 취급되기도 하며, 몇몇의 어리석은 관리자들은 직원들의 절도가 도덕성을 향상시키고 단조로운 업무를 흥미롭게 한다고 생각하기도 한다. 때때로 많은 직장에서 직원들은 실제적으로 부정직한 행동을 하도록 지시를 받기도 한다.

② 내부인 절도 수법

종업원이 고용주로부터 돈이나 물건을 훔치는 방법은 무궁무진하다. 전통적으로 직원들의 좀도둑질 방법은 직원들이 퇴근 시 옷 속에 물품을 숨기는 것이다. 그러나 오늘날 보편화된 더욱 지능적인 방법은 회계기록을 치밀하게 조작하는 행위를 포함한다. 이러한 경우에는 몇몇의 직원들이 외부인과 공모하는 것도 일반적인 방법이다. 소형 라디오는 사람의 주머니나 속옷 속에 숨기며, 피아노는 일 년 이상에 걸쳐 한가지씩의 부품을 훔친 다음 자신의 집에서 조립되듯이 훔쳐지는 물건의 종류(소형 라디오, 피아노, 현금)와 방해물(손실예방 전략)은 절도의 방법들을 알려준다.

직원들의 부정행위 방법으로 다음과 같은 것들이 있다.

- 작업장을 떠날 때 생산된 물품을 입고 간다. 예를 들어, 훔친 속옷이나 소품들은 그들의 몸에 부착되어 표시가 나지 않는다.
- 도시락, 작은 책, 작업복 꾸러미, 라디오, 우산, 신문, 모자, 머리카락 속에 물건을 숨겨 몰래 갖고 나간다.
- 쓰레기통이나 대형쓰레기 수납기, 쓰레기 더미 속에 숨긴 다음 나중에 갖고 간다.
- 근무시간 후에 열쇠를 가지고 직장에 되돌아와서 물건을 갖고 간다.
- 운전자가 연료나 수리비용으로 가짜 영수증을 고용주에게 제출하고 나중에 현금을 수령한다.
- 사업장의 물품을 운송하는 트럭 운전자와 검수 직원이 결탁한다.
- 임직원들이 부풀린 비용 청구서를 제출한다.
- 공급자로부터 높은 가격으로 제품을 구매한 다음 구매부서가 뇌물을 받는다.
- 판매원들의 현금 판매금액을 거래 장부에 기록하는 것을 누락한다.
- 근무시간과 급료 지불명세서 지급비율을 부풀린다.
- 경리부서 직원이 존재하지 않거나 해고된 직원의 급료 지불 명세서를 유지하고 나중에 자신이 수령한다.
- 엉터리 계산에 의하여 직원들에게 지급될 가짜 청구서를 만든 다음 그들 자신이 이용한다.

③ 내부절도 징후

다음은 일반적인 제조회사에서 절도가 발생했다는 징후들이다.

- 재고 조사 기록과 물리적 계산이 다름
- 분식회계와 같은 부정확한 회계 기록
- 선적과 입고된 상품수량의 차이
- 특정한 양의 동일한 상품을 생산하는데 필요한 원재료 양의 증가
- 상자로부터 분실된 상품(예를 들어, 완성된 상품은 각각의 팔레트에 20상자가 있어야 하는데 몇몇의 상품은 적어도 몇 상자가 부족함)
- 부적절한 장소에 있는 상품(완성품이 출구 근처에 숨겨져 있음)
- 보안장비가 손상되거나 작동되지 않는 것
- 잠겨있어야 할 창문이나 문들이 열린 경우
- 허가되지 않는 구역에서의 근로자들(직원들, 트럭운전자들, 수선공)
- 비정상적으로 빨리 출근하거나 퇴근하는 근로자
- 그들의 책상에서 점심을 먹거나 휴가 가는 것을 거부하는 근로자
- 어떤 특정한 직원에게만 서비스를 원하는 손님들
- 그들 자신의 열쇠를 가지고 있는 감시되지 않는 퇴근 후의 청소요원
- 자신의 업무와 관련된 일상적인 질문에 민감한 직원들
- 자신의 수준보다 분에 넘치게 생활하는 근로자

(2) 침입방법

숙달된 절도자는 현금과 같은 귀중품이 보관된 금고를 공격하기 전에 금고의 방어방법을 연구하게 된다. 그러므로 금고의 조합번호와 같은 내부정보의 관리는 매우 중요하다. 여기에는 침입 당한 회사의 전 직원이 절도자와 연루되기도 한다. 침입기술은 물리력을 사용하는 것과 사용하지 않는 것 크게 두 가지가 나뉜다.

가. 물리력을 이용한 침입방법

① 금고를 찢거나 철판을 벗겨내는 것(Rip or peel) :

가장 일반적인 침입방법으로 가벼운 금속성을 가진 내화금고에 이용하는 방법이

다. 침입자는 통조림 깡통을 열듯이 금속판을 구석에서부터 벗겨낸다. 이렇게 벗겨내는 기술은 침입자에게 금고 내부를 엿보기 위해 문의 가장자리를 따라 금고 자물쇠에 도달해야 한다.

② 구멍 뚫기(punch) :

조합 다이얼은 해머를 가지고 부순다. 펀치는 노출된 주축(spindle)위에 위치한 다음, 자물쇠 박스를 부수기 위해 뒤에서 망치질을 한다. 이 손잡이는 다음 문을 여는데 사용되고 이 방식은 구형 금고에 대해 효과적이다.

③ 절단(chop) :

이 방법은 내화금고 바닥으로 침입하는 것이다. 목표물이 된 금고는 뒤집어지고 구멍을 내기 위해 도끼나 망치로 친다.

④ 구멍 뚫기(drill) :

숙련된 절도범은 자물쇠 장치를 노출시키기 위해 문을 드릴로 뚫는다. 그런 다음 자물쇠의 날름쇠는 문을 열기 위해 손으로 조정된다.

⑤ 불꽃(torch) :

이 방법은 절도방지 금고에 대해 사용된다. 산소 아세틸렌 절단 토치(torch)는 금속을 녹인다. 여기에 사용하는 장비는 외부에서 가지고 가거나 또는 침입자가 현장의 장비를 사용한다.

⑥ 가지고 가기(Carry away) :

침입자는 침입구역에서 금고자체를 외부로 옮긴 다음 편안한 장소에서 내용물을 개봉한다.

나. 물리력을 이용하지 않는 침입방법

① 사무실 뒤지기(Office Search) :

간단하게 침입자는 비밀번호나 열쇠가 숨겨진 장소(예, 책상 서랍 밑에 테이프로 붙여짐)에서 금고 조합번호를 찾는다.

② 조작(manipulation) :

침입자는 느낌이나 소리, 관찰과 같은 뛰어난 기술로서 조합번호 없이 금고를 연다. 때때로 절도범은 금고소유자의 생일이나 집 주소, 전화번호와 비슷한 숫자를 이용해 운 좋게 금고를 열기도 한다.

③ 관찰(observation) :

침입자들은 길 건너편에서 쌍안경이나 망원경을 이용해 금고가 열리는 것을 지켜본다. 이러한 관찰을 방지하기 위해서는 비밀번호는 다이얼의 표면보다 다이얼의 상단 끝에 위치해야 한다.

④ 일일 조합(Day Combination) :

사용의 편리함을 위해 다이얼이 직원들의 금고 사용이 끝날 때까지 완전히 돌려지지 않은 상태로 두게 되면 이것은 순식간에 침입자에게 접근의 기회를 준다. 침입자들은 때때로 그날그날의 번호를 변경하기 전에 다이얼을 조작한다.

⑤ 엑스레이 장비(X-ray Equipment) :

야금술의 엑스레이 장비는 금고 조합번호의 사진을 찍는데 이용된다. 사진 속에 하얀 점이 나타나면 이것은 숫자 조합을 알아내는데 도움을 준다. 그러나 이 장비는 이동에 어려움이 있으므로 오늘날 사용되는 경우는 극히 드물다.

(3) 금고나 중요 보관함의 안전강화 요령

① 출입구나 금고실에 경보기나 CCTV를 설치하고 적절한 조명을 유지한다.
② 금고를 경찰이나 보행자들이 볼 수 있는 창문근처에 조명에 잘된 장소에 위치한다. 역설적으로 숨겨진 장소는 침입자에게 좋은 작업환경을 제공한다.
③ 건물 내에서도 금고를 지켜야 한다(이것은 또한 현금 등록기에도 적용되며 현금등록기는 대낮에도 강탈당할 수 있다). 금고의 바닥을 볼트로 고정하고 시멘트 바닥에 부착한다. 더불어 금고에는 이동을 용이하게 하는 어떠한 바퀴도 없어야 한다.

④ 절도범은 토치나 사다리를 구역 내에서 사용할 수 있으므로 구역 내에서 절도범에게 어떠한 도구도 사용할 수 있는 기회를 주어서는 안 되며 모든 잠재적인 도구들은 숨겨져야 한다.
⑤ 시간 자물쇠는 단지 정해진 시간에만 열리게 된다. 이것은 만일 조합번호가 알려지더라도 접근이 쉽지 않다. 이는 자물쇠 기계장치가 작동하는 때로부터 자동적으로 대기하는 시간(약 15분)이 있기 때문이다.
⑥ 특별한 조합번호가 사용되어 금고가 열릴 때 소리 없는 신호가 경보기를 작동시킨다.
⑦ 그날의 마지막 금고사용자는 다이얼을 같은 방향으로 여러 차례 돌려둔다.
⑧ 기록해 놓은 조합번호는 위험하다. 그러므로 공장에서 조정된 조합번호를 가능한 빨리 변경하고, 그 조합번호를 알고 있는 근무자가 퇴사 시 즉시 변경한다.
⑨ 금고 속에 보관하는 귀중품의 수량을 제한하고 가까운 은행을 이용한다.
⑩ 금고 측면에 공인된 인증기관(예, UL)의 등급이 표시된 것을 선택하고, 만일 절도범이 외부에서 그 등급을 안다면 쉽게 침입할 수 있을 것이다.

4) 안전대책

(1) 정책적 안전대책

기업체 내부절도의 문제는 다음과 같은 성공적인 예방 전략으로 줄일 수 있다. 이러한 전략에는 관리적 지원, 효과적인 기획과 예산 체계, 좋은 내·외부의 관계, 지원자의 적격심사와 직원의 사회화 책임, 회계와 감사, 정책과 절차의 통제, 신호, 무료 사용번호와 보상, 조사, 자산의 손실과 절도의 감지, 보험과 보증, 의심스런 직원의 면담, 고소, 사례연구 등이 있다.

① 경영진의 지원

경영진의 관리적인 지원이 없으면 손실을 줄이는 노력도 어렵게 되므로 경영진의 지원을 바탕으로 치밀한 대응전략을 마련하고, 절도를 용인하지 않는 사내분위기를 조성하며, 이에 따른 충분한 예산지원을 요구하는 것이 매우 중요하다.

② 효율적인 계획과 예산

내부절도에 대해 조치를 취하기 전에 발생 원인에 대한 철저한 분석이 필요하다. 여기에는 다음 사항에 대한 질문을 포함해야 한다. 문제의 심각성은 얼마나 되나? 손실의 통계는 얼마나 되나? 과거 재고조사의 정확성은? 또 다른 재고조사가 실시됐는가? 부정행위를 방지하기 위해서는 어떤 전략이 가장 비용효과적인가?

③ 내 · 외부 관계구축

원만한 내 · 외부 관계는 직원들의 절도를 막는데 중요한 역할을 한다. 손실예방 실무자의 적절한 행실과 태도, 복장이 직원들에게 모범이 되어야 하고 사고에 대한 즉각적인 조사는 손실이 주요 관심사항이란 것을 외부로 나타낸다. 작업장에서의 엄격한 손실예방 분위기는 외부에서의 평가가 따르게 되며, 이러한 분위기는 불순한 동기를 가진 외부인이 해당 업무에 지원하기 전에 다시 한 번 생각하게 한다.

④ 지원자의 선발과 직원의 사회화

정규직 직원에서부터 시간제나 임시직 직원들의 선발과정은 주요한 절도예방 기술이 적용돼야 한다. 따라서 어떤 단계이든지 지원자에게 첫 인상부터 기업체의 손실예방 분위기를 느끼게 하는 것이 중요하다.

⑤ 책임감, 회계 lc 감사

책임감은 책무이며 자신의 업무에 대한 소명이다. 예를 들어 어떤 사람은 공장의 모든 완성품에 대한 책임이 있으며, 그는 저장되어 있는 것에 대한 정확한 기록에 대한 근거를 유지해야 한다. 회계는 기록과 분류, 요약, 보고, 업무결과에 대한 해설과 관계가 있다. 가령 업무기록들은 지난해에 재고량이 증가됐다는 것을 보여줄 수도 있다. 감사는 목표나 기준과의 차이를 발견하기 위한 조사나 시험이다. 보안요원이 CCTV나 경보기 등의 확인을 통해 물리적인 안전을 감사하는 반면에 회계감사는 횡령이 일어나지 않았는가를 확인하기 위해 회사의 회계 기록들을 확인한다.

⑥ 정책과 절차의 관리

정책과 절차의 관리는 책임감, 회계, 감사와 동일하다. 정책이나 절차는 설명서나 메모를 통해 직원들에게 설명된다. 정책은 직원들이 판단하고, 목적이나 목표를 반영하는 관리의 도구이고 절차는 정책이 요구하는 것을 이행하기 위한 행동을 유도한다. 예를 들어, 어떤 회사의 정책에 쓰레기가 외부의 쓰레기장에 버려지기 전에 손실예방 실무자들이 훔쳐진 물품이 쓰레기 더미 속에 있는지를 확인하기 위해 조사해야 한다고 명기됐으면 절차는 청소업체의 책임자가 쓰레기가 외부로 나가기 전에 손실예방 실무자를 기다리고 확인해야 하는 것을 명시하고 있다.

⑦ 구호

구호는 손실예방에 관한 목표를 전달하기 위한 또 다른 방법이다. 구호의 메시지는 간략하고, 요점만을 다양한 참가자들을 위한 언어로 전달되어야 한다. 가령 “손실을 줄이고 업무를 경감하기 위해 다 함께 일합시다”라고 구호를 외친 후에 업무를 진행하는 식이다.

⑧ 무료 사용번호와 보상 체제

많은 조직들이 손실보고를 쉽게 하도록 하기 위해 무료 사용번호를 준비하고 있으며, 보상 체제는 손실보고를 강화하기 위한 또 다른 방법이다. 하나의 방법은 전화를 걸어온 제보자에게 비밀번호를 알려주고 제보자가 편안한 시간에 은행통장에 보상금을 요구하면 제보자의 통장에 입금시켜 그의 익명성을 보장해준다.

⑨ 조사

직원 절도는 조직 운영의 내·외부의 업무에 익숙해 절도를 쉽게 숨길 수 있다. 이에 대한 대응책으로 비밀조사원을 운영하는 것이 교활한 직원 절도행위와 그들의 음모를 알아내고 의표를 찌르는데 효과적인 방법이다.

⑩ 재산의 손실과 절도의 감지

기업체에서 재산과 업무용 도구의 손실을 방지하기 위해서 첫째, 재고조사 체제를 확립한다. 둘째, 기업재산에 표시를 한다. 셋째, 금속 탐지기를 사용한다와 같은 세 가지 방법이 권고된다.

재고조사 체제는 재산과 자신이 사용하는 도구에 대한 책임감을 유지케 하므로 직원이 장비나 도구를 빌릴 때는 항목을 기록하고 그것의 일련번호, 직원의 이름과 날짜를 기록하고 그 장비가 반납될 때의 날짜와 기록자·사용자를 포함한 기록이 유지된다. 재산에 표시를 하는 것이 몇 가지 목적에 있어 유용하다.

재산에 일련번호가 주어졌을 때나 회사 이름이 새겨졌을 때 절도자들은 자신들이 잡혔을 때 그것이 회사 소유라는 것이 나타나기 때문에 주저하게 된다. 또한 재산에 표시한 것을 여러 사람에게 공개하면 절도를 방지하는 효과를 나타내게 되므로 형광성 물질은 재산에 표시하기 위해 사용된다. 또한, 자외선은 이러한 보이지 않는 표시들을 확인하기 위해 필요하고, 이것은 침입자를 망설이게 할 것이다.

수많은 기업체들은 때때로 상당히 많은 현금의 절도를 경험한다. 따라서 절도자를 잡기 위해 형광물질, 분말종류, 크레용, 액체 등을 돈에 표시하기 위해 사용한다. 일반적인 시나리오는 퇴근 후에 많은 돈에 접근할 수 있는 몇몇의 혐의자를 감시하기 위해, 의심 가는 근로자가 퇴근 후 돌아오기 전에 조사원이 보이지 않는 형광물질을 현금에 묻혀놓고 봉해놓는다.

그 돈에 보이지 않는 형광 크레용으로 표시해 두면 표시된 돈은 자외선 빛 아래서만 구별된다. 그리고 돈의 일련번호가 조사원에 의해 기록·보관된다. 직원들이 표시된 돈을 가지고 떠나기 전에 조사되고 만약 없어졌다면 직원들의 손을 자외선 빛 아래서 조사한다.

(2) 물리적 안전대책

손실예방에 대한 물리적인 안전대책인 출입통제, 자물쇠와 열쇠, 열쇠 관리, 경보기, CCTV, 순찰, 금고와 금고실, 서류철과 같은 항목이 효율적으로 사용되면 안전대책으로서 충분한 가치가 있다.

① 출입통제

출입통제는 건물이나 시설 안이나 밖으로 드나드는 사람이나 차량, 물품항목 등을 관리한다. 이러한 출입통제절차가 각 조직의 규정에 따라 엄격히 적용되면 재산을 효율적으로 보호할 수 있다. 만약 트럭이 시설에 쉽게 들어올 수 있고 트럭 운전자가 값비싼 물건을 불법적으로 적재하고 가버린다면 기업의 재산이 더 이상 보호될 수 없을 것이다.

대신에 시설물을 실은 트럭이 출입구에서 정지되고, 정복을 입은 근무자에 의해 통행증이 발급되며 면허나 다른 정보들이 기록된다. 또한, 적재시설에 대한 서류 작업이 감시인의 감독·통제 하에서 효과적으로 이루어지고, 시설물에 대한 운전자의 접근을 철저하게 통제해야만 손실을 예방할 수 있다.

출입통제에 있어서는 직원들, 방문객들, 공급업자, 서비스 인원, 계약자들, 정부 조사원들의 이동상황을 매일 확인하는 것이 매우 중요하다. 더불어 상품이나 비밀스러운 정보, 분류된 기업 서류, 직원이나 고객들의 정보는 엄격히 보호돼야 한다.

출입통제는 간단한 것에서부터 복잡한 것까지 다양하다. 간단한 것은 열쇠나 자물쇠, 보안요원의 인식표 확인, 출입구에서 기록하는 것 등이 있다. 좀더 복잡한 출입통제로는 CCTV가 입구에서 관찰하는 것과 전자 잠금장치에 작동하는 출입카드를 사용하는 것 등이 있다. 이러한 출입통제는 기업의 특성과 사업장 환경에 따라 그 강도가 달라진다. 일례로, 새로운 제품을 개발하는 연구소는 철저한 출입통제가 요구되는 반면, 소매업에서는 최소한의 통제만이 요구된다.

직원들을 통제하는 방법으로 출입구를 최소화하는 것이 최상의 방법이다. 더불어 보안요원들이 지켜보는 상태에서 입·출입이 가능하도록 해야 한다. 가능하다면 직원들은 귀중한 회사재산으로부터 가장 멀리 떨어진 작업장 부근을 통행로로 이용하게 한다.

허가되지 않은 출구는 화재나 각종 사고 등 여러 가지 위협요인을 발생시키므로 항상 시건장치를 한다. 그리고 최소한의 손실을 예방하기 위해 각각의 잠긴 문에 비상출구 경보기를 설치하는 일은 가치 있는 투자가 될 것이다. 이러한 장치는 비상시 지체 없이 빠르게 탈출할 수 있도록 도와주며, 수평 막대기(Push Bar)에 압력이 가해졌을 때 안전하게 문을 통과하도록 한다. 이러한 문들은 작동 시 경보음이 울리게 되며, 이것은 허가 없이는 사용할 수 없게 한다.

② 직원 조사

부정행위가 의심되는 직원들을 조사하는 것은 매우 민감한 문제이기 때문에 조직의 정책이나 절차를 공표하기 전에 경영자는 근로자 대표들과 논의해야 한다. 또한, 합리적인 계획을 세우고 법률적 조언을 얻는 일은 직원을 조사하기 전 중요한 선결요건이다. 그리고 출 · 퇴근 시 휴대품 검사에 관한 정책을 강화하기 위해 근로자들에게 사업장을 떠날 때 간단한 휴대품 검사를 실시한다는 것에 대해 사전 동의를 얻을 필요가 있다.

대부분의 경우 업무에서 몸수색은 금지되나, 모든 휴대용 물건(가방이나 노트북 등)의 반출·입은 검사해야 한다. 그 경우에도 출입자의 확인시에 차별 논란을 없애기 위해 모든 구성원에게 일관성 있는 검색이 실시돼야 한다. 검색은 또한 직원들의 사물보관함에 대해서도 실시되는데, 이는 때때로 사물함에 훔친 물건이나 불법적인 행위에 관한 자료를 숨겨두기 때문이다.

더불어 직원들이 물건을 훔칠 경우에, 이성적인 합리화는 죄의식을 완화시키게 된다. 이러한 이성적인 합리화의 일례로는 "모두가 훔치는데", "이것은 부수입이야" 또는 "고용주는 나에게 충분한 급여를 주지 않아"와 같은 것이 있다. 이러한 동기는 개인적인 부채나 약물문제로 돈이 필요하거나 다른 사람으로부터 묵인을 얻음으로써 시작된다. 절도의 기회는 수많은 무방비 장소에서 얻어지며(현금 등록기나 하역장 같은 곳), 시행 후의 합리화는 죄의식을 경감시킨다. 이것이 바로 적절한 시큐리티 활동을 통한 정직한 근무환경 조성 등의 기업문화의 중요성을 보여주는 좋은 예이다.

〈표 3-9〉 감사와 내부(부정행위)조사의 차이점

	감사	내부조사
시기	반복적 : 정기적으로 이루어짐	불규칙적 : 혐의가 있을 때 실시
범위	• 일반적 • 감사의 범위는 재무자료 전반	• 특정적 • 특정 혐의 분야의 자료를 분석
목적	의견 : 감사결과는 의견으로 제시	결과 : 사기여부를 조사하고 사기규명
결과	복구불능: 감사결과로 과거의 잘못이 회복되지 않음	복구 : 사기조사로 책임여부를 가리고, 책임을 물어 피해를 복구
방법론	감사기술	조사기술
가정	전문적인 의구심 : 감사는 전문적인 의구심을 가지고 감사	증거 : 사기조사는 책임을 물어야 하므로 증거에 모든 것을 의지

*출처: 성태경·이상구 외, '부정·사기에 대한 현황과 대책', 2003, p.20, 최선태, 「기업보안 핸드북」, 도서출판 진영사, 2008, p.222, 재인용.
:http://www.boannews.com/media/view.asp?page=1&gpage=1&idx=4687&search=title&find=&kind=1(검색일 : 2012.8.8)

③ 방문객 관리

기업 방문객에는 고객과 판매원, 공급업자, 서비스 인력, 계약자 그리고 관련 공무원들이 포함되며 다양한 기법들이 방문객의 접근통제에 적용된다. 여기에서 명하는 장치들은 방문객에게 불편함이 없이 기업 목적을 달성하는 것을 가능케 한다.

만약 방문객이 사전 약속 없이 방문했을 때 안내하는 근무자가 대기실로 안내한다. 그리고 특정 구역으로 가는 가장 짧은 길로 유도하는 것은 방문하는 이유가 무엇이던 간에 기업의 귀중한 재산이나 위험한 상태로부터 격리시켜 절도나 부상을 방지할 수 있도록 한다. 이러한 경우에는 부상을 방지하기 위해서 보호 장구인 헬멧 등도 필요할 경우가 있다.

출입자 기록이나 출입대장은 방문객을 통제하기 위한 좋은 선택이다 출입대장에는 방문객의 이름, 방문 날짜, 입장과 퇴장한 시간, 목적, 방문한 특별장소, 방문객을 안내한 직원의 이름, 임시 휴대한 출입번호가 관련 정보가 되고 이러한 기록들은 사고조사에 도움이 된다.

출입자에게 배정된 임시 배지는 반드시 수거되어 방문객의 이름과 날짜, 시간, 방문한 특정한 장소 그리고 배지 번호가 기록돼야 한다. 가능하다면 직원과 방문객의 접촉은 최소화한다. 이는 특히 선적이나 검수부서에서 매우 중요한데, 사업장에 제품을 운반하는 트럭운전자와 관련 직원이 친밀하게 되면 범죄공모에 빠질 우려가 있다. 따라서 각종 기기의 암호들은 철저하게 관리되고 트럭 운전사나 여러 방문객에게 전화기나 화장실, 자판기는 가능한 사업장에서 멀리 떨어져야 한다.

(3) 기술적 안전대책

① 생체인식 시스템

생체인식 시스템은 오늘날 주요한 출입통제장치로 각광받고 있다. 이 장치는 지문, 손의 기하학, 눈 망막의 혈관, 음성, 물리적 필기 동작, 키보드 치는 동작, 기타 여러 가지 방법 중에서 개개인의 신원을 확인하는 것으로 목소리나 수기의 인식으로 인한 실수를 줄이기 위해 연구가 계속되고 있다. 기본적으로 이 장치들은 출입을 요구하는 주체를 저장된 자료와 비교하는 것이다. 생체인식 시스템의 적용은 무한하며 출입문, 컴퓨터, 차량 등에 적용된다.

생체인식 시스템과 비교할 때 영상인식은 또 다른 긍정적인 효과를 낼 수 있는 방법이다. 여기에는 사진 ID 배지와 이미지 저장 및 복구장치의 두 가지 형태가 있다. 보안요원은 저장돼 있는 개인정보를 주 컴퓨터에 연결된 모니터나 화상 단말기를 통해 이미지를 확인한다. 이러한 출입통제는 몇 가지 기술을 이용한다.

예를 들면, 마그네틱이나 스마트카드 기술은 상호 취약점을 보완해주며, 하나의 장소에서 카드와 개인 인식번호를 동시에 요구하거나 손가락의 스캔과 카드를 함께 요구한다. 출입통제장치는 시간·날짜·장소별로 출입이 가능한 인원이 프로그램돼 있으며, 시간이나 날짜는 물론 더 다양한 자료에 의해 개인의 출입등급을 정할 수 있다.

가까운 미래에 출입통제장치는 첨단기술로 인해 발전하게 될 것이므로 잃어버리거나 도둑맞은 카드는 신경 쓰지 않아도 되는 시기가 도래할 것으로 보인다. 사람들은 출입할 장소에 접근함에 따라 생체인식을 통해 신원이 금방 인식될 것으로 보인다. 더불어 CCTV 장치와 결합한 디지털 영상기술은 영구적으로 저장된 디지털 이미지를 통해 인식될 것이다. 또한, 많은 현금을 결제하거나 신용카드거래에서 생체인식의 예로서 POS 판독기를 활용할 수 있게 되고, 생체인식장치들은 은행, 교정기관, 복지 프로그램 등에서 광범위하게 이용될 것으로 전망된다.

〈표 3-10〉 생체인식시스템의 장단점

종류	장점	단점	활용분야
지문인식	보안성 우수, 가격 저렴	손상되거나 건조한 지문은 인식 어려움(신뢰성 높음, 효율성 낮음)	범죄수사와 산업 전반
얼굴인식	인식이 빠르고 쉬우며 가격이 저렴함	주위 조명에 민감하고 표정, 수염 등 변장에 약함(신뢰성 낮음)	일반적인 분야
정맥인식	인식률이 높고 편리성이 우수함	시스템이 크고 가격이 높음	일반적인 분야, 산업체

장문 손모양	인식하기 위한 데이터 처리용량이 적고 작동이 간편함	지문에 비해 속도 느림, 정확도가 낮음	산업체
홍체·망막	복제가 불가능함	거부감이 생기고 사용상 불편함	의학센터 연구소
음성인식	원격지에서 사용 가능, 가격이 저렴함	신체적인 감기, 감정에 따른 변화에 취약함	폰뱅킹 데이터 베이스 접근
서명인식	사용이 편리하고 가격이 저렴함	정확도가 낮음, 도용우려	일반 분야

*출처 : http://www.boannews.com/media/view.asp?page=1&gpage=1&idx=4687&search=title&find=&kind=1(검색일 : 2012.8.8)

② 침입경보장치

침입경보장치는 침입사고를 감지해 상황실이나 관련기관에 보고하거나 감지된 구역에서 경보음을 내는 장치이다. 따라서 경보음을 통해 보고된 문제를 바로잡기 위해 즉각적인 대응이 필수적이다. 여기에서 중요한 것은 직원 절도의 위협을 감지하는 것이다. 또한, 사업장 경계구역을 보호하기 위한 센서의 설치가 중요하다. 이러한 침입경보장치는 감지기와 통제부, 신호표시기기가 주요한 구성요소다.

감지기는 느낌(압력 매트, 접촉 스위치)에 의한 것, 소리(진동 감지), 온도(적외선), 시각(광선)에 의해 침입을 감지하는 것이며, 통제부는 감지기로부터 경보신호를 받은 다음 신호표시기(벨이나 사이렌)를 작동하게 된다.

오늘날 한 가지의 감지기능으로는 침입자의 위협을 방지하기가 어려우므로 두 가지 복합기술을 활용하는 사례가 증가하고 있다. 감지기 기술의 복합 형태는 오·경보를 줄이기 위한 장소나 감지기가 무력화되는 것을 방지하기 위해 설치된다.

초음파와 적외선 감지기의 결합은 두 가지 기술을 적용한 일반적인 예이다. 각각의 기술은 보호하려는 환경에서 서로의 장점과 단점을 보완할 수 있어야 한다. 이 경우 양쪽 감지기가 침입을 감지할 때나 둘 중에 하나가 침입을 감지할 경우 경보가 울리도록 설계돼야 한다.

침입경보장치는 필요에 따라서 운영지역을 구분해 작동하도록 할 수도 있다. 이는 건물의 구획된 지역이 경보장치들에 의해 보호되는 것을 말하며, 특별구역 내에서 해당 경보기가 작동하거나 꺼져있도록 하는 것이다. 예를 들어, 이른 아침에 청소요원들이 공장의 북쪽 끝에 있으면 다른 구역의 경보기는 작동하고 그 구역만 꺼지도록 한다. 이러한 방법은 영역설정을 통해 침입자가 어디로 들어왔는지 정확히 알 수 있게 한다.

③ 시스템 통합

시스템 통합은 조직체에 각각의 분야에 산재된 시큐리티 업무와 모든 시큐리티 기능을 하나의 시스템으로 인식하고 관리자가 종합적으로 운영·통제하는 것을 말한다.

이러한 업무에서 컴퓨터를 이용한 장치들은 출입통제, 경보감시, CCTV, 전기소자 감시, 화재방지 및 안전장치, HVAC(Heating, Ventilating, and Air Conditioning), 경계구역 감시, 영상 · 음성 미디어, 판매시점 거래, 재고조사 관리 등을 포함한다. 이러한 장치들은 대부분의 사업장에서 그 설치가 증가하고 있으며, 운영자에 의해 관리 · 감시되며 중앙 집중화된 워크스테이션이나 원격지에서 관리 · 통제된다.

시큐리티 시스템 통합의 장점은 비용 및 인력 절감, 효율성 증대, 중앙 집중화, 이동시간의 감소 등이 있다. 이러한 사례로 소매업체의 경영진은 각 매장과 전시장의 운영상태, 판매시점 거래, 고객들의 행동, 재고조사, 그리고 손실예방활동 여부를 확인할 수 있다. 이와 같이 시스템 통합장치의 보급으로 사무실에 앉아서도 멀리 떨어진 사업장의 운영 상태를 확인할 수 있게 된 것이다. 그러나 시스템 통합은 사전에 철저한 계획수립과 다음 항목에 대한 명확한 대응책을 요구한다.

- 통합된 시스템은 분리 운영되는 시스템보다 운영 및 유지에서 쉽고 비용이 절약되는가?
- 공급업체는 모든 시스템의 설치·적용을 무리 없이 수행해낼 수 있는 전문가인가?
- 통합 소프트웨어는 공신력 있는 기관과 같은 제3자의 실험에 의해 승인된 품목인가?
- 소방서와 공공기관 등에서 화재경보장치를 다른 장치들과 통합하는 것처럼 어떤 시스템의 통합에 대해 반대하지는 않는가?[22)]

---

22) 최선태, 「기업보안관리론」, 도서출판 진영사, 2011, pp.138~162 참고.
시큐리티월드,: http://www.boannews.com/media/view.asp?page=1&gpage=1&idx=4687&search=title&find=&kind=1(검색일 : 2012.8.8)

5. 주거 보안관리(Home security)

가정은 사람에게 몸과 마음의 안정 및 안전을 줄 수 있는 보금자리로서의 의의가 강조된다. 가정에서의 각종 사고는 예측할 수 없지만 여러 방법으로 사전에 예방할 수 있고, 사고에 따라 대처 요령을 미리 습득하여 대처함으로써 그 피해를 줄일 수 있다. 특히 안전에 대한 의식은 단기적이기 보다는 장기적으로 형성된다는 점에서 어린 시절부터 체계적인 안전 교육을 실시하는 것이 중요하다. 최근 주택의 유형에도 큰 변화가 생기면서 단독주택이나 다세대 주택보다는 아파트가 건설되고 그 선호도 또한 극치에 이루고 있다. 그러나 단기간 대량으로 이러한 독립적인 집단주거단지가 건설되고 폐쇄적이고 획일적인 구조의 단지가 형성되면서 외부환경과의 단절 및 이웃주민과의 위화감이 조성되었고, 개인의 사생활을 중요시 여김에 따라 개인주의와 익명성으로 시민들이 범죄에 노출될 가능성이 높아졌다. 따라서 주거보안에 대한 예방대책을 살펴본다.

1) 주거형태에 따른 범죄요인

(1) 다세대주택

한 건물에 다수의 세대가 거주할 수 있도록 주거공간이 별도로 분리 되어있는 주택[23]으로 다른 주거형태에 비해 우발적 혹은 범죄경험이 없는 초범의 경우에도 어렵지 않게 성공 할 수 있는 단순절도 등의 사례가 많이 발생한다.

사회 경제적인 관점으로 보았을 경우 ①빈곤층의 주거율이 높아 구체적인 경비시스템의 장착율 저하 ②범죄의 목표물이 될 수 있는 노인층, 생활대상자주거율 상승 ③친밀관계가 높은 장기간 거주자보다 이주율이 높아 이방인 거주 상승 등을 들 수 있다.[24]

주거환경의 경우 ①다수의 주택이 밀집되어 범죄의 재시도 가능 ②최종문(현관 및 창문)의 노출로 범죄자의 근접이 쉽고 ③주택 간의 거리가 좁아 범죄자의 이동을 용이하게 하며 ④좁은 골목 등으로 범죄 이동 동선이 숨겨져 있다는 것을 범죄요인으로 볼 수 있다.[25]

25) 네이버백과사전
24) 황선영, "GIS 활용한 범죄의 공간패턴 분석-주거침입절도를 사례로-", 경희대학교, 2001. p.57.

(2) 단독주택

단독주택은 단일 가구(家口)를 위해서 단독택지 위에 건축하는 형식이다. 비교적 가족단위의 개체성이 잘 보존될 수 있고, 개인의 취향에 맞게 주거계획을 세울 수 있다. 대문과 정원이 개별 택지마다 이루어지며, 건물은 인접한 다른 건물과 일정한 거리 이상 떼어서 건축되어야 한다. 이 형식은 건축과 정원 등의 사유욕구(私有慾求)가 만족됨으로써 옥내외의 사생활이 가장 잘 보장되어 있으나, 그로 인해 담이 높아지고 외부와의 정보차단으로 범죄 발생 시 빠른 대응조치가 어렵다는 단점이 있다. 일반적으로 단독주택의 경우는 중상층의 비율이 높아 부유층을 겨냥한 전문적이고 계획적인 범죄가 많다.

(3) 아파트

한 채의 건물 안에 독립된 여러 세대가 살 수 있게 구조한 공동주택으로 주택건설촉진법에서는 5층 이상의 공동주택을 아파트라 규정하여 4층 이하의 연립주택과 구분하고 있다. 아파트는 단독주택을 여러 채 겹쳐 놓은 것인데, 슈퍼마켓 · 관리사무소 · 우체국 · 주차장 · 초등학교 등 공용시설의 이용으로 생활이 편리한 반면 공동생활에서 오는 여러 가지 불편, 생활습관에서 오는 불편(장독대·김장독 등), 유사시 예컨대 화재 발생 시의 대피 등 문제점이 지적되고 있는 주거형태이다.[26]

현재 아파트는 우리 국민 대다수가 가장 선호하는 주거형태로 나타나고 있다. 90년대부터 급격히 선호도가 높아지고 건설량도 급격히 증가하였다. 이에 따른 아파트 선호도의 중요한 선택요인은 범죄로부터의 안전성이다. 고층아파트의 경우 자전거 도난, 배달물 도난, 자동차 훼손 등 비 침입절도 혹은 재산피해는 고층에서 많았으나 주거침입절도는 저층에서 더 많은 것으로 나타났다.[27]

---

25) 허경미, "노인의 범죄피해 특징 및 대책에 관한 연구", 한국공안행정학회지 제17호, 2004, p.435.
26) 네이버 백과사전
27) 김철주, "아파트 단지 범죄에 관한연구", 건국대학교, 2000. p.27.

2) 주거침입 방법 및 사례

주택을 대상으로 한 침입절도의 유형은 ①부재중인 주택에 침입하여 금품을 절취하는 빈집털이, ②잠든 야간에 주택에 숨어들어 금품을 절취하는 형태. 그리고 ③낮잠이나 목욕, 식사 혹은 식사준비 등을 하고 있는 사이에 주택에 침입하여 금품을 절취하는 형태 등 다양하지만 특히 빈집털이는 주택을 대상으로 한 침입절도 중에서도 가장 흔히 발생하며 범행수단이나 방법도 다른 형태에 비해 다양하다.

(1) 목표물이 되기 쉬운 건물 및 층수

침입절도가 발생하는 장소를 보면 전체적으로 일반주택에서 가장 많이 발생하고 있으나, 아파트와 같은 집합주택에서도 흔히 발생하고 있다.

〈표 3-11〉 범행대상으로 쉬운 건물

2층 단독주택	49
슬라브 지붕 단독주택	31
2층 이하의 목조 연립주택	31
복합 빌딩	20
3층 이상의 아파트	13

침입대상건물과 층수를 고를 때에 범행, 도주가 용이하고 체포될 가능성이 적은 곳을 고른다는 한 연구결과는 범행하기 쉬운 층수는 당연히 1층, 2층 순이었다.

(2) 범행요일과 날씨

범행은 주로 평일에 발생하고 있는 것으로 나타났다. 평일에 범행을 하는 이유로는 가족들이 회사나 학교에 가서 집을 비우고 또 훔친 통장의 현금인출이 가능하기 때문이다. 이에 반해 휴일을 고르는 이유로는 가족끼리 외출하는 경우가 많다는 점을 들고 있다.

한편 침입절도는 압도적으로 맑은 날과 흐린 날에 저질러지는 것으로 나타났다. 피의자에 대한 설문조사에서도 같은 결과가 나왔다.

(3) 침입수단

침입수단은 베란다, 바깥계단, 담장이 가장 많으며, 차고, 사다리, 쓰레기통, 홈통, 가스관, 건축공사장 등의 발판, 전신주, 수도관 등을 이용하기도 한다.

□ 사례

- 전신주를 타고 올라가 이웃집의 2층 베란다를 통해 창문으로 침입
- 정원수를 타고 3층 베란다로 올라가 창문으로 침입
- 빗물받이 홈통을 타고 3층 베란다로 올라가 침입
- 인접한 빌딩공사장의 발판을 이용하여 2층 베란다로 침입
- 외벽 페인트공사를 위해 설치한 발판을 이용하여 4층 베란다를 통해 침입
- 창고에 넣어 둔 사다리로 2층으로 올라가 침입
- 블록 담을 발판으로 삼아 2층 베란다를 통해 침입
- 블록 담을 발판으로 삼아 2층 베란다 통해 침입

(4) 침입경로

현관을 통한 침입을 줄었으나 베란다나 거실 및 기타 장소의 창을 통한 침입이 증가하고 있다. 특히 거실, 응접실, 침실 등에 난 창문과, 그 밖에 부엌, 욕실, 화장실의 창문, 그리고 채광. 환기용 창을 통한 침입도 늘고 있다.

□ 사례

- 알루미늄 섀시 창문의 자물쇠를 부수고 침입
- 부엌 유리창에 셀로판테이프를 붙이고 돌로 깨부수고 침입
- 옥상에서 로프를 이용하여 창문으로 침입
- 홈통을 통해 베란다로 이동하여 유리창을 깨부수고 침입
- 욕실의 창틀을 드라이버로 부수고 실내에 침입
- 화장실 창문이나 욕실의 섀시 창문을 들어 올리고 침입

(5) 침입방법

침입방법은 주로 ①유리창을 깨고, ②현관열쇠를 찾아내서, ③문단속하지 않은 창, 배란다, ④현관의 자물쇠를 부수고, ⑤문단속하지 않은 현관을 통해 주로 침입하며 현관의 자물쇠를 열고문단속을 하지 않은 경우와 유리창을 깨고 들어간 사례가 대단히 많으며, 숨겨둔 열쇠를 찾아내어 현관을 통해 침입한 사례와 창문을 맨손으로 들어 올려 제거 한 후에 침입한 사례도 있었다. 실제로 피의자에 대한 설문에서도 유리창을 깨고 침입하거나 잠그지 않은 창과 베란다, 현관 등을 통해 침입한다는 대답이 많았다.

□ 사례

- 현관 옆의 가스미터기 상자 안에 숨겨 둔 현관의 열쇠를 찾아내어 침입
- 우편함, 우유배달상사(주머니), 화분 등에 숨겨둔 열쇠를 찾아내어 침입
- 훔친 보조키를 사용하여 침입(피해자는 열쇠가 없어졌음을 알고서도 자물쇠를 교환하지 않음)
- 현관문에 설치된 우편함에 손을 넣어 자물쇠를 열고 실내에 침입한 사례

열쇠와 관련해서는 반드시 이사를 할 경우에 종전에 사용하던 자물쇠를 교체해야 한다는 사실이다. 이는 전에 살던 사람이 보조키를 만들어 두었을 경우를 대비한 것이다. 또한 보통사람이 생각해서 숨기는 장소 정도는 간단히 알아낸다는 점을 명심하여야 한다.

그리고 피해자에게 숨겨놓은 열쇠를 찾아내기 위해 수색하는 장소를 물은 결과, 우편함, 우유주머니, 신문함, 화분 밑, 문틀 위 등을 대답하고 있다.

(6) 부재 여부의 판단기준 및 확인방법

범죄자들은 가족이 집안에 있는지 없는지를 어떻게 판단하는 방법으로는 ①커튼을 친 상태, ②실내조명, ③세탁물의 건조방법, ④전기미터기의 회전, ⑤유리 창문에 작은 돌 던져보기, ⑥초인종(인터폰) 눌러보기 등이다.

그리고 가장 구체적인 확인방법으로는 인터폰을 누르는 것이 가장 전형적인 방법이며, 그밖에 전화를 거는 방법을 취한다고 대답하고 있다. 인터폰을 눌러서 가

족이 나오면 길을 묻거나 실재하지 않은 사람의 이름을 묻는다. 그리고 때로는 "자동차가 고장 나서 수리공장에 연락을 취하고 싶은데 전화 좀 쓸 수 있느냐?"고 부탁하여, 만약에 빌려 주면 방범설비, 경보기, 개 등이 있는지와 재물이 얼마나 있는지를 확인한다고 한다. 또한 조깅 차림으로 우편함에서 우편물을 꺼내 노크를 하였다가, 가족이 나오면 "길에 떨어져 있어서 가져 왔다"고 대답하기도 한다. 조깅 차림이면 의심도 받지 않을뿐더러 민첩하게 도주할 수 있다는 것이다.

3) 가옥의 보안 및 범죄예방대책

(1) 가옥 주변

① 담장

밖으로부터 거동 수상한 그림자를 식별할 수 있을 정도의 높이가 바람직하다. 담이 높고 틈이 없이 블록으로 축조되어 있는 것, 나무를 빽빽이 심어서 안이 잘 들여다보이지 않는 담은 거동수상자를 식별할 수 없어서 바람직하지 않다.

또한 담장을 발판으로 하여 베란다로 오르거나 건너가는 등, 침입경로로 이용될 수 있으므로 가옥과의 간격과 높이 등에 배려할 필요가 있다.

② 정원수

몸을 숨길 장소를 제공하지 않도록 정원수를 잘 손질할 필요가 있다. 특히 줄기나 가지를 통해 베란다로 건너가는 경우가 있으므로, 가옥 쪽으로 뻗어있는 가지는 잘라두는 것이 좋다.

③ 전신주

전신주는 직접적인 침입경로가 될 뿐만 아니라 이웃집의 베란다를 거쳐서 침입하는 경우가 있다. 따라서 가옥으로 직접 건널 수 없는 거리만큼 떨어뜨려 설치하고, 간단하게 올라갈 수 없도록 높이 2미터까지 볼트(못)를 박지 않도록 관리기관에 신청할 필요가 있다.

④ 공사장의 발판

건축공장, 증개축 공사, 도장공사 등을 위해 설치되어 있는 공사용 발판은 침입경로로 이용되기 쉽다. 자신의 주택뿐만 아니라 인접한 건축물에 가설된 것도 이용될 수 있다. 특히 발판 쪽으로 난 출입구나 창문 등에는 문단속을 철저히 하고, 보조자물쇠를 설치하거나 경보장치 등을 설치할 필요가 있다.

⑤ 창고 · 차고의 지붕

창고 · 차고의 지붕은 베란다를 통해 침입할 경우의 발판으로 이용되는 경우가 많다. 창고나 차고의 지붕은 가급적 가옥에서 떨어뜨리거나, 베란다 혹은 창문으로부터 멀리 할 필요가 있다.

⑥ 사다리

창고에 넣어둔 사다리를 꺼내거나 근처 공사장 등의 사다리를 훔쳐서 사용하는 경우가 있다. 따라서 사다리는 문단속이 된 창고에 수납하거나 눈에 띄지 않는 곳에 놓아두고, 이동시킬 수 없도록 체인 등으로 고정시킬 필요가 있다.

⑦ 기타

에어컨의 실외기, 승용차의 지붕, 자전거의 안장, 빈 상자 등이 발판으로 상용되는 경우가 있다. 평소부터 관리·수납에 유의함과 아울러, 침입경로가 되는 창문과의 위치관계에 배려할 필요가 있다.

(2) 가옥의 벽면 · 옥상 · 베란다의 난간

① 벽면의 홈통

배수관, 전화선 · 전선, 에어컨의 배관 등 노출되어 있는 벽면의 홈통이 침입수단으로 이용도는 경우가 많다. 베란다나 창문 등의 위치관계에 배려하고 손잡이나 발판이 될 만한 것을 설치하지 않도록 한다.

② 계단

계단의 중간부분으로부터 베란다나 거실로 건너가는 경우가 많다. 2 미터 정도는 간단히 건너뛰는 자가 있으므로, 침입경로가 되기 쉬운 장소와의 위치관계에 배려하고 펜스 등으로 방호할 필요가 있다. 또한 절도범인은 일반적으로 바깥계단을 선호하므로 바깥 계단이나 비상계단의 1층 부분은 거주자만이 이용할 수 있도록 조치를 취할 필요가 있다.

③ 옥상

옥상에서 홈통이나 로프를 이용하여 내려올 수 없도록 옥상의 난간을 개량할 필요가 있다. 또한 옥상에는 거주자라 할지라도 재해시나 피난시 이외에는 출입하지 못하도록 배려할 필요가 있다. 옥상에의 자유로운 출입은 범인의 침입을 용이하게 할 뿐만 아니라, 자살자나 거주자의 전락사고 등을 초래할 가능성이 있으므로 바람직하지 않다. 특히 최근에는 일조(日照) 등의 관계로 아파트의 상층부가 비스듬히 커트된 것을 흔히 볼 수 있다. 그러나 이러한 곳은 수직하강과는 달리 그다지 경험이 없는 자도 간단히 내려갈 수 있다고 하므로 주의 하여야 한다.

④ 베란다의 난간

현관과 함께 베란다로 침입하는 경우가 대단히 많다. 가옥 주변의 정원수, 벽면의 홈통, 비상계단, 기타 구조물로부터 베란다로 건너와 침입할 뿐만 아니라, 이웃집의 베란다에서 건너오거나 윗 층에서 내려와 침입하는 경우도 있다. 그때 사용되는 것이 베란다의 난간이다. 베란다는 외부에서 들여다 볼 수 있는 타입이 바람직하다.

(3) 현관문 · 베란다의 창문 · 기타

① 현관문

문단속을 하지 않은 결과 입을 피해를 방지하기 위해 자동도어로 하고, 체인 등의 보조자물쇠를 설치하는 것이 바람직하다. 현관문 주변에 햇빛을 투과시키기 위한 창문을 창이나 장식용 유리를 설치 한지 않도록 주의하며, 설치해야 할 경우에는 유리를 깨부수고 사람이 통과할 수 없을 정도의 넓이로 하며 또 손을 뻗어도 자물쇠에 닿지 않을 위치에 설치하여야 한다.

현관문에 우편함을 부착시킬 경우에는 손을 집어넣거나 공구를 사용해서 자물쇠를 열 수 없는 것을 고를 필요가 있다. 또한 현관문 주변의 벽을 부수고 손을 넣어 여는 경우가 있으므로 현관문 주위의 벽면강도까지도 배려할 필요가 있다.

또한 현관 주위에 열쇠를 숨겨놓는 것은 오히려 범인을 초대하는 것과 같은 행위이므로 주의 하여야 한다. 아울러 현관이나 우편함에 문패를 걸거나 성명을 기입하는 것은 범죄인이 전화번호를 확인하는데 이용되므로 피해야 한다. 그들은 문패 등을 통하여 전화번호부에서 전화번호를 알아내서 전화를 걸어 부재여부를 확인하기도 하기 때문이다. 또한 최근 자동응답 전화기가 널리 보급되어 부재중임을 가르쳐 주고 있다. 편리함과 위험성은 동전의 앞뒷면과 같이 항상 공존하고 있는 것이다.

② 출입문

유리 또는 알루미늄으로 만들어진 도어는 사용되지 않는 것이 바람직하다. 현관문이 아닌 출입문은 현관에 비해 경시되기 쉬우며, 간단한 자물쇠만을 부착시키는 경향이 있으나, 현관문에 버금가는 방범대책을 세워야 한다.

③ 베란다 · 거실 및 기타

베란다나 거실의 창문에는 합성유리 또는 복층(複層)유리를 사용하도록 하며, 거실 창문에는 보조자물쇠 외에 섀시도 함께 설치하는 것이 바람직하다. 또한 도로, 공지(空地), 주차장, 농지 등과 접한 그 밖의 창문은 충분히 주의하여 설치할 필요가 있다.

④ 기타 개구부(開口部)

환풍기를 제거하고 침입하는 경우가 있으므로 셔터가 부착된 환풍기를 사용하든가 사람이 출입할 수 없는 크기의 것을 설치하도록 한다. 머리만 들어가면 나머지는 간단히 침입할 수 있다고 호언하는 자도 있으므로 주의를 요한다.[28)]

---

28) 박병식, "침입범죄와 주거안전" 한국안선교육학회지 제1권 제1호. 2010. pp.63~65.

4) 공동주택보안 및 범죄예방 요령

(1) 공동주택의 특성

① 전체 주택지역중 단독주택 재건축 및 지역 재개발 사업으로 아파트, 연립 등 공동주택 점유율의 급격한 증가.
② 아파트단지 내 다중 출입이 용이하고 특히 야간출입 통제곤란.
③ 단독주택보다 상대적으로 안전하리라는 인식으로 입주자의 자위방범의식 미약.

(2) 범죄수법

① 아파트 개인세대별

- 대규모 단지의 경우, 익명성이 높아 침입범행 용이.
- 현관문만 잠그면 안전하리라는 방심을 틈타 빗물 배수통, 도시가스배관, 베란다 난간을 타고 3층 이상 아파트에도 창문으로 침입.
- 옥상에 침입 숨어 있다가 한밤중에 밧줄을 타고 내려와 창문으로 침입.
- 열린 문이나 창문을 통해서 또는 자물쇠를 부수거나 유리창을 깨고 침입.
- 맞벌이 등으로 집을 비운 것을 전화를 걸어 확인한 후 침입.
- 우편배달부, 방문객, 외판원, 동사무소 직원, 검침원(수도·전기·가스)을 가장, 또는 관리실 경비원을 사칭 문을 열게 한 후 침입 범행.
- 만능키나 훔친 열쇠를 이용 침입

② 아파트 내부, 외부 공간

- 엘리베이터 내에서 동승한 여자를 위협, 강취하거나 동승한 어린이를 협박하여 침입 범행.
- 비상계단 공용공간에서 발생하는 범죄는 고층아파트일수록 많이 발생.
- 단지 내의 공원 놀이터 주차장 등에서 환각제 흡입, 패싸움, 성폭력, 금품갈취 행위 등 범죄용이.
- 주차장에서는 차량 및 카스테레오 도난 빈발.

5) 가정보안대비책[29)]

사회가 고도화 등에 따라 각종 범죄가 증가하고 있으나 한정된 경찰력만으로 모든 범죄를 완전히 예방하기에는 현실적으로 한계가 있다.

누구나 범죄의 피해자가 될 수 있다는 생각을 가지고 스스로 지키는 자위방범체제를 강화하고자 일상생활 주변에서 발생하는 범죄의 형태와 대비요령을 살펴보면 다음과 같다.

(1) 범인이 노리는 집

- 대문이 열려있는 집
- 자물쇠가 밖으로 채워져 있는 집
- 초인종을 눌러도 대답이 없거나 전화를 걸어도 받지 않는 집
- 초저녁에 불이 꺼져있는 집
- 대문, 출입문에 정기 배달물(우유, 신문 등)이 쌓여 있는 집

(2) 가정에서 지켜야 할 사항

- 강도는 흉기를 소지하고 침입하기도 하지만, 주로 침입한 주택의 부엌칼 등을 이용하므로 흉기가 될 만한 과도 등은 깊숙한 곳에 보관, 사용하는 것이 좋다.
- 야간에 도둑이 침입한 경우 가벼운 기침을 하거나, 선잠에서 깨는 것처럼 하품을 하며 이불을 뒤척이면 도둑은 불안을 느껴 도망가는 경우가 많다.
- 강도가 들었을 경우 그들의 요구대로 따르되 자극적인 말은 삼가고 인상착의를 자세하게 기억해야 한다. 또한 범죄를 당한 경우에는 범죄현장을 손대지 말고 그대로 보존하고 속히 112전화신고를 해야 합니다.
- 귀중품(귀금속, 현금 등)은 은행에 예치하는 것이 좋고, 집안에 둘 때에는 적당한 곳에 분산 보관하는 것이 안전합니다.

---

29) 파이낸셜뉴스, http://www.fnnews.com/view?ra=Sent0601m_View&corp=fnnews&arcid=201201220100198200009534&cDateYear=2012&cDateMonth=01&cDateDay=22(검색일 : 2012.08.13)

- 온 가족이 한 방에서 TV를 볼 때에도 집밖의 인기척에 귀를 기울이고 단속을 확인해야 한다.
- 문단속을 철저히 한다. 현관 출입문은 이중 잠금하고 우유·신문 투입구를 철저히 막는다. 집 열쇠는 소지하고 가거나 경비실에 맡기고 현관문 근처에 열쇠를 숨겨놓지 말자. 부득이한 사정으로 집을 비울 때에는 이웃이나 경비원, 파출소에 부탁하고, 밤에는 형광등이나 라디오를 켜 놓는 것이 안전하다. 또한 집을 여러 날 비울 때에는 배달물(우유, 신문 등)을 중지하도록 하여 빈집임을 모르게 해야 한다. 그리고 택배나 등기물이 쌓이지 않도록 경비실이나 이웃에게 미리 부탁하자. 그리고 타이머기능을 이용해 전등, TV, 라디오 등을 활용해 사람이 있는 듯 가장을 해 둔다. 그리고 휴가를 떠날 때에는 가까운 이웃 외에는 휴가사실을 알리지 말고 조용히 떠난다.
- 최근에는 검침원, 동사무소 직원 등을 가장하거나 전세방을 얻으러 다니는 것처럼 가장하여 침입하는 경우도 많으므로 낯선 사람을 함부로 집에 들이지 말아야 한다.
- 부녀자 혼자 엘리베이터를 탈 때에는 수상한사람이 주위에 있는지 살핀다.
- 빈집 신고제를 적극 활용 : 경찰이 연휴나 휴가절마다 실시하는 "빈집신고제"는 잘만 활용하면 매우 유용한 방법이 될 수 있다. 장기간 집을 비우고 여행을 떠날 때 관할 파출소에 미리 신고하면 경찰관들이 하루 서너 차례 순찰을 돌며 방범상황을 체크해 준다. 파출소에 신분증을 제시하고 자필서명을 하면 무상으로 귀중품 보관도 가능하다.
- 은행의 대여금고 서비스를 이용하여 귀중품은 은행 금고에 넣어라:
- 착신서비스를 신청하라. 도둑이 집에 사람이 있는지 집으로 확인전화 하는 것을 피하기 위해 휴가를 떠나기 전에 집 전화를 휴대전화나 다른 번호로 착신서비스를 신청한다.
- 집 주변을 확인한다. 도둑의 예상 침입 통로를 막는다. 도둑의 침입 통로가 될 수 있는 나뭇가지나 울타리 등을 정비하고 도시가스 및 에어컨 배관에 방범시설을 설치하도록 한다.

6. 경호(신변보호)보안(Personal Protection Security)

경호보안이란 보안대상인 사람의 생명, 신체 등을 위해행위로부터 보호하고 경호대상자가 본연의 자기업무에 충실하고 편안히 생활할 수 있도록 수 있도록 다양한 안전서비스를 제공하는 것을 말한다.

위와 같이 경호의 의미는 광범위하지만 경호는 다양하게 다음과 같이 분류되며 그 분류에 따라 각각 협의의 개념을 나타낸다.

경호원이란 다른 사람의 신변 안전을 주된 임무로 하는 사람으로 일신상 보호를 받아야 할 경호대상자를 포괄적인 경호활동을 통하여 직·간접적인 위해로부터 보호하고 지켜주는 사람을 말한다. 이를 위해서는 경호보안요원의 전문적 지식과 숙련된 경험, 각종 장비수단, 책임감과 도덕성 강인한 신체와 정신력, 자신의 끊임없는 노력 등 매우 많은 것들이 등이 요구되고 있다.

1) 경호의 일반적 개념

일반적으로 사용되고 있는 경호의 개념은 경호, 호위, 경비, 신변보호, 요인경호 등 다양한 용어로 사용되고 있으며, 경호의 범위 또한 법적근거에 따라 약간씩의 차이를 보이고 있다.[30] 또한 경호의 개념은 실질적 개념, 형식적 개념에 따라 다르기 때문에 본 장에서는 경호의 개념을 형식적 개념과 실질적 개념 및 주요 기관의 경호개념을 고찰해 본다.

(1) 실질적 의미의 개념

실질적 의미의 경호란 경호의 주체가 국가기관이든 민간경호회사이든 상관없이 경호활동의 본질·성질·이론적 측면에서 정의한 것으로 경호대상자의 생명, 신체, 재산, 경호대상자의 정상적인 활동 및 기타 이익을 보호하고 공공의 안녕질서를 수행하기 위하여 경호조직에 의하여 행해지는 제반업무를 말한다. 주요 학자들의 경호개념을 정리하면 다음과 같다.

30) 김계원, 「경비지도사 경호학」, 백산출판사, 2004, p.19.

- 김두현 교수의 정의 - 경호란 경호대상자의 절대적 신변안전을 보호하기 위하여 모든 사용 가능한 수단과 방법을 동원하여 위해요인을 사전에 방지 및 제거하기 위한 제반 작용이다.[31]
- 정태황 교수의 정의 - 경호란 경호대상자를 보호하기 위해 직·간접적인 위해의 발생을 방지하고 제거하기 위해 취하는 제반 활동이다.[32]

(2) 형식적 의미의 개념

형식적 의미의 경호는 실정법·제도(입법정책)·국가경호기관에 의하여 행해지는 모든 작용 즉 현실적인 경호기관을 중심으로 정립된 개념이다. 다시 말하면 실정법상 일반경호기관의 권한에 속하는 일체의 경호작용을 뜻하며 경호범위는 그 나라의 입법정책이나 경호기관의 특성에 따라 다르게 나타난다. 한국에서는 대통령경호를 담당하는 대통령경호실과 국내외 요인의 경호를 담당하는 경찰의 경호는 형식적의미의 경호개념에 해당한다.

① 대통령경호실법의 경호개념

"경호"라 함은 경호대상자의 생명과 재산을 보호하기 위하여 신체에 가하여지는 위해를 방지 또는 제거하고, 특정한 지역을 경계 · 순찰 및 방비하는 등의 모든 안전활동을 말한다.[33]

② 경비업법(제2조) 상의 경호(신변보호)개념

사람의 생명이나 신체에 대한 위해의 발생을 방지하고 그 신변을 보호하는 업무[34]

③ 미국 비밀경호국(U.S Secret Service)의 경호개념

경호란 "실제적이고 주도면밀한 범행의 성공기회를 최소화시키는 작용(Protection is to minimize the chance of success of any real or contemplated attack)"이다.

---

31) 김두현, 「경호학개론」, 백산출판사, 2001, p.27.
32) 정태황, 「경호이론 및 실무」, 도서출판 글힘, 2000, p.20.
33) 대통령 등의 경호에 관한 법률, 제2조(정의), [법률 제8872호, 2008. 2.대통령경호실법 〈개정 2008. 2.29〉.
34) 경비업법 제2조(정의), [법률 제9192호, 2008.12.26, 일부개정]

④ 일본 SP(Security Police)의 경호개념

경호란 "신변에 위해가 있을 경우 국가 공공 안녕질서에 영향을 줄 우려가 있는 자에 대하여 그 신변의 안전을 확보하기 위한 경찰활동"이다.

2) 경호의 법적 근거(법원)

우리나라의 경호활동에 대해 규정을 정한 법적 근거를 보면 다음과 같다.

① 성문법 : 헌법, 법률, 조약, 명령, 규칙

② 불문법 : 경호관습법, 판례법, 조리

〈표 3-12〉 경호의 법적 근거(법원)

구분	내용
헌법	입법. 사법. 행정부의 수요 경호대상자의 법적지위 규정
	대통령의 지위. 책무. 행정권. 국군통수권. 국무총리
법률	• 대통령경호실법(1963.12.14 제정) 대통령. 그의 가족. 퇴임7년 이내 전직대통령. 경호실이 인정하는 경호대상자.
	• 전직대통령 예우에 관한 법률(1969.01.22 제정) 국가원로자문회의 설립 - 전직대통령에 대한 보장활동
	• 경찰관직무집행법(1981.04.13 제정) 직무범위-경비. 요인경호. 대간첩 작전 등의 구정
	• 청원경찰법(1973.12.31 제정) 정해진 구역 내에 한하여 경찰관직무집행법에 따른 경찰관 직무 수행 규정.
	• 경비업법(1976.12.31 제정) 시설경비. 신변보호. 호송경비. 기계경비. 특수경비의 업무 규정
명령	• 대통령경호실법 시행령: 경호실 직제와 임용. 대통령경호실법 시행에 필요한 사항.
	• 대통령경호안전대책위원회 규정: 대통령경호에 대한 관계부서 책임과 협조.
	• 경호규정: 대통령경호실법 시행령에 관하여 필요한 사항은 대통령 경호실장이 위임하고 있으므로 경비업무 규정 등을 제정. 시행
	• 경호규칙: 경찰청장 훈령으로 제정. 시행 대통령경호실 지침과 경호규칙이 상이할 경우 전자를 우선으로 한다.
	• 기타: 기동경호요강. 표준경호경비계획. 연도경호지침. 청원경찰법 시행령

3) 경호의 영역

경호의 개념정리에서 살펴보았듯이 경호활동의 범위는 경우에 따라 넓게 혹은 좁게도 해석할 수 있는 것이다. 이러한 경호활동의 영역은 경호활동을 주관하는 부서나 사람의 활동여건에 따라 결정되는데 다음의 3가지 영역으로 구분할 수 있다.

(1) 1차적 의미

경호활동의 1차적 의미는 일반적으로 가장 널리 알려진 Bodyguard의 개념이다. 즉 경호대상자의 신체에 직접적으로 가해지는 여러 가지 위해행위를 제거하는 활동이라 할 수 있으며, 경호대상자의 근접에서 이루어지는 수행경호개념이 강한 활동이라 할 수 있다.

(2) 2차적 의미

이 개념은 1차적 의미인 Bodyguard적인 개념을 포함하여 경호대상자가 거주하거나 잠시 머무르는 시설에 대한 경비 활동을 포함하며, 보다 넓은 경호활동영역으로 인해 많은 인원과 장비를 요구하게 된다.

(3) 3차적 의미

1,2차적 의미가 경호대상자의 생명과 재산을 위협하는 직접적인 위해요소로부터 경호대상자를 보호하는 활동이라면 3차적인 의미는 직접적인 위해뿐만 아니라 간접적인 위해로부터도 보호하는 의미로 한층 더 높은 차원의 경호활동을 의미하는 것이다. 즉 신체적 안전은 물론 심리적인 부분까지 보호하고 배려한다는 의미라 할 수 있다.[35)]

따라서 현대사회에서의 진정한 경호란 의전과 예절을 바탕으로 경호대상자의 신변보호뿐만 아니라 경호대상자의 심리적 불안감을 제거하여 평온한 마음을 유지하여 자신의 고유 권한과 정당한 업무를 침해당하지 않고 자유롭고 안전하게 수

35) 정태황, 전게서, pp.29~30.

행할 수 있도록 안전한 기회를 보장해 줄 수 있는 참모와 비서의 기능 등 복합적 업무를 수행 할 수 있어야 한다.[36)]

4) 경호의 목적과 이념

(1) 경호의 목적

① 피경호인의 신변안전 확보

경호의 가장 핵심적인 목적은 피경호인에 대한 직접적인 위해를 방지 및 제거함으로써 신변을 안전하게 보호하는 것이다.

② 피경호인의 위엄(권위)유지

각종 위해들로부터 피경호인의 생명·신체의 안전을 확보하고, 불미스런 사건으로부터 피경호인을 보호함으로써 피경호인이 일반 대중들에게 갖고 있는 좋은 이미지와 권위를 유지할 수 있다.

③ 질서유지와 혼잡방지

피경호인이 사회적 · 조직적으로 중요한 지위와 역할을 지니는 인물일 경우 피경호자에 대한 위해의 발생은 국가적으로나 사회적으로 큰 혼란을 야기할 수 있기 때문에 성공적인 경호활동은 이로부터 야기될 수 있는 사회혼란과 혼잡을 방지하는 기능을 지니고 있다고 볼 수 있다.

④ 일반대중과의 친화도모

행사시 경호대상자는 일반대중과 빈번히 접촉하는데, 경호원들의 체계적인 경호활동과 대중들에 대한 무례하지 않은 행동은 일반대중과 피경호자 간의 친화에 영향을 미친다.

---

36) 이상철, 「경호현장운용론」, 도서출판 워, 2004, pp.6-7.

⑤ 국위선양

외국원수나 요인 방문 시 국가경호기관의 완벽한 경호활동과 민간경호원의 외빈이나 국제적 스타들에 대한 성공적인 경호활동은 우리나라에 대한 이미지에 긍정적인 영향을 미치게 되므로 국위선양에 기여하는 역할을 하게 된다.[37)]

(2) 경호의 이념

① 합법성

법치주의 국가에서는 당연히 준수해야 할 법이 존재하므로 경호활동은 법적인 테두리 내에서 이루어져야 한다.

② 협력성

다수의 기관이나 국민들이 협조적으로 참여하여야만 성공적으로 완수할 수 있는 활동이다. 각 조직이나 국민들과의 체계적인 협력성이 매우 중요하다.

③ 보안성

경호를 위한 활동은 적으로부터 철저히 은폐된 가운데 이루어져야 한다. 특히 대상자의 일거수일투족에 대한 정보는 외부에 알려지지 않는 것을 원칙으로 한다.

④ 희생성

경호활동은 위해에 대한 공격적인 행위보다는 방어적인 행위를 기본원칙으로 하고 있다. 경호원은 어떠한 위협이 발생할 때에는 위해자에 대한 공격을 우선으로 하는 것이 아니라 대상자를 중심으로 인간방벽을 형성하여 공격을 차단하는 등 방어행위를 우선한다. 경호원은 생명과 신체의 위협으로부터 자유로울 수 없으며, 이에 따라 투철한 희생정신을 갖지 않으면 성공적인 경호활동을 담보하기 어렵다.

⑤ 정치적 중립성

경호원이 어느 한편의 정치적 이념을 지지하는 경향을 띠는 경우에는 성공적인

37) 경찰대학, 「경비경찰론」, 경찰대학, 1998, pp.273~274.

경호활동을 수행하기 어렵다. 때에 따라서는 정치적으로 반대 입장에 있는 요인을 경호해야 하는 상황이 있을 수 있는데, 성격상 희생정신이나 투철한 사명감을 갖기가 곤란하기 때문이다. 경호원은 정치적으로 중립에 있어야만 한다.[38]

5) 경호의 구성요소[39]

(1) 경호원

경호원은 경호활동의 주체로서 경호활동에 직간접적으로 참여하여 경호활동을 주관하는 사람을 말한다. 경호원의 호칭은 경호업무를 수행하는 기관에 따라 달리 표현되고 있는데, 대통령경호실의 경우 대통령경호업무를 수행하는 사람을 직급에 따라 구분하고 있으며(경호관, 경호사), 민간경호의 활동을 규정하고 있는 경비업법에서는 신변보호업무(경호업무)에 종사하는 사람을 다른 경비업무에 종사하는 사람과 함께 모두 '경비원'이라는 용어로 호칭하고 있다. 그러나 경호업무를 수행하는 경호활동의 주체가 되는 사람을 일반적으로 경호원이라 할 수 있다.

(2) 경호대상자

경호대상자란 경호업무를 제공받는 사람 즉, 경호활동의 객체가 되는 사람으로 피경호인이라는 표현을 사용하기도 한다. 일반적으로 공경호의 경우 경호대상자는 공적으로 지정되어 있지만 민간경호의 경우, 경호대상자 측으로 부터 경호활동을 요청 받는 경우가 대부분이므로 그에 따른 경호대상자는 매우 다양하다.

사실 경호대상자는 경호활동에 매우 주요한 영향을 미치게 되는데 가령 경호대상자의 경호활동에 대한 관심이나 경호원과의 관계 등과 같은 것은 경호업무의 효율성에 큰 영향을 미치게 된다.

또한 개인의 다양한 취향이나 생활패턴, 여가활동 등에 따라 경호형태도 변화기 때문에 경호대상자의 개인적 패턴이나 변화에 유연하게 대응할 수 있도록 관심을 기울여야 한다.

---

38) 김계원, 전게서, pp.28~29.
39) 정태황, 전게서, PP.35~44.

경호대상자가 누구든지 인지도에 따라 주변에 모이는 군중의 수나 보도진들과 같은 참석자 규모의 차이가 있기 때문에 경호대상자의 인지도와 경호업무 사이에는 밀접한 관계가 있으며, 이러한 주변 요소들은 경호활동 시 부담요인으로 작용하게 된다.

경호대상자와 주변의 군중, 그리고 경호활동과의 관계는 다음과 같다.

첫째, 군중 속에서 위해사건이 많이 발생하며, 어떤 형태의 군중도 위험하다.

둘째, 경호대상자의 인지도가 높을수록 그 주변에는 많은 사람이 모이며, 그에 대한 위해 가능성도 높아진다.

셋째, 경호대상자가 군중과 가까이 할 때, 군중과 악수하길 원한다.

넷째, 저명한 경호대상자의 주변에는 많은 취재진들이 몰려든다.

경호대상자는 그 성격에 따라 크게 다음과 같이 구분할 수 있다.

① 정치경호대상자

정치경호대상자는 국민에 의해 선출되거나 국가로부터 임명된 자로서 공적인 직무수행을 위해 신변보호가 필요하다고 인정 된 사람을 말한다. 주로 국가의 주요 인사가 그 대상일 경우가 많으며, 대부분 공경호의 대상이 되지만 상황에 따라 일부 민간경호의 대상이 되기도 한다.

② 상황경호대상자

상황경호대상자란 특별히 사회의 이목이나 여론을 집중시키는 사건과 관계되어 단기간 또는 일정한 기간 동안 보호가 요구되는 사람을 말하며, 상황 여건이 지속되는 동안 경호가 지속되기 때문에 경호기간이 한시적인 경우가 보통이며, 주로 공경호의 대상이 된다. 예를 들어 외국에서 방문하는 공식적인 귀빈이나 대형사건과 연류된 피해자, 법정증인 등을 보호하는 활동이 해당되며 우리나라의 경우 북한에서 망명한 요인에 대한 경호활동을 에로 들 수 있다.

③ 저명경호대상자

저명 경호대상자란 각 분야에서 특별히 재능을 발휘하여 그로 인하여 많은 사람으로부터 관심을 받게 되면서 그 사람의 활동 시 이로 인해 야기될 수 있는 위해로부터 보호하기 위해 경호를 필요로 하는 사람을 말한다. 저명경호대상자는 대부분 만간경호의 대상이 되는데, 연예계 인사, 스포츠계 인사, 과학계 인사 등을 생각할 수 있다.

④ 경제적 경호대상자

경제적 경호대상자란 경제적 능력을 바탕으로 자신의 경제활동 또는 개인활동 시 안전을 보장받기 위해 경호를 필요로 하는 사람을 말하며, 경호활동에 소요되는 비용을 지급할 수 있는 사람은 모두 경제적 경호대상자가 될 수 있으므로 가장 광범위하다.

(3) 경호환경

경호환경이란 경호활동에 직·간접적으로 영향을 미칠 수 있는 모든 주변요소 및 요인을 말한다. 경호환경은 경호대상자와 함께 위해를 분석하거나 경호형태 등을 결정하는데 많은 영향을 미치는 것으로 많은 것을 포함하는 광범위한 의미이다. 보통 말하는 경호기법은 경호대상자에게 위협을 주거나 부정적인 영향을 미치는 경호환경을 제어 또는 조정하는 기술이라고 할 수 있을 정도로 경호업무 시 매우 중요하게 고려되어야 하며, 경호환경에 따라 경호활동이 결정된다고 해도 과언이 아니다. 따라서 경호환경에 대해 일반적으로 구분하면 다음과 같다.

① 지리적 환경

지리적 환경이란 경호행사가 이루어지는 장소를 중심으로 한 주변의 지리적 상황을 말하며, 위치적인 개념으로 생각할 수 있다.

경호행사는 다양한 장소에서 이루어지는데 도심지, 산이나 바다 등과 같은 외부 장소와 빌딩이나 체육관과 같은 건물내부에서 이루어지므로 경호행사에 맞는 경호활동을 결정해야 한다. 지리적 상황은 경호활동의 계획단계에서 우선적으로 고려되어야 하며, 지리적 환경에 따라 인원 및 장비 등의 운용형태가 달라지므로 위해요소를 분석하고 경호활동의 외형적 형태를 결정하는데 많은 영향을 주게 된다.

② 사회적 환경

경호활동 시 발생 가능한 위해를 분석함에 있어서 범죄발생, 시위, 돌발 상황

등 다양한 사회현상의 변화를 반드시 고려하여야 한다.

사회변화 과정에서 나타나는 가치관의 악화, 주권의식의 변화와 이기주의, 사회질서의 붕괴, 사회집단의 갈등과 같은 많은 문제점들은 범죄 형태를 변화시키며, 이러한 변화는 경호위해의 형태로 작용하게 된다. 범죄 형태가 전문화, 조직화, 국제화 되는 양상을 보이고 있고, 이유 없는 범죄나 마약이나 알코올 중독자에 의한 우발적 범죄와 같은 비계획적인 범죄는 경호활동 시 자칫 소홀하기 쉬운 부분이므로 신중하게 관찰되어야 한다. 따라서 경호업무를 수행하는 사람은 이러한 사회적 환경의 변화를 예측하고 대비할 수 있어야 하며, 또한 이를 위한 전문적인 경호활동이 요구되고 있다.

③ 경제적 환경

개인이나 기업 또는 국가의 경제변화는 인간생활에 직·간접적으로 영향을 미칠 뿐만 아니라 사회분위기를 변화시키므로 사회적 환경과 연관시켜 생각할 수 있다.

경제상황이 어려워지면 사회도 불안정하게 되므로 이러한 변화는 범죄를 증가시키는 요인이 되므로 결국 경호대상자에 대한 위해 가능성의 증가로 연관이 된다.

불안한 사회 환경으로 부터 자신을 보호하려는 사람의 증가로 경호수요는 오히려 증가하게 되어 경호산업에 긍정적으로 작용하는 것과 대조적인 면을 보이기도 한다. 또한 경제발달과 함께 세계화, 국제화의 생활변화는 경호대상자에 대한 위해자, 위해요소 및 위해환경이 그만큼 확대되고 있기 때문에 경호활동에는 매우 큰 위협요인으로 작용하고 있다. 또한 경제성장은 노동시간이나 사회복지의 변화, 개인의 여가생활 증가, 자동차의 증가와 레저문화의 확산 등과 같은 개인의 생활패턴도 변화시켜 경호대상자의 활동범위가 다양해 졌는데 이에 따라 경호업무를 수행하는 사람은 다양한 변화 수용과 함께 경호대상자의 세분화 된 욕구를 만족시킬 수 있도록 노력하여야 한다.

④ 정치적 환경

정치적 환경도 경호활동에 중요하게 작용되는 요인이라 할 수 있는데 즉, 정치형태에 따라 권력구조가 달라지고 경호대상자의 선정이나 경호기관의 성격, 법적 지위 등이 달라지기 때문에 특히 공경호에 많은 영향을 미친다.

⑤ 기타 환경

그 외에 경호업무에 영향을 주는 요인으로 종교적 환경이나 문화적 환경 등을 들 수 있다.

경호활동이 다른 나라에서 이루어 질 때 그 나라의 경호환경을 분석할 필요가 있는데, 가령 개인이 무기 소지 규정 여부, 외국인의 활동보장 여부, 그 나라의 치안 수준, 인종이나 종교의 대립정도, 현재의 치안상황, 경호활동에 대한 법적 근거 등과 같은 환경은 경호활동에 영향을 주는 요인으로 작용하게 된다.[40]

2) 경호활동의 분류

(1) 경호주체에 따른 분류

① 공경호(Public Security)

공경호는 법집행에 관한 권한을 가지고 활동하는 경호업무로서 대통령 경호실의 국가의 주요 요인경호를 비롯하여 경찰의 교통통제, 공공의 질서유지, 개인의 생명 및 재산보호, 범인의 체포 및 수사, 범죄예방과 같은 공공의 이익을 위해 또는 공공의 안전과 보호의 일반적인 업무를 일반 국민들을 위하여 행하는 제반활동을 말한다.

② 사경호(Private Security)

사경호란 여러 가지 위해로부터 계약을 맺은 특정의뢰인의 이익이나 생명 및 재산을 보호하기 위하여 경비 및 안전에 관련된 경호활동을 말하며 법인으로 허가를 받은 경호회사의 경호서비스를 들 수 있다. 사경호 활동 시 경호원은 강제력 집행 부분의 금지와 제한적 활동범위 그리고 신분상의 제약(일반인과 동일)에 따른 활동의 소극적 대응이 나타날 수 있기 때문에 준법성, 도덕성, 책임감과 함께 고객에 대한 서비스와 전문적인 경호기법이 더욱 요구된다.

---

40) 정태황, 진게서, PP.35~44.

〈표 3-13〉 공경호와 민간경호(사경호)의 비교

구분	공경호	민간경호(사경호)
경호 대상	주로 정치적 요인이나 상황적 요인에 의해 경호대상자가 선정되므로 경호대상이 제한적임.	대상이 다양하며, 주로 계약관계에 의해 경호대상자가 선정 됨.
경호 목적	공익에 우선	영리추구
법적 권한	법적근거에 의하여 경호활동 시 공권력의 작용으로 보다 강항경호업무를 수행 할 수 있음.	특별한 법적 권한이 없으며 활동영역이 제한적이며, 활동규모가 적다.
법적 근거	대통령경호실법, 경찰관직무집행법, 전직대통령예우에 관한 법률	경비업법에 의한 신변보호활동

*자료 : 정태황, 「경호이론 및 실무」, 도서출판 글힘, 2000, p.32.

위의 표에서 보듯이 사경호와 공경호의 차이점은 크게 공권력작용 측면과 업무수행 측면에서 생각 해 볼 수 있다. 사용자적 측면에서 공경호는 공공의 이익을 위해 행하는 것인데 비해, 민간경비는 특정한 의뢰자를 위행 행하는 것이 크게 다른 점이다. 공권력 작용면에서 공경호는 업무를 수행하기 위해서 각종 강제권을 포함한 권한이 주어져 있는데 반하여, 사경호원은 이와 같은 권한은 극히 한정되어 있거나 각종 제약을 받고 있는 실정이다. 그리고 공경호는 일반 사람들을 대상으로 범인체포 및 범죄수사를 위한 법집행을 주로 하는데 반하여, 사경호는 특정한 의뢰자로 부터 받은 대가 내지 보수만큼 그 사람들을 위해 범죄예방 및 억제 또는 경제적 손실방지 및 이익을 위한 예방적 측면에서 그 기능과 역할을 행하는 것이 차이점이라 하겠다.

(2) 광의적 분류에 따른 경호

경호란 피경호인의 신변보호를 위한 모든 활동을 뜻하는 것으로 직접경호와 간접경호로 나눌 수 있다.

① 직접경호

직접경호란 행사장에 경호 인원과 장비를 배치하여 물적, 인적, 자연적 위해요소를 사전에 예방, 제거하기 위한 경호작용으로서 근접경호와 행사장, 현장요원 및 현장에서 활동하는 모든 스텝을 말하는 것으로 실질적 활동에 배치된 경호활동을 뜻한다.

② 간접경호

간접경호란 사전준비(정보수집, 계획수립) 및 활동에 관련된 각종 지원에 관한 활동과 현장 활동을 위한 정보수집, 행사 및 활동 후 분석 등과 사후 안전대책 수립 등에 관한 활동을 말한다.

(3) 대상에 의한 분류

경호대상자(피경호인)의 신분이 무엇인가를 기준으로 직위(직급)에 따른 분류로 공경호와 사경호로 크게 나뉘며 각각 갑,을,병 혹은 1,2,3 급으로 다시 분류될 수 있다.

가) 공경호

① 갑(A)호: 국왕, 대통령과 그 가족, 외국원수
② 을(B)호: 수상, 국무총리, 국회의장, 대법원장, 헌법재판소장 기타 이외의 동등한 지위를 가진 자
③ 병(C)호: 경호기관(경호실장, 경찰청장)장이 필요하다고 인정되는 자. 국회의원, 정치인 등

나) 사경호

① 1급 : 국회의원, 지방자치단체장 이상, 대기업총수, 유명연예인, 종교·사회단체장
② 2급: 시·구·군 정치인, 대기업 이사급, 중소기업대표. (경제. 사회지도층 가족)
③ 3급: 일반인

(4) 성격에 따른 분류

행사의 성격에 따른 분류로서 공식경호, 비공식경호, 약식경호로 나눌 수 있다.

① 공식경호

경호관계자 간 행사 일정이 사전 통보되어 계획, 준비되어 실시하는 공식행사시 요구되는 경호

② 비공식경호

경호관계자 간 행사 일정이 사전에 통보되지 않은 상태에서 실시되는 비공식 행사시의 경호. 고도의 보안요구

③ 약식경호

일정한 형식에 의하지 않는 경호형식으로 출. 퇴근이나 일정에 맞춰 실시되는 일상적 경호

(5) 경호보안 수준에 따른 구분

행사성격과 비중, 경호대상자의 직위와 예상 위해도 등의 총괄적 분류를 말한다.

크게 공경호와 사경호로 나뉘며 공경호는 행사 성격과 대상(피경호인)의 직위에 따른 분류를 우선으로 하며 사경호는 행사의 전체적 상황분석과 피경호인의 예상 위해요소에 따라 분류한다.

가) 공경호

① 1(A)급 : 행차보안이 사전에 노출, 경호위해가 증대된 상황하의 각종 행사, 국왕, 대통령 등 국가 원수급의 국빈행사시 경호

② 2(B)급 : 행사준비 등의 시간적인 여유가 없이 갑자기 결정된 상황하의 각종 행사, 수상, 국무총리급의 국빈행사 경호

③ 3(C)급 : 사전에 행사준비 등 사전경호조치가 전무한 상황하의 장관급의 국빈행사의 경호

나) 사경호

① 1 급: 위급사항. 폭력 협박. 국내외적. 사회적 영향이 큰 행사
② 2 급: 위험 동기 촉발사항 - 정치. 경제. 사회에 경쟁관계 가열. 가속에 대립 구도
③ 3 급: 정치. 경제. 사회에 경쟁관계 분쟁 당사자들의 주변인과 가족보호

(6) 경호의 노출여부에 따른 분류

경호요원의 노출여부 및 대외(대인)활동 성격에 따른 분류

① 노출경호

대상을 공개적으로 경호. 경호원임을 인지시켜주고 위해자의 접근의도에 신적부 담을 준다.

② 비노출 경호

행사의 성격상 신분노출이 곤란한 경우 경호원이 자유 복장(비밀경호)을 하여 경호하는 방식

③ 혼합경호

노출경호와 비노출 경호를 행사의 성격과 맞추어 적절히 혼합하여 사용.

(7) 이동수단에 따른 분류[41)]

① 보행(보도)경호

경호대상자가 근거리를 도보로 이동할 때 실시하는 경호이다. 도보 중 경호대상자는 손쉬운 목표가 되므로 동행하는 수행경호원은 경호대상자에게 접근할 수 있는 통로봉쇄를 위해 자신의 위치를 선정하고, 위험인물로 보이는 사람이나 일반인들을 제지시키며, 우발상황 발생 시 근접에서 방어, 대피 및 재적임무를 수행하는

41) 이상철, 「경호방법론」, 도시출판 홍경, 2003, pp.9~11.

활동이다.

② 차량경호

경호대상자가 차량을 이용하여 중거리를 이동할 때 실시하는 경호로서 이에는 경호대상자의 차량에 동승하여 차내 및 행선지에서 보호임무를 수행하는 동승경호형식과 경호대상자의 차량을 경호차량으로 호위하는 형식이 있다.

a. 동승차량경호

경호대상자의 차량에 동승하여 차내 및 행선지에서의 보호임무를 수행하며, 유사 시 경호대상자를 안전지역으로 대피시키는 업무를 하게 된다. 차량 이동 간에는 정차, 서행, 신호대기, 회전 시 경계를 강화하고 경호대상자가 승하차 시 경호원을 장벽과 같이 구축하여 근접 경호한다.

b. 전후방 호위차량경호

경호대상자의 차량을 전방과 후방에서 선도하면서 얀도 행선지에서 이루어지는 차량경호 형태를 말한다. 경호대상자가 탑승하고 있는 차량의 보호와 승하차 시 경호 대상을 보호하며 경호 대상차량 긴급사태 시 경호 차량으로 방어벽을 형성하고 육탄방어로 경호대상자의 긴급대피를 돕는다. 승하차 시에는 신속한 경호 대형을 이루어 주위를 경계하는 임무를 수행한다.

③ 열차경호

경호대상자가 열차로 이동 시 열차 내에서 이루어지는 경호를 말하며 먼저 탑승인원이 많으므로 수색과 경계를 철저히 해야 한다. 통상 열차 내에서의 경호책임은 출발지 역으로부터 도착지역까지로 출발지 역 관할 지방경찰청 및 지부에서 담당한다.

④ 선박경호

경호대상자가 선박을 이용하여 이동 시 실시하는 경호를 말한다. 경호대상자가 해군함정이나 경찰경비정, 경호기관소속 경비정일 때는 자체 인원으로 경호임무를 수행하고, 경호대상자가 일반 여객선을 이용하는 경우에는 선내의 검색을 철저히

한 다음 경호대상자를 다른 여객에 우선하여 승선토록 한하며 그 밖의 사항은 열차경호와 같은 요령으로 실시한다. 특히 선박을 선택할 때에는 기후와 파도에 견딜 수 있는 형태와 크기를 갖춘 것이어야 하며, 선박 안에 인명구조, 비상시설, 여행 중 불편함이 없도록 제반시설을 철저히 점검하여야 한다. 또한 경호원은 경호대상자에게 일반승무원 및 승객과의 불필요한 접촉을 예방하고 다른 선박의 접근을 경계하여야 한다.

⑤ 항공기경호

경호대상자가 항공기로 이동 시에 실시하는 경호로 선박경호와 같은 요령으로 실시하며, 특히 항공기 내의 탑승자와 장비에 대해서 사전에 충분한 보안 점검이 필요하다.

(8) 직종에 따른 분류

경호대상자(피경호인)의 직업과 직종에 따른 분류로서 위해도와 행사성격 등에 관계없이 분류

① 정치인

- 대통령(당선자. 후보), 정당인. 국회의원. 유명정치인, 수행경호(비서관기능 겸비)

정치인들의 대다수는 국가의 국가경호기관 경호대상에 포함되어 있지 않아 경호요원을 보유하고 있지 않다. 이에 따른 정치인의 경호는 주로 청년당원들에 이루어지고 있는데 이는 전문성이 떨어지고 주먹구구식으로 이루어지기에 각종 테러의 위협에서 자유로울 수 가 없다. 그래서 사설경호원을 채용하게 되었다. 정치인의 분류를 보면 국회의원, 도지사, 시장, 지방의회의원의 선거가 있는데 이때의 경호는 최대한의 친절과 서비스를 제공하며 완벽한 신변보호 서비스를 제공하여야 한다.

대통령후보자는 해당 국가경호기관에서는 일부 경호원을 투입하여 후보자에 대한 경호임무를 수행하게 하고 있다. 그러나 그 인원은 한정되어 있어 전 경호기관 출신요원이나 조직적으로 훈련되어 있는 청년당원 또는 자신에게 우호적인 사설

경호기관으로 하여금 신변에 대한 보호를 담당하게 하고 있다. 대통령후보자는 지역적으로 전국을 대상으로 활동하고 있다. 그러므로 경호 관련 인원이나 장비 등이 많이 소유되고 있다. 대통령후보자의 경호활동에 대해서는 국가적으로 비중이 크기 때문에 만전을 기하여야 된다.

② 경제인

- 대기업 회장. 사장단
- 비서관 및 보좌관 역할, 외국에 대한 지식(언어. 문화)필요.

국가기관에서 신변보호 임무를 수행하여주는 방위산업체종사 등을 제외한 기업체총수들은 주로 사설경호원을 이용하고 있는데 이들은 엄격한 선발과정에 의해 채용되고 있다. 이는 회사의 이익과 직결되는 문제가 발생하기 때문이다. 경호원들은 경호대상자에게 맞는 구비조건을 갖추어 줄 것을 요구하고 있고 실제로 조건 또한 까다롭게 적용하고 있다. 경제인들의 경호의 실패는 그 기업의 흥망과도 깊은 관련을 가지고 있고 기업의 비밀유지를 위한 필수 조건을 갖추고 있어야 한다. 그래야 기업총수들이 심기의 불편함 이 없이 경제활동에 전념 할 수 있기 때문이다. 경제인으로 외국바이어들에 대한 경호 활동도 사설경호의 대상이 되기도 한다.

③ 연예인

- 매니저 역할까지 동시수행 할 수 있는 능력을 겸비

연예인이란 가수, 탤런트, 연극배우, 무용인 등을 연예인이라 일컫는데 연예인들은 지명도가 높은 것에 비해서는 국가기관에 의한 신변을 전혀 보호받지 못한다. 공연장이나 공공의 이익을 위하여 개최하는 행사에는 경호경비 업무를 지원하여 주기도 한다. (경비업법 시행령 제10조 행사장 등의 경비 제1항 지방경찰청장은 행사. 경기. 흥행 등(이하“행사”라 한다)으로 많은 사람이 모이는 시설 및 장소에서의 혼잡 등으로 인한 위해 발생을 방지하기 위하여 필요하다고 인정될 때에는 행사의 성격과 수익성 등을 참작하여 행사개최일 전에 당해 행사의 주최자에게 경비를 실시할 것을 요청할 수 있다)라고 명시하고 있다.

이는 사설경호는 수익자 부담의 원칙을 적용하고 있는 것을 말해주고 있는 것으로 유럽이나 선진국에서는 공연의 수입 중 일부 행사금액비율 중 많게는 20%에서

적게는 5%까지 공연자 및 관람객 등 행사장 안전을 위한 경비로 편성하도록 의무화하고 있다. 이는 수익을 목적으로 하는 행사까지 국민들의 세금에 의해 운영하는 국가기관에서 안전업무까지 지원해 준다는 것은 공연주최자의 이익을 위하여 국민들의 세금을 낭비하는 것이라고 보는 견해가 많을 뿐만 아니라 한정된 경찰인력으로 경찰에 가중한 업무를 추가하기도 하고 있는 실정이다.

④ 스포츠인

생활수준이 높아지고 스포츠에 대한 좋은 인식이 작용하여 스포츠경기의 관람 등 또는 스포츠 활동을 함으로써 자신의 건강을 유지하고 스트레스를 해소하는 경우가 많이 늘어나고 있다. 우리나라에서도 세계적인 스포츠선수를 배출하여 국제적으로 국가의 명예를 드높이고 있는 실정이다. 이로 인해 스포츠 인들의 위상은 무척 높아 졌다고 할 것이다. 유명 스포츠 인은 유명연예인보다 더 많은 인기를 누리고 있는 실성이다. 그리하여 이들에 대한 경기장이나 거택 이동시에 극성팬들에 의한 돌발 사태를 대비하여야 하며 기타 테러의 위협에도 대비하며 경호활동에 임하여야 하겠다.

⑤ Family 경호(아동, 부녀자 등)

- 가족의 인적(생명. 신체), 물적(재산 등)위해에서 보호

아동 및 부녀자를 상대로 많은 유괴 범죄는 갈수록 늘어나고 있다. 여성을 보호하는 경호원은 주로 고도의 무술실력을 갖춘 여성 경호원이 많이 이용되며, 과거 남성 경호원들에 비해 신체적 특성이 다른 점이 많기에 경호대상자나 경호원 서로 불편함이 많이 나타나 여성경호원을 선호하는 경호대상자가 많은 실정이다. 여성 및 아동의 경호원은 범죄행위기도 자들은 대부분이 금품을 노리고 범행한다는 사실을 알고 이에 대해 적절한 경호기법을 가지고 경호임무를 수행하여야 할 것이다.

⑥ 학원폭력 피해학생

학생들의 경호업무 대개는 학원폭력 피해학생들을 보호하는 것이다. 집단으로 피해학생을 따돌리는 학생들의 폭력피해 학교주변에 폭력배들이 귀가하는 학생들에게 폭력을 행사하여 학생들의 하교 길에 불안감을 조성하고 있다. 이에 지금은 많은 부모들이 학생을 대상으로 경호를 원하는 경우가 많다. 이때 경호원은 감수

성이 예민한 청소년을 이해해 줄 수 있고 고민을 상담 할 수 있고 학생보호 경호원으로 투입하여 임무에 만전을 기하여야 할 것이다.

⑦ 외국인

외국인의 우리나라 방문에는 여러 목적을 가지고 방문을 하겠지만 국빈이나 기타 외교사절의 경우는 국가경호기관에서 신변보호를 하여 주지만 관광이나 다른 목적을 가지고 방문하는 외국인은 그 지역의 위험도가 따라 사설경호를 이용하는 경우가 많이 늘고 있다. 대부분의 외국인이 관광목적을 방문하는 경우가 가장 많이 있다 이들은 지역의 특성이나 풍습 등을 잘 설명해 줄 수 있는 관광가이드를 겸한 경호원을 원하고 있다. 사설경호기관은 경호대상자의 관광목적지 관광내용 등을 파악하여 이에 적합한 관광관련 전문경호원을 투입하여야 할 것이다. 해마다 우리나라 방문 관광객이 늘어나고 있고 한국방문의 해를 지정하는 등 국가차원해서 외국인 관광객을 유치 방문객이 늘어나고 있는 추세이고 국제적인 중요경기인 월드컵의 개최를 앞두고 관광객을 상대로 한 전문경호원을 양성하는 것 또한 시급한 일일라 할 것이다.

⑧ 종교인

종교 지도자 및 그 가족과 수행요원. 주요 신도 보호.[42)]

(9) 장소에 따른 분류

장소에 따른 경호의 경우 경비의 개념이 추가되는 경우가 많다.

① 행사장 경호

경호대상자가 참석하거나 주관하는 행사장에서 행사의 진행에 따라 움직이는 경호로서 직, 간접경호의 혼합경호가 대부분이다.

② 숙소경호

경호대상자가 평소 거처하는 공관이나 임시로 머무는 장소(숙소 및 임시숙소)에서 실시하는 경호활동으로 경비의 개념이 크다.

---

42) http://ask.nate.com/qna/view.html(검색 : 2012.08.25)

③ 연도(노상 · 노변)경호

연도경호는 경호대상자가 행 · 환차할 것으로 예상되는 육로(도로)와 철도주변에 대한 제반 위해요소를 사전에 제거하는 활동으로, 행사 전 · 후의 이동 및 대중과의 접촉 등에 따른 위해요소에 대비하여야 한다.[43)]

3) 경호활동의 원칙

(1) 경호의 일반원칙[44)]

가) 3중경호(중첩경호)

3중경호는 경호의 행동반경을 거리개념으로 논리를 전개한 것으로 일반적으로 경호대상자에 대한 위해요소를 제거 또는 최소화하기 위해 경호대상자(피경호자)가 위치한 집무실이나 행사장으로부터 일정간격을 유지하여 세 겹의 보호막 또는 경계선을 설정한 것이다. 경호대상자의 위치를 중심으로 3선 개념, 즉 내부(안전지역: 근접경호원에 의한 완벽한 통제), 내곽(경비지역: 근접경호원 및 경비경찰에 의한 부분적 통제), 외곽(경계지역: 인적 · 물적 · 자연적 취약요소에 대한 정, 첩보활동 및 경계) 등 3중 경호체계에 의한 효율적인 경호가 실시되어야 한다는 원칙이다.

① 1선 (내부, 안전구역) : Inner Ring

경호대상자를 중심으로 권총 및 수류탄 투척거리를 고려하여 50m 반경의 가장 중심부인 내부를 안전구역으로 설정한다. 위해기도 시 경호대상자에게 치명적인 위해를 가할 수 있는 곳으로 철저하게 안전 확보를 하여야 하며 많은 인력과 장비가 동원되고 경호역량이 집중되며 완벽한 통제를 목표로 근접경호원을 배치시킨다.

- 대상자의 신변보호, 숙소경비,

---

43) 김계원, 전게서, pp.34~36.

44) 최평길, "국가원수 경호관리 개선방안 : 국가원수 경호관리 비교연구 및 정책모형", 「문교부정책과제 연구보고서」, 연세대학교 사회과학, 1980, pp.36-38, 김계원, 전게서, p.65 재인용. 김두현, 경호학개론, 경호출판사, 2005, p.55~58.

② 2선 (내곽, 경비구역) : Middle Ring

건물의 규모나 구종 등에 따라 다르지만 경호대상자를 중심으로 소총유효사거리 150m 반경을 말하며, 동일건물 또는 건물내곽을 경비구역으로 정하고 부분적 통제를 위하여 근접경호원 또는 지원요원을 배치시켜 돌발 사태에 대비하여야 한다.

- 정복경관의 일상적 경찰활동. 교통질서유지, 관찰, 통신활동 등,

③ 3선(외곽, 경계구역) : Outer Ring

행사장이나 경호대상자를 중심으로 한 외곽 울타리지역으로 행사에 직, 간접적으로 영향을 미칠 수 있는 지역이며, 소구경 곡사화기 유효사거리 2~3km를 행동반경으로 경계구역으로 설정된다. 인적·물적·자연적 취약요소에 대한 감시조 운용 및 첩보활동, 경계 등 주변 취약지를 봉쇄 감시할 수 있는 위치를 설정해야 한다.

3중 경호원칙은 영국 런던경시청 경호국에서 그 개념이 최초로 시작되었지만 미국 대통령 경호실(비밀경호국)에서 체계화시켜 현재 많은 국가에서 공경호의 원칙 중 하나로 자리 잡고 있다. 영국은 왕실의 위엄과 권위를 살린다는 목적으로 외각경호에 치중하며 위해요소에 대한 원천적 봉쇄를 우선으로 하고 있고, 미국의 경우 대통령제 국가로서 국민과 함께 한다는 이유로 원천적 봉쇄의 외각경호 보다는 내부(근접)경호에 중점을 두어 경호대상자의 직접적 안전(보안)에 가장 큰 치중을 두고 있다.

- 정보분석, 항만관리, 위험인물 파악, 사건발생소지의 사전정보활동 등.

나) 두뇌경호

두뇌경호란 경호 실시 도중 위험상황이 발생하였을 때 근접경호원의 순발력이나 완력이나 무력과 같은 임기응변적 대처 등으로 사태에 대응하기 보다는 사전에 치밀한 준비와 경호계획의 수립으로 위험요소를 제거하여 우발상황이나 위험사태를 사전에 방지하는 경호활동에 중점을 두어야 한다는 원칙을 말한다.

범죄의 수적 증가와 더불어 고도의 지능적 전략과 위해요소의 기술적 발전에 따라 경호 활동에 있어서도 사전의 치밀한 계획과 철저한 준비가 우선되어야 한다. 여기에 순간적 위험사태에 대응하기 위한 경호원 각 개인의 전문지식에 바탕을 둔 고도의 순발력과 예리한 판단력이 요구된다.

다) 방어경호

경호활동에 있어서 명심해야 할 것 중 하나는 공격과 진압에 중점을 두는 것이 아니라 인간방벽을 형성하여 공격자의 위해요소를 방어함으로서 경호대상자의 안전을 최우선으로 하는 것이다. 즉 경호대상자가 위험한 상황에 처했을 경우 1차적으로는 경호원의 몸을 방벽으로 경호대상자에게 가해지는 위험요소를 막거나, 경호대상자의 머리를 숙이게 한다든지, 완력으로 안전한 곳으로 인도하는 등 위험을 모면케 하는 방법을 말한다.

라) 은밀경호(비밀경호)

공식행사장이나 필요한 경우 경호원의 모습을 나타내는 노출경호로서 기선을 제압하여야 하는 경우가 있다. 이러한 경우를 제외하고서는 기본적으로 경호대상자의 공적, 사적인 활동에 방해를 주지 않고 타인의 눈에 잘 띄지 않게 하는 것을 은밀경호라 한다. 경호원은 자신은 물론 자신들이 제공하는 경호기구, 장비 및 경호규모 등을 가능한 한 눈에 띄지 않아야 한다. 이것은 주변에 위압감을 주어 경호대상자의 이미지에 손상을 주거나 노출에 따른 위해요소들의 대응전략과 수립을 막는데 그 목적을 둔다.[45)]

(2) 경호의 특별원칙[46)]

① 자기담당구역 책임원칙

경호원은 자신이 맡은 자기담당구역 내에서 발생하는 어떠한 사태에 대해서도 자신 스스로 책임을 지고 해결해야 한다는 원칙이다. 반면 자기담당구역이 아닌 타지역 상황은 결코 책임을 질수도 없고 비록 인근지역에 위급한 상황이 발생하더라도 자기의 책임구역을 이탈해서는 안 된다.

② 목표물(경호대상자) 보존원칙

경호대상자의 안전을 위하여 여러 가지 위해요소와 위해자로부터 원천적으로 격

45) 김두현, 「경호학개론」, 백산출판사, 2001, p.27.
46) 김두현, 상게서, pp.55~61.

리시켜 경호대상자를 보호(보존)하여야 한다는 원칙이다(상호격리의 원칙).

따라서 목표물(경호대상자)이 안전하게 보호되기 위해서는 다음의 원칙이 지켜져야만 한다.

- 행차코스는 원칙적으로 비공개 되어야 한다.
- 경호대상자가 행차하기로 예정 된 장소는 일반대중에게 알려지지 않아야 한다
- 전에 수차 행차하였던 동일한 장소는 가급적 변경되어야 한다.
- 대중에게 노출되는 보행행차는 가급적 제한되어야 한다.

③ 하나의 통제지점을 통한 접근의 원칙

경호대상자의 안전을 위해서는 경호대상자에게 접근할 수 있는 출입구 또는 통로는 하나만 필요하고, 여러 개의 통로는 불필요하다는 원칙이다.

또한 하나의 통제된 출입구나 통로라 하더라도 방문자는 경호원에 의하여 인지되고 확인되어야 하며 허가절차를 거쳐 접근하도록 하여야 한다.

④ 자기희생의 원칙

경호대상자는 어떠한 상황 하에서도 절대적으로 보호되어야 한다. 따라서 자기희생 원칙이란 경호대상자가 위험상황에 처했을 때에는 경호원은 육탄방어의 정신으로 자신을 희생해서라도 경호대상자를 보호하여야 한다는 원칙이다.

따라서 경호원은 자기희생의 정신이 기본적으로 갖추어져 있어야 한다.

4) 우발상황 시 대응방법

경호원의 존재목적은 위기 상황 시 자기 자신을 희생하여 경호대상자를 안전하게 보호하는 것에 있다. 경호업무를 진행함에 있어서 일어날 수 있는 각종 여러가지 우발상황에서는 경호원의 고도의 신속한 판단과 즉각적인 경호조치(판단력, 행동력)가 요구되는데 이때의 적절하고 신속한 경호조치의 여부에 따라 경호의 존재 가치가 달려 있다고 해도 과언이 아니다. 따라서 경호원은 효과적이고 신속한 대처로 보다 안전하고 완벽한 경호서비스를 제공하여야 한다.

(1) 우발상황(Contingency)의 개념

우발(偶發)이란 "우연히 발생하는 것, 뜻밖에 일어나는 것"으로 우발상황(偶發狀況)이란 "어떤 일이 예기치 않게 우연히 일어나는 상태"이다.

경호적 의미의 우발상황이란 "경호대상자가 임석한 행사장에서 우연히 또는 계획적인 의도에 의하여 경호행사를 방해하는 사태 및 경호대상자의 신변에 심각한 위해를 끼칠 수 있는 위기상태"를 의미하며 우발상황 발새 시 즉각 조치 및 대응이 경호의 승패를 좌우할 수 있으므로 신중하고 신속히 대처하여야 한다.[47]

(2) 우발사항의 특성[48]

① 사전예측의 불가능

우발상황과 비상사태는 상황이 직접적으로 발생되기 전까지는 위해기도가 발생되는 시간, 장소, 방법을 사전에 예측하기가 어렵다. 이것은 위해기도의 모든 여건을 위해기도자가 결정하고 실행하기 때문에 예측이 불가능하며, 위해기도자가 항상 유리한 입자에서 사태가 발생하기 때문에 이에 대한 대응조치는 항상 후속으로 이루어진다는 불리한 상황에 직면하게 된다.

② 혼란과 무질서 야기

우발상황이 발생하게 되면 그 방법과 사태의 규모에 따라 차이가 생길 수 있으나 충격적 상황에 대한 심리적인 공포와 불안이 조성됨에 따른 혼란이 야기되며, 이 혼란으로 인하여 행사에 악영향을 미치는 무질서가 발생된다.

③ 자기 보호본능 기제의 발동

특히 총소리나 폭파 및 폭음에 의한 우발사태가 발생하게 되면, 일반인이나 경호보안요원은 인간의 기본욕구인 자기 자신을 보호하려는 보호본능이 우선적으로 발생됨에 따라 순간적으로 자세를 낮춰서 경호원의 본분을 망각할 수 있다. 그러므로 경호원은 자기 본연의 임무를 망각하지 않기 위한 평소의 반복 숙달 훈련과

47) 양재열, "경호의 기본적 이론에 관한 연구". 연세대학교 석사학위논문, 1995, p.63.
이상철, 「결호현장운용론」, 도서출판 원, 2004, pp.253.

48) 이상철, 상게서, pp.253~254.

심리적 훈련이 요구된다.

④ 즉각 조치의 요구

자연적이든 인위적이든 우발상황이 발생되면 상황을 신속히 파악하여 근접경호원은 공격자에 대한 대적과 경호대상자의 방호 및 대피로 안전을 유지하기 위하여 순발력과 민첩성을 발휘하여 즉각 대응조치가 요구된다.

(3) 우발상황 발생 시 행동이론[49)]

우발상황 발생 시 경호의 목적인 경호대상자 보호를 위해 어떻게 조치하고 행동하는 것이 효과적인가를 설명해 주는 것이 3단계의 S(Sound Off: 경고)·C(Cover: 방호)·E(Evacuate: 대피) 원칙이지만 다음과 같이 대응기법을 설명한다.

① 공격인지(Recognize of attack)

경호대상자의 안전을 위협하고 우발상황을 효율적으로 방지하기 위해서는 사전 관찰에 의해 발생 가능한 위협을 제거하는 것이다. 이것은 시각적인 정보에 의해 의문점을 제기하고 문제가 발생될 수 있다고 판단하였을 시는 어떤 대응조치가 필요할 것인가를 사전에 감지하여야 한다. 즉, 경호대상자에게 접근하는 모든 사람, 사물, 위해기도자가 숨을만한 장소와 상황에 어울리지 않는 물건, 경호보안대상자와의 거리와 위치, 손의 움직임, 유대하고 있는 물품에 대한 의문점을 제기하고 문제점을 찾아내어 위해기도자의 공격 의지를 사전에 파악함으로써 우발상황의 발상을 사전에 막는 것이다.

② 경고(Sound Off)

위해기도자는 은밀하고 신속하게 취약한 부분을 공격하기 때문에 이러한 행위를 근접경호원이 인지를 하더라도 다른 경호원이 알아차리기가 힘든 상황이 발생될 수 있다. 따라서 처음 상황을 인지한 경호원이 “경고”를 함으로써 주변 경호원으로 하여금 신속하게 상황에 대처하도록 하고, 위해기도자가 단독범이 아니고 공범이 있을 경우를 예상하여 제2의 공격에 대비하기 위한 목적이 있다.

---

49) 이상철, 상게서, pp.254~271.

경고를 하기 위한 방법은 다음과 같다.

• 위험종류 전달방법

위험의 성격, 종류를 팀원들에게 전달할 때에는 음어, 약어를 사용하는 방법도 있지만 위기 및 우발상황과 같은 긴급상황 시에는 오히려 혼란을 초래할 수 있으므로 위험의 성격과 특성을 가장 잘 표현할 수 있도록 쉽고 간결하게 하는 것이 좋다.(총, 칼, 낙석, 몽둥이 등)

• 위험방생위치 전달방법

위험 감지 시 위험방향 전달방법은 조종사나 군대에서 사용하는 '시계방향 지시법'을 사용하면 효과적이다.

경호대상자의 이동방향을 12시 방향으로 정하고 위험발생 위치의 각도에 따라 시간대로 구분하여 전달하는 것이다.(3시 방향 총, 9시 방향 칼 등)

• 위험의 높이 전달방법

위험발생의 높이를 전달하는데 있어서 보통인의 키 높이를 수평으로 잡고 그 기준치 위나 아래에서 위해가 발견되거나 공격이 가해진다면 'High, Low'라는 용어를 정해두면 효과적이다.

우발상황에 효율적인 경고 전달을 위해선 평소 끊임없는 훈련으로 무의식적 행동과 본능도 우발상황에 대처할 수 있도록 하여야 한다.

③ 방패막의 형성(Defensive Formation)

우발상황 발생 시 경호팀은 전원 합심하여 우선적으로 대상자와 위해요인 사이에서 시각적·물리적 방패막을 형성해야하며, 동시에 대상자의 자세를 낮추도록 하고 가급적 빠른 시간 내에 경호대상자를 위험현장으로 부터 대피시켜야한다.

(가) 체위확장의 원칙 적용(Body Extend Principle)

전방에서 위해기도자가 무기(총, 칼)를 가지고 공격해 올 때, 제일 가까이 있는 근접 경호원은 체위를 최대한으로 확장시켜 공격에 대한 방패막을 최대화하여 물리적 방벽을 형성시키도록 하여야 한다. 이 때 경호원의 위치는 공격자, 경호원, 그리고 경호대상자가 일직선이 되는 위치에서 체위를 확장함으로써 공격자의 공격뿐만 아니라 시야를 가려 제2의 공격을 제지하는 시각적 방벽효과를 줄 수 있다. 또한 최초 발견자의 방패막 형성에 따른 다른 근접경호보안요원이 공범과 제2 공격에 대비한 방호벽을 형성시킬 수 있는 시간을 가질 수 있다.

(나) 인적방벽 효과의 적용

㉠ 수평적 방벽효과

위해기도자 입장에서 경호대상자를 위해할 수단은 여러 가지가 있겠으나 "총기"로 공격한다는 것을 가상해 볼 때 위해기도자 입장에서는 경호대상자와 근접해 있는 경호보안요원이나 수행원 등으로 '공격의 방해'를 받는다. 따라서 위해기도자는 방해 요인을 피하여 공격할 것이므로 경호대상자 주변에 있는 근접경호원은 서있는 자신의 신체(Body)로 자연적인 방벽효과를 제공하게 된다.

㉡ 수직적 방벽효과

경호대상자 주위에 있는 경호원의 체위는 큰 차이가 없으나 신장은 각 개인에 따라 차이가 있어 수직적 의미의 방벽효과에 영향을 미친다. 경호활동 시 근접경호원은 방벽효과 측면에서 체격이 커야하며 신장도 우발상황 발생 시 경호대상자를 보호하는데 큰 방벽효과를 제공한다. 따라서 우발상황 발생 시 근접경호원의 수직적 방벽효과를 높이기 위해서는 무릎을 굽히거나 몸을 움츠려서는 안b되며 신장의 체위를 최대한 확장시켜 경호대상자에 대한 방벽효과를 극대화하여야한다.

④ 방호 및 대피대형의 형성

위해상황을 최초로 인지한 근무자에 의한 "경고"와 "방패막"이 형성되면 공범에 의한 공격과 제2의 공격을 차단하기 위하여 공격의 종류와 주위상황을 파악하여 방호 및 대피 대형을 형성하여야 한다.

방호 및 대피 대형을 형성할 시에 고려하여야 할 사항은 다음과 같다.

㉠ 경호대상자와 경호원 및 위해기도자와의 거리

㉡ 주위상황과 군중의 성격과 수

㉢ 공격의 종류와 성격

㉣ 대응소요시간에 대한 판단

㉤ 방어 및 대피 대형을 형성할 수 있는 경호원의 수 등

(가) 함몰형 대형(Cave in Formation)

함몰형 대형은 수류탄, 혹은 폭발물과 같은 폭발성 화기에 의한 공격을 받았을 때 사용되는 방호대형으로 경호대상자를 지면에 완전히 밀착시키고 그 위에 근접경호원들이 밀착하며 포개어, 경호대상자의 신체가 외부에 노출되지 않도록 해야 한다. 이때 경호대상자에게는 근접경호원에 의해 신체적인 통제와 완력이 가해지는데, 경호대상자의 신변을 보호하기 위해서는 체면이나 예의를 고려치 않는 과감한 행동이 요구된다.

(나) 방어적 원형대형(Defensive circle Formation)

위해의 징후가 현저하거나 직접적인 위해가 가해졌을 때 형성하는 방어대형이다. 근접경호원은 경호대상자가 보다 작은 표적이 되게 하기 위하여 무릎을 구부려 자세를 낮추도록 하고, 경호대상자의 전·후·좌·우에서 에워싸는 형태의 원형대형을 유지하게 된다. 일단 방호대형으로 위기를 모면하였다 하더라도 위해기도자와 무기가 완전히 제압되지 않고 재공격과 위험이 남아있다고 판단될 시에는 신속히 대피대형으로 전환하여 현장을 즉시 이탈시켜야 한다.

(다) 대피대형(Evacuate Formation)

우발상황이 발생되면 상황의 종류와 여건에 따라 함몰형 대형이나 방어적 원형대형을 형성한 후 제2의 공격이나 위험으로부터 경호대상자를 보호하기 위해 안전지대로 이탈시키기 위한 대형이다.

대피대형 시에는 방어적 원형대형과 마찬가지로 경호대상자가 일체 외부에 노출되지 않도록 자세를 낮추게 한 상태에서 전 · 후 · 좌 · 우 완벽한 방벽을 유지하며 대형을 형성하여야 한다. 이때 대형의 유지를 위하여 최소 3-4명 이상의 경호원이 필요하며, 전방경호원은 대피로를 결정하고 이동하면서 전방경계와 진로를 개척하여야하며, 측방경호원은 경호대상자의 자세를 낮추게 하면서 허리띠를 잡거나 신체의 일부를 감싸고 좌 · 우 균형을 유지하면서 끌다시피 비상통로로 이동시킨다. 후미경호원은 경호대상자의 등과 엉덩이 부분을 몸으로 감싸고 경호대상자가 대형 밖으로 밀려나지 않도록 하고 뒤를 밀면서 신속히 이동하도록 한다.

⑤ 대피(Evacuation)

우발상황 발생 시 가장 이상적인 즉각 조치의 방법은 경호대상자를 안전지대로 얼마나 신속하게 대피시키느냐에 달려 있으므로, 대피 시에는 경호대상자에게 신체적 무리가 뒤따르더라도 예의를 무시하고 신속하고 과감하게 행동하여야 한다.

대피를 할 때는 먼저 대피로 확보에 주안점을 두고 제2의 범인에 의한 양동작전에 대비하여야 한다. 대피로는 위해기도자의 공격 역방향이나, 군중이 운집되지 않는 쪽 또는 비상구가 있는 쪽으로 대피시키는 것이 중요하며, 사전에 건물 내부의 안전공간이나 비상대피용 차량을 사전에 준비하는 것이 원칙이다. 또한 대피 시에는 경호대상자를 신속하게 안전지대로 대피시키는데 전력을 다해야지, 부상당한 동료를 돌본다든가, 도주하는 범인을 추적하는 행위를 지양하여야 한다. 특히, 야외행사시에는 경호대상자의 근접거리에 대피를 위한 비상차량을 대기시키는 것이 필수적이며, 만일 경호대상자가 위해기도로 인하여 치명적인 상처를 입었을 경우에는 최기병원(Nearest Hospital)으로 신속히 이동시켜야 한다.[50]

⑥ 대적 및 제압

우발상황이 발생되면 먼저 방호대형을 형성하여 경호대상자를 보호하여야 하지만, 제2공격, 제3공격을 방지하기 위해서는 범인을 대적하여 제압하여야 한다.

대적과 제압을 할 때에는 주위의 환경, 공격의 방향과 방법, 무기의 종류, 범인의 공격기술과 능력 등을 순간적으로 파악하여 대처해야 한다. 이러한 대적과 제압은 고도의 기술을 필요로 하므로 경호원들은 평소 체력과 무도수련에 만전을 기해야 할 것이다.

대적과 제압에는 몇 가지의 단계를 거쳐야 하는데 첫 단계에서는 공격과 위해의 정도를 인지하고, 두 번째 단계에서는 주위상황과 경호대상자, 범인을 통제하여야 하고, 세 번째 단계에서는 범인과 무기를 제압하여 제2공격을 막아야하는데 단계별 내용은 다음과 같다.

(가) 공격방향의 전환

일단 위해기도가 인지되면 위해의 방법과 방향, 무기의 종류를 파악하여 "경고"

50) 염상국, 전게논문, p.74.

를 한 후 시각적 방법이나 물리적 방법을 사용하여 경호대상자에게 진행되는 공격의 방향을 전환시켜야 하며, 다른 근접경호원들이 방호대형과 대적을 할 수 있는 시간과 여유를 갖도록 하여야 한다. 즉, 위해의 가장 중요한 것은 공격의 방향이 어느 쪽이냐가 중요하기 때문에, 공격의 방향만 전환한다면 순간적인 혼란을 막고 대응 자세를 취할 수 있을 것이다.

공격방향을 전환하기 위해서는 다음 몇 가지 사항을 유의하여야 한다.

- 공격자의 무기를 제거하기 위해 손만 사용하는 것보다 손, 몸통, 다리, 발 등 신체전체를 이용하여 전환하는 것이 훨씬 효과적이다.
- 적의 공격무기의 방향전환이 가장 중요하지만, 경호원의 위치, 방향, 범인의 신체조건 등을 고려하여 경호대상자나 위해자의 몸의 방향을 전환시키는 것이 효과적일 때도 있다.
- 공격방향을 전환시킬 때는 오직 방향전환에만 몰두해야지 다음 상황을 생각하지 말아야 한다.

(나) 무기 및 범인 제압

위해기도자의 공격을 인지하고 공격 방향을 전환한 후에는 직접적인 공격을 제지하기 위하여 무기와 범인을 제압하여야 한다. 무기를 제압할 때는 무기의 종류와 공격의 형태에 따라 다양한 방법으로 제압을 하여야 하는데 다음 사항을 고려하여 신중히 처리하여야 한다.

㉠ 촉수거리의 원칙 적용

무기와 범인을 제압할 시에는 위해를 가하려는 범인으로부터 제일 가까이 있는 경호원이 대적해야 된다는 것이 촉수거리의 원칙(Arm reach principle)이다. 그 이유는 대적을 한다는 것은 위해기도 범인이 먼저 공격을 감행한 상태이기 때문에 즉각적인 대응은 범인과 가장 가까이 있는 경호원이 대적하는 것이 가장 신속하기 때문이다.

㉡ 체위확장의 원칙 적용

범인과 가장 가까이 있는 근무자가 대적 임무를 수행할 때 칼이나 몽둥이, 맨손으로 공격 시에는 공격의 방향만 전환시키면서 제압하지만, 총으로 공격 시에는 체위를 최대한으로 확장시켜 방벽을 형성하며 적의 공격과 시야를 가림으로써 경호대상자를 안전하게 보호할 수 있다. 이 때 경호원의 위치는 발견된 무기와 경호대상자 사이로 몸을 움직여 경호대상자, 경호원, 총기가 일직선을 유지하도록 하면서 방패막을 형성하여야 한다.

㉢ 범인 밀착

체위를 확장시켜 방벽을 형성한 다음에는 최대한 신속하게 범인에게 밀착 접근하여 무기의 공격방향을 전환시키기 위해 먼저 범인의 손을 제압하고, 그 다음 팔과 몸 전체의 균형을 무너뜨려야 한다. 이때 경호원은 범인의 저항을 최소화하기 위해 손과 팔, 다리, 몸 전체를 최대한 밀착시켜 범인의 행동반경을 최소화해야 한다.

㉣ 무기 제압

무기를 제압할 때는 위해기도 범인의 저항으로 발생될 수 있는 제2공격을 막기 위해 무기를 든 범인의 손을 끝까지 제압하여야 한다. 칼이나 몽둥이와 같은 무기를 제압할 때는 범인의 팔을 꺾거나, 무릎으로 범인의 낭심을 가격한다든지, 혹은 발로 범인의 정강이를 계속 가격하여 몸의 중심을 무너뜨려 제압하는 것이 좋다.

㉤ 총기사용의 자제

위해기도 범인을 제압할 시는 가능한 한 총기사용을 자제하고 경호보안요원의 신체를 이용하여 제압하여야 한다. 대적의 목적은 위해기도를 무력화하는 것이지 위해기도자를 사살하려는 것이 아니며 경호보안요원의 총기사용은 일반인에게 피해를 줄 수 있는 가능성이 있으므로 자제하여야 한다.

㉥ 범인제압

위해기도범인의 무기를 제압하여 공격이 어느 정도 무력화되었을 때는 제2의 공격을 방지하기 위해 손, 발, 다리 등을 이용하여 범인의 몸전체의 중심을 무너뜨려 무기와 범인을 완전히 땅바닥에 제압하여야 한다. 범인제압 시에는 단독으로 제압하지 말고 복수로 대응함으로써 실수로 인한 제2공격을 완벽하게 제거할 수 있다. 실제적인 제압기술을 수행하기 전에 자기방어(self defense)의 원칙을 배우고 익혀야 한다.

㉦ 범인 이동 및 보호

단수 또는 복수대응에 의해 무기와 신체가 완전히 제압된 범인은 빨리 현장에서 이동시켜 발생될 수 있는 제2의 사태와 행사장 주변의 질서를 유지시키도록 하여야 한다. 그리고 범인의 신변을 보호하여 범행사유 및 배후세력을 확인하고, 다른 위해세력에 의한 암살 또는 흥분한 군중에 의한 집단 공격에 대비하여 안전한 장소로 신속히 호송하여야 한다.[51]

7. 시설 보안관리(Facilities Security)

1) 시설 보안관리 의의

시설물 보안관리란 대상시설물에 대한 타인의 불법침입이나 재물의 탈취, 불법행위에 대하여 대처하고 위난으로부터 신변과 재산의 안전도모 및 내부인에 의한 범죄행위 방지, 그리고 시설물의 화재예방과 시설관리, 출입인원에 대한 통제 및 안내서비스 등과 같은 일련의 업무를 의미한다. 경비업법 제2조의 '시설경비'와 같은 의미로 보고, 경비를 필요로 하는 시설 및 장소(이하 "경비대상시설"이라 한다)에서의 도난·화재 그 밖의 혼잡 등으로 인한 위험발생을 방지하는 업무[52]를 말하며 대상시설의 보안 대책으로 경비계획 수립, 자연·인공·동물방벽, 전기전자방벽 등의 방벽을 이용, 설치하거나 제한지역, 통제구역 등의 보호구역을 설치, 순찰 등의 방법이 있다.

(1) 시설보안관리의 목표

① 방범
② 화재예방
③ 자연재해 예방 및 대처
④ 내외방문자의 편의 도모
⑤ 대상조직의 규칙 이행

51) 이상철, 전게서, pp.254~271.
52) 경비업법 제2조

(2) 기본원칙

① 시설경비계획에 의한 경비
② 경비위해요소의 사전확인 및 숙지
③ 적절한 방호시설물의 이용
④ 신속한 경보 전달
⑤ 내방객 응대 및 안내 시 친절한 행동과 화법

(3) 시설보안관리 시 고려사항

① 시설물의 특성 및 구조(예: 건축양식, 건물설립년도, 건축재료, 지상 및 지하 등)
② 시설물의 용도 및 내부 귀중품
③ 시설물 내부 구성원의 업무 형태
④ 시설물 출입 인원의 특성
⑤ 시설물 주위환경
⑥ 주변 경찰관서, 소방서, 병원 등의 위치[53)]

2) 경비계획 수립 기본원칙

시설물의 효과적인 경비와 보안관리를 위해선 전체적인 경비시스템을 위한 단계적이고 주의 깊은 경비계획((Planning)이 선행되어야 한다. 경비계획은 시간적으로는 단기적 상황에서 장기적 측면까지 고려해야 하고, 내용적으로는 단순요소와 세밀한 요소까지 염두에 두어야 하며 범위에서는 경비부서적인 면에서부터 조직 전반적인 상황까지 다루어야 한다.

경비계획은 경비부서의 조직관리·실행과정·평가과정과의 관계 속에서 역동적이고 유기적으로 작용되고 있다. 따라서 경비계획이 철저하게 이루어진 후 그 계획에 따라 경비 및 보안관리가 실행되면 매우 효과적이 될 것이며, 마지막 평가단계에서는 이전 단계의 미흡한 점을 피드백(feed back)하여 다시 재검토가 이루어져야 할 것이다.

53) 김계원 · 서진석, 「경비지도사 민간경비론」, 도서출판 새롬, 2001, pp.118~119.

이러한 경비계획(Planning), 경비조직관리(Executive), 경비평가(Estimate), 경비계획(Feed back) 과정은 다음과 같은 측면에서 경비효율화를 가져다준다.

① 목적을 명확하게 해 준다.
② 정보와 관련하여 조직화 한다.
③ 대안을 개발하게 해 준다.
④ 관련 프로그램에 대한 긍정적 부정적 정보를 초기에 제공해 준다.
⑤ 방향 및 경비, 범죄예방의 목적을 제공 해 준다.
⑥ 위험이 최소화 될 수 있게 해 준다.[54]

또한 경비계획 수립 시 고려해야 할 기본적인 원칙들은 다음과 같은 것이 있다

- 경계구역과 건물 출입구 수는 안전규칙 범위 내에서 최소한으로 유지되어야 한다.
- 유리창이 지면으로부터 일전한 높이 이내에 설치되어 있는 경우(약 4m이내)에는 특히 강화유리, 센서 등 안전장치를 설치해야 한다.
- 선물 외부 틈으로 접근 및 탈출가능 한 지점 및 경계구역은 안전하게 관리하거나 통제되어야 한다(천장, 공기환풍기, 하수도관, 맨홀 등)
- 잠금장치는 정교하고 충격이나 파손에 강해야 하며 열쇠분실에 대비한 적절한 조치를 취할 수 있어야 한다.
- 효과적인 경비를 위해서는 안전경비조명이 설치되어야 하고 물건을 선적하거나 수령하는 지역은 분리되어야 한다.
- 비상시에만 사용하는 외부출입구등에도 경보장치가 설치되어야 하고, 외부로 통하는 출입구의 통제가 가능해야 한다.
- 항구, 부두지역 등은 운전자가 바로 창고지역으로 차량을 움직이지 못하도록 하고 경비원에게 물건의 선적이나 하차를 확인할 수 있도록 설계되어야 한다.
- 경비 및 보안 관리실은 건물에서 통행이 많은 곳에 설치하고, 직원의 출입구는 주차장으로부터 떨어진 곳에 위치해야 한다.
- 경비원 대기실은 시설물 출입구와 비상구에 인접하도록 하고 격리되어 있는 출입구에 대해서는 경보장치 등을 설치하여 보완하도록 한다.[55]

54) 이윤근·배철효, 「민간경비론」, 엑스퍼트, 2005, pp.157~158.
55) 이윤근·배철효, 전게서, pp.153~154.

3) 시설보안관리원의 임무와 역할

(1) 기본임무

① 시설물에 출입하는 사람 및 차량의 안내, 통제
② 시설물 내의 주차장 정리
③ 시설물의 방범 상 취약지역의 순회, 점검
④ 내부구성원 범죄에 대한 대처
⑤ 시설물 내의 화재예방 조치
⑥ 주변 경찰, 소방서 및 책임자에 대한 경보 전달

(2) 기본자세

① 경비업무의 사회적 사명과 정확한 역할 인식
② 담당 경비업무의 내용, 절차 및 관련 법규의 숙지, 준수
③ 책임감과 기밀유지
④ 직무상의 지식 및 기능 연마
⑤ 단정한 복장과 몸가짐
⑥ 호신장구의 적정 휴대
⑦ 예의바른 행동과 화법
⑧ 적절한 건강관리

(3) 기본적 숙지사항

① 신고요령
② 응급처치법
③ 대피유도요령
④ 현장보전요령
⑤ 경봉·가스총 사용법
⑥ 소화기 사용법 등[56)]

(4) 시설물보안의 기본 구역 개념

① 시설물경비는 외곽경비, 경계구역 내부경비, 내부경비 등의 3구역 개념을 적용하여 근무를 실시한다. 외곽경비구역은 울타리와 울타리 밖 가시거리(통상 소총 유효사거리 적용)이며, 경계구역, 내부경비는 울타리 내부지역을 의미한다.
② 외곽경비는 경비대상 시설물에 대한 외부로부터의 침입 및 위해행위 의도를 가진 자의 접근을 통제, 차단하여 내부의 시설, 인원 및 자산을 보호하는 것이나.
③ 경계구역 내부경비는 울타리로부터 핵심시설 사이에서 발생할 수 있는 각종 위해행위를 방지 경비이다.
④ 내부경비는 핵심지역 경비로서 건물자체에 대한 인원과 물자 등의 자산을 보호하는 경비활동을 말하며 인원, 차량의 출입통제, 출입문, 창문 등의 개구부에 대한 보호조치를 밀한다.[57]

4) 포스트(Post)별 보안근무형태

(1) 경비근무자 일반적 수칙

근무지역이 근무상황에 따라 조금씩 상이하겠지만 경비근무자의 임무수행 시 지켜야 할 일반적인 수칙은 다음과 같다.
① 경비근무자는 부여받은 책임구역 내에서 고객의 생명과 신체, 재산을 보호한다.
② 경비근무자는 경비근무 상 상관의 지시사항을 지시받아 근무한다.
③ 경비근무자는 위기상황 발생 시 즉각 조치하며, 즉시 상황실(중앙통제실)에 보고하고, 인접근무자에게 알려야 한다.
④ 경비근무자는 근무 시 휴대하는 경비보조장비(경봉, 분사기 등)를 어떠한 경우라도 타인에게 빌려주거나 방치해서는 아니 된다.
⑤ 경비근무자는 근무 도중 지정된 책임구역을 이탈해서는 안 되며, 불필요한 말과 행동을 해서는 안 된다(잡지탐독, 오락행위, 사행성놀이, 음주행위 등).

---

56) 김계원·서진석, 전게서, pp.118~119.
57) 사단법인 한국경비협회, 「특수경비원 신임교육 교재」, 한국역비협회, 2012, P.328.

⑥ 경비근무자는 근무 중에 발생한 상황에 대해서는 후번 근무자에게 인계한다.

(2) 경비종합상황실(중앙통제실) 근무 수칙

① 경비업무의 핵심부서로 경비와 관련된 제반 상황을 접수, 전파 및 조치한다.
② 경비관리자의 명령에 복종하고 지시된 업무를 수행한다.
③ 비상사태발생 시 대응요령을 지시하고 통제한다.
④ 물품의 반·출입에 관한 통제 및 반출입증을 발급 및 확인한다.
⑤ 기계경비시스템 및 각종 가지시스템을 감시, 관리하고 대처한다.
⑥ 경비 및 보안관리 활동을 수립하고 시행한다.
⑦ 각종 일지 및 기록을 작성, 보관 및 관리하고 각종 열쇠를 관리한다.
⑧ 통신장애 발생 시 대처 및 지원한다.

(3) 출입구

① 경비구역 내에 출입하는 모든 차량과 사람에 대해 통제한다.
② 모든 물품의 반입과 반출을 통제한다.
③ 경비근무의 모든 상황을 종합상황실에 보고하고 지시에 따른다.
④ 우발상황 발생 시에는 인접근무자에게 상황을 전파하고, 신속하고 적절하게 대처한다.

(4) Lobby

① 시설 내, 외부의 내방객 및 전화내방객을 응대하고 안내임무를 수행한다.
② 용건없이 출입한 자와 거동수상자를 색출해서 보고하고 통제한다.
③ 지정된 곳의 열쇠를 관리하고 출입문의 개폐 및 안전관리임무를 수행한다.

(5) 외곽(초소)

① 경비대상시설물의 이상 유무를 확인, 점검한다.
② 모든 상황을 종합상황실에 보고하고 지시에 따른다.

③ 우발상황 발생 시에는 인접근무자에게 상황을 전파하고, 신속하고 적절하게 대처한다.
④ 경비 대상시설 외곽지역에 대한 순화 및 순찰을 한다.
⑤ 경비 대상시설 및 지역에 불법유인물 부착되었을 땐 확인하고 처리한다.

(6) 시설외곽 경계 시 감시요령

① 주간경계근무(감시)요령

- Post 전방 가까운 곳에서 먼 곳으로 전체를 감시한다.
- 특징있는 지형지물이나 비정상적인 색체와 윤곽 등을 확인한다.
- 경계 및 감시지역이 넓을 경우 참고점 및 기준점을 이용, 분할하여 감시한다.
- 50m씩 끊어서 중첩되게 감시한다.
- 의심이 가는 곳은 잠시 멈추어서 세밀히 감시한다.

② 야간경계근무(감시)요령

- 인간의 감각을 총동원해야 하며 특히 청각을 최대한 활용하여 감시한다.
- 한곳에만 집중하지 말고 마음대로 상상하거ㅏ 주관적인 판단을 하지 않는다.
- 주간에 미리 경계구역의 특징이나 지형 등을 숙지해 둔다.[58]

5) 출입인원 및 차량통제

(1) 의의 및 지역구분

경비근무자에 의한 출입인원 및 차량통제는 불필요한 출입을 통제하고, 이을 통해 각종 위험발생을 방지하여 경비구역 내의 인원, 시설 및 재산 등의 안전을 보장하고 손실을 감소시키는 경비활동이다. 출입관리지역은 제한지역, 제한구역, 통제구역으로 구분한다.

58) 사단법인 한국경비협회, 상게서, P.328~330.

① 제한지역

외부인이 출입할 경우 경비원 등의 일반감시가 요구되는 지역이며. 통상적으로 울타리 내부지역에 해당한다.

② 제한구역

외부인이 출입할 경우 관련부서 또는 경비원 등에 의해서 안내가 요구되는 지역으로 시설내부가 이에 해당된다.

③ 통제구역

출입인가가 되지 않은 비인가자의 출입이 금지되는 곳으로 보안상 특히 중요한 곳이며. 비밀보관소, 종합상황실, 연구실 등으로 출입자의 명단 등이 비치되어 있다.

(2) 출입인원 통제

① 임직원 출입관리

출입인원을 통제하면서 통상적으로 잘못을 범하기 쉬운 인원이 임직원이다. 임직원의 출입통제는 출입증 패용 여부를 확인해야 하며, 이때 출입증의 본인여부, 유효기간, 위조여부 등을 확인하고 외출 및 조퇴 시에는 확인증을 제시받아야 한다. 또한 외출 시 부정 반출 여부를 반드시 확인하여야 한다.

② 내방객 출입관리

내방객이 방문할 경우신분증을 확인하여 기록하고 필요시에 소지품 확인도 병행한다. 또한 방문부서, 방문목적, 사전약속여부 등을 확인한 후 방문대상자에게 통보 및 수락여부를 확인하고, 출입증을 교부하여 패용하게 하며 방문부서 또는 방문 장소로 안내를 하여 불필요장소 및 기타 장소에 출입하는 일이 없도록 한다. 또한 방문자를 잠시 대기시킬 때에는 면화실로 안내를 하며 외판원, 신분확인이 곤란한 자 등 불필요한 출입자는 출입을 거부한다.

③ 면회객 관리

면회객이 왔을 때에는 면화목적을 접수받으면서 신분증을 확인하여 기록하고, 면화대상자에게 즉시 연락하고 면회실로 친절하게 안내한 후 면회실 주변의 편의 시렁에 대해서도 설명해줌으로써 최대한 불편을 느끼지 않도록 해 준다.

④ 공사업체 출입관리

공사장 출입통제는 매우 신중을 기해야 한다. 관련 담당부서에서 공사업체 및 출입자 명단을 접수받고 출입자 준수사항에 대해 서약서를 제출한 인원만 출입을 허용한다. 출입 허가자를 제외한 일체의 인원은 출입을 통제하며 확인하도록 한다. 출입은공사담당부서 책임자에게 인계하여 단체인솔이 될 수 있도록 하고 지정된 출입구 및 공사구역 이외 장소에서는 일체 출입을 통제해야 한다.

(3) 출입차량통제

① 출입차량 안내 절차

경비대상 시설로 차량이 진입하면 경적 및 수신호로차량을 지정장소에 정지시킨 후 신속히 접근해 예의를 갖추고 출입목적과 부서, 신분증 확인 후 출입여부를 결정한다. 출입이 결정되면 출입증을 교부해 주고 주차장을 안내 해 주며 불법 반·출입물 여부를 반드시 확인하고 출입과정 상 필요한 준수사항을 설명한다.

② 임직원 차량

사전에 등록 된 스티커와 탑승자의 신원을 확인해야 하며 업무용 차량은 탑승자와 행선지, 물품탑재 여부를 확인한다.

③ 내방객 차량

출입차량 안내절차에 의해 안내하며 출입일지에 기록하고 출입수속을 하면서 장시간 지체 혹은 지연에 유의해야 한다.

④ 납품차량

납품부서를 확인하고 납품증명서를 확인하여 날인한다(필요에 따라 임직원 동행). 이때 차량 소통에 지장을 받지 않도록 유도한다.

⑤ 공사차량

출입승인 여부와 반·출입물품을 확인하고 날인하며 위험물, 안전검사 필요 물품은 안전통제담당자에게 연락하여 승인을 받고 출입시킨다.

⑥ 긴급차량

출입에 최우선권을 부여하고(일반차량 잠시 통제), 긴급환자의 경우상황에 따라 신원과 상태를 간단히 파악한 후 신속히 통과시킨다.

⑦ 침입차량 및 위장차량

경비대상 시설 내에 출입허용을 일체 금지시키며 신원을 확인하고 인접근무자에게 상황을 전파하여야 한다.[59)]

6) 순찰업무

순찰(巡察)은 경비 및 보안요원이 지정구역 내를 돌면서 대상 시설의 도난, 화재 등의 위험발생을 경계·방지하고 피해가 발생한 경우 그것을 최소화하는 활동이다. 순찰업무는 잘 훈련된 정신적·육체적인 능력을 발휘하고, 인간이 지닌 오관(오관은 인간이 지닌 감각 기능)을 최대한 잘 살려서 사소한 것을 놓치지 않고 샅샅이 살펴 활동을 해야 한다(시간-거리, 조명, 물체파악, 어둠 등).

- 청각 : 말소리, 발소리, 움직임, 기타 소리 등에 의하여 거리·방향·위치를 파악.
- 후각 : 불에 타는 냄새, 파악 등의 냄새
- 미각 : 식량, 빵, 쌀과 같은 음식 부스러기를 확인함으로써 침입, 잠복여부 확인
- 촉각 : 풍향, 온도, 습도 또는 손이나 발로 눌러 은폐·엄폐된 것을 확인.[60)]

---

59) 사단법인 한국경비협회, 상게서, P.332~333.
60) 강민완·전용태·김효준, 전게서, pp.455~456.

(1) 순찰업무 단계

순찰업무를 효과적으로 실시하기 위해서 보안대상시설의 실태를 파악하고 시설의 다른 직원들과 우호적인 관계를 유지한다. 순찰업무수행 시 세심한 주의력과 경계심을 가지고 근무에 임한다.

순찰업무는 ①사전준비 → ②순찰출발 전 → ③순찰실시 → ④순찰종료후의 4단계로 착안하여 진행한다.

① 사전준비단계

대상 시설의 구조 및 중점 장소, 점검사항, 순찰 경로 · 요령 등을 확인하고, 각종 도구 및 설비(경보장치, 피난시설, 소화설비 등)의 위치나 취급방법 등을 숙지한다. 아울러 과거에 발생한 사고 경향과 종별을 미리 연구하고, 순찰시 착안사항에 대해 충분히 이해하고 습득한다.

② 순찰근무 출발 전 단계

순찰경로를 재확인하여 전회 근무자로부터 인계사항을 이해한다. 열쇠, 회중전등, 용구 등의 장비를 점검하고 잔업계, 작업계 등의 장부를 확인하여 파악해 둔다.

③ 순찰실시 단계

순찰계획에서 정한대로 실시하며 같은 경호보안 팀과 항상 신호 등을 통한 연락체계를 유지한다. 순찰 중 이상 유무 확인 시 즉시 보고한다. 순찰은 특히 침입가능한 위치를 자세히 확인한다. 순찰중 이전과 변화된 것이 있는가를 확인한다. 순찰 중 자신의 발소리나 문을 개폐할 때의 소리에도 주의하여 냄새나 인기척 등을 살피어 위해예방에 주의한다. 어떠한 상황조치 시나 취급사항에는 그때마다 반드시 메모한다.

④ 순찰종료

순찰이 끝나면 순찰시 취급한 조치사항이나 특이사항, 순찰 중 발견된 점을 기록 · 보고하여 문제점을 지적한 동시에 해결하고, 기록하여 근무책임자에게 보고하고 다음 근무요원에게 확실히 인계한다. 순찰결과의 기록을 통하여 통계 처리하여 종합적 결과를 보고하고 피드백하여 향후 자료로 활용한다.

뒤처리가 미흡한 점이나 장소를 조기에 발견하여 처리한다. 부실한 뒤처리를 미뤄두면 사고가 발생하기 마련이다. 따라서 미흡한 점을 수시로 처리하고 이를 기록·관리하여 통합적 대책을 수립한다.[61)]

(2) 순찰의 유형

순찰(巡察, Tours)의 기본 형태는 그 방법과 내용에 따라 다양하게 나누어 볼 수 있다.

(가)순찰시간대를 기준으로 근무 기준표에 따라 미리 정해진 시각에 정기적으로 하는 정시순찰과 수시로 하는 임시(수시)순찰, (나)순찰경로를 기준으로 정선순찰과 난선순찰, (다)순찰인원을 기준으로 단독순찰과 복수순찰, (라)순찰수단(방법)을 기준으로 걸어서 하는 도보순찰과 자동차·자전거 등을 사용하는 차량순찰로, (마) 순찰지역이 내·외부인지를 기준으로 순찰경로가 경비대상시설 내부로 한정되어 있는 실내순찰과 외부인 실외로 한정되어 있는 외주순찰, (바)기타 세밀순찰, 통상순찰, 조조순찰, 최종순찰, 잔류자 확인순찰 등의 다양한 형태로 불리는 순찰이 있으며. 순찰은 다양하고 복합적인 방법으로 운용할 수 있다. ㉮ 정기순찰 패턴은 미리 지정된 경로를 정해진 순서에 따라 점검 지역을 순회하는 정선순찰이다. 이는 순찰의 시작시간이 다양하더라도 순찰의 정형화와 경직화로 예측하기 쉽게 해 준다. ㉯ 더블체크 패턴은 직원이 종종 온 길을 거슬러 가거나 이미 점검한 지역을 다시 점검하는 것이다. ㉰ 불규칙 패턴의 난선(亂線)순찰은 순서나 빈도수에 상관없이 직원이 임의판단으로 자유롭게 선택해 점검하는 순찰이다. 예측하기 힘들다는 점에서 가장 선호하는 순찰방법이다. 취약지점은 반드시 순찰하되 이리저리 불규칙 순찰하는 것이 좋다.

㉠ 정선순찰(定線巡察)

계획에 의해 미리 정해놓은 노선을 따라 규칙적으로 순찰하는 방법으로 순찰노선이 일정하고 경비 및 순찰요원의 이동이 규칙적이므로 근무감독 및 연락 면에서는 편리하지만 순찰 중인 현재의 지점이 추정되고 다음 순찰시간의 추측이 가

61) 강민완 · 전용태 · 김효준, 전게서, pp.461~462.

능하므로 범죄행위자들이 이를 예측하고 이용할 수 있다는 단점이 있다.

㉡ 난선순찰(亂線巡察)

순찰노선을 사전에 정해놓지 않고 순찰자의 판단에 필요한 지점을 불규칙적으로 순찰로 범죄자의 예측을 교란시킬 수 있고, 종횡 무진한 순찰을 통하여 범죄예방을 증대시킬 수 있으나 순찰근무자의 위치추적이 곤란하고, 근무자의 태만과 소홀을 조장할 우려가 있다.

㉢ 요점순찰(要點巡察)

경비대상 구역 내의 경비수요, 순찰인원, 지역상황을 고려하여 설정한 주요 지점에서 다른 지점에 이르기 까지 일정한 노선없이 적절한 통로를 자율적으로 순찰하는 것이다. 정선순찰과 난선순찰의 장점을 살리고 단점도 보안되도록 절충한 방식이다.[62]

(3) 순찰시의 유의사항

- 순찰근무자는 순찰 전에 용모, 복장을 단정히 하고 경적, 가스총, 후래쉬 완장 등 필요한 장구를 휴대.
- 거동수상자 등을 발견한 경우는 큰소리로 묻거나 정당한 업무와 시설주의 관리권 행사 범위 내에서의 질문 등으로 범죄심리 사전 제압.
- 옥상에는 관계자 이외의 자 출입통제 및 시건 조치하고 야간순찰 시에는 시건 여부와 관계자 외 다른 사람이 없는지 중점 확인.
- 순찰 대상시설 주변 또는 부자연한 장소에 장시간 주차하고 있는 차량 등을 중점감시, 관찰과 옥상, 놀이터 등에 대한 부단한 순찰로 감시 사각지대 해소.
- 이상한 물건 또는 비명소리 등에 유의하고 도시가스배관, 빗물배수통, 베란다 난간 등을 이용한 침입흔적이 있는지 세밀히 관찰, 점검하며 순찰실시.
- 의심나는 곳은 반드시 반복해서 관찰 및 확인.
- 순찰 시 반드시 지하주차장 등 경유, 10~30대 거동수상자 발견 시 질문하거나 외부차량 주차 시 차량검색으로 범죄기도 차단.

62) 경찰대학, 경찰방범론, 1998, P.309. 김민완·전용태·김효순, 전게서, pp.456~457.

- 지하주차장 내 조명의 밝기 (70룩스 이상), CCTV 등 방범시설 상태 등 수시 점검 · 보안
- 전임순찰자로부터 특이사항, 관심사항 확인, 순찰장비 인수
- 잔업, 작업신고 등의 자료를 통해 작업현황 파악 및 현장 숙지
- 내 · 외부 순찰 중점 확인사항 숙지
- 주간순찰 시 노출순찰(위력순찰)을 통해 범죄예방 및 신뢰증진
- 야간순찰 시 제반 안전대책 강구
- 순찰목적을 달성하도록 사전 치밀한 준비
- 이상 징후를 감지했을 경우 집중력과 인내력을 갖고 끝까지 추적하여 그 원인을 찾아낸다(냄새, 소리 등)
- 전등, 달빛 등에 유의하고 수상한 사람을 발견하거나 인기척이 있을 경우 몸을 은폐하여 확인
- 모퉁이나 코너 등의 지역을 갈 때에는 몇 초간 걸음을 멈추고 청각을 활용하여 안전여부를 먼저 확인 후 이동하며 임무수행.
- 처음 순찰 시 상황을 파악하고 차후 순찰 시에는 변동사항을 확인.
- 밀폐된 시설물을 확인할 때에는 통신장애를 대비하여 종합상황실에 사전에 연락

(4) 순찰 시 필수 확인사항

① 내부순찰 시 필수 확인사항

- 출입문, 창문, 셔터 등의 파송여부를 확인
- 중요시설 및 장비와 물품의 이상여부 확인
- 귀중품 보관 장소의 시건장치 확인
- 경비대상 시설의 기계 및 각종 시스템작동상태 확인
- 각 계단, 통로, 화장실 등과 같이 엄폐, 은폐가 가능한 장소 확인 철저
- 흡연자가 담배꽁초 등을 유기할 수 있는 장소 철저히 확인
- 냉난방 기구의 안전한 사용과 사용 후 전원 Off상태 확인
- 주방, 화장실, 로비, 기타 등지에서 화기 이용설비의 스위치와 전원유무 확인
- 소화기, 경보설비, 방화설비, 피난설비 등의 안전기구 확인

② 외부순찰 시 필수 확인사항

- 외부침입이 쉬운 건물, 인접가옥, 전신주, 담장, 수모 등의 확인
- 침입에 이용 될 우려가 있는 물건이나 장비 제거(사다리, 받침대 등)
- 침입 가능한 출입문, 창문, 셔터 등의 시건장치 확인
- 건설현장, 공사장 내부, 자제 야적장 등의 범인의 은닉우려장소 점검 및 확인
- 담장 또는 철조망 등의 경계부분 파손여부 확인
- 용건이 없는 자, 노숙자, 부랑자 등의 출입 통제
- 쓰레기장, 소각장, 휴지통 등 가연물이 있는 장소 확인
- 소화설비, 피난설비 등의 점검
- 옥외 감지시스템 및 조명상태 확인[63]

(5) 범죄기도자 발견 착안점

다음과 같은 거동이 수상한 자에 대하여는 특히 유의해서 동태를 감시, 관찰하여 범죄기도를 사전에 예방.

- 대상시설 부근의 노상에서 엔진을 시동한 채로 주차하고 있는 자.
- 건물주변을 배회하거나, 무엇인가 침착성이 결여되고 행동이 부자연스러운 자.
- 볼 일없이 또는 용무가 끝났는데도 단지 내에 계속 머물고 있거나 주차중인 자동차 내에서 자고 있는 자.
- 복면, 마스크, 선글라스 등 특이한 물건을 휴대하고 있는 자.
- 목검 · 도검 · 엽총 및 열쇠 · 드라이버 · 장도리 · 밧줄 · 가방 등 범죄에 사용될 우려 있는 물품을 소지하고 있는 자.
- 스위치와 엔진이 직결되어 있거나 각 창문 또는 시건장치가 파괴된 차를 운전하고 있는 자. 핏자국 또는 차안이 현저히 더럽혀져 있는 차를 운전하고 있는 자.

63) 사단법인 한국경비협회, 전게시, P.333~334.

(6) 경찰과 협력체제 유지

① 긴급연락망 구성

- 범죄 신고는 112신고 전화를 이용하는 것이 가장 효과적이고 신속한 체계이다.
- 범인 침입 시 공포·경악·당황 등으로 112신고를 할 수 없는 긴급한 상황에 대비, 관리사무실과 경찰서·파출소간 컴퓨터 범죄신고 시스템 등 긴급연락망 구성.

② 사건 발생 시의 조치

- **경찰관서에 신고.**

강·절도 등 범죄가 발생하였거나 범죄와 관련된 단서를 발견한 경우는 타경비원과 합동으로 공동대처함과 동시에 비상연락망 또는 112 신고 전화(국번없이112)로 신속하게 경찰관서에 신고.

- **112신고요령**

- 언제, 어디서, 누가, 무엇을, 어떻게.
- 범인(인원수, 휴대품, 연령, 신장, 복장, 두발상태 등 신체적 특징)
- 도주방향 및 이용수단(도보, 오토바이, 차량, 특징)
- 신고자의 주소, 성명, 전화번호 등.

③ 현장보존

- 현장 보존이라 함은 범죄후의 범죄현장 그대로를 보존하여 증거 및 유류품의 "분실", "감실", "변질" 등을 방지하고 경찰관의 체증 활동에 협력.
- 범죄현장은 범인이 있었던 곳으로서 범인의 지문, 피, 침, 모발, 분뇨, 정액, 땀과 같이 범인신체의 일부가 남아 있을 수도 있고 범인이 소지하였던 흉기나 도구, 라이터, 성냥, 명함, 사진, 주민등록증 같은 것이 남아 있을 수 있다. 따라서 잘 보존된 범죄현장은 수사관의 범인추적·검거에 중요한 단서를 제공한다.[64]

---

64) http://cafe104.daum.net/_c21_/bbs_search_read(검색 : 2012.8.22)

8. 해외에서의 안전 및 보안관리 요령[65)]

1) 위험직면 상황 시 행동 요령

① 어떤 이유에서든 위험이나 공격이 있을 것이라고 생각되면 즉시 동원 가능한 최선의 방법을 통해 도움을 요청하여야 한다.

② 자동차의 경적 또는 여타 방법의 경고음을 울리거나 지나가는 행인과 근처 빌딩에 있는 사람들의 관심을 끌도록 하고, 가능하다면 그들에게 경찰을 불러달라고 요청한다.

③ 아래의 상황이 나타나면 즉시 경찰에 연락한다.

- 집이나 직장 근처에서 누군가 수상스런 행동을 하는 것을 목격했을 때.
- 자동차나 집, 혹은 사무실에 누군가 손을 댔거나 침입의 흔적이 보일 때.
  (이 경우 경찰이 인진하다고 말하기 선에는 해당 차나 빌딩에 들어가서는 안 된다)
- 계획하고 있는 행사나 활동이 특별한 위험을 안고 있거나 혹은 공격으로부터 취약할 수 있다고 예상될 때.
- 수취한 우편물이 폭발물 등으로 의심이 갈 때.

(1) 인질 · 납치

납치와 관련된 오해 중의 하나는 납치되면 살해될 위험이 높다고 생각하는 것이다. 사실 납치된 자들이 납치범에 의해 살해되는 경우는 드물다. 납치된 경우 먼저 납치범들이 죽이려고 하였다면 인질로 납치하지 않았을 것이라는 사실을 이해하는 것이 중요하다.

또한 인질 자신이 어떻게 행동하느냐가 생사에 크게 영향을 미친다. 납치된 순간이나 감금기간 중 감정을 어떻게 통제하느냐가 중요하다. 납치 시 가장 위험한 순간은 최초의 몇 분간과 구조작전 때이다. 이때 저항과 격렬한 감정을 보이는 것은 절대 금물이다.

65) http://www.0404.go.kr/contentView.do?menuNo=2030100(검색:2012.02.12)

가. 납치의 기본적 세 단계

① 포획(Capture)의 단계: 납치되면 일단 순응하라.

지시받은 것은 그대로 하고 지시받지 않은 것은 하지 말아야 한다. 말도 먼저 걸지 말고 허락된 경우에도 부드럽고 존중하는 태도로 말해야 한다. 결론적으로 피랍자는 무리 가운데 한 이름 없는 사람이 되어 납치범들의 주의를 끌지 않도록 주의해야 한다.

② 억류(Detention)의 단계: 규칙적인 생활을 통해서 건강을 유지하라.

이때 억류자들은 피랍자들을 심문하며 절망감을 주려고 노력하지만 크게 위험한 기간은 아니다. 이때 가능한 한 동료들에게 관심을 가지면서 서로 의사전달을 하려고 노력해야 한다. 또한 억류자들과 다양한 화제로 대화할 수 있고 일상 생활용품을 요청할 수 있다. 이때 논쟁의 소지나 억류자의 자존심을 건드리는 대화는 하지 말아야 하며 건강을 무시하거나 자포자기에 빠져서는 안 된다. 동료를 배반하는 말이나 일을 해서는 안 된다.

③ 구조(Rescue) 또는 석방(Release) 단계: 끝까지 신중하라.

인질들이 석방되었다고 해서 상황이 완전히 종료되었다고 생각해서는 안 된다. 재난후유장애(post-traumatic stress disorder)의 처리 등 사후처리 사항들이 남아있다는 것을 염두에 두어야 한다.

나. 해외여행 시 인질 납치에 대한 유의사항

① 필리핀 · 콜롬비아 · 인도네시아 등 인질납치가 빈번한 국가를 여행할 때에는 분쟁 또는 치안 불안지역을 사전에 파악하여 여행을 자제하는 것이 안전하다.

② 여행불안지역을 여행할 때에는 사전에 현지 한국공관(대사관, 영사관)에 신고하여 비상 시 도움을 받도록 한다. 해외 90일 이상 체류하는 경우에는 '재외국민등록'을 해야 위급 상황 시 긴급연락 등의 조치를 받을 수 있다.

③ 여행 중 납치가 될 가능성은 희박하지만 일단 납치가 되어 인질이 될 경우에는 자제력을 잃지 말고 납치범과 지속하며 우호적인 관계를 형성하도록 한다.

④ 인질 납치 시 행동 요령

- 놀라거나 자제력을 잃지 말고 침착해야 한다.
- 외부에서 모든 구출수단을 강구하고 있다는 점을 잊지 말아야 하며, 휴대폰을 켜 두면 위치추적이 가능하여 구출활동에 크게 도움이 될 수 있다.
- 경우에 따라서 살해될 위험이 있으므로 함부로 저항하지 말고 감시가 엄격할 경우에는 절대 도망치려 해서는 안 된다.
- 눈이 가려지면 주변의 소리·냄새·범인의 억양·이동시 도로상태 등 특징을 기억하려고 노력한다.
- 납치범을 자극하는 언행은 삼가고, 몸값요구를 위한 서한이나 육성녹음을 원할 경우 응하도록 한다.
- 버스나 비행기 탑승 중 인질이 된 경우, 순순히 납치범의 지시에 따르고 섣불리 범인과 대적하려 들지 말아야 한다. 섣부른 행동은 자신의 생명은 물론 다른 인질들의 생명도 위태롭게 할 수 있다.

다. 감금 시의 마음가짐

① 평상심을 갖도록 노력한다.

감금되었을 때의 최대의 적은 납치범이 아니라 자기 자신의 태도이다. 공포감과 절망감을 이겨 극복할 수 있도록 노력을 해야 하며 단단히 정신을 차려야 한다.

가족이나 회사가 석방을 위하여 노력하고 있다는 것을 항상 잊어서는 안 된다.

감금 중에는 자기 자신에 대하여 자신감을 잃고 때로는 자기의 운명을 신에게 맡기고 종교적이 되기도 하는데 신을 의지하여 기도를 하면 공포에서 구원될 것이라는 일말의 희망으로 마음의 편정을 찾을 수도 있다.

② 처음 몇 일간을 잘 참아낸다.

최초의 몇 일간은 매우 견디기 어려운 시간이 될 것이다. 이 기간 동안 납치범은 인질들에게 고통을 가하게 된다. 납치범들은 잔인할 정도로 흉폭하게 굴다가도 갑자기 양같이 순해지면서 친절하게 접근하는 등 인질들의 정신 상태를 이상하게 만들려고도 한다. 비록 지금은 최악의 상태라고 할지라도 시간이 지나면 사태가 점점 개선될 것이라는 믿음을 가져야 한다. 인질을 시험하는 첫 단계에서는 인질들이 아무리 눈물을 흘리고 사정을 하여도 납치범은 여전히 폭력을 휘두를지 모르므로 치욕적인 상태에 놓일 수 있다는 각오를 충분히 하여야 한다. 자존심이 높은 사람이나 여러 사람의 면전에서 모욕적인 취급을 당하는 것에 익숙지 못한 사람에게는 오히려 수치심을 주는 공격방법을 사용하게 되는 것이다. 벌거벗겨 여러 사람 앞에 세워 놓는다거나 하면 견딜 수 없는 치욕감으로 사람이 공포상태에 빠지기 쉬우나 이것은 테러리스트들이 즐겨 사용하는 전술이라고 생각하고 이를 정신적으로 극복해야 한다.

③ 규칙적인 생활

납치를 당하여 감금이 되면 어떤 형태로든 지금까지 감금 중에 시간을 보냈던 내용 즉 매일의 일기 등을 테러리스트들이 알지 못하도록 기록을 남겨 놓는다. 암호를 써 놓거나 상황에 따라 벽, 나무 조각 등 주변의 물건을 이용하여 기록하도록 하고 스스로 하루 생활을 계획하여 그것을 규칙적으로 계속해 나가도록 노력하여야 한다.

④ 정신적 운동

일정한 시간에 잠이 들도록 하며 정해진 시간에 일어나는 규칙적인 생활과 일정한 원칙에 따라 좁은 공간에서 할 수 있는 '아이소메트릭스(Isometrics-정지한 채로 2,3초간 몸체의 어느 한 부분에 힘을 주는 운동으로 부위를 바꿔가면서 반복한다)를 한다. 이런 운동을 매일 하면 정신운동이 되는데 이렇게 하면서 한편으로는 납치 전 가정에서나 직장에서 일상적으로 해 왔던 일들에 관해서도 생각을 해본다. 혹은 이제까지 해보려고 생각했던 일이 있으며 그것을 이 기회를 이용하여 구체적으로 정리해 본다든지 하여 무료하게 시간을 보내지 말아야 한다.

감금상태에 있더라도 장기적으로 목표를 세우고 활력과 지적 관심을 지속시키도록 노력해야 한다. 예를 들면, 납치를 주제로 책을 쓴다든지, 자기가 좋아하는 취미활동을 상상하며 나름대로 이에 대한 연구를 해보든지 감정적이 되어 우울해 하는 것보다 특별한 상황을 일상생활처럼 보내도록 억지로라도 노력해야 한다.

⑤ 끼니를 거르지 않고 잘 먹는다.

감금 중에는 형편없는 식사라도 가리지 않고 먹어야 한다. 단식하는 것은 아무런 도움이 안 되며 오히려 자기의 건강만 해치게 된다. 건강을 유지할 수 있도록 충분한 영양공급은 안되겠지만 억지로라도 먹는 것이 현명하다.

⑥ 화내지 말며 비굴하지도 말아라.

항상 자존심을 잃지 않도록 하며 어떠한 경우에도 비굴해 져서는 안 된다. 때때로 그들은 자신들의 과격성을 발휘하여 그들의 정치적 혹은 종교적 이념을 주입시키려고 온갖 수단을 가할지도 모른다. 이럴 때는 그들의 말을 성의있게 들어주는 것이 좋다. 불필요하게 그들의 주장을 반박하여 그들의 감정을 자극해서는 안 된다. 조용히 경청하면서도 동요되거나 두려워하지 않는 침착성을 유지하는 것이 중요하다.

그들과 진실하게 대화를 나누고 될 수 있는 대로 그들과 우호적인 관계를 구축해 두며, 공적인 부분보다 개인적인 부분을 나누며 신뢰를 쌓는 것이 좋다.

(2) 습격 · 폭파

- 최선의 예방책은 습격 · 폭파 등 테러가 빈발하는 치안불안지역이나 분쟁 중인 국가에 대한 여행이나 접근을 자제하는 것이다.
- 여행을 계속할 때 여행지역이 여기에 해당하는지 사전에 파악하고 해당되면 여행지를 변경하는 것이 좋다.
- 여행 중 습격 · 폭파의 위험에 직면하게 되면, 당황하지 말고 자신의 신체를 보호하기 위해 주의 깊게 행동하여야 한다.

□ 습격 · 폭파 시 행동 요령

- 폭파 사건이 발생하면 당황하지 말고 즉시 바닥에 엎드려 신체를 보호한다.
- 휴대폰을 켜두면 위치추적이 가능하여 구출활동에 크게 도움이 될 수 있다.
- 엎드릴 때는 양팔과 팔꿈치를 옆구리에 붙여 폐·심장·가슴 등을 보호하고 양손으로 귀와 머리를 감싸 보호한다.
- 통상 폭발사고가 발생한 경우 얼마 후 2차 폭발이 있으므로 절대 미리 일어나서는 안 되며 이동시에는 낮게 엎드린 자세로 이동한다.
- 총기에 의한 습격일 때는 자세를 낮추어 적당한 곳에 은신하고 경찰이나 경비요원의 대응사격을 방해하지 않도록 한다.
- 독가스 등 생화학 가스가 살포된 경우, 손수건 등으로 코와 입을 막고 호흡을

중지한 채 바람이 불어오는 방향(독가스 반대쪽)으로 속히 현장을 이탈하도록 한다.

- 사건발생 후 경미한 부상을 입은 경우, 경찰과 구급차를 부르고 부상자를 도우며 현재 재외공관에 알려 우리 국민의 피해 사실을 파악할 수 있도록 한다.

(3) 소매치기

- 소매치기는 세계의 모든 국가의 거리·역·쇼핑센터·관광지 등에서 가장 광범위하게 발생하는 범죄이며, 일반적으로 치안이 양호하다는 북미·서유럽의 대도시에서도 발생빈도가 매우 높으므로 각별히 주의한다.
- 통상 소매치기범은 말을 걸거나 옷에 케첩, 아이스크림 등을 묻히거나, 동전을 떨어뜨리는 등의 수법을 이용하여 주의력을 분산시킨 후 순식간에 지갑을 빼내간다.
- 따라서 여행 도중 가끔 지갑·여권 등이 이상 없는지 확인하고 자기 주변을 항상 주의 깊게 살펴보는 것이 좋다. 범행자는 옆이나 뒤에서 범행기회를 노리기 때문에 주의하면 피해를 예방할 수 있다.
- 소매치기 우범지역인 공항이나 역 · 호텔로비 등 사람들로 북적되거나 혼잡한 장소에서는 가방이나 짐을 손에서 놓지 말아야 한다. 특히 버스나 지하철 등의 혼잡한 대중교통 이용 시에는 수시로 소지품을 체크하는 것이 좋다.
- 만일의 경우를 대비하여 여행경비는 나누어 소지함으로써 위험을 분산시키는 것도 좋은 방법이다.

□ 소매치기 피해발생 시 행동 요령

- 현지 경찰관서에 즉시 신고한다.
- 현지 재외공관(대사관·영사관)에 피해사실을 신고하고 필요한 도움을 받도록 한다.
- 소매치기를 당해 여행자 수표나 신용카드를 잃어버린 경우 현지 관할경찰서에 서면으로 신고하고 신고확인서를 첨부해 발행 은행의 현지 지점이나 제휴은행에 재발급을 신청하거나, 국내 가족 또는 친구로부터 여행경비를 송금 받도록 한다.

(재외공관을 통해 필요한 방법을 안내받을 수 있다)

- 여권을 소매치기 당한 경우, 신속히 재외공관에 신고하여 여권을 재발급 받거나, 여행증명서를 발급받아야 한다.
- 항공권을 소매치기 당한 경우, 즉시 해당 항공사 현지 지사에 신고하여 항공티켓을 재발급 받아야 여행일정에 차질을 빚지 않게 된다.

(4) 날치기 · 강도

- 전 세계 대부분의 유명 관광지에서는 오토바이나 차량을 이용한 핸드백·카메라·가방 등의 소지품 날치기나 강도피해에 주의하여야 한다.
- 날치기 예방을 위해 핸드백 등의 가방은 어깨에 X자로 메고 이동 중에는 차도변이 아닌 인도 변 안쪽으로 가는 것이 안전하다.
- 여행 중 총기 · 칼 등의 흉기를 든 강도를 만나 소지품을 빼앗기고, 심지어는 생명의 위협을 받는 경우도 많이 발생한다.
- 밤중에 치안이 좋지 않은 지역을 혼자 다니거나, 대낮이라도 한적한 골목길, 지하도, 역 등을 조심성 없이 다니는 것은 강도의 표적이 되기 쉽다.
- 호텔 등 숙소에서는 방문을 노크해 문을 열려는 순간에 밀치고 들어오는 강도사건도 자주 발생하므로 방에 있을 때에는 반드시 방범체인을 걸어 놓고 문을 열기 전에 반드시 상대방을 확인하여야 한다.
- 강도들이 주로 원하는 것은 금품인 경우가 많으므로 금품은 분산 소지하여 여행경비를 한꺼번에 잃는 일이 없도록 주의하고, 강도 시 아무것도 없을 경우 분풀이성 피해를 당하지 않도록 비상금을 갖고 다니도록 한다.

□ 피해발생 시 행동 요령

- 현지 경찰관서에 신고한다.
- 현지 재외공관(대사관 · 영사관)에 피해사실을 신고하고 필요한 도움을 받도록 한다.
- 여행경비 · 여권 · 항공권을 빼앗긴 경우, 소매치기 피해 시 행동요령을 참고하여 대처한다.
- 부상을 당하게 되면, 현지 재외공관의 도움을 받아 한국인이 많이 찾는 병원을

이용하는 것이 안전하다. (국내 연락이나 본국 후송 등의 도움을 받을 수 있다)
- 강도를 만난 경우, 섣부른 저항은 강도를 자극하여 신체에 해를 입을 수 있으므로 금품보다 생명이 중요하다는 점을 명심하도록 한다.

(5) 사기 · 호객 · 악질택시

- 해외여행 시 '한국에 대해 배우고 싶다'며 가짜물건을 비싸게 팔거나 사기도박으로 유인해 여행경비를 탕진케 하는 경우가 많다. 따라서 영어나 한국어를 구사하며 친절히 말을 걸어오는 사람을 쉽게 믿어서는 안 되며 겉모양만 보고 주의를 게을리 하지 말고 신뢰할 수 없으면 'No'라고 의사를 분명히 밝히는 것이 좋다.
- 러시아 · 중국 · 동유럽국가 등에서는 택시기사가 강도로 돌변하는 경우도 있으므로 조심해야 하며 탑승 시 택시번호를 기어하거나 메모해 두면 좋다.
- 유럽, 특히 동유럽 일대에서는 침대열차(Eurail)를 이용할 때 현지인 탑승객이 권하는 음료수는 가급적 사양하는 것이 좋다. 음료수에 수면제가 들어 있어 잠든 사이에 금품을 빼앗기는 피해가 자주 발생하고 있다.
- 중국 · 러시아 등지에서는 여성 호객꾼에게 유인되어 금품을 털리는 사례도 있으므로 술집 등에서 친절하게 다가와 유혹하는 사람에 대해서는 경계하여야 한다.

□ 피해발생 시 행동 요령

- 현지 경찰관서에 신고한다.
- 현지 재외공관(대사관·영사관)에 피해사실을 신고하고 필요한 도움을 받도록 한다.
- 사기피해를 당한 경우, 사기범의 인적사항, 연락처, 피해정도 등을 현지 경찰과 재외공관 영사에게 알려 범인검거에 도움이 되도록 한다.
- 악질택시 피해의 경우에는 택시회사 · 택시번호 등을 현지 경찰이나 재외공관에 제보한다.
- 술집 접대부 등 호객꾼에 꾀어 피해를 당한 경우, 신체위협을 받을 수도 있으므로 실랑이를 벌이지 말고 술집의 이름과 위치 등을 확인 후 인근 경찰서에 신고하는 것이 좋다.

(6) 마약운반 · 소지

- 마약에 대한 규제는 점점 강화되어 전 세계의 대부분의 국가에서 마약범죄를 중범죄로 다루고 있으며, 단순 소지 사실만으로도 중형에 처하는 나라가 있으므로 특히 주의해야 한다(중국은 헤로인 50g, 아편 1Kg을 운반소지만 해도 사형에 처할 수 있도록 하고 있다).
- 마약을 '고급차', '살 빼는 약' 등으로 사칭해 팔기도 하고 무료해외여행 등 선심성 관광(특히 중국)을 제의하고 귀국 시 휴대가방이나 서류봉투 등의 운반을 요청하는 경우도 많이 있다.
- 공항에서 승객을 가장하여 접근한 후 긴급한 용무로 탑승이 어렵게 되었다면서 국내가족이나 친구에게 줄 선물을 대신 전달해 달라고 요청하는 수법도 자주 사용하고 있다.
- 이는 내부분의 마약 운반일 가능성이 크므로 낯선 사람의 부탁을 받을 경우 의심해 보고 정중히 거절하는 것이 좋다. 특히 중국이나 태국·필리핀 등의 마약 취약국가를 여행할 때에는 본의 아니게 마약과 관련되지 않도록 특히 조심하여야 한다,

(7) 여권도난 · 분실

최근 국제화 · 세계화 추세에 따라 우리 국민의 해외여행이 급속히 증가하면서 해외에서 여권도난 · 분실사고도 급증하고 있다. 중국이나 동남아 국가에는 한국 여권만을 전문적으로 취급하는 범죄조직이 있어 여권을 위·변조하여 한국으로 불법입국하려는 사람들에게 고가에 팔아넘기고 있는 실정이다(2002년도 해외에서 분실한 여권은 총9,808매로 이중 중국에서만 1,148매가 분실되었다).

많이 거주하는 중국 동북 3성 일대를 중심으로 여권도난·분실사고가 빈발하고 있으므로 여권관리에 특히 신경 써야 한다.

중국 공짜관광을 미끼로 여권을 일괄 보관한 후 도주하거나 현지 관광안내를 자칭하며 접근해 여권을 탈취하고 서류발급 등을 대행해 준다며 여권을 받아 달아나는 사례도 많다. 특히 관광안내원이나 숙박업소에 속아서 여권을 맡겼다가 분실하는 사례가 빈번하므로 중국이나 동남아지역을 여행할 때는 누구에게도 여권을

맡기거나 보여주지 않는 것이 좋다.

해외 어디를 여행하든지 여권은 지갑과 별도로 보관해 여권과 지갑을 함께 분실하지 않도록 주의한다. 만일 여권을 분실·도난당했을 때에는 위·변조되어 악용될 가능성이 있고 본인에게 피해가 갈수도 있으므로 즉시 신고해야 한다.

여권 분실·도난에 대비해 여권번호·발행연월일 등을 메모해 두거나 여권사본, 사진2매(여권용 칼라사진)를 별도로 보관하면 여행증명서 발급 등에 큰 도움이 된다.

□ 피해발생 시 행동 요령

- 재외공관(대사관 혹은 총영사관)에서 사건 관할 경찰서의 연락처와 신고방법 및 유의사항을 안내받는다.
- 의사소통의 문제로 어려움을 겪을 경우, 통역 선임을 위한 정보를 제공받는다.
- 여권 분실 시, 분실 발견 즉시, 가까운 현지 경찰서를 찾아가 여권분실 증명서를 만든다. 재외공관에 분실 증명서, 사진 2장(여권용 컬러사진),여권번호, 여권 발행일 등을 기재한 서류를 제출한다. 급히 귀국해야 할 경우 여행증명서를 발급받는다.
- 여권 분실의 경우를 대비해 여행 전 여권을 복사해 두거나, 여권번호, 발행 연원일, 여행지 우리 공관 주소 및 연락처 등을 메모해둔다. 단, 여권을 분실했을 경우 해당 여권이 위·변조되어 범죄에 악용될 수 있다는 점에 유의해야 한다.
- 여행경비를 분실·도난당한 경우, 신속해외송금지원제도를 이용(재외공관 혹은 영사콜센터 문의).
- 여행자 수표를 분실한 경우, 경찰서에 바로 신고한 후 분실 증명서를 발급받는다. 여권과 여행자수표 구입 영수증을 가지고 수표 발행은행의 지점에 가서 분실 신고서를 작성하면, 여행자 수표를 재발행 받을 수 있습니다. 이 때, T/C의 고유번호, 종류, 구입일, 은행점명, 서명을 알려줘야 한다.
- 그러나 수표의 상, 하단 모두에 사인한 경우, 전혀 사인을 하지 않은 경우, 수표의 번호를 모르는 경우, 분실 시 즉시 신고하지 않은 경우에는 재발급이 되지 않으므로 주의해야 한다.
- 항공권을 분실한 경우, 해당 항공사의 현지 사무실에 신고하고, 항공권 번호를 알려준다.

- 분실에 대비해 항공권 번호가 찍혀 있는 부분을 미리 복사해 두고, 구입한 여행사의 연락처도 메모해둔다.
- 수하물을 분실한 경우, 화물인수증(Claim Tag)을 해당 항공사 직원에게 제시하고, 분실신고서를 작성한다. 공항에서 짐을 찾을 수 없게 되면, 항공사에서 책임을 지고 배상한다.
- 현지에서 여행 중에 물품을 분실한 경우, 현지 경찰서에 잃어버린 물건에 대한 신고를 하고, 해외여행자 보험에 가입한 경우 현지 경찰서로부터 도난신고서를 발급받은 뒤, 귀국 후 해당 보험회사에 청구.

□ 중국에서 여권분실 시 재발급 절차

- 중국에서 여권분실 도난 사건이 많아, 중국 공안당국은 우리 공관으로부터 발급받은 여행증명서가 있더라도, 공안당국이 발행한 여권분실증명서가 있어야 출국할 수 있으므로, 주의해야 한다.
- 여권을 분실했을 경우, 먼저 관할 파출소에 신고하여 분실증명서를 발급받고 중국 내 우리 관할 공관에 본인이 직접 방문하여 분실신고(사진3매 지참)를 하여야 한다.
- 공관에서 발급하는 '분실여권 말소증명'과 파출소 발행의 '분실증명서'와 호텔 등 외국인 합법 거주지 등에서 발급하는 '숙박증명(주숙등기표)'을 첨부하여, 분실지역 관할 공안국 외국인출입경관리처에 가서 분실증명서를 발급받는다.
- 공안국에서 발급받은 분실증명서를 가지고 공관을 방문해 단수여권을 발급받는다.(발급수수료: 인민폐 120위엔)
- 공안국 외국인출입경관리처에 가서 단수여권에 출국에 필요한 비자를 발급받는다. 여행 경비를 분실·도난당한 경우, 신속해외송금 지원제도에 관해 영사콜센터에 문의.

□ 도난 · 분실 예방책

- 여권이나 귀중품은 호텔 프론트에 맡기거나 객실 내 금고 또는 안전박스에 보관합니다. 그 날 사용할 만큼의 현금만 가지고 다닌다.
- 현금은 지갑과 가방, 호주머니에 나누어 지닌다.
- 식당에서는 의자에 가방을 걸어두지 말고 식사하는 동안에는 가방을 본인 무릎

위에 두는 것이 안전하다.

- 뒷주머니에는 절대로 지갑을 넣지 말고 바지 앞주머니나 코트 안주머니에 넣는 것이 안전하다.
- 가방을 가지고 걸을 때는 어깨로부터 가슴에 가로질러 X자로 맨다.
- 사람이 많은 출퇴근 시간의 기차나 버스 안에서 가방이나 지갑을 조심한다.
- 모르는 사람이 시간이나 길을 묻는 등 말을 걸어 올 때에는 조심한다.
- 호텔 프론트에서 체크인 및 체크아웃 시 수하물은 반드시 시선이 닿는 곳에 놓거나 일행이 있을 경우 한사람은 수하물을 지키도록 한다.[66]

(8) 대규모 시위 및 전쟁

- 군중이 몰린 곳에는 함부로 접근하면 위험하다.
- 대규모시위가 일어났을 경우, 특정 시위대를 대표하는 색상의 옷을 입거나 시위에 참여하는 행동은 매우 위험한 행동이니 삼가야 한다.
- 시위대의 감정이 고조되어 무력충돌(총기난사, 폭력 등)로 이어질 가능성을 대비해 긴급 출국하는 편이 좋다.
- 당장 출국하지 못할 경우에는 영사콜센터 혹은 재외공관(대사관 혹은 총영사관)에 여행자의 소재와 연락처를 상세히 알려 비상시 정부와의 소통이 가능하도록 해야 한다.
- 긴급하게 귀국 또는 제3국으로 이동해야하는 경우 재외공관(대사관 혹은 총영사관)에서는 비자발급, 여행증명서 발급 등의 출국절차를 지원받도록 한다.
- 현지 관계당국에 해당 건을 신고하고, 우리 재외공관(대사관 혹은 총영사관)에도 연락을 취하여 우리 국민 안전을 파악할 수 있도록 한다.[67]

66) http://www.0404.go.kr/contentView.do?menuNo=2030100 (검색: 2012.02.12)
67) http://www.0404.go.kr/contentView.do?menuNo=2030600(검색: 2012.02.12)

2) 장기체류 시 신변보호 요령

(1) 개인 · 가족 신변관리

- 집이나 직장, 혹은 규칙적으로 방문하는 장소(교회 등) 등지에서 수상한 사람을 발견하거나 평범하지 않은 행동을 하는 사람을 조심해야 한다.
- 쉽게 범행대상이 될 수 있으므로 눈에 띄거나 자신의 스케줄이 드러날 수 있는 규칙적인 행동을 하지 않도록 주의하는 것이 좋다.
- 모르는 사람과 약속을 한 경우에는 사전에 친구나 가족에게 약속장소·시간 그리고 누구를 만나는지 알려 만약의 사태에 대비하는 것이 좋다.
- 자녀들을 맡길 때는 주변의 믿을만한 사람에게 반드시 맡기고 연락할 수 있도록 전화번호 등의 연락처를 남겨 둔다.
- 위험에 처했을 경우에 대비하여 동료 · 상사 · 가족에게 위험을 알릴 수 있는 비상연락수단을 알릴 수 있는 방법도 강구해 둔다.

(2) 일상생활에서의 신변관리

- 새로 거주지를 마련한 경우 이전의 주인이 사용하던 열쇠는 바꾸는 것이 좋고, 창문 · 출입문은 항상 잠근다.
- 낯선 사람이 방문했을 경우에는 문을 열기 전에 도어폰이나 창문을 통해 신분을 먼저 확인해야 한다. 방문자가 경찰·전기회사 직원일지라도 신분증 제시를 요구하고 의심되면 경찰에 바로 신고하도록 한다.
- 특히, 일몰 후에는 외부에서 실내가 잘 보이지 않도록 커튼을 치고 집 주변에 취약장소가 있다면 조명시설을 설치하는 것도 좋다.
- 집주변을 배회하는 사람이 있는지, 의심스러운 차량이 주차되어 있는지 살펴보는 것도 잊지 말아야 하며, 의심되는 차량이 있으면 차량번호를 메모해 두도록 한다.
- 단독외출은 가급적 피하고 행인이 많은 큰길을 이용하며 이동로와 출발·귀가시간 등 생활패턴을 수시로 바꾸는 것이 좋다.
- 자신이나 가족들의 생활이 필요이상으로 노출되지 않도록 하며, 경찰서나 정부건물의 위치 등을 사전에 알아두는 것이 좋다.

(3) 여행 시 신변관리

- 장기체류 시 여행을 갈 때에는 가기 전에 가족이나 동료 등에게 여행일정을 알리고, 여행 중 집이 비었을 때에는 집을 살펴주도록 부탁한다.
- 장기간 여행을 가게 되면 우유나 신문배달 등은 중단시키고 외부에서 실내가 보이지 않도록 커튼을 치도록 한다.
- 여행 시에는 가급적 2인 이상이 함께 행동하고 개별행동은 삼가는 것이 좋다.
- 모르는 사람에게 투숙호텔을 알려주지 말고, 외부인이 방문했을 때에는 호텔 로비 등 공개된 장소에서 만나도록 하는 것이 좋다.
- 경찰관서의 전화번호 등 긴급상황 발생 시 도움을 받을 수 있는 전화번호를 숙지하고, 공중전화 사용에 대비해 동전이나 전화카드를 갖고 다니도록 한다.
- 위험하다고 느낄 때에는 우리 공관이나 현지경찰서로 몸을 피하거나 신속히 연락하여 도움을 청하도록 한다.

(4) 전화통화 시 유의사항

- 전화기 옆에 경찰서·소방서·긴급병원 등 비상시 전화번호 목록을 비치한다.
- 모르는 사람으로부터 전화가 왔을 때 가족의 신원사항이나 집주소 등을 알려주어서는 안 된다.
- 특히 혼자 있다거나, 외출 준비 중이라는 정보가 나가지 않도록 주의해야 한다.
- 신변위해나 협박전화를 받으면 당황하지 말고, 침착하게 협박내용을 듣고 녹음이 가능하면 녹음해 둔다.
- 협박전화가 오면 계속 말을 걸어 시간을 끌면서 전화를 건 협박자가 제공하는 단서에 주목한다.
- 협박자의 성별·연령·발음·억양 등을 기억한다.
- 협박자의 범행 의도나 동기 등과 관련된 단서는 메모해 둔다.
- 수화기를 통해 들려오는 배경음을 주의 깊게 관찰하고 기억해 둔다.
  (기차역 · 항구 · 공단기계음 · 음악 · 동물 소리 등)
- 통화가 끝나면 즉시 경찰에 신고하여 도움을 요청한다.

(5) 의심되는 우편물 접수 시 유의사항

- 폭발물로 의심되거나 모르는 소포나 편지를 받았을 경우에는 충격을 주거나 절대 개봉하지 말고 사람들의 손이 닿지 않는 안전한 장소에 옮긴 후 경찰서에 신고한다.
- 우편폭발물은 인명살상력은 상대적으로 약하다 하더라도 검색에 어려움이 있고, 대상자가 직접 다칠 수도 있으며, 대상자에게 심리적으로 주는 충격이 크기 때문에 사용이 점점 증가하는 추세에 있다.
- 따라서 평소 동료직원이나 가족들에게 우편폭발물의 위험성을 주지시켜 항상 주의하도록 하는 것이 좋다.

□ 폭발물로 의심되는 우편물

- 현시 경찰관서에 신고한다.
- 현지 재외공관(대사관·영사관)에 피해사실을 신고하고 필요한 도움을 받도록 한다.
- 여행경비 · 여권 · 항공권을 빼앗긴 경우, 소매치기 피해 시 행동요령을 참고하여 대처한다.
- 부상을 당하게 되면, 현지 재외공관의 도움을 받아 한국인이 많이 찾는 병원을 이용하는 것이 안전하다. (국내 연락이나 본국 후송 등의 도움을 받을 수 있다)

(6) 차량운전 · 점검 시 유의사항

- 항상 방어운전에 신경을 쓴다. 주택이나 사무실 등에서 낯선 사람이나 차량이 있으면 경계하고 차량에 사람이 타고 있는지 주의한다.
- 운전 중 보다 정차했을 때가 더 위험하다. 정차 시 옆 차량이나 행인이 말을 걸어올 경우 문이 잠겨있는지 확인하고, 창문을 조금만 내려 응대하도록 한다.
- 위협을 받을 경우에는 창문을 신속히 올리고 경보장치 비상등을 작동시켜 주변의 시선을 끌어야 한다.
- 차량에 누군가 손을 댄 흔적이 있을 때에는 면밀히 점검해 볼 필요가 있다.
- 차량주변을 살피면서 못 보던 물체나 느슨한 배선 등이 있는지, 차량 밑에 깔고 있던 신문지 등이 있는지 확인해야 한다.

- 차량에 침입한 흔적이 있고 차량내부가 처음상태와 같지 않으면 시동을 걸거나 이동시키지 말고 경찰을 부르도록 한다.[68]

3) 해외에서의 자연재해 시 대처요령

재외공관에 연락하여 본인의 소재지 및 여행 동행자의 정보를 남기고, 공관의 안내에 따라 신속히 현장을 빠져나와야 한다.

지진이 일어났을 경우, 크게 진동이 오는 시간은 보통 1~2분 정도이다. 성급하게 외부로 빠져나갈 경우, 유리창이나 간판·담벼락 등이 무너져 외상을 입을 수 있으니 비교적 안전한 위치에서 자세를 낮추고 머리 등 신체 주요부위를 보호한다.

지진 중에는 엘리베이터의 작동이 원활하지 않을 수 있으므로, 가급적 계단을 이용하고, 엘리베이터 이용 중에 지진이 일어날 경우에는 가까운 층을 눌러 대피한다.

해일(쓰나미)가 발생할 경우, 가능한 높은 지대로 이동한다. 이 때, 목조건물로 대피할 경우 급류에 쓸려갈 수 있으므로 가능한 철근콘크리트 건물로 이동해야한다.

태풍 · 호우 시 큰 나무를 피하고, 고압선 가로등 등을 피해 감전의 위험을 줄인다.

자연재해 발생시, TV·라디오 등을 켜두어 중앙행정기관에서 발표하는 위기대처 방법을 숙지하고, 유언비어에 휩쓸리는 일이 없도록 주의해야 한다.

현지 관계당국에 해당 건을 신고하고, 우리 재외공관(대사관 혹은 총영사관)에도 연락을 취하여 우리 국민 안전을 파악할 수 있도록 한다.[69]

(1) 화산폭발

- 콘택트렌즈 대신 안경을 착용하는 것이 좋고, 외출하고 숙소로 돌아와서 반드시 옷을 털어 준다.
- 얼굴과 손발은 즉시 깨끗이 씻어 몸과 옷에 붙어 있는 화산재와 먼지들을 털어 낸다.
- 화산으로 인해 발생하는 화산재의 미세입자가 호흡기를 통해 체내로 들어가 건

68) 외교통상부 해외안전정보, http://www.0404.go.kr/safety/danger.(검색:2012.02.12)
69) http://www.0404.go.kr/contentView.do?menuNo=2030500(검색:2012.02.12)

강을 해칠 수 있어 만성호흡기 질환자들은 여행 일정 내내 반드시 흡입기나 치료제를 챙긴다.

- 눈이 가렵다면 손으로 비비지 말고 인공눈물로 세척해 주어야 한다.
- 뿌연 먼지에서 황이나 썩은 계란, 강한 산성 등의 냄새가 나면 가급적 바깥출입을 하지 않도록 하고, 실외에 있다면 차량이나 건물 안으로 즉시 대피한다.
- 화산폭발은 지진이나 테러보다 더 무서운 자연재해 및 대형재난사고에 속하므로 유독가스를 내 뿜는 지역으로부터 멀리 피신하는 것이 안전하다.
- TV나 라디오 등의 안내방송에 귀를 기울인다.

(2) 지진

최근 몇 년간 발생한 가장 큰 자연재해중의 하나로 쓰나미를 동반하여 수많은 목숨을 앗아 간 일본지진에 이어 터키에서도 7.3규모의 지진이 발생하여 발견 된 사망자만 500명 가까이 이른다고 한다. 해외에 체류 중에 지진에 대한 대처요령을 살펴보면 다음과 같다.

- 지진은 상황에 따라 짧게는 몇 초부터 수분에 이르기는 하지만 지진해당ㅈ역이 아닌 한 멀리 대피하려 하지 말고 일단은 있던 장소에서 안전한 위치를 찾는 것이 중요하다.
- 인화성물건은 사용하지 말아야 한다.
- 여진에 주의하되 비상상황을 확인할 수 있을 정도의 간격은 두고 온다는 것도 알아 둘 필요가 있다.
- 책상, 침대 밑으로 들어가 다리를 꽉 잡고 머리부터 보호한다.
- 지하시설물들은 지상보다 비교적 안전한 편이지만 침수, 정전 등에 주의한다.
- 지진해일 특보가 발령되면 학교 등 주위의 높고 안전한 곳으로 즉시 대피한다.
- 뉴스와 안내방송에 귀를 기울이고 침착함을 잃지 않도록 한다.

(3) 홍수

- 홍수가 발생하면 높은 곳을 재빨리 피한다.
- 흐르는 물은 종아리 반만 잠겨도 쓸려 내려갈 수 있으므로 절대 들어가지 않는다.

- 홍수가 지나간 지역은 도로나 지반이 약해져 무너질 수 있으니 조심한다.
- 숙소나 건물 등에 도착한 후에는 바로 들어가지 말고 붕괴위험을 살핀다.
- 홍수 발생 시에는 특히 오염에 주의한다.
- 감전위험이 높으므로 전기기기 등을 함부로 만지지 않는다.[70]

4) 해외여행 시 안전한 식사요령

관광여행, 상용여행 또는 기타 목적의 해외여행 시 오염된 식사나 음료는 건강에 치명적인 영향을 줄 수 있다. 많은 여행자들이 식중독에 의한 설사에 자주 시달린다. 특히 언어의 장벽 때문에 적절한 치료를 받을 수 없게 되면 육체적인 아픔과 불쾌감 때문에 해외여행의 즐거움을 망치게 되는 수도 있다.

이러한 경우를 대비하여 미리 예방법과 대처법을 알아야 한다. 다음은 세계보건기구의 식품안전 및 설사증 관리국에서 권장하는 여행 중 설사, 복통의 대처법이다.

(1) 집을 떠나기 전

가고자하는 여행목적지에는 어떤 질병이 많은지, 예방접종은 필요한지 기타 예방방법은 무엇인지에 대해 의사의 조언을 구하는 것이 좋다.

탈수보충용 염류제제(Oral Rehydration Salts, ORS : 설사 시 깨끗한 물에 녹여서 마심)와 식수 소독약을 다른 구급약품과 함께 반드시 준비한다.

(2) 안전한 식사법

다음의 사항은 노상의 간이음식점에서 뿐만 아니라 호텔에 있는 고급 음식점에도 지키도록 한다.

- 조리된 음식이라 하더라도 실온에서 3∼5시간 이상 방치되면 식중독을 일으킬 위험이 대단히 높아진다. 따라서 음식이 완전히 조리된 것인지, 먹을 때 아직 뜨거운 상태인지 아닌지를 확인한다.
- 껍질을 벗기거나 깎을 수 있는 과일과 채소 이외에는 조리되지 아니한 어떠한 음식도 피해야 하며 껍질이 손상된 과일도 피한다. "익히거나, 껍질을 벗길 수

70) http://blog.naver.com/PostView.nhn?blogId=hnw1204&logNo=5012462018(검색: 2012.02.12)

없으면 버리시오"라는 격언을 기억해야 한다.

- 제조회사 또는 제조 원료가 확실하지 않은 아이스크림은 보통 오염되어 있어 질병을 일으킬 수 있으므로 의심이 되면 먹지 않아야 한다.
- 어떤 나라에 있는 특별한 어패류는 충분히 가열된 경우에도 치명적인 독을 가지고 있을 수 있으므로 현지 사람에게 조언을 구하도록 한다.
- 살균 안 된 우유는 반드시 끓여서 먹는다.
- 음용수의 안전성이 의심되면 끓이거나 식수소독약으로 소독하여 먹는다. 식수소독약은 약국에서 구입할 수 있습니다.
- 안전한 물로 만들어졌다고 확신되지 않는 일음은 먹지 않는다.
- 뜨거운 홍차, 커피 등 음료와, 병 등에 포장된 포도주, 맥주, 탄산음료, 과일주스는 일반적으로 안전하므로 마셔도 된다.

(3) 설사 시 대처방법

- 대부분의 설사는 자연 치유되어 2~3일안에 낫는다. 중요한 것은 탈수증상이 나타나지 않도록 하는 것이다. 설사가 시작되면 바로 병 표장된 것, 끓인 것 또는 처리된 음용수나 약하게 탄 홍차를 많이 마신다.
- 안전한 물로 희석한 과일주스나 스프를 먹어도 좋다. 만약 설사가 하루 이상 지속되면 탈수보충용 염류제제용액을 마시고, 식사는 정상적으로 한다.
- 탈수보충용 염류제제용액 또는 섭취하여야 하는 수분량
  - 2세 미만의 어린이 : 매 설사시마다 1/4~1/2컵(50~100ml)
  - 2세~10세 어린이 : 매 설사시마다 1/2~1컵(100~200ml)
  - 10세 이상의 어린이 및 성인 : 제한 양 없음
- 설사가 3일 이상 지속되면서, 물 같은 설사가 자주 나오거나, 대변에 피가 섞여 나오거나, 구토가 반복되거나 열이 있을 경우 의사의 도움을 구하도록 한다.[71]

71) http://hosp.ajoumc.or.kr/emc/program/aid_read.asp?c_idx=358(검색: 2012.02.12)

제2부

보안장비 활용의 이해

제4장 보안장비의 이해

1. 보안장비의 일반적 개요

안전과 보안에 대한 관심이 증가하면서 장비의 선택범위도 증가하고 있는데, 예를 들어, 들어 생명이나 재산을 위협하는 직접적인 위해를 방어하기위한 무기의 사용뿐 아니라 개인의 프라이버시나 조직의 보안을 지키기 위한 보안장비의 사용이 증가하고 있다.

경호·경비 등의 보인관리 활동은 주로 사람에 의해 수행되지만 업무를 보다 효율적이고 완벽히 수행하기 위하여 다양한 장비를 활용할 수 있다. 경호·경비의 업무영역이 갈수록 광범위 해 지면서 장비의 사용범위도 증가하고 있으며, 특히 사생활 침해를 보호하려는 요구가 증가하고 있다.

따라서 사람의 신체에 가해지는 직접적인 위해를 보호하기 위한 장비의 사용뿐 아니라 개인이나 조직의 비밀을 보호해 줄 수 있는 장비의 사용에 대해 많은 관심이 요구된다. 그러나 장비를 효율적으로 운용하기 위하여 해당 업무의 활동개념과 상응하게 운용되어져야 하므로 각 장비의 특징을 파악하고 완벽하게 그 기증을 숙지하여야 하며, 민간인이 장비를 사용할 경우 관련법에 따라 장비의 휴대나 사용이 제한적일 수 있으므로 법이 정하는 범위 내에서 선택되고 사용될 수 있도록 하여야 한다.[1)]

2. 보안장비의 구분

경호·경비업무를 수행하기 위해서는 다양한 장비를 사용할 수 있는데, 사용되는 장비는 업무의 성격이나 형태에 따라서 다음과 같이 구분하여 사용할 수 있다.

1) 정태황, 「경호장비이 이해」, 백산출핀사, 2004, p.16.

① 무기

총기, 가스분사기, 전기충격기, 경봉 등

② 방호장비

방탄복, 방탄유리, 방탄필름, 방탄가방, 방패, 캐칭넷 등

③ 통신장비

무전기, T.R.S, 휴대전화, 인터폰, 전화기, FAX, GPS, 위성통신장비 등

④ 검색장비

금속탐지기, 폭발물탐지기, 청진기, X-ray검색기, 검측거울, 화이버스코프, 탐침, 가스탐지기, 방사능탐지기, 편지폭탄검색기,

⑤ 보안장비

도청탐지장비, 도청방해장비, 비화기 등

⑥ 방재 및 구조장비

방독면, 공기호흡기, 소화기, 도끼, 절단기, 사다리, 비상등, 헬멧, 안전로프, 안전밸트, 하강기, 산소호흡기 등

⑦ 방범장비

침입감지장치, CCTV, 출입통제장치, 비상벨

⑧ 기타

휴대용서치라이트, 망원경, 야간투시경, 카메라, 캠코더, 녹음기, 손전등, 연막탄, 문개방킷트, 경광등, 바리케이트, 교통신호봉, 야광X반도 등

3. 보안장비 및 무기사용의 근거

1) 대통령실 경호처 경호원의 무기사용 근거

대통령실 경호처 경호원의 경호업무 시 다음 사항과 같이 경호처장이 직무수행을 위해 필요하다고 인정할 때 소속공무원에게 무기를 휴대하도록 할 수 있다.[2)]

① 경호처장은 직무를 수행하기 위하여 필요하다고 인정할 때에는 소속 공무원에게 총기를 휴대시킬 수 있다.(법 제19조 제1항)

② 총기를 소지한 대통령 경호원이 그 임무 수행 상 총기를 사용하여야 할 부득이한 경우에 있어서도 다음의 경우를 제외하고는 사람에게 위해를 주어서는 아니 된다.

- 정당방위 및 긴급피난(형법 제 21,22조)
- 경호내상[3)]에 대한 경호업무수행 중 인지하는 소관에 속하는 범죄에 관하여 사형, 무기 또는 자기 3년 이상의 징역 또는 금고에 해당하는 죄를 범하고 또는 범하였다고 의심할 만한 충분한 이유가 있는 자가 경호원의 직무수행에 대하여 항거하거나 도피하려고 할 때 또는 제3자가 그를 도피시키려고 경호원에게 항거할 때에 이를 방지 또는 체포하기 위하여 무기를 사용하지 아니하고는 다른 수단이 없다고 인정되는 상당한 이유가 있을 때
- 야간이나 또는 집단을 이루거나 흉기 기타 위험한 물건을 휴대하여 경호업무를 방해하기 위하여 경호원에게 항거할 때 이를 방지 또는 체포하기 위하여 무기를 사용하지 아니하고는 다른 수단이 없다고 인정되는 상당한 이유가 있을 때 이외는 사람에게 위해를 가하여서는 아니 된다.

---

2) 대통령 등의 경호에 관한 법률 제19조 제1항. [전문개정 2011.4.28.]

3) 경호처의 경호 대상
  1. 대통령과 그 가족
  2. 대통령 당선인과 그 가족
  3. 본인의 의사에 반하지 아니하는 경우에 한정하여 퇴임 후 10년 이내의 전직 대통령과 그의 배우자 및 자녀. 다만, 대통령이 임기 만료 전에 퇴임한 경우와 재직 중 사망한 경우의 경호기간은 그로부터 5년으로 하고, 퇴임 후 사망한 경우의 경호 기간은 퇴임 일부터 기산(起算)하여 10년을 넘지 아니하는 범위에서 사망 후 5년으로 한다.
  4. 대통령권한대행과 그 배우자
  5. 대한민국을 방문하는 외국의 국가 원수 또는 행정수반(行政首班)과 그 배우자
  6. 그 밖에 처장이 경호가 필요하다고 인정하는 국내외 요인(要人)

  ② 제1항 제1호 또는 제2호에 따른 가족의 범위는 대통령령으로 정한다.

2) 경찰의 무기사용 근거

경찰관직무집행법에 의해 경찰관은 직무수행 중 경찰장비를 사용할 수 있게 규정하고 있는데, 여기서 '경찰장비'는 인명 또는 신체에 위해를 가할 수 있도록 제작된 권총·소총·도검 등과 같은 무기와, 경찰관이 휴대하여 범인검거와 범죄 진압 등 직무수행에 사용하는 수갑·포승 · 경찰봉 · 방패 등과 같은 경찰장구, 최루제 및 발사장치, 감식기구, 해안감시기구, 통신기기, 차량 · 선박 · 항공기 등 경찰의 직무수행을 위하여 필요한 장치와 기구를 말한다.[4)]

범인의 체포 · 도주의 방지, 자기 또는 타인의 생명·신체에 대한 방호, 공무집행에 대한 항거의 억제를 위하여 필요하다고 인정되는 상당한 이유가 있을 때에는 합리적인 판단 하에 필요한 한도 내에서 무기를 사용 할 수 있다.(경찰관직무집행법 제10조)[5)]

---

4) 정태황, 전게서, P.21

5) 경찰관 직무집행법 제10조(경찰장비의 사용등) ① 경찰관은 직무수행 중 경찰장비를 사용할 수 있다. 다만, 인명 또는 신체에 위해를 가할 수 있는 경찰장비에 대하여는 필요한 안전교육과 안전검사를 실시하여야 한다.

② 제1항의 "경찰장비"라 함은 무기, 경찰장구, 최루제 및 그 발사장치, 감식기구, 해안감시기구, 통신기기, 차량 · 선박 · 항공기 등 경찰의 직무수행을 위하여 필요한 장치와 기구를 말한다.

③ 경찰장비를 임의로 개조하거나 임의의 장비를 부착하여 통상의 용법과 달리 사용함으로써 타인의 생명 · 신체에 위해를 주어서는 아니 된다.

④ 제1항 단서의 경찰장비의 종류 및 그 사용기준, 안전교육 · 안전검사의 기준 등에 대하여는 대통령령으로 정한다.[본조신설 1999.5.24]

제10조의2(경찰장구의 사용) ① 경찰관은 현행범인인 경우와 사형 · 무기 또는 장기 3년 이상의 징역이나 금고에 해당하는 죄를 범한 범인의 체포·도주의 방지, 자기 또는 타인의 생명 · 신체에 대한 방호, 공무집행에 대한 항거의 억제를 위하여 필요하다고 인정되는 상당한 이유가 있을 때에는 그 사태를 합리적으로 판단하여 필요한 한도내에서 경찰장구를 사용할 수 있다. 〈개정 1991.3.8, 1999.5.24〉

② 제1항의 "경찰장구"라 함은 경찰관이 휴대하여 범인검거와 범죄진압등 직무수행에 사용하는 수갑 · 포승 · 경찰봉 · 방패등을 말한다. 〈신설 1999.5.24〉[제목개정 1999.5.24]

제10조의3(분사기등의 사용) ① 경찰관은 범인의 체포·도주의 방지 또는 불법집회·시위로 인하여 자기 또는 타인의 생명·신체와 재산 및 공공시설안전에 대한 현저한 위해의 발생을 억제하기 위하여 부득이한 경우 현장책임자의 판단으로 필요한 최소한의 범위 안에서 분사기(총포·도검·화약류 등 단속법의 규정에 의한 분사기와 최루등의 작용제) 또는 최루탄을 사용할 수 있다. 〈개정 1999.5.24〉

② 삭제 〈1999.5.24〉[본조신설 1989.6.16][제목개정 1999.5.24]

제10조의4(무기의 사용) ① 경찰관은 범인의 체포 · 도주의 방지, 자기 또는 타인의 생명·신체에 대한 방호, 공무집행에 대한 항거의 억제를 위하여 필요하다고 인정되는 상당한 이유가 있을 때에는 그 사태를 합리적으로 판단하여 필요한 한도 내에서 무기를 사용할 수 있다. 다만, 형법에 규정한 정당방위와 긴급피난에 해당하는 때 또는 다음 각호의 1에 해당하는 때를 제외하고는 사람에게 위해

3) 민간경호원

민간인은 인명을 살상할 수 있는 총기류의 사용이 엄격하게 제한되고 있으며, 특수경비원과 청원경찰에만 한정적으로 사용이 허가된다.

사용 시 비교적 큰 피해를 유발하지 않는 분사기 및 전기충격기는 허가 후 소지·사용할 수 있으며, 분사기 및 전기충격기를 소지하고자 할 때에는 '총포·도검·화약류 등 단속법'에 근거하여 주소지를 관할하는 경찰서의 허가를 득하여야 한다.[6)]

특수경비원에 대한 무기사용(경비업법 제14조에서 규정).[7)]

를 주어서는 아니 된다. 〈개정 1988.12.31, 1999.5.24〉

1. 사형·무기 또는 장기 3년 이상의 징역이나 금고에 해당하는 죄를 범하거나 범하였다고 의심할 만한 충분한 이유가 있는 자가 경찰관의 직무집행에 대하여 항거하거나 도주하려고 할 때 또는 제삼자가 그를 도주시키려고 경찰관에게 항거할 때에 이를 방지 또는 체포하기 위하여 무기를 사용하지 아니하고는 다른 수단이 없다고 인정되는 상당한 이유가 있을 때
2. 체포·구속영장과 압수·수색영장을 집행할 때에 본인이 경찰관의 직무집행에 대하여 항거하거나 도주하려고 할 때 또는 제삼자가 그를 도주시키려고 경찰관에게 항거할 때 이를 방지 또는 체포하기 위하여 무기를 사용하지 아니하고는 다른 수단이 없다고 인정되는 상당한 이유가 있을 때
3. 범인 또는 소요행위자가 무기·흉기등 위험한 물건을 소지하고 경찰관으로부터 3회 이상의 투기명령 또는 투항명령을 받고도 이에 불응하면서 계속 항거하여 이를 방지 또는 체포하기 위하여 무기를 사용하지 아니하고는 다른 수단이 없다고 인정되는 상당한 이유가 있을 때
4. 대간첩작전수행에 있어 무장간첩이 경찰관의 투항명령을 받고도 이에 불응하는 경우

② 제1항의 "무기"라 함은 인명 또는 신체에 위해를 가할 수 있도록 제작된 권총·소총·도검 등을 말한다. 〈신설 1999.5.24〉

③ 대간첩·대테러작전등 국가안전에 관련되는 작전을 수행할 때에는 개인화기외에 공용화기를 사용할 수 있다. 〈신설 1999.5.24〉

6) 정태황, 전게서, P.18

7) 경비업법 제14조 (특수경비원의 직무 및 무기사용 등) ① 특수경비업자는 특수경비원으로 하여금 배치된 경비구역 안에서 관할 경찰서장 및 공항경찰대장 등 국가중요시설의 경비책임자(이하 "관할 경찰관서장"이라 한다)와 국가중요시설의 시설주의 감독을 받아 시설을 경비하고 도난·화재 그 밖의 위험의 발생을 방지하는 업무를 수행하게 하여야 한다.

② 특수경비원은 국가중요시설에 대한 경비업무 수행 중 국가중요시설의 정상적인 운영을 해치는 장해를 일으켜서는 아니된다.

③ 지방경찰청장은 국가중요시설에 대한 경비업무의 수행을 위하여 필요하다고 인정하는 때에는 시설주의 신청에 의하여 무기를 구입한다. 이 경우 시설주는 그 무기의 구입대금을 지불하고, 구입한 무기를 국가에 기부채납하여야 한다.

④ 지방경찰청장은 국가중요시설에 대한 경비업무의 수행을 위하여 필요하다고 인정하는 때에는 관할 경찰관서장으로 하여금 시설주의 신청에 의하여 시설주로부터 국가에 기부채납된 무기를 대여하게 하고, 시설주는 이를 특수경비원으로 하여금 휴대하게 할 수 있다. 이 경우 특수경비원은 정당한 사유 없이 무기를 소지하고 배치된 경비구역을 벗어나서는 아니된다.

⑤ 시설주가 제3항의 규정에 의하여 대여 받은 무기에 대하여 시설주 및 관할 경찰관서장은 무기의 관

청원경찰에 대한 무기사용(청원경찰법 제8조)[8]와 (동법 시행령 제16조)[9] 에서 규정하고 있다.

경봉, 가스분사기, 공공기관에서 인정하는 가스봉 만을 호신용구로 인정하며 허가를 받아야 한다.

민간경호원이 가스분사기 등을 사용하기 위해서는 경비업자가 미리 구입신청서를 복사하여 관할 경찰서에 신고하고 소지허가를 받으며, 사용한 후 즉시 관할 경찰서에 신고하여야 한다.

리책임을 지고, 관할 경찰관서장은 시설주 및 특수경비원의 무기관리상황을 대통령령이 정하는 바에 따라 지도·감독하여야 한다.

⑥ 관할 경찰관서장은 무기의 적정한 관리를 위하여 제3항의 규정에 의하여 무기를 대여 받은 시설주에 대하여 필요한 명령을 발할 수 있다.

⑦ 시설주로부터 무기의 관리를 위하여 지정받은 책임자(이하 "관리책임자"라 한다)는 다음 각호에 의하여 이를 관리하여야 한다.

1. 무기출납부 및 무기장비운영카드를 비치·기록하여야 한다.
2. 무기는 관리책임자가 직접 지급·회수하여야 한다.

⑧ 특수경비원은 국가중요시설의 경비를 위하여 무기를 사용하지 아니하고는 다른 수단이 없다고 인정되는 때에는 필요한 한도내에서 무기를 사용할 수 있다. 다만, 다음 각호의 1에 해당하는 때를 제외하고는 사람에게 위해를 끼쳐서는 아니된다.

1. 무기 또는 폭발물을 소지하고 국가중요시설에 침입한 자가 특수경비원으로부터 3회 이상 투기(投棄) 또는 투항(投降)을 요구받고도 이에 불응하면서 계속 항거하는 경우 이를 억제하기 위하여 무기를 사용하지 아니하고는 다른 수단이 없다고 인정되는 때
2. 국가중요시설에 침입한 무장간첩이 특수경비원으로부터 투항(投降)을 요구받고도 이에 불응한 때

⑨ 특수경비원의 무기휴대, 무기종류, 그 사용기준 및 안전검사의 기준 등에 관하여 필요한 사항은 대통령령으로 정한다.

8) 청원경찰법 제8조(제복 착용과 무기 휴대) ① 청원경찰은 근무 중 제복을 착용하여야 한다.

② 지방경찰청장은 청원경찰이 직무를 수행하기 위하여 필요하다고 인정하면 청원주의 신청을 받아 관할 경찰서장으로 하여금 청원경찰에게 무기를 대여하여 지니게 할 수 있다.

③ 청원경찰의 복제(服制)와 무기 휴대에 필요한 사항은 대통령령으로 정한다.

[전문개정 2010.2.4]

9) 청원경찰법 시행령 제16조(무기 휴대) ① 청원주가 법 제8조제2항에 따라 청원경찰이 휴대할 무기를 대여받으려는 경우에는 관할 경찰서장을 거쳐 지방경찰청장에게 무기대여를 신청하여야 한다.

② 제1항의 신청을 받은 지방경찰청장이 무기를 대여하여 휴대하게 하려는 경우에는 청원주로부터 국가에 기부채납된 무기에 한정하여 관할 경찰서장으로 하여금 무기를 대여하여 휴대하게 할 수 있다.

③ 제1항에 따라 무기를 대여하였을 때에는 관할 경찰서장은 청원경찰의 무기관리 상황을 수시로 점검하여야 한다.

④ 청원주 및 청원경찰은 행정안전부령으로 정하는 무기관리수칙을 준수하여야 한다.

제5장 호신장비

1. 호신장비의 개요

- 호신 : 위험으로 부터 자신을 지키고 그 위험을 제거하여 자신의 안전을 확보하는 행위
- 호신장비 : 호신을 목적으로 위협요인에 대응할 수 있도록 도와주는 도구를 총칭하며, 특히 경호경비에 있어서는 본인의 의지와는 상관없이 타인과 타의에 의해 발생할 수 있는 불법적, 악의적이고 인위적인 사고에 대한 안전대책으로 목표물(의뢰인, 경호대상자)을 보호하고 경호원이 위험에 처했을 경우나 상대방의 무력 등으로부터 스스로의 생명과 신체의 안전을 확보하기 위한 대응책이 필요하기에 호신장비가 활용된다.

2. 호신장비의 종류 및 특징

직접적인 물리적 힘을 가하여 상대를 제압하는 적극적 호신장비로는 경봉, 삼단봉, 전기충격기, 테이저건 등이 있으며, 상대방의 행동을 통제하거나 제압하여 방어할 수 있는 장비는 가스분사기, 스프레이, 캐칭넷 등이 있고, 주변에 상황을 알리는 경보를 통해 위해자를 당황하게 하고 주변사람의 도움과 지원 또는 목격자를 만들어 위해자의 위해 행위를 막는 경보발생기와 호루라기 등이 있다.

1) 전기충격기

전기충격기는 현대사회가 발전하면서 증가하고 있는 폭력, 절도, 강간, 납치,

등의 범죄에서 개인이 스스로 자신을 보호하기 위해 가장 많이 사용되어지고 있는 호신장비 중 하나이다.[1)]

순간적으로 전압을 올려 위해자를 일시적으로 통제하고 제압하는 장비로써 현재 다양한 전압과 형태를 지닌 전기충격기가 유통되고 있으며, 대표적으로 경호경비업체 등에서 사용되는 막대형, 비교적 휴대가 간편하며 일반적인 초기 스턴건 형태의 핸디형, 위화감을 줄이고 위장하여 휴대할 수 있는 휴대폰형 등이 있다.

일반적으로 여성호신용 치안퇴치용으로 쓰이는 전기충격기의 경우 1만7천 볼트의 전압이 출력되는데 이는 일반 사용자용으로 관할경찰서장의 허가 없이 소지가능한 범위 내에서 제품을 제작했기 때문이다.[2)]

경호경비용으로 사용되는 전기충격기는 1만7천볼트 이상의 전압을 사용하며, 현재 법적 제한에 따라 6만볼트를 초과할 수 없는 범위 내에서 제작되며,(기존에 제작된 6만볼트 이상의 전기충격기는 따로 회수되지는 않고, 신규 생산에 있어 제한됨.) 관할경찰청에 신고하여 관할경찰서장의 허가를 받아야 소지가 가능하다.

전기충격기는 수만볼트 이상의 고압으로 인체에 쇼크를 일으켜 순간적으로 무능화 시키는 효과를 발휘하나 그 전류는 미약하여 인체에 직접적으로 미치는 부작용은 미세한 것으로 알려져 있다.[3)]

우리나라에서는 개인이 호신용으로 전기충격기를 소지하고자 할 때에는 총포·도검·화약류 등 단속법에 관한 법에 의해 허가를 득한 후 사용해야 하며 올바를 사용법과 관리법을 잘 숙지하여 안전사고가 일어나지 않도록 주의하여 사용해야 한다.

1) 강민완 외, 「경호사격과 권총」, 도서출판 진영사, 2009, P.137.
2) 김민선, “여성을 위한 자기방어용 액세서리 디자인에 관한 연구”, 홍익대학교 석사학위논문, 2004, p.15
3) 정태황, 전게서, P.49.

(1) 막대형(봉형) 전기충격기

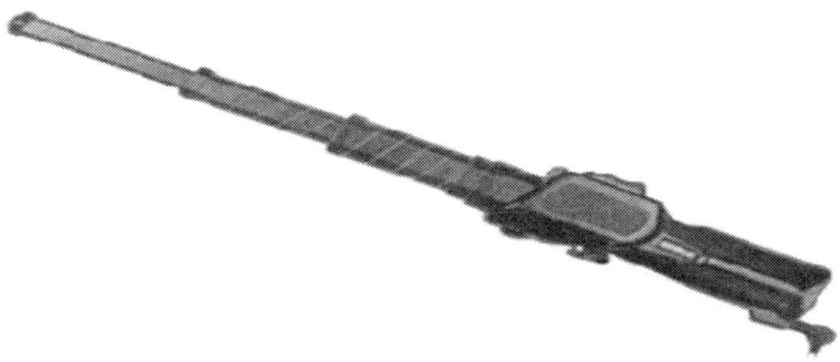

● 일반적인 공통 특성 : 봉형 막대기 형태로 이루어져 손잡이 아래쪽을 통해 건전지를 사용하고, 손잡이 엄지와 검지 부분에 안전장치(잠금쇠)와 스위치가 있으며 막대기 바깥쪽 부분에 고압의 전기가 흘러 가격과 동시에 전기 충격을 줄 수 있으며, 휴대하기 편하도록 접이식으로 제작된 제품이 많다.

SDJG-3

- 형 식 : 3 단 전기 충격기
- 전 장 : 사용 시 45Cm . 휴대 시 28Cm

-중 량 : 310g
-볼 트 : 특고압
-경 보 음 : 싸이렌
-건 전 지 : DC 1.5V 알카라인 건전지 4개
-특징
*범인을 제압 할수 있는 강한 전류 발생.
*위험을 주위에 알리는 싸이렌 경보음.
*탈취 시 작동불능 안전핀 장착.
*1~3초 가격 시 15분간 힘을 쓸 수 없음.
*1단 - 경보음발생. 2단 - 전류발생.
*3단 접이식으로 사용과 휴대가 간편함.

(2) 고압3단형 전기충격기

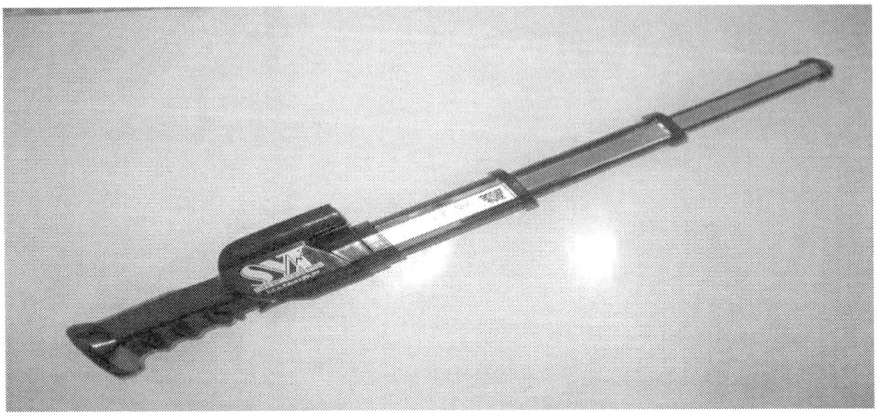

- 유사시 방망이로 사용가능
- 순찰시 렌턴(80,000Lumims)
- 12만 볼트의 강한전류 발생
- 접고 펴고 휴대의 편리성
- 높은 주파수의 경보음(위험신호, 도움요청, 상대제압)
- 인체 접촉방식, 충격은 피부에 접촉하는 시간과 비례함

(3) 봉형

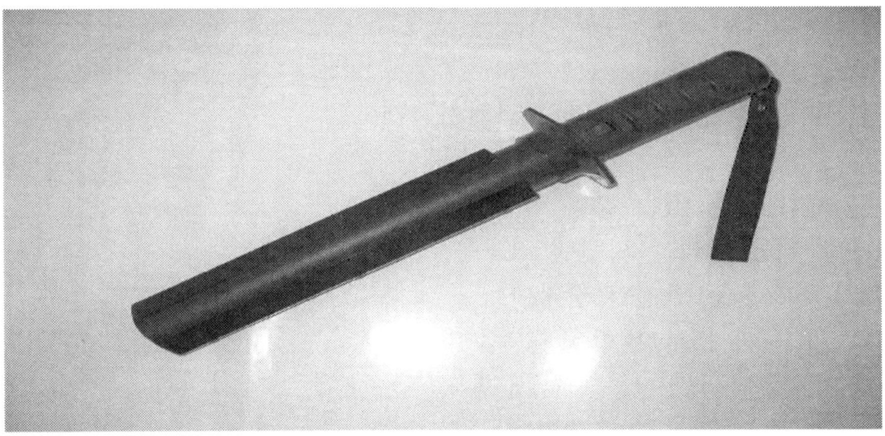

- 유사시 방망이로 사용가능

- 건전지로 고압 전류 증폭 발생방식 인체무해(0.00032M/AMP) 인체에 해를 주는 암페어 수가 일반전류보다 낮다
- 인체 접촉방식, 충격은 피부에 접촉하는 시간과 비례함
- 안전스위치를 "on"상태로 작동스위치를 2~3초간 눌러 접지판에서 전지 불꽃이 튀면 대상물에 접촉시켜 전기충격을 가함

(4) 4단형

- 특수플라스틱으로 파손되지 않음
- 가스총에 비하여 조작이 간편함
- 1.5V 소형건전지 4개로 약1년 간 사용이 가능함
- 국내 봉충격기로는 최장 600m/m

(5) 핸디형

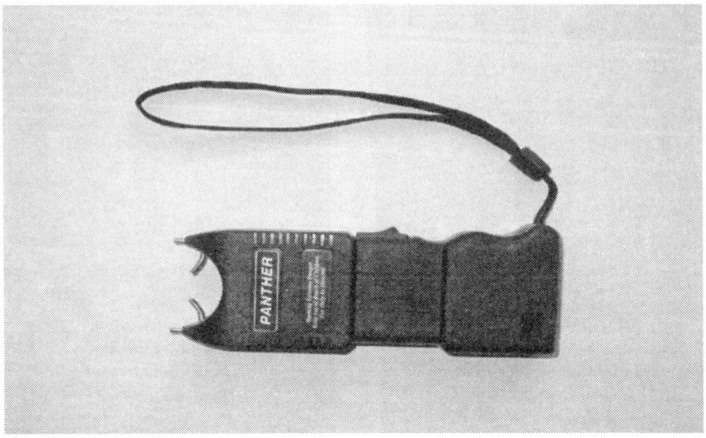

- 담배갑 사이즈와 유사 휴대하기가 편리하다
- 고압형으로 12만볼트 전류발생
- 고압불꽃으로 인해 상대 몸에 접촉하지 않아도 상대를 제압 무형의 효과가 있다.
- 인체 접촉방식, 충격은 피부에 접촉하는 시간과 비례함
- 건전지로 고압 전류 증폭 발생방식 인체무해(0.00032M/AMP)

(6) 휴대폰형

- 경호 시 은폐 위장하기 쉬움.
- 순찰 시 렌턴(80,000Lumims)
- 12만볼트의 강한전류 발생
- 건전지로 고압전류 증폭 발생방식 인체무해(0.00032M/AMP)

(7) 테이저건 (전기충격총)

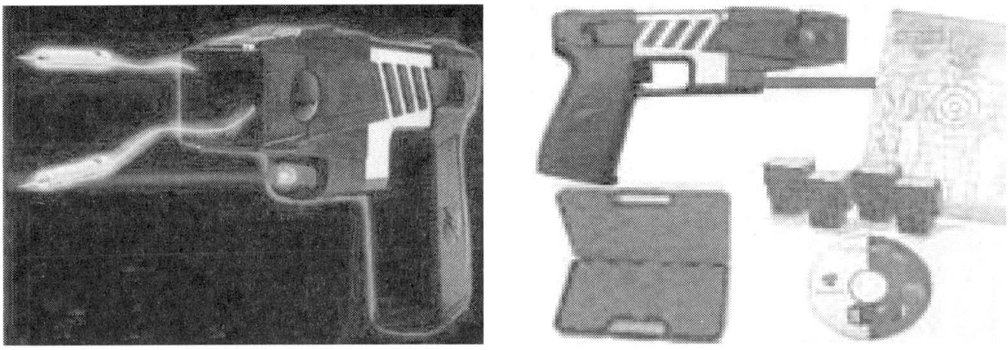

테이저건은 미국 테이저사[4]에서 제작한 전기총으로 전기충격기의 효력을 장거리에서 총처럼 발사하여 쓸 수 있는 호신용구로 26W에서 5만볼트의 전기를 전달할 수 있는 와이어로 연결된 2개의 침을 발사하여 인체에 직접 접촉하여 순간적으로 근육을 무기력화 시키지만 심각한 부상이나 오랜 시간 지속되지는 않기에 공격자를 비치명적으로 제압이 가능하다.

광학적으로 표적을 표시해주는 렌즈를 이용해 비교적 정확한 사격이 가능하며 사정거리는 약 4미터 정도이고 AA건전지 8개를 사용한다.

2) 삼단봉

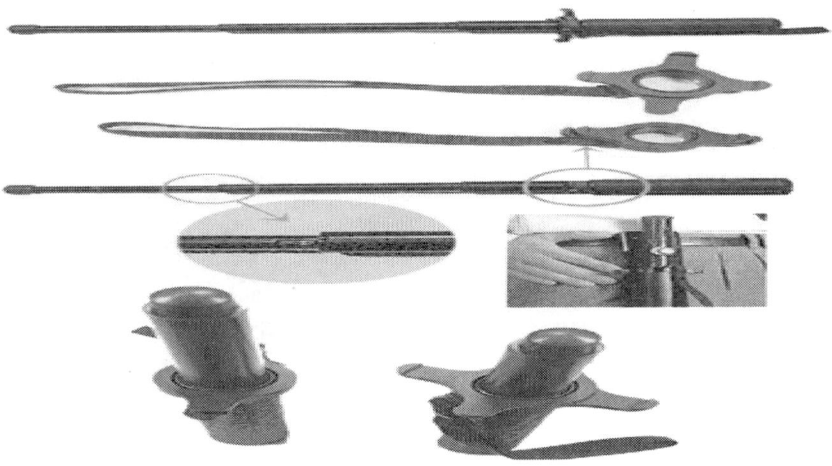

4) 미국 테이저사 홈페이지, http://www.defenseproducts101.com/index.html(검색 : 2012.08.25)

(1) 삼단봉의 특징

삼단봉은 평상시 접혀 있을 때는 약 20cm으로 크기가 작아 허리, 다리 등에 휴대가 간편하며 펼쳤을 경우 약 60cm까지 늘어나 긴 철제형태의 무기로 사용할 수 있는 강철봉이며 타격이 되면 뼈가 상할 수 있을 정도의 충격을 추는 장비이며, 가볍고 휴대하기 좋은 알루미늄 형태와 타격 효과가 큰 강철제 제품이 있으며, 최근에는 가벼우면서도 강도가 높은 티타늄 재질의 삼단봉을 많이 사용하고 있다.

신변보호, 시설경비용으로 사용되기는 하나 직접적인 타격에 의한 상해로 과잉방어 및 인권논란이 있을 수 있으므로 실제 실무에서 사용빈도는 매우 낮으며 전시용 용도로 전락하고 있다.

(2) 삼단봉의 종류

① I자형 - KODO-알미늄

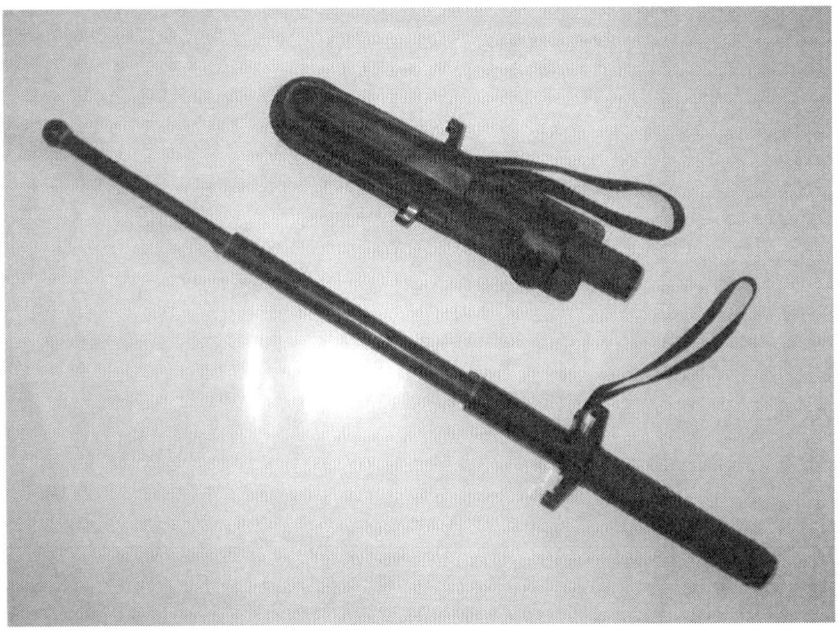

② ㄱ자형 - KSKC-SK315

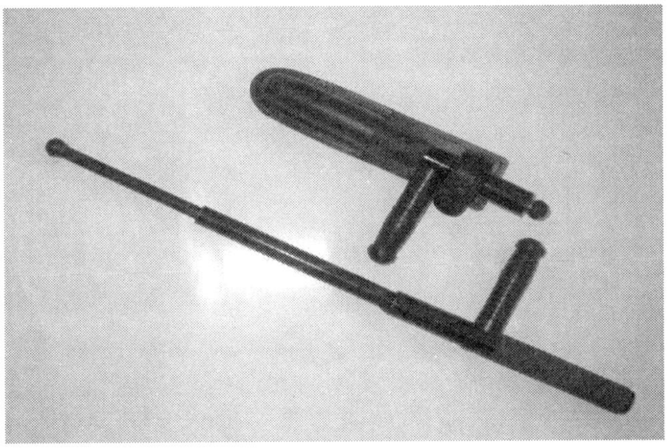

3) 경봉

경봉은 일반적으로 팔 길이, 혹은 그 이하의 길이의 막대기형태 비 살상둔기로써 경찰과 경비원의 호신장구로써 호신, 제압, 체포용 도구로 사용되며, 과잉방어에 의한 상해확률을 줄이고 휴대를 간편하게 하기 위해 강화플라스틱 재질의 경봉이 많이 사용된다.

(1) KSKC-프라스틱

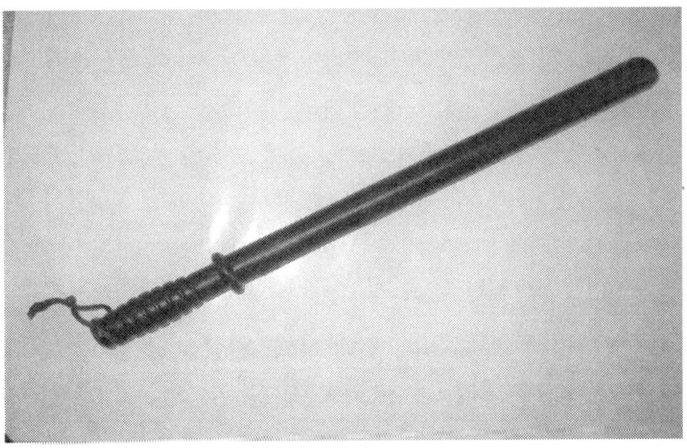

(2) 경봉형 가스분사기 - KSKC-S242

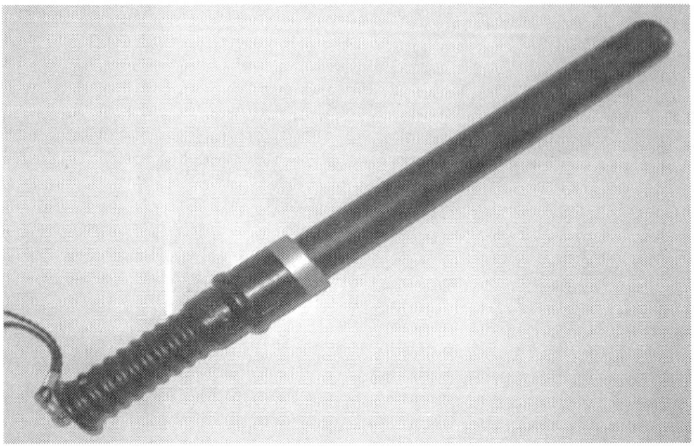

경봉과 가스분사기의 특징과 장점을 합친 형태로 경봉의 형태로 사용하다가 가스분사기의 사용이 필요할 경우 봉안에 내장된 분말형 약제를 분사하여 가스분사기로 활용이 가능하다.

4) 경보기

직접적인 제압 목적이 아닌 수동적인 방어용 제품으로 주로 여성호신용품으로 효과가 좋다.

직접적인 타격을 가하는 형태의 호신용구는 우선적으로 여성이 휴대하는 것 자체가 불편하기에 사용하지 않기도 하지만, 남성에 비해 근력이 약한 여성이 사용하기에 그 효율성이 떨어지며, 전기충격기와 가스분사기 등의 호신용구는 여성이 호신용구로 사용하기에는 위해자에게 빼앗겼을 경우 오히려 양날의 검으로 작용할 수 있는 점 등 위험한 부분을 갖고 있다.

그에 비해 호루라기 등 소리를 내는 제품과 호루라기 등의 소리를 전자적으로 대신 발생시켜주는 경보 발생장치가 오히려 인기를 얻고 있다.

주변에 120DB이상의 높은 경보음을 발생시켜 위급상황을 알리고 전파하며 주위사람들의 시선을 끌고 목격자를 만들며 도움을 받을 수 있는 상황을 만들 수 있다.

*그림출처 : 세이픈 (http://www.safen.co.kr/index.php)(검색 : 2012.08.25)

5) 기타 호신용품

(1) 캐칭넷

흉기 등 무기를 소지한 위해자를 제압하기 위한 제품으로 손잡이 부분의 버튼을 누르면 머리 부분에서 여러 개의 무게추와 연결된 포획용 그물망이 발사되어 위해자를 제압 및 포획할 수 있는 도구로, 그물망이 감겨있는 머리 부분과 발사 장치를 내장하고 있는 몸통부분, 손잡이 부분으로 이루어진 긴 랜턴형태를 하고 있다.

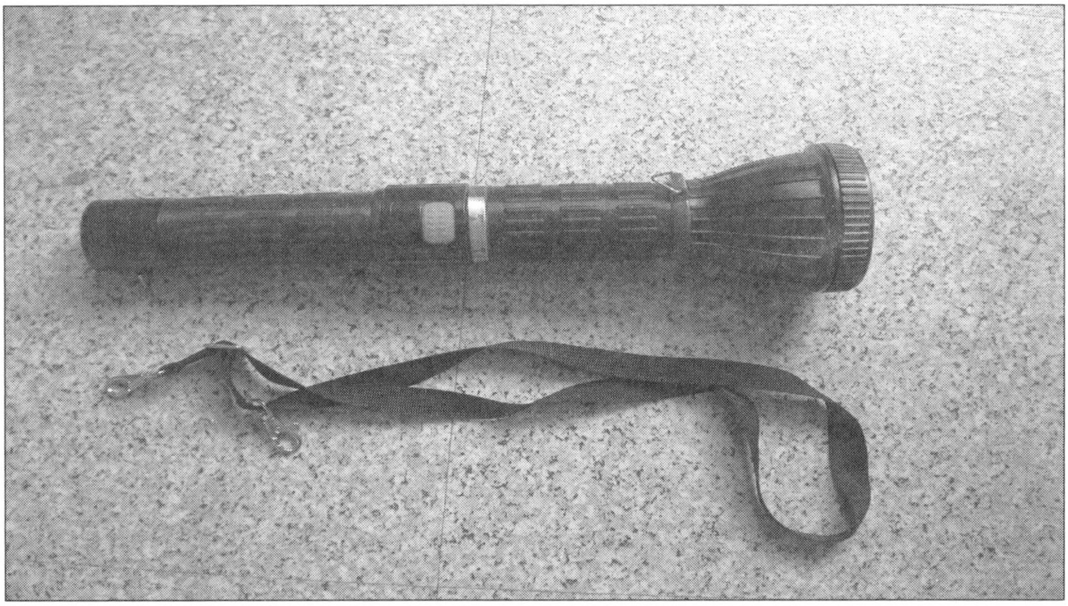

(2) 스프레이

가스분사기를 소형화 한 형태의 화학성분 스프레이와 여성의 간이 호신용으로 식물성분의 스프레이가 있고 일반용으로 시중에 유통되는 여성 호신용 스프레이는 식물성분의 스프레이가 많이 사용되나 그 효과가 약하여 위해자에게 순간적인 당혹감과 행동에 제약을 주어 틈을 만들기 위한 보조용구에 가깝다.

휴대성에 중점을 두어 다양한 단순 원통형에서 화장품 형태, 립스틱형태, 반지형태 등 다양한 디자인의 제품이 출시되었다.

① 원통형 - KSKC-RD

* 원통형의 화학약제 사용

* 소형으로 은폐용이, 여성 및 경호원 미노출 용이함

* 5발 나누어서 발사가능

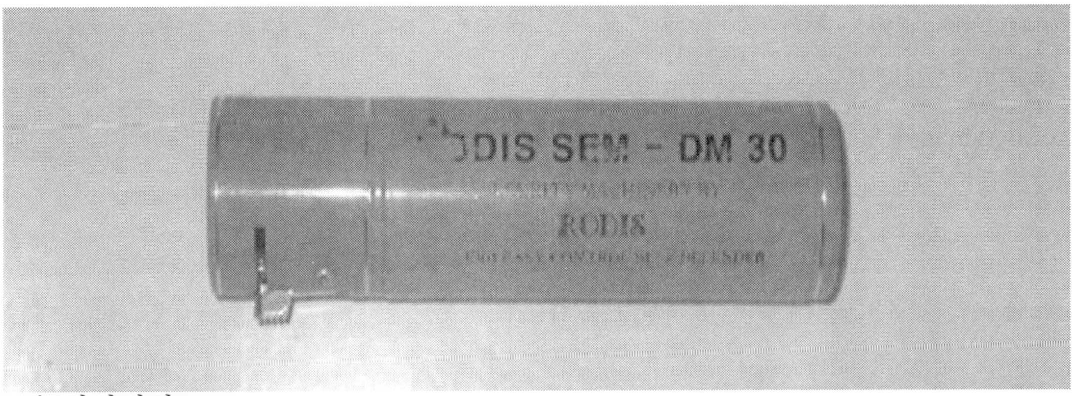

* 발사거리3M

* 실탄 교환식(반영구적사용)

* 효과: 눈물, 콧물 피부자극 시야차단 등으로 범인의 행동둔화 및 통제효과

② 소형 펜형 - KSKC-EC

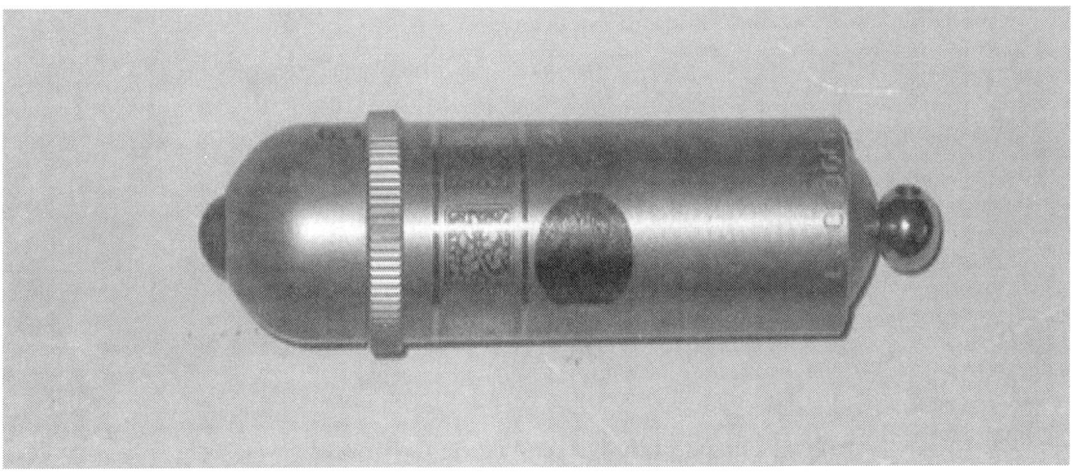

* 은폐용 여성 및 경호원 미노출용이

* 2-3발 나누어서 발사가능
* 발사거리2-3M
* 실탄 교환식 (반영구적사용)
* 효과: 눈물, 콧물 피부자극 시야 차단등으로 범인의 행동둔화 및 통제효과

③ 기타 스프레이

- **화장품 형태**

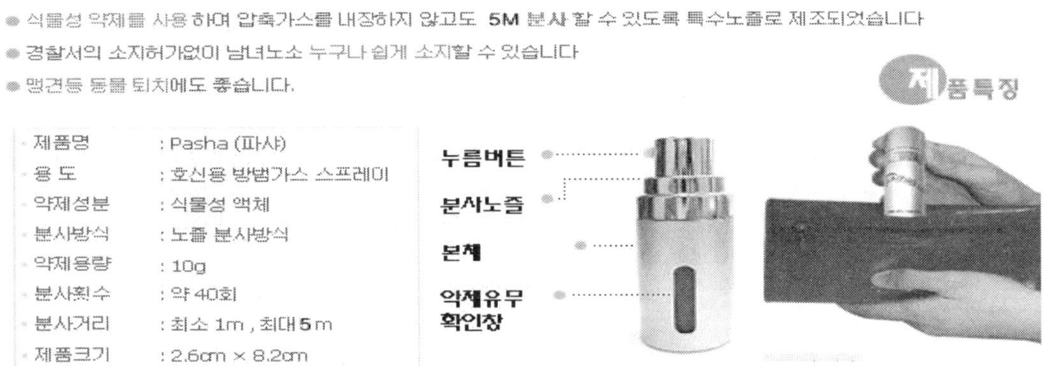

*출처 : 세이픈 (http://www.safen.co.kr/index.php) 퀸, 파샤

- **반지형태 디자인**[5)]

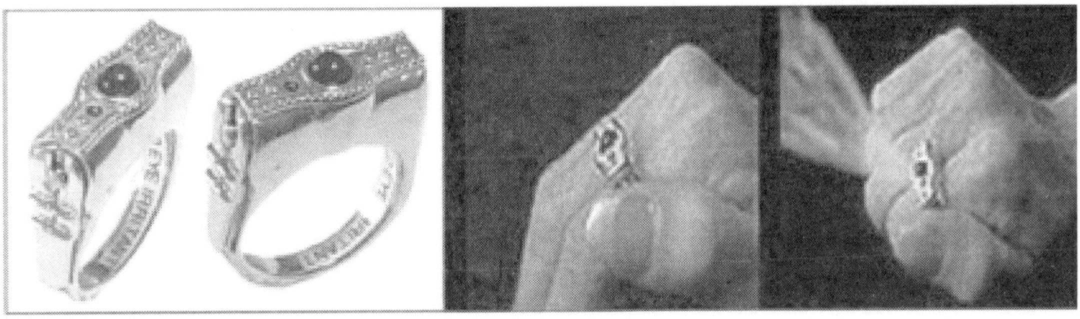

금과 은 도금 제품으로 두 종류이다.　　위급시 측면 버튼을 누른다.　　버튼을 누르면 후추 스프레이가 분사된다.

반지 안에 최루성분의 스프레이 분사제가 들어있어, 반지 측면의 작은 버튼을 엄지로 누르면 분사되며, 약제 리필도 가능하다. 효과는 모세혈관 자극과 심한 기침, 호흡곤란, 재채기, 및 구토증상 등이 약 45분가량 지속된다.

5) 김민선, 전게논문, 〈그림 2-12〉 재인용.

제6장 가스분사기

1. 가스분사기의 개요

가스분사기도 무기류와 마찬가지로 [총포 · 도검 · 화약류 등 단속법]으로 규정되며 동법 제1조에서 '총포, 도검, 화약류, 분사기, 전기충격기 등으로 인한 위험과 재해를 미리 방지함으로써 공공의 안전을 유지하는데 이바지함을 목적으로 한다'고 목적을 밝히고 있다.

총포 · 도검 · 화약류 등 단속법에서는 '분사기'라 함은 사람의 활동을 일시적으로 곤란하게 하는 최루 또는 질식 등의 작용제를 분사할 수 있는 기기로서 대통령령이 정하는 것을 말한다.(총포 · 도검 · 화약류 등 단속법 제2조 4항) 다른 물체나 탄환 등을 발사 시키는 것이 아니라 최루 또는 질식 등의 '작용제'라고 제한하고 있다. 또한, 동법 시행령을 보면 분사기는 사람의 활동을 일시적으로 곤란하게 하는 최루 또는 질식 등의 작용제를 내장된 압축가스의 힘으로 분사하는 기기로서 총포형 분사기, 막대형 분사기, 만년필형 분사기, 기타 휴대용 분사기 등으로 분류하고 있으며 다만, 살균용, 살충용 및 산업용 분사기는 제외하고 있다.

최루 및 질식작용제는 "유해화학물질 관리법" 등 다른 법령의 규정에 의하여 제조, 사용이 제한되는 유해화학물질과 최루가스를 분사기에 사용이 하는 것은 제한된다. 그 대표적인 화학작용제로는 캡사이신, 머스타드 오일, CS 작용제 등이 있다.

동법 시행령 제3조 제1항에서는 잘못 혼용되어 쓰이는 가스분사기와 가스총의 개념을 명확히 하고 있으며, 그 내용은 아래와 같다.(총포 · 도검 · 화약류 단속법 시행령 제6조의2)

'가스총'이라 하는 것에 대하여 살펴보면, 총포 · 도검 · 화약류 등 단속법에서는 '총포'라 함은 권총 · 소총 · 기관총 · 포 · 엽총 금속성 탄알이나 가스 등을 쏠 수 있는 장약총포, 공기총(압축가스를 이용하는 것을 포함) 및 총포신 · 기관부 등 그 부품으로서 대통령령이 정하는 것을 말하고 있다. (총포 · 도검 · 화약류 등 단속법

제2조1항) 단속법에서도 언급 하였듯이 '총포'라는 분류 안에 분사기는 포함되어 있지 않으며, 가스 또는 압축가스를 이용한 총포가 존재하고 있다는 것을 알 수 있다. 동법 시행령에서도 가스총을 권총·소총·기관총·포·엽총 등과 같은 종류로 분류하고 있으며, 따라서 가스총이 총포의 분류 안에 포함되어 있음을 알 수 있다. 다만 구경을 4.5mm내지 5.5mm의 것과 산탄총인 공기총의 경우에는 5.5mm내지 6.4mm의 것에 한한다고 제안하고 있다.(총포 · 도검 · 화약류 단속법 시행령 제3조의1)

가스총은 물체(탄두)를 압축가스의 힘에 의하여 발사 . 금속성 탄알 등을 발사할 수 있는 총으로 규정하고 있으며, 그 원리에 있어 분사기와는 다른 개념으로 정의되고, 분사기는 내장된 압축가스의 힘으로 분사하는 것으로 구분. 액체나 분말을 분사하는 별도의 방법용 장치로서 분사기의 개념을 도입, 가스총과는 서로 다른 장비이므로 용어의 상호 중복을 피하려는 노력을 보이고 있다.

2. 소지허가사항

1) 허 가

- 분사기와 전자충격기를 소지, 사용하고자 하는 사람은 총포, 도검, 화약류 등 단속법 제12조의 규정에 의거 관할 경찰서장의 소지허가를 받아야 구입하여 소지하고 사용 할 수 있다. (단, 만 20세 이상자만 허용된다. 총포법)
- 총포, 도검, 화약류 등 단속법 제17조 2항 제1항의 총포, 도검, 분사기, 전자 충격기, 석궁의 소지허가를 받은 사람은 용도나 그 밖의 정당한 사유가 있는 경우 외에는 총포, 도검, 전자 충격기, 석궁을 사용하면 아니 된다.

2) 분사 거리

- 총포, 도검, 화약류 등 단속법 시행규칙 별표 16의2:2항.
  가. 분말분사식 검사항목 제6 : 3~7m 이내일 것.
  나. 액체분사기 검사항목 제5 : 2~5m 이내일 것.

3) 기재사항 변경

- 총포, 도검, 화약류 등 단속법 제65조 3항 동시행규칙 제59조에 의거
  -법인인 경우: 상호변경, 대표자변경, 법인 주소 이전, 사용자변경 등.
  -개인의 경우: 주민등록지의 변경.
- 변경 사유가 발생한 날로부터 30일 이내에 별지 제44호 서식에 의거 허가관청(경찰서)에 신고하여야 함.(총포법 제65조3항)
- 불이행 시 총포법 제74조 [과태료] 3항의 규정에 의거 300만원 이하의 과태료를 부과한다.

3. 분사기의 발전과정

1) 분사기의 등장

1986년 아시안게임과 1988년 올림픽 개최에 따른 민간경비업무의 필요성이 대두되면서 경비업무를 적정하게 수행할 보다 강화된 경비 호신용 수단으로 도입되었으며, 외국에서 사용되는 휴대형 소화기에서 착안하여 휴대형 소화기의 작동원리를 채용하고 최루작용제 분말을 혼합하여 방범용으로 생산하여 시판에 들어가 상용화에 성공하였다.

경비업무의 수행을 위한 수단으로「분사기」를 사용하였으나, 품질보장과 제제수단이 없어 소규모 제조업체들이 난립하여 점차 문제점이 발생하기 시작하였다.

이에 1989년 12월30일 총포류 단속법을 개정하여 각 규정 속에 분사기를 법제화하여 관리 할 수 있도록 하였다.

2) 가스분사기의 발전 단계

① 초기 - 단발분사형태

약재통 내부에 압축가스통을 내장한 분말식 분사기와 액체 최루약제와 후레온

가스를 압입한 분사방식의 액체식 분사기

② 중기 - 단연발, 2연발

분사기의 모양이 총포형태와 비슷해지고 가벼우면서 작은2발 또는 단연발 형태

③ 현재 - 권총형태

분사기 제조업체의 증가, 수요확대, 품질개량

1996년경에는 38구경 리벌버 권총 형태의 가스탄에 화약을 장착하여 총성과 함께 화약의 폭발 힘으로 액체 최루약을 분사하는 5연발식 분사기 등장하였으나, 2005년 이후 권총형태의 화약 장착형 탄창 리벌버식 분사기는 실제총기와 유사하여 오용될 소지가 있고 개조 변경 시 인명 살상의 위험이 따를 수 있다하여 제조금지조치 기존의 제조 분의판매는 허용되고, 약제품 등 소모품 공급은 지속되었다.[1)]

4. 분사기의 특징 및 분류

1) 분사기의 특징

가스분사기의 기본적인 작동 원리는 분사기 약재통 내부에 최루 또는 질식작용제(분말 또는 액체의 불연성인 물질)를 내장하고, 약제통 내부에 액화질소 또는 액화프레온가스를 강제로 압입하여 노즐을 통하여 분사하는 형태를 갖추고 있다.[2)]

가스분사기는 사용 시 치명적인 효과를 기대하기 어렵지만 상대방을 순간적으로 제압하기 위해 유용하게 사용할 수 있는 장비로, 가스분사기를 사용할 경우 총기에 준하는 수준에서 사용을 고려할 수 있어야 하며, 경호요원이 물리적으로 위해자를 제압하기 어려운 상황에서 사용할 수 있다.[3)]

범인에게 가스분사기가 사용되면 범인은 1~2분간 눈을 뜨기 어렵고, 일시적 말초신경 둔화 및 호흡곤란 등으로 도주와 대항이 불가능하며, 피부 및 의복에 유착

1) 경비원신임교육 분사기사용법 교육교재 재정리
2) 경비원신임교육 분사기사용법 교육교재 재정리
3) 정태황, 전게서, P.48

시 노랗게 색깔이 변하므로 용의자 추적에 유리하다.[4)]

- 가스총과 분사기의 구분
  -「가스총」은 물체(탄두)를 압축가스의 힘에 의해 발사.
  -「분사기」는 약제가 내장된 압축가스의 힘으로 분사.

2) 분사기의 분류

(1) 형태에 따른 분류

- 총포형 분사기
- 막대형 분사기
- 만년필형 분사기
- 기타 휴대형 분사기

(2) 구조 및 성능에 따른 분류

- 분말식 분사기
- 액체식 분사기

2) 분사기의 작동 원리

- 분사기는 약제통 내부에 최루 또는 질식 작용제를 내장, 그 물질을 약제통 내부에 액화질소 또는 액화 프레온 가스를 강제 압입하여 노즐을 통하여 분출되는 힘의 분사원리를 응용.

- **분말식 분사기**

내장된 압축가스용기를 바늘로 뚫어주어 압축가스의 힘으로 분말 약제통에서 분사구를 통하여 분말이 분사되는 형식.

---

4) 장명진,「경호실무」, 국제경호협회, 2003, P.398

- **액체식 분사기**

내장된 압축가스의 힘으로 액체 약제통에서 분사구를 통하여 액체가 분사되는 형식

3) 분사기 분류에 따른 장 · 단점

(1) 분말식 분사기

① 장 점

- 분사되는 약제의 양이 많고, 반경이 넓고 멀리 분사.
- 분사되는 약제의 매운 성분이 강력.
- 분사되는 약제의 유효기간이 길며, 경제적.
- 다수의 상대를 제압하는데 효과적.
- 확실하게 한발씩 발사.
- 주변 온도에 민감하지 않아 사계절 사용 가능

② 단 점

- 모양을 권총형이나, 소형, 경량화 등 다양화 하기 어려움.
- 한발 또는, 두발을 발사할 수 있으나, 그 이상 발사 횟수를 늘리기 어려움.
- 분사 시 주변의 바람의 영향을 많이 받음.

(2) 액체식 분사기

① 장 점

- 권총모양 등 형태를 다양화, 경량화 할 수 있음.
- 짧게 여러 번 나누어서 6~7회 이상까지 분사가능.
- 탄창 리벌버 화약식의 경우 한발씩 나누어 5발까지 발사 총성이 발생하므로 방범효과가 뛰어남.

- 바람의 영향을 많이 받지 않음.

② 단 점

- 약제량이 적고 매운 성분이 약함.
- 약제 유효기간이 짧고 비경제적.
- 점사식 분사로 한발씩 분사 시 분사거리가 짧음.
- 약제의 누출이 쉬움.
- 약제의 잔량 체크가 어려움.
- 지속적 교환으로 유지비가 많이 듬.
- 액체의 특성상 온도에 민감함. (팽창 또는 결빙)

4) 분사기의 관리 및 사용요령

(1) 평상시 관리

- 분사기는 '언제든지 사용 할 수 있게 하라'라는 원칙으로 관리해야 함.
- 유효기간이 경과 하였는지 확인.
- 기기 작동은 제대로 하는지 확인.

(2) 사용 요령

- 안전장치 해제 등 사용법 준수.
- 침착하고 당당한 태도의 견지.
- 적당한 거리의 유지.
- 반드시 바람의 방향을 염두하고.
- 신속하고 정확한 사용.
- 민첩한 대응 태세.
- 분사기의 특성상 제압 할 상대의 얼굴을 향하여 최대한 근접하여 사격.
- 충약 및 정비.

5. 분사기의 종류별 사용법

1) 액체분사식

(1) 리벌버식

① 챌린져-9

• **제원**

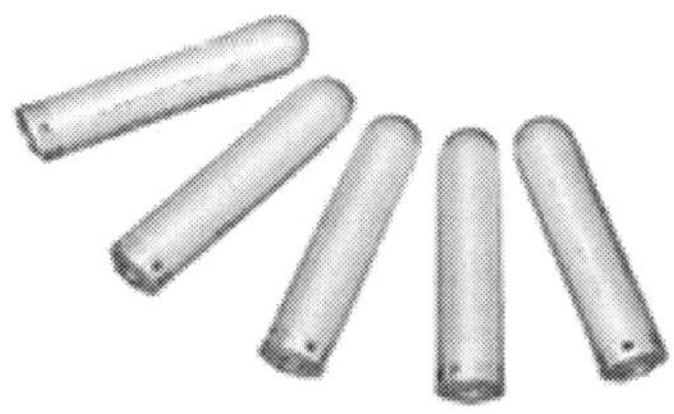

- 형식 : 리벌버형, 실탄방식
- 분사거리 : 5m
- 분사횟수 : 실탄5 연발
- 총성 : 유
- 전장 : 175mm
- 중량 : 340g
- 재질 : 특수 알루미늄동합금 레인져

- **제원**

- 형식 : 리벌버형, 실탄방식
- 분사거리 : 5m
- 분사횟수 : 5연발
- 총성 : 유
- 전장 : 170mm
- 중량 : 360g
- 재질 : 알루미늄합금

② 블랙타이거2

• **제원**

- 발사 거리 : 3~5m
- 발사 횟수 : 실탄 6연발
- 폭 음 : 총성
- 전 장 : 158.5mm
- 중 량 : 280g
- 폭 음 : 총성
- 재 질 : 특수 경금속

• **특징**

- 경찰에서 사용하는 38구경 권총과 마찬가지 리벌버 형태이고 화약의 폭발로 인하여 탄피 내에 들어있는 최루액을 발사하는 방식으로 분사기의 효과를 나타낸다.

③ 액체 원통식 유사 리볼버 - KSKC-MIT, KSKC_MG2

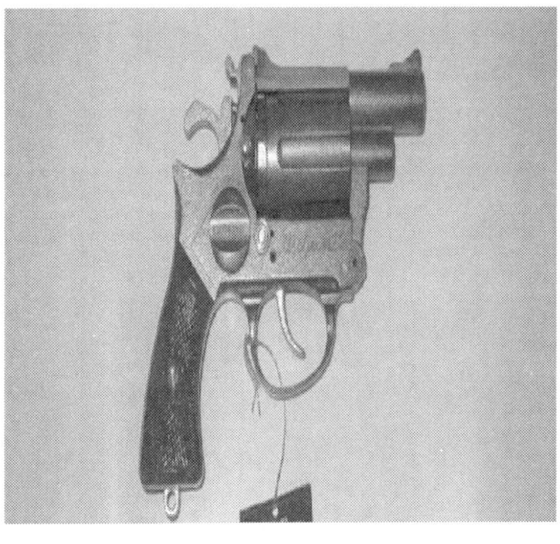

• **리벌버형의 문제점**

- 화약을 사용하는 관계로 너무 근접에서 사용할 경우 상대방에게 치명상을 입힐 수 있으므로 과잉방어주의

- 사거리가 통상적으로 3~5m에 불과하므로 너무 멀리서 사용할 경우 효과가 없으며 범위가 좁아 정확히 발사를 해야 효과를 볼 수 있다
- 형태가 실체총기와 유사하여 임무범위를 벗어난 위협이나 범죄에 악용될 우려가 높아 2006년부터 생산이 법적으로 금지됨.(기존 판매, 유통분은 회수하지 않으며 새로운 제품생산만 금지되며, 사용되는 약제는 계속 판매됨)
- 실제38권총과 유사하며 총소리가 나서 선제압에이용
- 5연발 실린더 삽입방식으로 여러명 범인제압에 용이
- 반자동 5연발 회전식

(2) 피스톨식

- 총소리가 나지 않아 범인검거 시 은밀점거 은밀제압.
- 대용량 약제통으로 10발 나누어서 발사가능, 범인 여러명 제압 효과
- 발사거리 3~4m
- 약제카트리지 교환식 (반영구적사용)
- 10여발이 발사 가능한 S10용 대용량 액체식 약제 카트리지

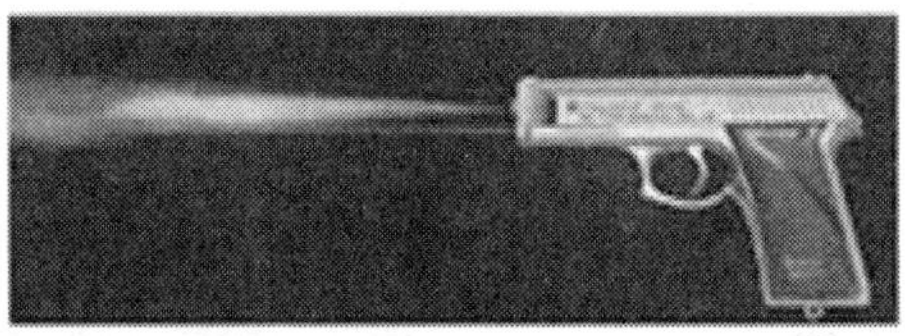

① 폴리스2

• 제원

- 형식 : 액체분사식
- 발사거리 : 3~5m

- 발사횟수 : 연발
- 총성 : 무
- 전장 : 165mm
- 중량 : 350g
- 재질 : 특수 알루미늄동합금

* 레이저 빔 조준 발사(야간에 유리)

② KSKC-S10

③ Super-10

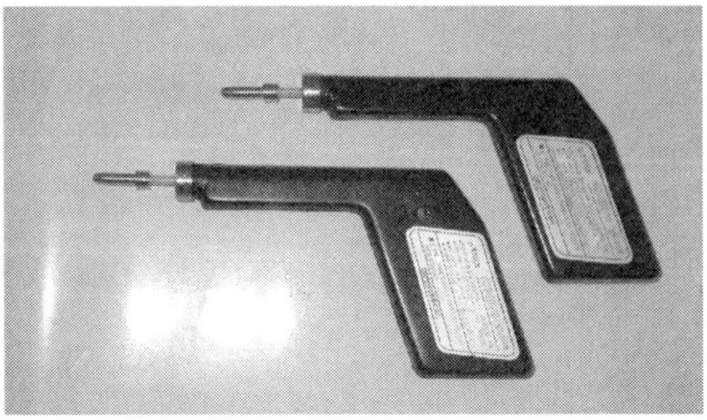

• **사용법**

- 총열개폐장치의 뒤편 버튼을 눌러 자동으로 총열이 꺾이면서 열리면 약제탄을 총구 방향으로 삽탄 후 총열을 다시 원위치 시킨다.
- 폭음탄개폐장치를 뒤로 밀면 자동으로 폭음탄 커버가 열리며 이때 폭음탄을 위치에 맞게 삽입 한다.
- 노리쇠를 뒤쪽으로 민 다음 폭음탄 커버를 꼭 눌러 닫고 손을 서서히 놓아 노리쇠를 원위치 시킨다.
- 단발로 나누어 여러 번 발사 하여 사용할 경우 방아쇠를 당겼다가 놔주는 동작으로 사용하며, 계속적으로 방아쇠를 당긴 상태를 유지하고 있으면 내부의 약제가 모두 분사된다.

④ DH-2000

• **제원**

- 형식 : 기관총형 액체분사기
- 발사 거리 : 7m
- 발사 횟수 : 8~10연발
- 총성 : 유
- 폭음탄 : 8발 장전
- 전장 : 199.5mm
- 중량 : 750g
- 재질 : 특수 알루미늄동합금

(3) 스프레이식

① SUPER-1

• **제원**

- 용도 : 호신용 방범 스프레이
- 약제 : 식물성약제
- 분사방식 : 노즐펌프분사방식
- 약제용량 : 20g

- 분사거리 : 3m이상
- 분사횟수 : 70회 이상
- 크기 : 굵기3Cm 길이 11.5Cm

※ 별도의 소지허가 없이 소지할 수 있음.

2) 분말분사식

(1) SOS-909(2연발)

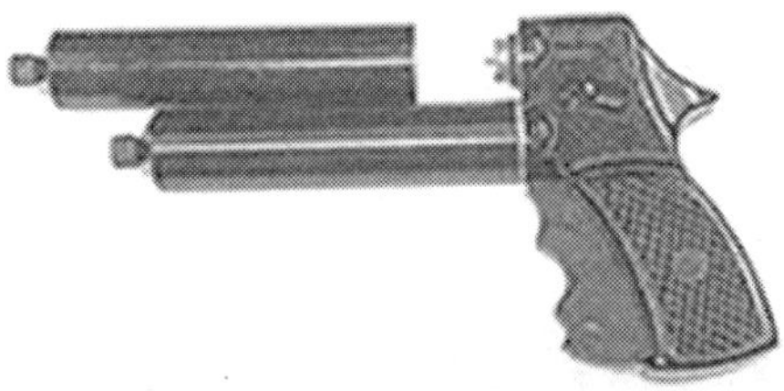

(2) SOS-909(단발)

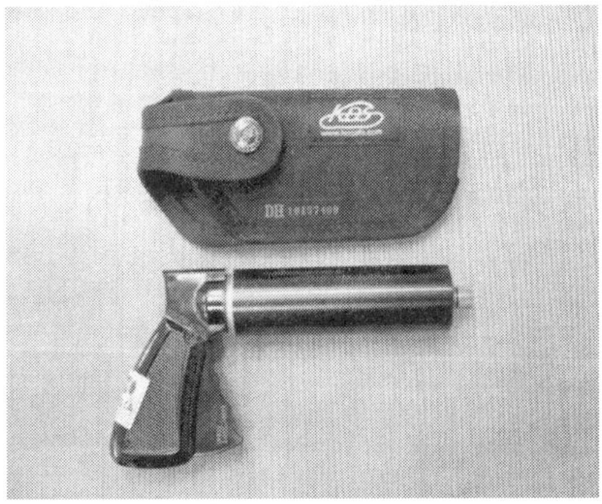

- **제원**

- 형식 : 분말식
- 분사거리 : 4~5m이상
- 분사횟수 : 2연발
- 총성 : 무
- 전장 : 173mm
- 중량 : 395g
- 재질 : 특수 알루미늄 합금
- 2연발 분말 방사형
- 탄창 교환식

강력한 2연발 분말 방사형으로 순발력이 좋고, 탄창 교환식으로 사용이 간편하며, 분사량이 많아 경비용으로 적합하여 금융기관 및 경비업체에서 많이 사용한다.

(3) 경봉형 분말분사식 KSKC-S242

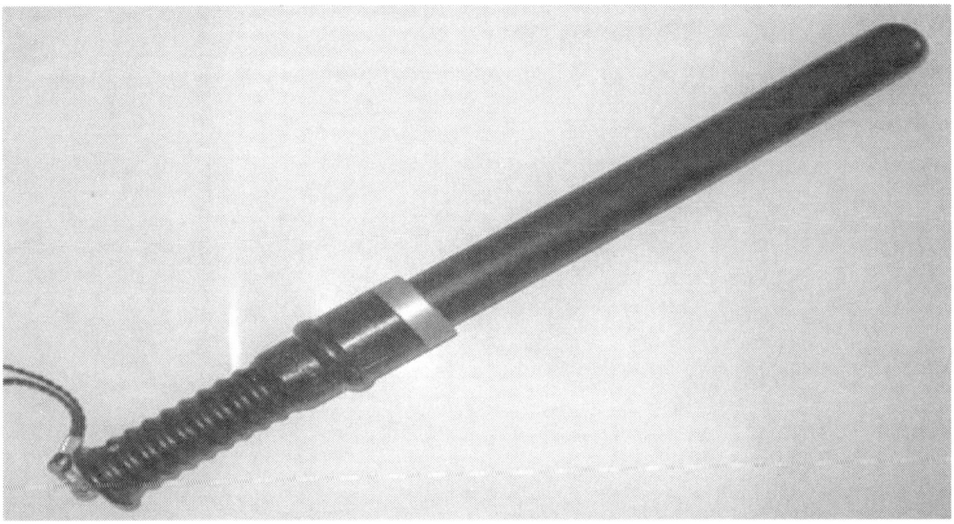

- 일시에 분출되어 좌우로 방향전환하며 여러 명을 동시에 퇴치 가능
- 경봉으로 사용
- 분사거리 7~10m
- 발사 횟수 : 단발
- 중량 : 470g
- 효과: 눈물, 콧물 피부자극 시야차단 등으로 범인의 행동둔화 및 통제효과

3) 가스분사기 안전사용 준수사항

- 안전장치, 취급요령, 수칙 등 사용법 준수 한다.
- 가스분사기 사용 시에는 불가항력의 상황에서 정당방위 행위의 수단에서만 사용해야 하며, 개인감정과 같은 무분별한 사고에서 사용되어서는 안 된다.
- 가스분사기가 범인의 손에 들어가 역공격을 당할 상황도 예상될 수 있으므로, 가스분사기를 피탈당하거나 분실했을 경우 지체 없이 관할 경찰서에 신고하여야 한다.[5]

---

5) 장명진, 전게서, P.399.

- 사용 전 충분한 경고와 침착한 태도를 유지한다.
- 적정거리와 분사될 방향(바람 등)을 유지 한다.
- 신속하고 정확하고 민첩하게 사용 한다.
- 꼭 필요할 경우에만 사용하며 사용 후에는 관할경찰서에 신고 후 사용 사유를 작성한다.

(분사기 쥐는 법)

제7장 통신장비

1. 통신장비의 개요

사람들 간의 의사소통은 인간생활에 있어 아주 중요한 것 중 하나이다. 과거에는 멀리 떨어져 있는 사람에게 필요한 정보를 전달하기 위하여 북이나 종, 봉화, 수기와 같은 매체들이 사용되었으며, 전신기의 발명과 모르스부호를 이용한 신호전송 방법이 사용되면서 유선통신이 활성화되기 시작되었고 이어 인쇄전신을 할 수 있는 텔렉스가 사용되었다.[1)]

통신은 어느 조직의 신경조직이다. 어느 조직이건 조직 구성원의 연락이 두절된다면 그 조직은 죽은 조직이다. 따라서 신속하고 정확하게 보안을 유지하면서 조직구성원만의 연락체계를 이루어야 한다. 경호통신체계는 행사장에 영향을 미치는 중요성, 취약성, 위치, 규모, 전파의 수용성 등에 따라 그 규모와 형식이 달라진다. 이러한 경호 업무를 수행하는데 있어서 필요한 보고 또는 연락은 통상 유선이나 무선을 사용한다. 유선을 사용할 때에는 경호환경이 실내에서 이루어질 때 사용하며 무선은 실내 또는 실외 그리고 이동시 등 실제 경호임무수행 시에는 통상 무선통신을 이용한다.

그러므로 경호통신은 신뢰성, 정확성, 안정성이 고려되어야하며, 경호업무가 경호대상자의 생명과 재산을 보호한다는 성격에 비추어 볼 때 매우 중요하다 할 것이다.[2)] 임무 중 통신을 할 경우 보안을 위해 유선통신을 사용하는 것이 좋으나 유선통신이 불가능한 환경 또는 신속한 상황전파와 이동 중 연락을 위해서는 무선통신 장비가 많이 사용되며, 통신은 경호업무에 필요한 명령의 수행 및 지시본부에 대한보고, 작전전달을 효과적으로 전파하는 중요한 요소로 경호 지휘의 필요불가결한 요소로서 사용된다.

---

1) 정태황, 전게서, p.139.
2) 김명곤, 「인진김측론」, 경호출반사, 2005, p.423.

통신장비를 통하여 소통되는 제반 정보가 직접 또는 간접적으로 누설되는 것을 방지하거나 지연시키기 위해 통신보안의 방법을 사용하며, 그 대표적인 방법은 암호, 음어, 약호, 약어를 사용하고 적의 통신장애를 강구하는 방법도 있다.[3]

통신방비는 신속한 상황전파와 명령 및 정보전달을 위한 장비로 전화망, 네트워크망 등의 유선통신과 무전기 등 작전, 비상 무선망이 있다.

실제 경호업무에서 무전기가 많이 사용되고는 있지만 일반적인 무전기의 경우 보안성이 높지 않고 도청 등의 위험이 있으므로 예비주파수대를 준비하고 상황에 따라 채널을 변경하는 등 운용 요령이 필요하며, 사용 시 음어 등을 이용하여 보안성을 높이는 것이 좋다.

보통의 업무용 무전기는 VHF보다 UHF[4]를 많이 사용한다.

1) 통신장비 관련 법규

통신장비 중 무선장비는 전파를 필요로 하는데, 전파는 정부에 의해 특정한 주파수를 용도에 맞게 구분하거나 개인 또는 사업자에게 주파수를 할당하거나 무선국 개설에 따른 주파수를 지정하여 사용 권리를 주는 것과 같이 일정하게 관리되고 있다. 따라서 전파를 송신하거나 수신하는 무선설비나 무선설비를 연결하는 무선국의 개설허가를 받고자 하는 사업자나 개인은 전파법에 의해 사용 하고자 하는 장비에 맞게 방송통신위원회로 부터 허가 또는 신고가 필요하며, 장비에 따라 신고를 면제 받을 수 있다.

신고하지 아니하고 개설 할 수 있는 경우는 이동전화용 무선국이나 주파수공용무선전화용 무선국, 양방향무선호출용 무선국, 개인휴대전화용 무선국, 무선데이터통신용 무선국, 위성휴대통신용 무선국, 가입자회선용 무선국과 같이 무선국을 개설하고자 하는 자가 당해 전기통신역무를 제공하는 자와 이용계약을 체결한 때는 방송통신위원회의 허가를 받은 것으로 보아 신고를 생략할 수 있게 규정하고 있다.

또한 방송통신위원회에서 정한 주파수를 이용하여 개설하는 무전기 등과 같이

---

3) 장명진, 전게서, P.422,

4) 극초단파(UHF:Ultra High Frequency) : 300에서 3,000MHz 사이의 무선통신 파장으로 초단파 스펙트럼은 고주파수대와 저주파수대로 나누어진다.

발사하는 전파가 미약한 무선국은 신고하지 아니하고 개설할 수 있다.

무선국은 제24조 제1항의 규정에 의하여 준공검사를 받은 후 이를 운용하여야 하는데, 국가안보 또는 대통령 경호를 위하여 개설하는 무선국과 다음에 해당하는 자가 통신용 휴대용 무선기기는 준공검사를 받지 아니하고 운용할 수 있다.

경호·경비 업무 시 사용 가능한 무선장비 중 전파를 발생시켜 전파를 교란시키거나 다른 사람의 통신을 방해할 가능성이 있는 무선장비의 사용은 엄격히 제한된다.[5)]

2) 사용상 유의사항

(1) 확인사항

- 기기를 작동시켰을 시 경보음
- 상태표시기(led, 액정)는 정상으로 표시되는가.
- 채널의 감도 및 송신전력 이상 유무와 주파수 편차 등을 확인한다.[6)]
- 호출부호, 약호, 음어, 교신규칙 등 핵심사항 숙지
- 통신 장애를 발생시킬 수 있는 장소를 배제한 적절한 위치선정
- 배터리 교환 및 충전 시 에는 방전상태에서 스위치를 끄고 교환
- 비화기가 설치된 통신장비를 활용하고 무선통신은 평상어(평상 시 사용하는 언어)를 사용하지 말 것
- 작전내용 등 기밀은 팩스를 이용하지 말 것

(2) 통신 시 주의사항

- 혼선을 피할 수 있도록 송신 전 회선에 항상 귀를 기울인다.
- 송신기 스위치를 누르기 전에 무슨 말을 할 것인가를 미리 생각하여, 송신을 짧고 정확하게 알아들을 수 있는 적당한 속도로 말한다.
- 마이크는 입에서 5mm 이상 간격을 두고 또박또박 말하되 고함을 치지 않는다.

---

5) 정태황, 전게서, P.25.
6) 장명진, 전게서, P.423.

• 교신용어와 호출부호를 사용하며 암어와 약어 외에는 표준어로 간결하게 말한다.[7)]

2. 통신장비의 종류

1) 상용 무전기

(1) GP338 Plus

• 신호 Quick Call II, DTMF, limited MDC1200
• 채널수 : 16
• 긴급버튼, 키패드, 액정표시 지원
• 무게(표준배터리 포함) 250g
• 크기(H*W*D) 표준배터리포함 : 101.5mm * 55.5mm *33mm(슬림배터리 사용

7) 장명진, 전게서, P.423.

시)

- 배터리 수명 : 8시간(고출력), 10시간(저출력)
- 주파수범위 138~174MHZ / 403~470MHZ
- 전원출력 : 4W (UHF)
- 방목기능 : 예
- 성능, 신호, 음질 등은 뛰어난 편이나 비교적 고가형

(2) PT-3100

비교적 낮은 가격대비 우수한 성능으로 특히 신호강도가 좋은 점이 특징

2) 생활용 무전기

(1) KODO-444

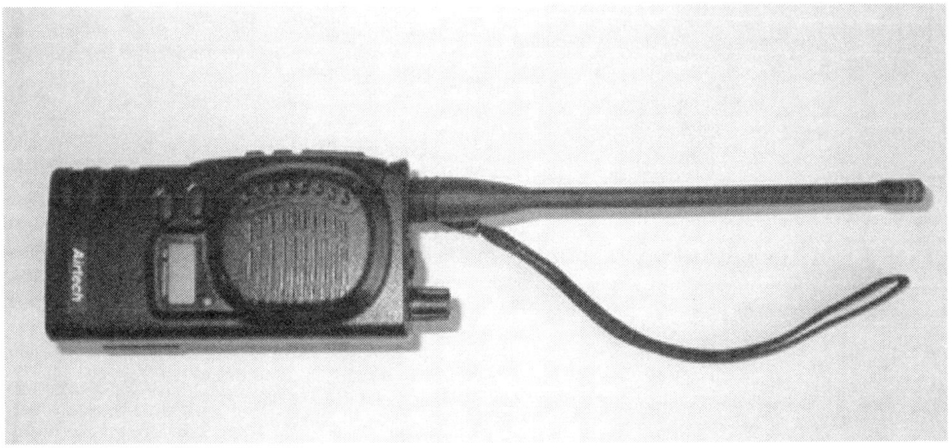

- 소형 무전기
- 90채널 사용 가능
- 전원 절약 기능
- LCD표시부에 의한 동작 상태 표시 기능으로 상태확인 용이
- DTMF PTT-ID, 38CTCSS/83DCS/INVERT 83 DCS
- 송신 제한 기능(TOT), VOX 기능
- 수신중인 채널 송신 금지 기능

(사용요령)

- 전원 및 볼륨 조절 스위치를 시계방향으로 돌리면 “띠~릭” 알람을 내며 자체 진단을 하여, 단말기가 정상이면 액정 표시부에 채널 표시
- 전면의 ▲▼ 버튼을 사용하여 원하는 채널에 맞춤
- PTT버튼을 누르고, 보통크기의 목소리로 5~7Cm 정도 간격을 유지하며 송신.
- 직접적으로 입김과 호흡이 스피커로 들어가지 않도록 무전기를 약간 비스듬히 잡는 것이 잡음이 적다

3) 이어버드, 이어마이크

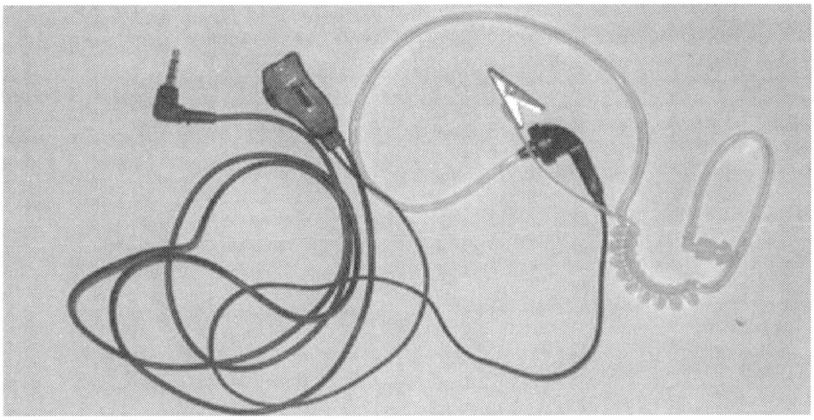

무전기에 연결하는 마이크와 이어폰으로 장비의 노출을 최소화 하고 양손의 활동성을 보장해 주며 무전기의 스피커폰을 통할 경우 주변사람에게도 통신내용이 알려지는 위험이 있을 경우 관계자 외에는 통신내용을 듣지 못하도록 보안성이 요구될 경우 사용하며, 통신 수신장치라는 의미에서 리시버라고도 부른다.

4) 도청 및 몰래카메라 주파수 탐지기

(1) OMNI SPECTRAL CORRELATOR – OSC5000

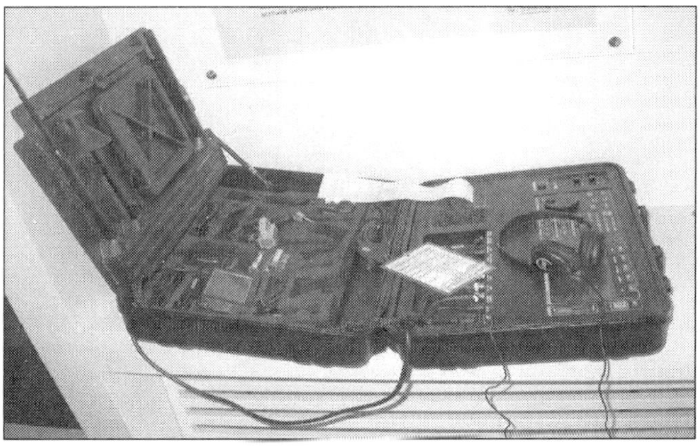

① 특징

- 가방형태로 되어있어 접어서 휴대할 수 있기에 장소를 이동하며 신호를 탐색하기에 좋고, 유·무선 도청 및 몰래카메라 탐지가 가능하며, 모든 타입의 음향 시각 송신기를 탐지하도록 설계되어 있는 다목적 탐지기 세트.
- 내장되어진 프로그램으로 계속적으로 위협적인 신호를 찾으면서 검색하며, 검색되어진 모든 신호를 기억하고 저장 할 수 있음.

② 구성

- 자동적으로 스위치 되는 안테나 세트
- 정밀한 신호 탐색이 가능한 컨트롤 패널과 액정
- 신호 분석 정보의 출력 가능한 소형 프린터 내장
- 소형무선cctv 등 검사된 화상신호를 육안으로 확인 가능한 소형 모니터
- 각종 통신선로 접속장치
- 프로그램카드 칩을 이용하여 osc5000의 작동 열쇠역할도 가능

(2) 휴대용 무선 카메라 신호 탐지장치 (전문탐색용)

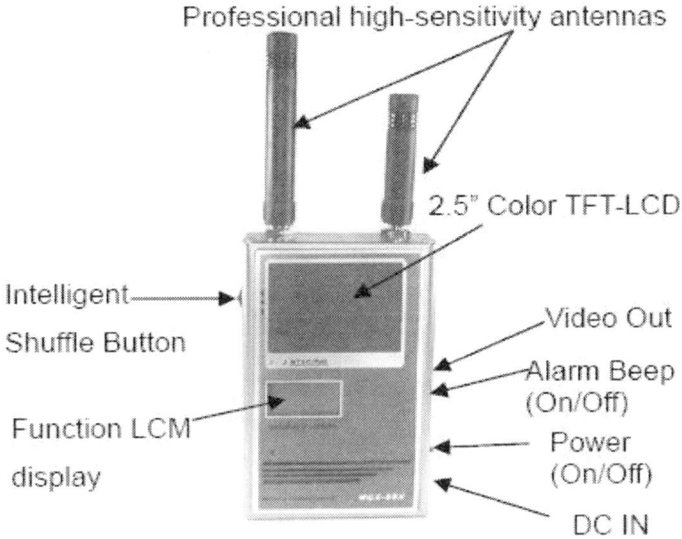

① **세부스펙**

- ISM Band 9000MHz ~ 2520MHz
- Switcher Auto / Manual
- Antenna SMA
- Batery Working Time 3Hrs appro. (Depent manitor on)
- Power Input DC5V, 650mA(MAX) or AA Battery DC 1.5VX4
- Video Display 2.5" Color TFT Monitor
- Frequency Display LCM
- Auto Scan 20 sec/Per Cyde(H)*10sec/Per Cyde(MH,M,ML,L)
- Manual Scan Oncd:1MHz/sec, Fastforword:10MHz/sec
- Dimension 120(L) X 74(W) X 35(H)mm
- Weight 240g

② **특징**

- 실내외 자유롭게 휴대하면서 이동 중 사용할 수 있는 휴대형 탐지기 중에는 비교적 고가의 제품이나, 실제카메라의 영상을 확인하며 탐지가 가능하므로 보다 빠른 시간에 탐색이 가능하며, 전 세계 다양한 규격의 카메라 영상신호 탐지가 가능하다.

- 카메라의 송신주파수, 신호의 세기 등을 탐지하여 대략적인 거리측정이 가능하며, 탐지성능이 우수하고 영상출력단자를 통한 탐지영상의 전송이나 녹화를 통해 증거확보가 편리하다.
- 무선신호를 중심으로 탐색하므로 유선으로 연결된 cctv카메라 등은 탐지가 되지 않는다.

(3) 휴대용 도청, 카메라 신호 탐지장치 (보급형)

- 전문장비에 비해 저렴한 가격으로 일반인이 가볍게 휴대하며 탐지할 수 있는 장비로 상품화되어 있으며, 크기가 매우 작고 가벼우면서 조작과 기능이 단순하여 쉽게 사용할 수 있다.
- 무선도청 및 카메라의 주파수 신호를 탐지하나 탐지 주파수 영역이 전문장비에 비해 좁고, 탐지거리가 짧아 의심스러운 곳으로 직접 들고 가서 위치를 이동시키면서 탐색한다.
- 주파수 발신지와의 거리에 따라 비프음의 간격이나 led의 깜빡이는 속도 변화로 위치를 추적한다.
- 무선 도청 및 카메라 장비 이외에도 무선 통신장비, 무선인터넷 공유기 등에도 반응하여 오경보를 발생시킬 확률도 있으며, 유선형으로 설치된 카메라의 경우는 탐지하지 못한다.

제8장 검색장비

1. 검측장비

검측이라 함은 행사장의 제반시설물에 대한 안전점검을 실시하여 모든 취약요소 및 위해물질을 사전에 탐지, 색출, 제거 및 안전 조치하는 활동을 말하며, 경호대상자에게 제공되는 음식물의 검식활동도 포함된다.

1) 검측활동 원칙[8)]

- 검측은 타 업무보다 우선하며 원칙에 예외를 불허한다.
- 검측은 경호계획에 의거 공식행사시 실시함을 원칙으로 하며 비공식 행사시는 비노출 검측활동을 실시할 수 있다.
- 인원과 장비를 충분히 지원받아 각 전문분야의 지원팀을 구성한다.
- 검측활동은 경호 선발대장의 지침에 따라 선 선발개념으로 세부실시 계획을 수립, 시행하며, 보안을 유지한다.
- 검측은 점과 선에서 확산하여 검측을 실시하며, 정확한 안전유지 상태에서 실시한다.
- 책임구역을 명확히 구분하고 가까운 곳에서 먼 곳으로, 밖에서 안으로, 아래에서 위로, 좌에서 우로, 통로보다는 양 측면, 아래보다는 높은 곳, 의심나는 곳은 반복해서 체계적으로 안전점검을 실시한다.
- 선을 의심하고 추적해 확인하며, 전기제품의 내부가 수상할 경우 분해하여 확인하며, 확인이 불가능한 것은 제거하고 정돈한다.
- 비금속 물체에서 금속반응을 확인하고, 장비와 함께 오감도 최대한 이용한다.

8) 이상철, 전게서, pp.73-74.

2) 안전대책의 3대작용 원리

(1) 안전점검 : 폭발물 등 각종 유해물을 탐지하여 제거하는 활동
(2) 안전검사 : 경호대상자가 이용하는 기구시설 등의 안전상태를 검사하는 것
(3) 안전유지 : 안전점검 및 검사가 이루어진 상태를 유지하는 것.

2. 검색장비

폭발물이나 위해물질 탐지, 출입자 신원확인 등에 사용되는 장비로써 금속탐지기(M.D, H.D)와 X-Ray 소화물 검색기 등이 있다.

1) 공항 검색장비의 변화[9)]

- **1973년 미국에서 최초로 국내선에 검색장비 설치운영**
  * 권총과 칼 등 탐지가능(인적요소에 중점)
  * 최초 1931년 페루 팬암(Pan-Am)항공기 납치사건 발생
- **1980년 8월 김포국제공항 개항**
  * 휴대용 금속탐지기 : Caratter
  * 문형 금속탐지기 : Design-500, Design43형
  * 대인용 검색장비 : Mark III
  * 대물용 검색장비 : Bendix 500, 600
  * 1985년 향상된 장비로 교체 : System II
- **1987년 김포공항 제2청사 완공**
  * 개발된 검색장비 설치운영 : System V, JIS-88
  * 1988년 서울 올림픽 개최 : 국산장비(M/D, H/D)사용
- **1990년대 폭발물탐지시스템(EDS) 개발**
  * 사제폭발물 (IED) 탐지가능

9) 국제공항 보안검색 직원교육자료.

* 폭발물 탐지기(ETD), 단층촬영(CT) X-ray 개발
* IED(Improvised Explosive Device), ETD(Explosive Trace Detector) 2001년 3월 인천국제공항 개항
* 대인 검색장비 : PMD2/PTZ, JI-89B
* 휴대 검색장비 : Linescan 105 Escan
* 위탁 검색장비 : Zscan-7
* 정밀검색장비 : CTX 9000, ITEMISER, IONSCAN400B 등

- **최신 보안검색장비**
  * 신체 X-ray검색장비, 중성자방식 폭발물탐지기 등

2) 검색장비의 종류

(1) 문형 금속탐지기

① 금속탐지기 등 설치 상 유의점[10)]

- 사용 전 전원확인
- 에어컨, 콘솔박스 등 전압의 변화가 심한 장소나 고압전류가 흐르는 주변을 피할 것
- 금속탐지기를 2대 이상 운용 시 3m 이상 간격을 띄울 것(종류에 따라 간격 차이가 있음)
- 기기에 무리한 힘이나 충격을 주지 말고 취급에 유의할 것

② 금속탐지기 운용요령

- 입장객은 개인 간 간격 1.5m 정도 보통걸음 속도로 통과시킨다.
- 소지품은 별도로 검색한다.
- 무전기 등의 통신장비는 탐지기로부터 3m 이상 거리를 유지하게 한다.
- 검색대상자가 탐지기를 건드리는 등 필요이상 움직인 경우 다시 검색한다.
- 검색으로 금속물질이 발견되면 그 물건을 빼낸 상태에서 같은 부위를 재검색 한다.

10) 김계원, 「경비지도사 경호학」,도서출판 진영사, 2010, P.413.

(2) 휴대용 금속탐지기

① 특징

고정적인 전기 자기장을 이용하여 검색대상물의 방해인식에 의해 자기장 변경을 인식하여 경보를 울림으로서 금속 및 비철금속과 기타 전도성 금속류의 반응을 탐지하는 휴대용 검색장비

② 장비운용요령[11]

- 순간동작은 작동스위치의 위쪽을 누르고 있는다.
- 계속적 동작은 작동스위치를 아래쪽으로 누른다.
- 작동을 정지시킬 경우 스위치를 중앙에 오도록 한다.
- 인체에서 2~7cm 간격을 두고 옷을 스치듯이 검색
- 겨울철 두꺼운 옷, 털옷일 경우 주의하여 검색
- 머리 위 12시 방향부터 시계방향으로 검색
- 가발 내 은닉, 목둘레, 소매, 겨드랑이, 허리벨트주위, 혁대 고리, 발목 주위 등을 주의 깊게 검색
- 경보음이 발생한 부위에서 원인물품(금속물품)을 꺼내게 한 후 동일부위 재검색

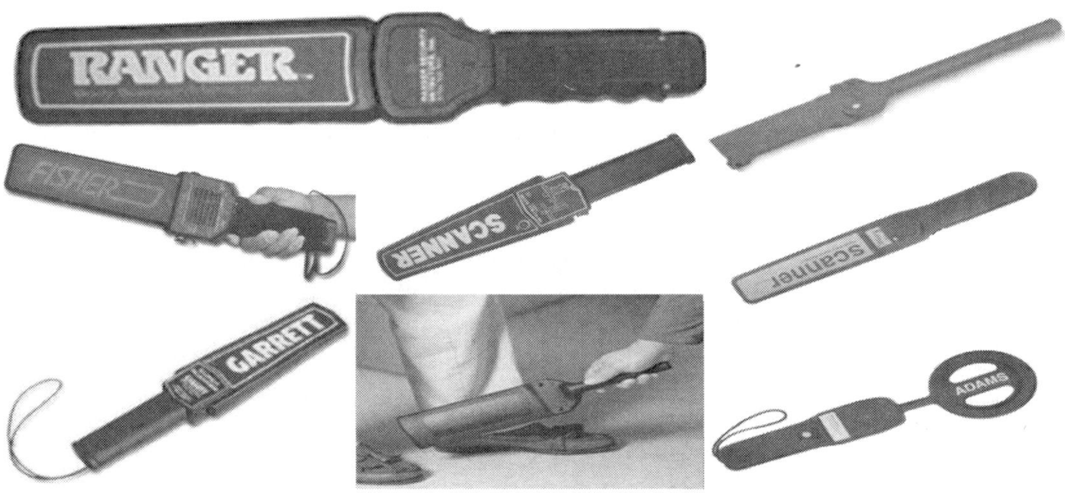

11) 국제공항 보안검색 직원교육자료

- ESH-10

-휴대용 금속탐지기
-중량: 220g
-길이: 375mm
-두께: 26mm
-폭 : 77mm
-영하15~45C 작동
-사용배터리: 9V
-진동. 알람기능
-제조회사:ESCOS

(3) 봉형 금속 탐지기

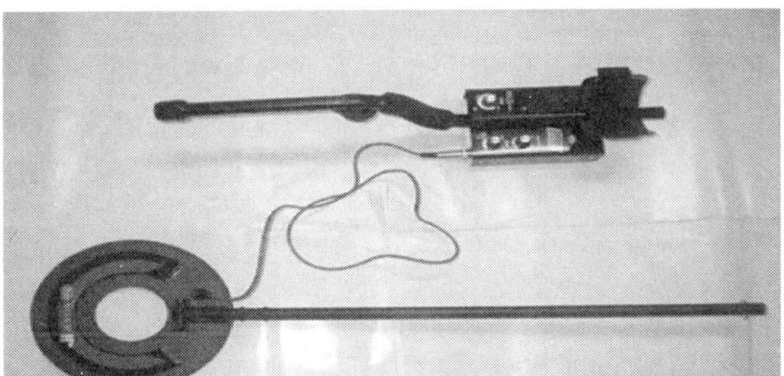

동그란 도넛형태의 원판이 탐지부위이며 제어박스에서 환경과 지형에 따라 감지센서 강도와 주파수를 변경하여 운용하는 것이 가능하고 긴 봉을 이용해 손이 닿지 않는 천정등도 신속하게 탐색할 수 있다.

장시간 탐색 시 무게로 인한 피로를 줄이고 이동의 편의를 위해 팔목받침대가 있으며, 손잡이 앞쪽의 방아쇠 형태로 배치된 스위치를 당기면 탐색을 시작한다.

(4) 신체 정밀수색 X-ray장비

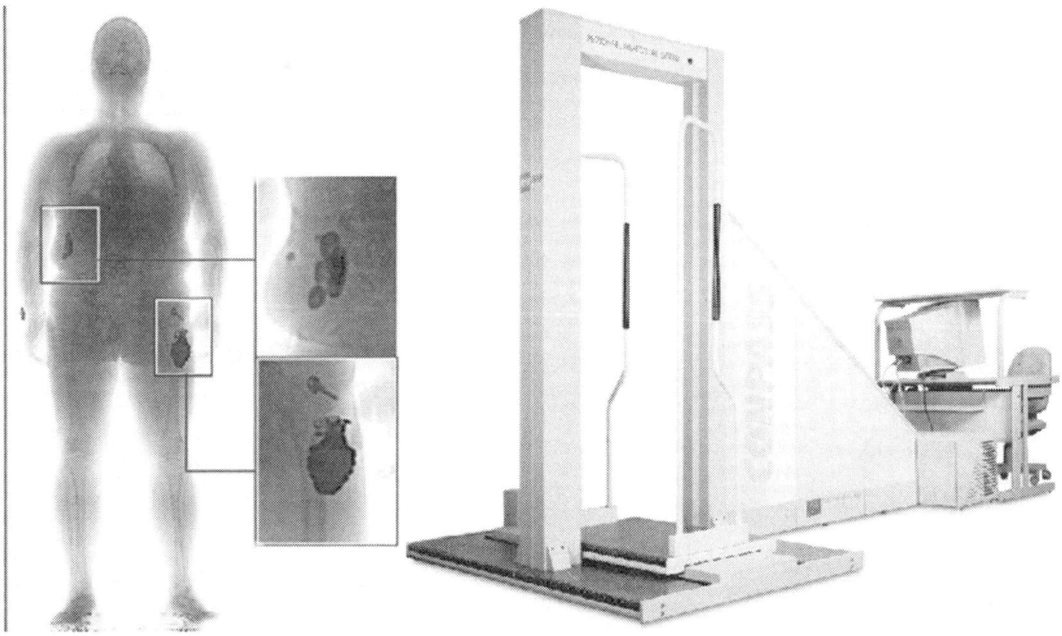

2001년 9.11테러이후 보안검색장비의 강화 필요성에 의해 도입되었으나 신체의 형태가 나타나는 것을 들어 투시카메라라는 오해로 인권단체 등의 반발이 강해, 사용에 제한이 있는 장비이나 몸속 깊숙이 숨긴 위험물질을 탐색해 내는데 효과가 좋다.

(5) 수화물 검색 X-ray 장비

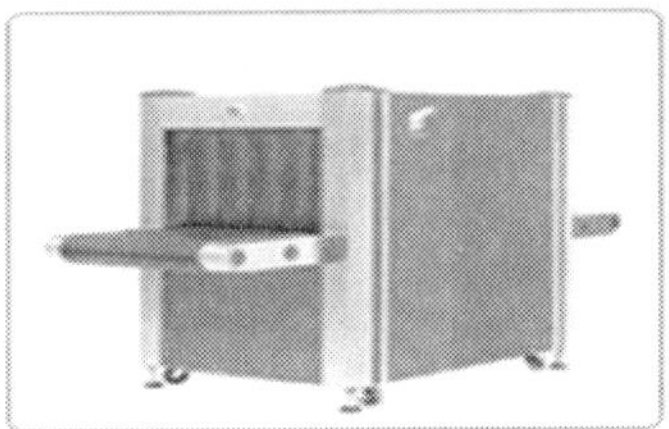

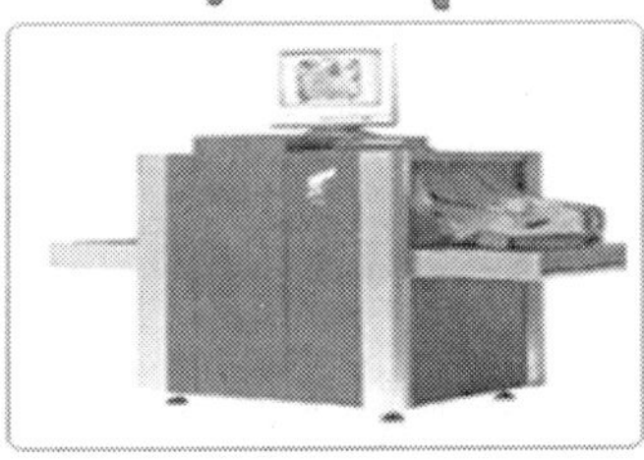

① 특징

안전이 요구되는 장소로 반입되는 무기나 위험물을 검색하기 위하여 널리 사용되는 장비 중 하나로 주로 출입국과 관련된 장소에서 사용되며 사용 목적에 따라 다양한 형태가 있다.

초기 X-RAY 검색기에서는 장기간 근무하는 검색요원은 형광성 스크린을 직접 보고 오래 동안 노출이 되는 만큼 방사능의 영향을 받을 수 있다는 우려가 있었으나 현재는 검색된 영상을 안전하고 편리한 위치에서 확인할 수 있도록 모니터를 통해 확인하므로 그러한 우려를 제거하였다.[12)]

전자를 고속으로 가속하여 금속판에 충돌시킬 때 발생하는 전자파를 뢴트겐선 혹은 X선을 이용하여 X선이 고체 속을 여러가지 흡수도로 투과하며 흡수량 장소에 의한 차이를 주는 이미지를 형성한다.

물질의 그룹은 유기물(오렌지색), 무기물(파란색), 혼합물(녹색) 등의 색으로 나타나며 물질의 두께와 밀도는 색상의 밝기로 판별이 가능하다.

오렌지색 유기물은 마약류, 지폐류, 화약류의 가능성이 있으며, 청색의 무기물은 권총, 도검, 배터리 등의 가능성이 있고, 녹색의 혼합물은 폭발물 등의 가능성을 갖고 있다. 의심 물품이 나왔을 경우 2차 정밀 검색장치(ctx)를 거쳐 단층촬영을 실시한다.

② 이미지 판독 기준 예[13)]

• 오렌지색

설탕, 의류, 가죽, 플라스틱, 마약, 종이, 폭약 등 유기물질(탄수화물이 포함되어 있는 수소, 탄소, 산소의 혼합물)로 밀도가 높을수록 진한 오렌지색

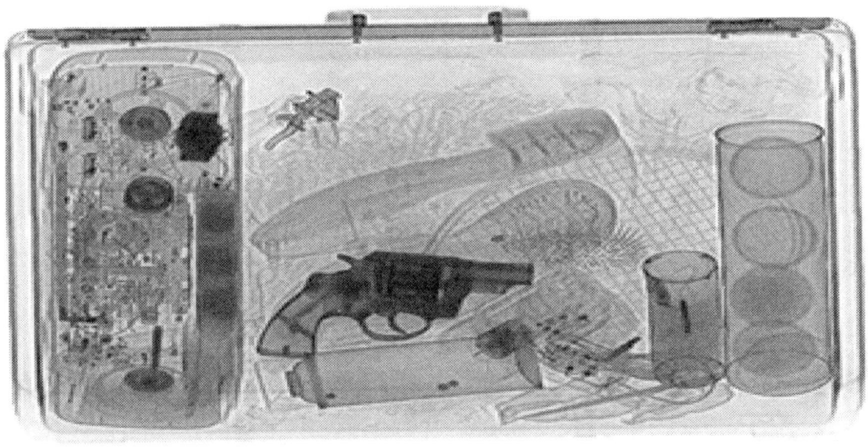

12) 정태황, 전게서, P.76
13) 국제공항 보안검색 직원교육자료.

- **청색**

권총, 도검, 배터리, 천연소금, 귀금속, 유리 등의 무기물질(탄수화물이 포함되어 있지 않은 자연생성물질)로 밀도가 높을수록 진한 청색

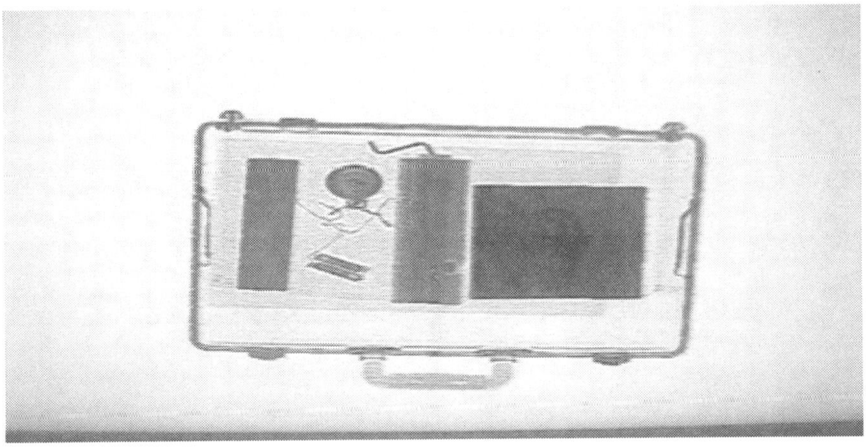

- **녹색**

유기물과 무기물의 혼합물질로, 스프레이, 부탄가스 등이 있다.

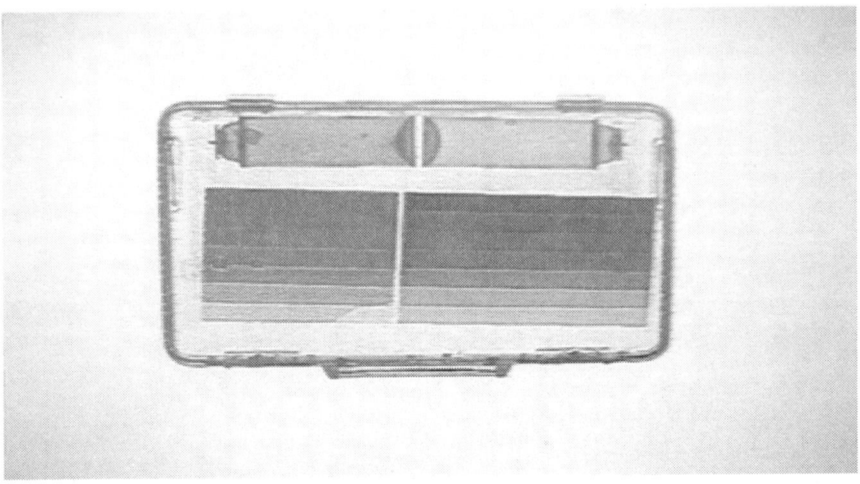

- **검정색**

납, 두꺼운 철판 등의 밀도가 높아 투사가 되지 않는 물질 등 두꺼운 물품으로 의도적으로 보안위해물품 등을 은닉했을 가능성이 있으므로 반드시 개장검사 시행

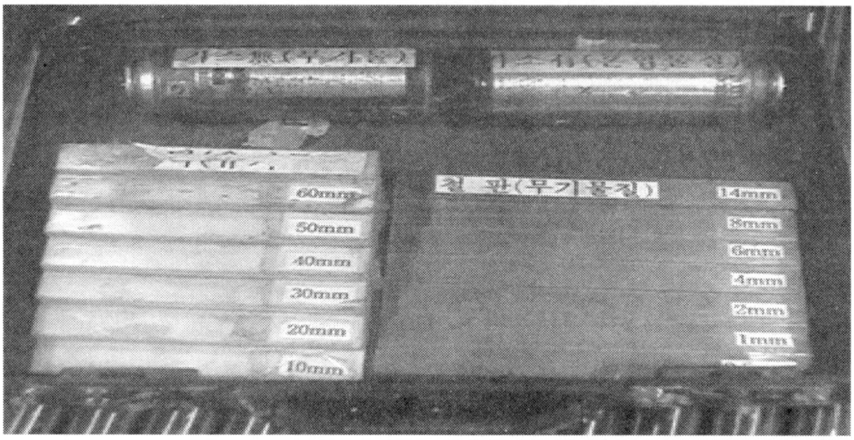

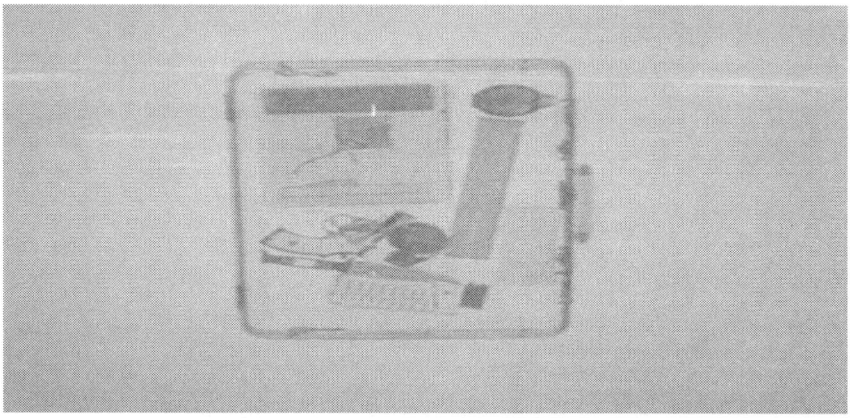

(6) 폭발물 탐색장치

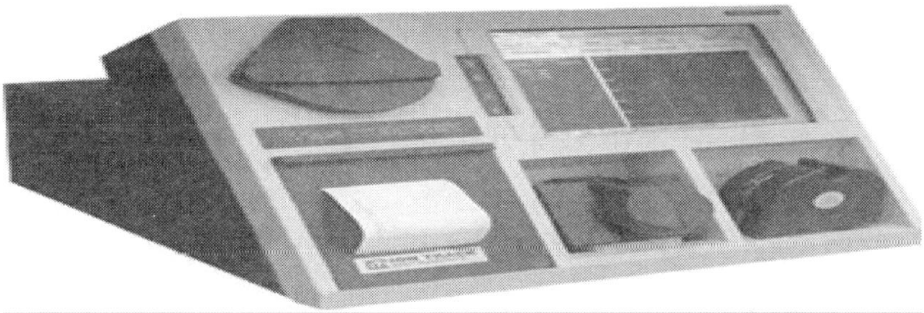

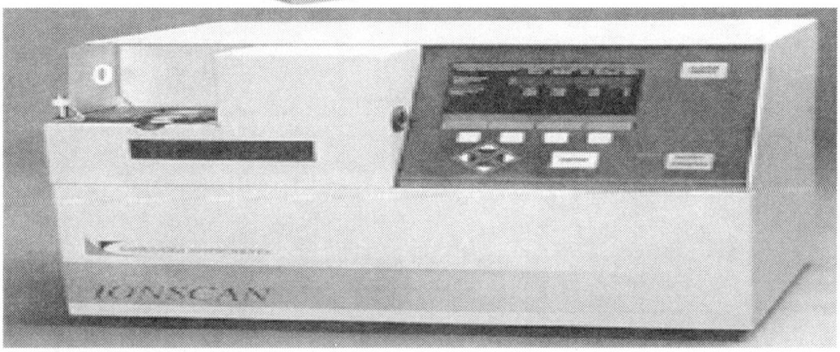

※ 모델 I:ITEMISER

제조사:IONTRACK INSTRUMENT사(미국)
약 40종 폭발물탐지(다이나마이트, 셈텍스,TNT,C4,흑색화약,도폭선 등)
- 최소탐지량: 30pg이하(300억분의 1그램)
- 폭약 자동분석시간 : 약 5초

※ 모델 II:IONSCAN

제조사: SMITHS DETECTION사(미국)
약 45종 폭발물탐지(다이나마이트, 셈텍스,TNT,C4,흑색화약,도폭선 등)
- 최소탐지량: 30pg이하(300억분의 1그램)
- 폭약 자동분석시간 : 약 5초

* 미국FAA산하 공항, 영국BAA산하 공항 등 설치

검색대상물(대인 & 휴대/위탁수하물)에 묻어있는 화학성분을 흡입하여 화하적인 이온분석방식이나 X선 검색방법 또는 중성자 검색방법 등에 의하여 폭발물 또는 폭발성분을 탐지하는 검색장비로, 탐지대상 사람이나 물품에 공기를 흘려보냈다가 빨아들여 이온이동의 스펙트럼을 측정하여 탐지 한다.14)

종류는 거치형, 통과형, 휴대형 등이 있으며, 통과형은 금속탐지기, x-ray검색기 등과 함께 있는 형태의 복합 감지기로 운용되는 경우가 많고, 휴대형은 무선진공청소기의 외형과 유사한 형태를 띠고 있다.

(7) 기타 위험물품의 위장 및 은닉 예

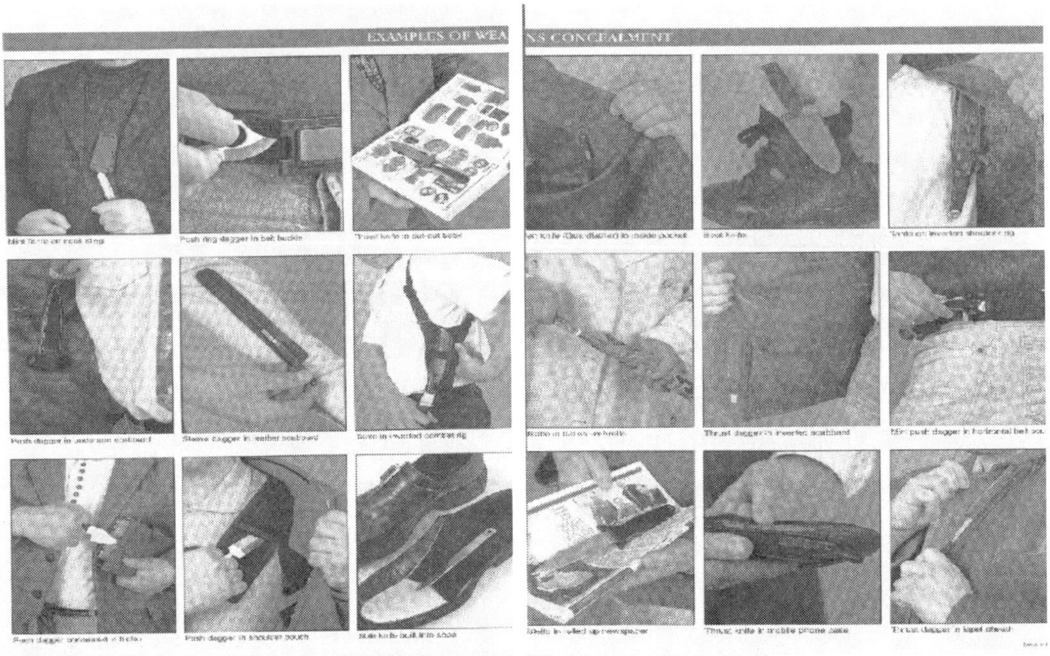

검색을 피하고 위험물품을 반입하기 위해 물품을 위장시키거나 은닉하는 대표적인 사례로 허리띠, 책 사이, 옷의 이중주머니, 신발밑창, 신체의 각 부위 등을 사용한다.

14) 신상엽, 「기계경비개론」, 백산출판사, 2008, pp.391~392.

제9장 출입통제장비

1. 출입통제의 개요[15)]

1) 출입통제의 개념

출입통제란 안전구역 설정권내에 출입하는 인적, 물적 제반 요소에 대한 안전활동으로 출입요소에 대한 확인과 통제를 하는 활동을 말한다.

- 출입요소 : 행사관련 참석자, 종사자, 상근자 및 반입물품 기동수단 등을 총칭
- 출입통제 : 출입통로지정, 시차입장, 본인확인, 비표운용, 검문검색, 주차관리 등을 총칭
- 탐지장비 : 금속 탐지기, 휴대형 금속 탐지기, 휴대형 폭발물 탐지기, 출입통제 장비 (신분비표확인), 통신장비

2) 출입통제 업무단계와 담당별 준비 및 확인

(1) 준비단계

행사 예정 장소를 답사하여 경호계획 수립을 하기 위한 준비활동단계로써 취약요소 분석, 병력운용 규모판단, 승하차지점 선정, 기동수단 및 거리산정, 직시고지·건물 등의 경호환경 및 주요장소에 대한 상황을 카메라, 비디오 등 을 이용하여 보고 자료와 작전 회의 시 활용

(2) 안전대책 담당

검측장비, 감시장비, 통제장비 준비, 안전계획 수립 및 확인

15) 이상철, 진게시, P.55.

(3) 행사장 담당

검측 및 검색장비, 방호장비(인공장벽), 출입통제장비, 통신장비 준비, 행사장 안전조치

(4) 숙소 담당

검측 및 검색장비, 출입통제장비, 통신장비

3) 출입자 통제대책

- 행사장내 모든 출입요소에 대한 인가된 인원의 본인여부 및 인가차량 여부를 확인
- 모든 출입요소는 지정된 출입통로를 사용하여야 하며 기타 통로는 폐쇄
- 대규모 행사시에는 참석 대상 별 또는 좌석 별 구분에 따라 출입통로 선정 및 시차입장 계획을 수립하여 출입통제가 용이
- 출입증은 전 참가자에게 운용함을 원칙
- 검색은 모든 출입요소를 대상으로 실시하고 예외를 불허함을 원칙
- 물품보관소를 운용하여 출입자의 위해 가능 물품 또는 검색 불가 휴대 물품을 보관.
- 주차관리는 참석자들의 불편 최소화 및 입.퇴장 질서 유지 등의 용이성을 고려하여 적절한 행사장 인접지역을 선정하고 참석대상 별로 구분 운용[16)]

(1) 시차 입장 계획

일반 참석자와 VIP의 입장에 시간차이를 두고 일반 참석자의 경우 행사시작 전까지 입장 시키고 질서를 유지시키며, 지연 참석자의 경우 검색 후 지정된 통로로 출입

(2) 주차관리 계획

행사 규모와 참석 대상 별 주차지역을 구분하고 주차지역별로 안내요원을 배치하여 통제

---

16) 이상철, 전게서, PP.55~56.

(3) 출입통로 지정

장비와 자원을 집중시키고 위해가능성을 통제하기 쉽도록 VIP에게 접근 할 수 있는 통로는 단일 통로를 원칙으로 하되 행사규모에 따라 최소한의 범위에서 출입통로를 지정하여 불편요소를 줄일 수 있도록 한다.

2. 출입통제 시스템

주요 시설물 혹은 주요 지역에 허가된 사람이나 승인된 차량을 구별하여 출입을 할 수 있도록 효과적으로 통제하고 관리하는 시스템이다.

연구기관, 주요 사무실, 오피스텔, 금융기관의 주요시설 혹은 설계실 등의 규제가 필요한 곳의 출입문에 선기성이나 자농문(Auto door)을 설치하고 비밀번호 입력, 마그네틱 카드, 접근식 RF카드, 접촉식 IC카드를 사용하거나 손바닥 인식, 지문 인식, 눈동자 모양 인식 혹은 필체인식 등으로 출입이 허용된 사람이나 차량을 식별하여 전기정을 해정 할 수 있도록 하고, 외부 손님은 별도로 마련된 안내실의 안내와 통제를 받게 운영 할 수 있도록 한다.[17)]

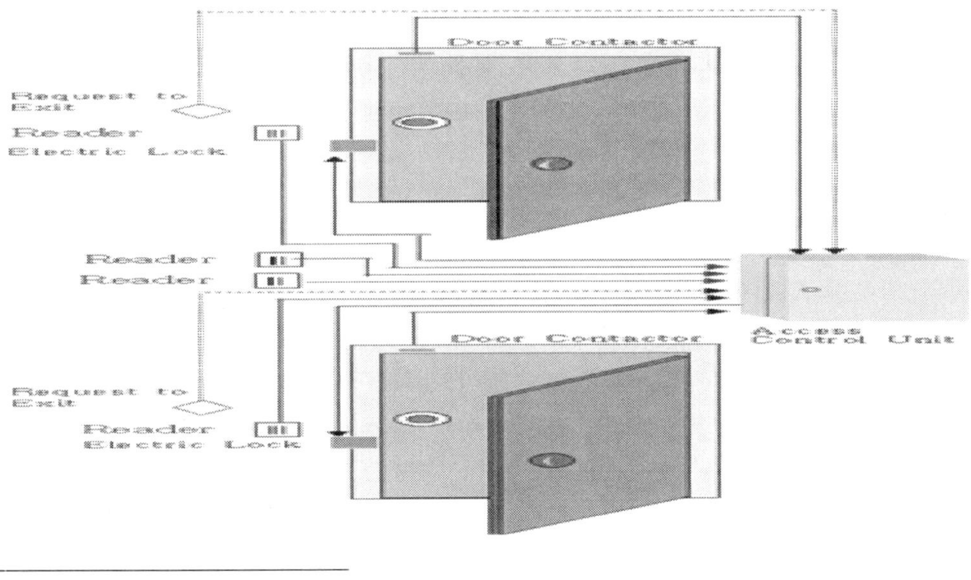

17) 신상엽, 전게서, p.219.

1) 출입통제 인식키

(1) 비접촉(RF)카드 인식

판독기를 노출시키지 않아도 되며 판독기에서 지속적으로 라디오파 신호를 보낼 때 RF카드가 근접하면 공진회로의 반송파를 판별한다.

① 능동식

내부에 건전지를 내장하여 RF데이터를 전송한다.
판독기와 30M 거리까지 가능하며 건전지 수명은 5~7년

② 수동식

판독기의 RF신호에 응답한다.
인식거리간격은 20cm
사용이 간편하며 복제가 거의 불가능해 보안도가 높다.
교란, 파괴가 어렵고 내후성이 높다.
카드당 제조비용이 많이 든다.[18]

(2) 직접회로 스마트카드

카드에 마이크로 프로세서와 기억소자 칩을 내장하고 기억소자의 데이터를 암호화 하여 신분번호를 비교하여 인증할 수 있도록 하는 보안기능 기억회로 카드

(3) 생체인식 시스템

신체의 일부를 인식하여 출입통제 키의 역할을 할 수 있도록 한 것으로 만인불변, 종생부동, 누구나 지니고 있는 보편성 등의 특징이 있으며 다른 사람이 대신할 수 없어 본인확인이 확실하므로 보안성이 높은 곳에 널리 쓰이고 있으며, 기술의 발달과 함께 가장 급격하게 발전하고 있는 분야로 다양한 생체인식 시스템이 개발되고 있다.

현재 가장 널리 보급된 시스템은 지문인식 시스템이며, 지문인식시스템보다 보

18) 신상엽, 전게서, p.232~233.

안성이 더욱 높은 홍체인식시스템, 정맥인식시스템 등이 있고, 보안성과 정확성은 떨어지지만 비강제적으로 자연스럽게 인식자료를 확보할 수 있는 얼굴인식 시스템 등도 점차 발전되어 가고 있다.

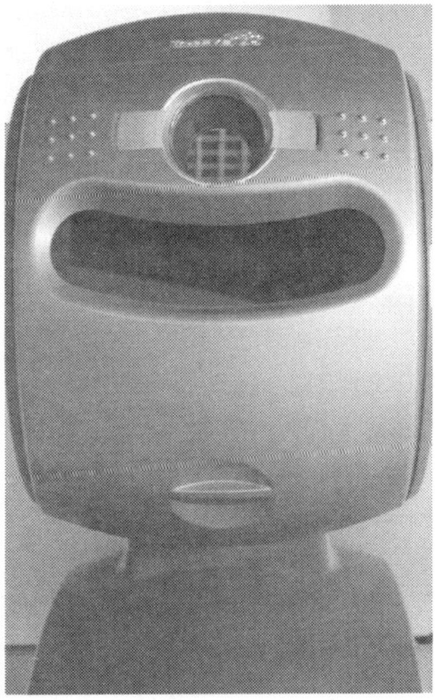

● **홍체인식시스템과 리더기**

- 지문인식시스템 리더기

- 얼굴인식 시스템 리더기

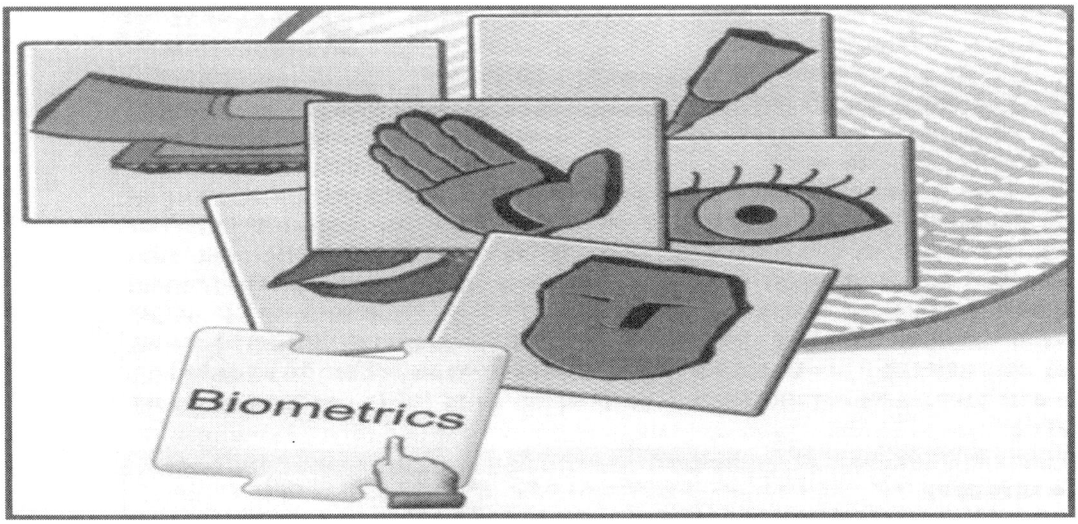

- **생체인식**

(출처 : http://www.iridology. or.kr/htm/4-1.htm)

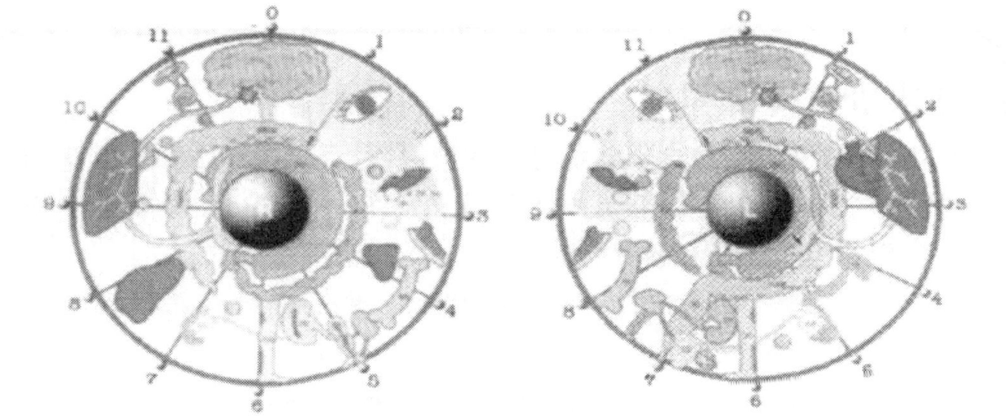

그림 2. 홍채의 영역에 따른 인체기관의 배치

- 생체인식 시스템은 사람의 지문 , 홍체, 손등의 정맥, 얼굴, 망막, 음성 등과 같은 사람의 신체적 특성을 이용하여 개인을 식별하는 시스템이다.

제10장 방호장비

방호장비란 방벽 등의 역할을 할 수 있는 장비를(바리케이트, 통제라인, 방탄벽 등) 설치하여 적의 강제적 침입을 물리적으로 저지하고 침입시간을 지연시키며, 침입하려는 적의 심리상태를 불안 및 좌절시키는 효과를 갖는 장비를 말한다.

1. 물리적 통제 장비

자연적 방호 장애물의 기능을 살려 물리적 방호 장애물인 바리케이트, 철빔, 철조망, 담벽, 동물, 조명 등을 적의 침입 예상로에 설치하여 침입의 예방과 침입의도를 갖고 침입하려는 적의 심리상태를 불안 또는 좌절시키고 물리적인 시간지연으로 침입행위를 어렵게 한다.[1)]

1) 울타리

시설의 위치 및 인접한 건조물의 간격과 피보호물과 떨어진 안전한 거리에 방벽을 설치하여 보호지역에 대한 비인가자의 출입을 물리적으로 통제할 수 있는 구조적 장애물을 말하며 대표적으로 철조망과 담벽이 있으며, 울타리 정상 방호란 울타리의 상단을 따라 45도 경사지에 가설한 것으로 필요에 따라 받침대의 길이와 철조망의 가닥수를 늘려 울타리 지주 꼭대기에 고정한다.

철조망의 경우 설치 및 제거가 용이한 편이며 비용차원에서도 절감이 되고 가시지대를 확보할 수 있는 등 시야확보에는 유리하나, 반대로 외부에서도 관측이 쉽기에 보안성이 떨어지며, 장비를 이용한 공격에 방어능력이 없다.

담벽의 경우에는 철조망에 비하여 영구적이고 견고하며 방탄능력과 엄폐기능을

1) 장명진, 전게서, P.428.

갖고 외부 노출을 가려 내부 보안에 용이하지만 설치에 장비와 인력이 많이 소모되며, 내부에서 외부관측에 불리하여 가시지대가 적기에 외부 관측을 위해 CCTV나 철창 등을 이용한 효율적인 방호계획이 필요하다.[2)]

2) 바리케이트

대표적인 인공구조물인 바리케이트(철펜스)가 중요시설 및 행사장 등에서 방문객의 출입통제와 차량의 통제를 위해 설치되며 필요에 따라 넓이, 높이 등 현장 상황에 맞는 제품을 사용하나 직접 바리케이트를 소유한 민간경호경비 업체는 많지 않아 주로 행사시 랜탈로 사용한다.

바리케이트의 경우 울타리나 담벽 등 고정적인 구조물에 비해 상황에 맞게 유동적으로 위치와 통제지역의 설정 변경이 가능하여 변화되는 상황에 맞게 조정을 할 수가 있다.

바리케이트의 크기와 형태에 따라서도 상황에 맞는 운용이 가능한데, 예를 들어 넓고 낮은 바리케이트는 공연 시, 무대앞쪽 관객과의 안전거리 확보를 위해, 높은 바리케이트는 사람이 넘나들지 못하게 하는 출입통제의 의미를 갖는다.

---

2) 장명진, 전게서, P.429.

3) 차량 통제용 차단막

차량통행이 가능한 주요 지점에 자동적으로 차량을 식별하고 인증된 차량은 열어주고, 인증 받지 않은 차량은 통제하기 위한 장치로 주차장 입구 등에 많이 설치되어 있으며, 시설의 중요도가 높고 차량을 통한 강행돌파의 위험도 예상되는 곳은 바닥에 차량을 물리적으로 통제할 수 있는 강한 기둥이나 때로는 타이어를 손상시킬 수 있는 날카로운 장애물이 올라오는 장비도 설치된다.[3)]

4) 동물 방호

동물방호에는 훈련된 경호·경비견을 이용하는 것이 대표적이며, 특히 탐지견은 인간에 비하여 100배에 달하는 후각능력으로 폭발물 등 위험물질을 탐지하는 용도로 널리 이용되고 있다.[4)]

또한 동물방호는 경호에 있어서 경호원의 오감을 도와 경호업무를 하는 것으로 훈련된 경호 · 경비견을 이용한 방호를 말한다. 훈련견은 타고난 청각과 후각을 가지고 있기에 시계에 제한을 받는 어둠에서도 경호인에게 경고하여 주거나 필요에 따라 추적하고 침입을 막아준다.

훈련견의 능력은 일반적으로 사람의 4~5배 정도의 사정거리를 갖고 아주 멀리에서 들리거나 작은 소리도 경호원보다 먼저 들을 수 있다.[5)]

5) 조명

경비 조명은 야간에 경계구역과 외부로부터의 접근 및 침입에 대한 감시활동을 용이하게 하는 수단으로서, 경계구역 내의 지역과 건물에 경비를 집중시킬 수 있도록 설계되어야 하며, 경비원의 시야를 방해할 수 있는 강한 조명을 피하고, 인근지역을 밝게 하거나 영향을 미칠 수 있는 조명도 피해야 한다. 비상사태에 대한

3) 신상엽, 전게서, p.248.
4) 정태황, 전게서, p.81.
5) 장명진, 전게서, P.429.

예비전력장치를 통한 예비조명도 필요하다.

조명의 특징은 크게 빛을 발하기까지 시간이 필요한 단점이 있으나 빛이 밝은 편이며 수명이 길고 먼지 등에 투과율이 좋은 가스방전등 계열과, 가격은 비싸지만 빠른 빛 발산과 매우 밝은 빛을 발산하는 석영 등 계열, 그리고 일반적인 조명으로 빛의 발산은 빠르지만 다른 조명에 비해 수명이 짧은 백열 등 등이 있다.

경비 조명을 운용하는 형태로는 특정지역에 강한 빛을 집중시키는 투광조명등과, 경비구역에의 접근을 방지하기 위해 수평으로 180도 수직으로 15도~30도 정도의 폭이 좁고 가로가 기다란 빛을 투사하는 프레이넬 등, 잠재적 사고가 일어날 만한 외진 곳의 상황을 파악하기 위해 이용되는 탐조등, 밝은 빛이 필요하지 않아도 넓은 지역을 골고루 비춰줄 수 있는 가로등 등이 사용된다.[6]

2. 방탄복

방탄장비는 적이 무기로 공격해 올 때 자신을 가장 효과적으로 보호 할 수 있는 장비 중 하나로, 경호활동 중 범인의 공격에 대응하기 위해 경호원이 우선적으로 선택할 수 있는 것은 방탄복을 착용하거나 차량에 방탄장치를 하는 것이다.

총격과 관련된 사례에서 사망, 또는 부상당한 사건의 대부분은 총격이 피해자의 몸통부위에 가해졌고 다음이 머리에 총격이 가해졌다는 것이다. 따라서 몸통부위를 잘 보호 하는 것만으로도 피해를 최소화 할 수 있다.

방탄복은 생명을 완전히 보호해주는 것은 아니지만, 방탄복을 착용하지 않았을 때 보다 생명을 보호할 수 있는 가능성을 높여주는 것이다.[7]

1) 방탄복의 착용

경호요원들은 방탄복을 착용하면 덥고 불편하며, 무거워서 행동을 둔하게 만들고, 방탄복의 가격도 비싸기에 선호하지 않았으나 위해 상황 발생 시 생명의 보호와 불편함과의 차이와 경호업무의 특수성을 감안한다면 그 중요성을 깨달을 수

6) 이윤근·김창윤·조용철, 「경비지도사 민간경비론」, 엑스퍼트, 2010, pp.176~178.
7) 정태황, 전게서, P.56.

있을 것이다. 최근에는 기술력의 발달과 함께 착용감과 무게, 재질 등이 강화되어 가볍고 활동성이 좋아진 방탄복이 생산되고 있다.

방탄복 착용 시에는 면으로 된 내의나 티셔츠 위에 착용하는 것이 좋으며, 날씨가 더울 때에는 조금 느슨하게 착용하고, 방탄복 위에는 가벼운 옷을 착용하며, 내의가 땀으로 젖었을 경우, 휴식시간을 이용해 갈아입도록 한다.[8)]

2) 방탄복 재질(케블락+세라믹)

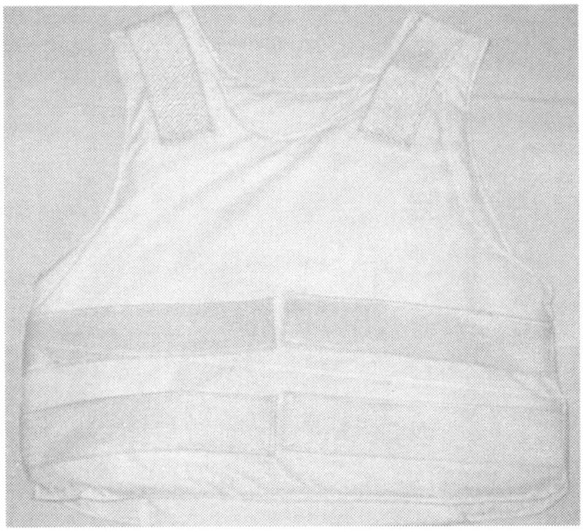

- 재료 : 외피T/C, 방탄섬유 KEVLAR 1500 DENIER특수세라믹
- 크기 : 301×420×470mm
- 무게 : 약2.5～5kg
- 성능 : 38.22구경 권총 및 M16소총 방탄
- 경호원, 전투경찰대, 형사기동대, 특수기동대, 대공수사대, 공항경비대등
- 가볍고 얇으며 최상의 편안한 착용감을 느낄 수 있음
- 유니폼 또는 평상복속에 입는 재킷으로 착용
- 어깨 및 허리부분을 체형에 맞도록 조절 가능
- 전면에 급소 충격 방지용 특수 세라믹 내장

8) 정태황, 전게서, P.59.

방탄복의 재질로 많이 사용되는 것은 케블락, 트와론, 다이니마, 스펙트라 등이 있으며 대부분 섬유질의 소재로 철보다 강도가 높을 뿐 아니라 마찰이나 절단 등에 강하고 고탄성의 특성이 있는 소재이다.

케블락은 가볍지만 유연성이 다소 떨어지고 물기에 다소 약하여 세탁시 주의하고 완전 건조시킨 후 착용해야 본래의 기능을 발휘할 수 있으며, 다이니마는 충격에너지의 흡수력이 뛰어나고 밀도가 아주 낮아 방탄복의 경량화를 가능하게 하며 물을 흡수하지 않아 물에서도 약해지지 않는다.

세라믹판넬은 화력이 강한 소총을 방탄하기 위하여 제작된 것으로 방탄복을 강화하기 위해 방탄복에 추가로 삽입하여 사용하거나 방탄차에 사용할 수 있으며, 아리스톤은 세라믹판넬과 마찬가지로 소총탄을 방어하기 위하여 개발된 방탄소재로 세라믹판넬보다 가벼운 것이 장점이다.[9]

3. 방독면

화생방 상황 등 유독가스 오염지역 및 화재현장에서 안전한 곳으로 대피 할 때 공기를 정화시켜 호흡이 가능하도록 해주는 비상용 방독면

9) 정태황, 전게서, P.59.

4. 현금 호송가방

1) 특 징

- 원격통제
- 자동작동
- 고압전류발생
- 경보음 발생
- BATTERY충전식
- 충전알림
- 기능진단
- 안전금고

2) 사용방법

- 가방 내의 주장치 S/W On ⇛ "딩동" 신호와 함께 "본체기능이 정상입니다." 음성안내 ⇛ "고압주의 음성안내" ⇛ 고압이 2초간 발생 후 "리모콘 점검" 음성안내 ⇛ 리모콘의 On&Off버튼 ⇛ "리모콘 정상" 모든 기능이 정상입니다.

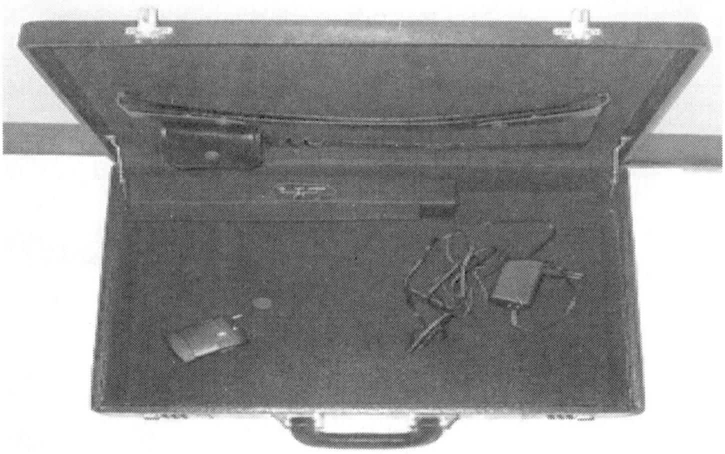

* 모델 및 형식 : kskc-6만볼트 007형

제11장 감시장비

보안 및 경호업무에 있어 인적감시에 의해 이루어지는 가시지대의 한계를 보완하는 수단으로써 침입행위를 사전에 확인하고 알아내는 다양한 장비가 있으며, 대표적으로 CCTV와 쌍안경, 적외선탐지기 등이 있다.

1. CCTV (Closed Circuit Television)

1) CCTV개념과 기본구성

사람의 눈을 대신하여 원격지의 상황을 영상으로 보고 확인하기 위한 장치로 'Closed Circuit Television'의 약자로 CCTV라는 용어를 사용하며, 일반적인 공중파 TV와는 달리 연결된 회로 안에서 촬영된 내용을 허가된 특정인만 볼 수 있는 시스템이라 하여 원어를 그대로 번역한 폐쇄회로텔레비전 이라고도 말한다.

또한 CCTV카메라는 범죄예방이나 확인 및 증거확보를 위한 용도 이외에도 인간의 감시 한계가 있는 장소의 감시와 각 지역의 상태 및 상황을 빠르게 파악할 수 있도록 도와준다.[10)]

CCTV시스템의 기본 구성요소는 크게 피사체를 촬영하여 광정보를 전기신호로 변환하는 촬상계, 전기신호를 원격지에 전송하는 전송계, 전송되어온 전기신호를 영상정보로 재생하는 수상계, 기본구성요소를 제어하는 제어계, 영상의 기록 및 재생하는 요소인 영상기록 및 재생계의 5가지 부분으로 구성된다.[11)]

카메라의 수, 카메라가 설치된 지역 환경, 촬영지역 피사체의 특징, 촬상계와 수상계의 거리, 연동된 시스템 등의 실제 설치 환경적 특성에 따라 가장 적합한 시스템이 달라지므로 다양한 시스템이 구성될 수 있다.

이중 CCTV구성에 있어 필수적으로 포함되어야할 3대 구성은 촬상부, 전송부, 감시부(수상계와 영상기록 및 재생계) 라고 할 수 있으며, 최근시점에서 널리 사용되는 DVR 및 NVR CCTV시스템은 촬상부(촬상계), 전송부(전송계), 감시부(수상계와 영상기록 및 재생계), 제어부(제어계)의 4대 구성으로 보는 것이 현실적이다.[12)]

(1) 기본구성

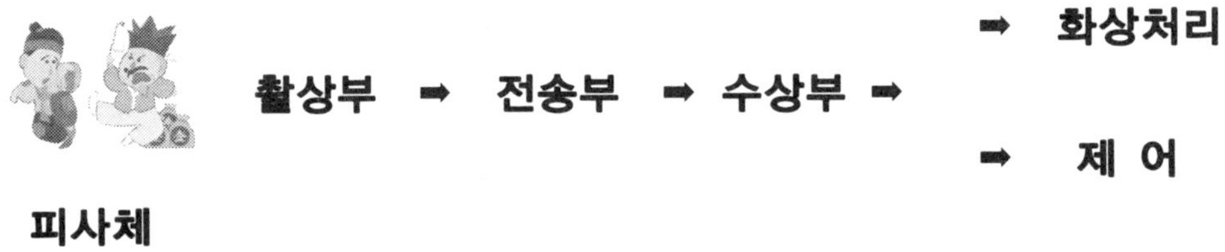

10) 이강열, 「경비지도사 기계경비개론」, 백산출판사, 2008, P.331.
11) 신상엽, 전게서, P.266.
12) 지창환, 'CCTV 활용 마스터', 월간 시큐리티월드 편집국, 2006, P.11.

(2) 촬상계

촬상계는 직접적으로 피사체 촬영을 담당하는 카메라를 중심으로 카메라의 눈의 역할을 담당하는 렌즈와 카메라를 보호하는 케이스 부분인 하우징, 카메라를 움직여 다양한 각도를 감시 할 수 있도록 하는 회전대(PAN/TILT)까지 포함하여 말한다.

① CCTV카메라

카메라는 촬상관을 이용한 촬상관 카메라와 반도체 촬상소자를 이용한 고체카메라가 있는데 촬상관 카메라는 다이나믹레인지, 해상도, 변질 등에서 유리한점이 있지만, 고체카메라는 촬상관카메라에 비해 소형화, 경량화, 저전력, 긴수명, 내진성, 무잔상 등의 더 많은 장점을 지니고 있어[13] 현재는 거의 대부분 반도체 촬상소자를 이용한 고체카메라가 사용되고 있다.

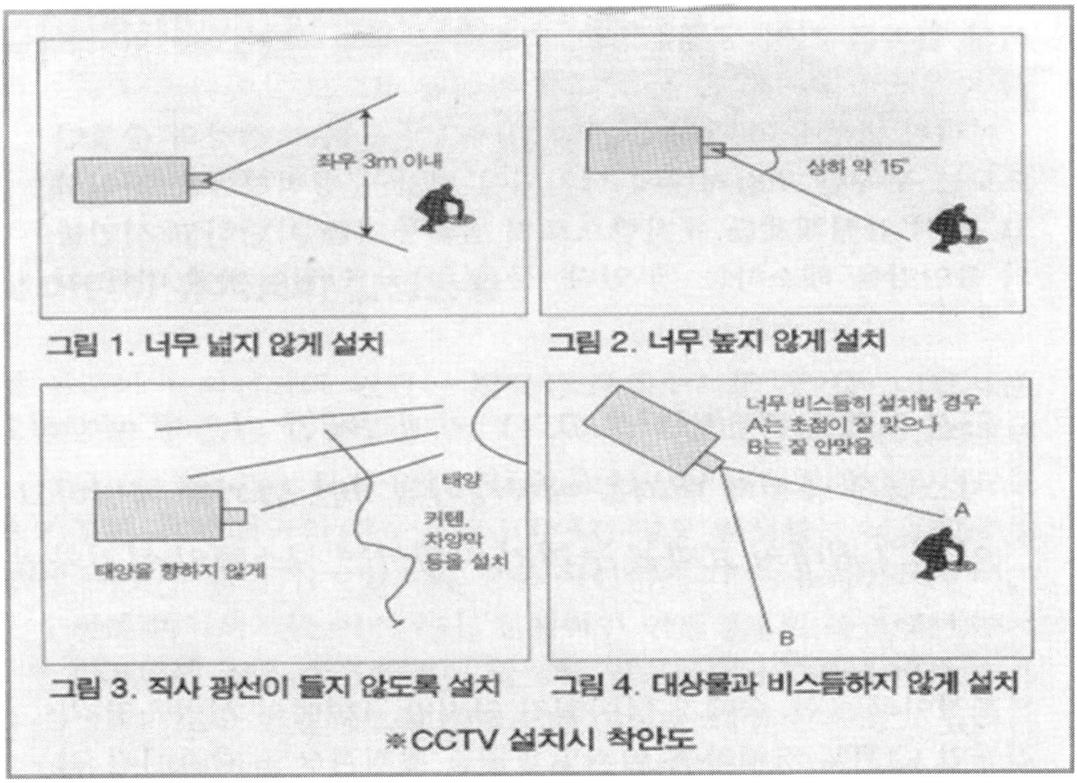

그림 1. 너무 넓지 않게 설치　그림 2. 너무 높지 않게 설치

그림 3. 직사 광선이 들지 않도록 설치　그림 4. 대상물과 비스듬하지 않게 설치

※CCTV 설치시 착안도

13) 신상엽, 전게서, P.286.

고체카메라에 사용되는 촬상소자는 대표적으로 CCD와 CMOS방식이 있으며, 특히 CCTV용으로는 해상도가 좋고 자연색에 가까운 상을 만들 수 있는 장점을 지닌 CCD방식이 가장 많이 쓰이고 있지만, CMOS방식도 칩의 통합을 통해 소형화에 더 유리한 점과 제조단가를 낮출 수 있는 장점을 이용하여 다양하게 사용되고 있으며, 어두운 지역과 어두운 피사체 촬영에 특화된 약광강화카메라 등도 있다.

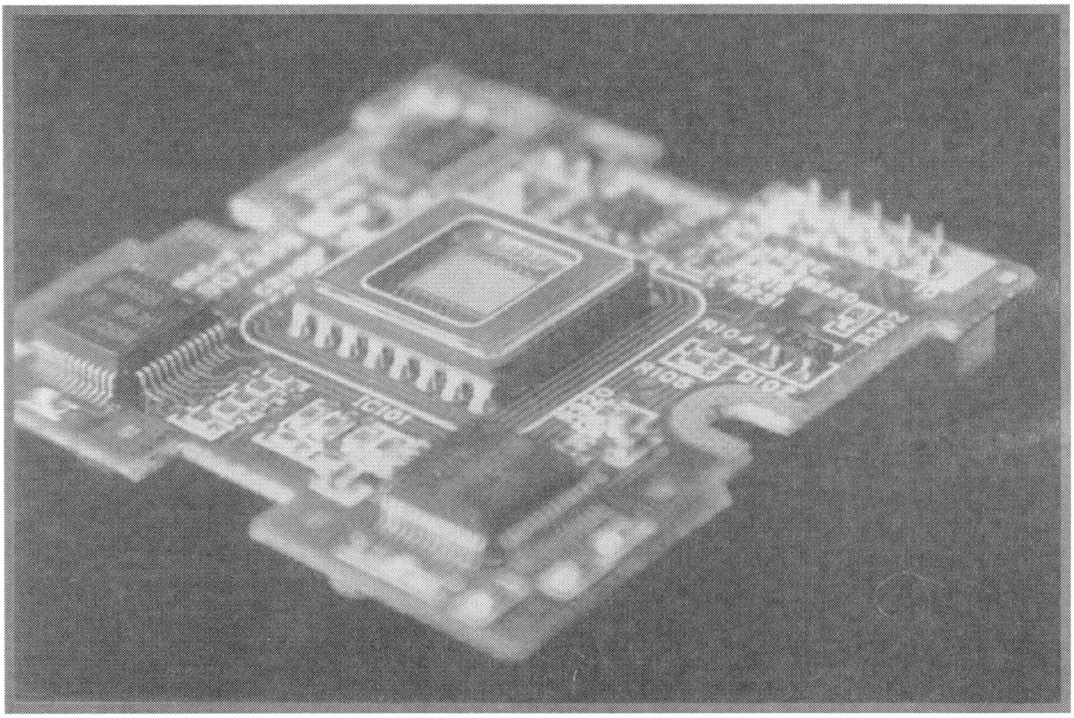

CCD(Charge Coupled Device) 소자 중에서도 Frame Transfer CCD는 항공, 군사, 공학용으로 주로 쓰이며, Interline CCD가 일반 민간방송이나 CCTV용으로 널리 사용되고 있다.[14)]

14) 지창환, 전게서, P.14.

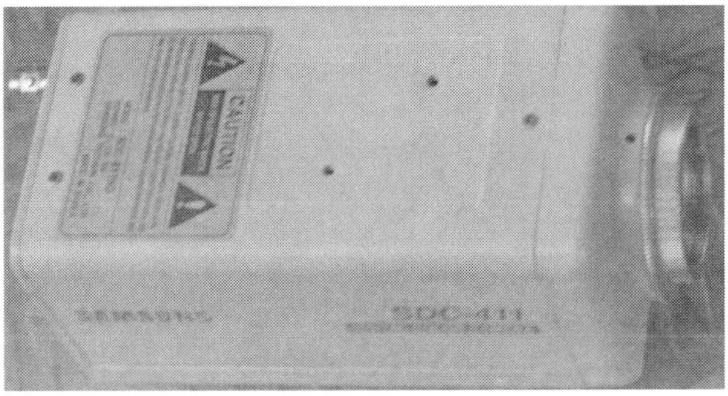

고체 CCD 촬상소자를 이용한 디지털CCTV 카메라

② CCTV렌즈

CCTV카메라 렌즈는 피사체로부터의 빛 정보를 촬상관 카메라의 광전도막 혹은 고체카메라의 촬상소자에 상을 모으는 역할을 하는 광학소자 이며, 렌즈 결합방식이 CCTV용도 표준으로[15] 규격화되어 대물·대안렌즈 등과 초점, 조리개, 줌 기능을 조절 할 수 있도록 CCTV에 맞게 구성되어 있으며 이러한 줌(Zoom)기능, 초점 및 조리개 조정 등을 위해 마운트에도 전기 신호를 전송하는 케이블이 연결되어 있다. 초기의 촬상관을 이용한 CCTV시스템의 카메라 렌즈는 일반 영상 촬영용 카메라보다 구경이 작은 C-마운트를 사용했었으나 더 크기가 더 작아지고 소형화된 고체카메라를 이용하게 되면서 크기가 더 작은 CS마운트 렌즈가 사용되고 있으며, 기존의 C마운트와 CS마운트의 호환성 유지를 위해 마운트 어댑터링을 이용하여 서로 다른 규격의 마운트도 연결이 가능하다.

CCTV카메라용 렌즈 마운트

15) 지창환, 전게서, P.15.

③ CCTV하우징

CCTV를 보호하기 위한 함체로 카메라의 집과 같은 역할을 하여 기본적으로 설치 위치에 따라 옥내용, 옥외용으로 구별을 하는데 이는 설치되는 지역에 따라 직사광선, 온도, 비, 바람, 먼지, 보호 등 필요한 특성의 정도가 달라지기 때문이며, 특히 야외지역에 설치할 경우 이러한 문제점에 대한 카메라 보호대책이 필요하다.

일반적으로 옥내용 카메라의 경우는 단순한 케이스에 가까운 하우징으로도 크게 문제가 없으나, 옥외용의 경우 직사일광을 차단하는 후드, 유리창의 물방울을 닦아내는 와이퍼, 이슬이나 서리를 제거하는 디프로스터, 저온에서 카메라를 보호하기 위한 히터 혹은 일광직사를 피하게 하는 프로텍터 등이 장치되어 있으며,[16] 주로 간이 방진 형태를 갖추고 있으며, 하우징 위쪽의 모자와 같은 형태의 선프로텍터는 텐트의 그늘막처럼 직접적인 직사광선을 한번 차단하여 본체에 가해지는 열을 완화하고 그 사이의 틈은 통풍을 통한 자연 공냉으로 보조하는 역할을 하나 그것으로 부족할 경우 내부에 냉각팬을 이용하여 온도를 낮추는 형태가 쓰이고 있다

특수용 카메라의 경우는 설치된 특수한 환경에서도 카메라를 보호할 수 있도록 주변의 온도가 매우 높은 곳은 하우징의 냉각방식에 따라 강제공냉형과 수냉형의 하우징을 사용하며, 화재나 폭파 위험이 있거나 위험이 큰 경우는 방폭형 카메라를 사용하며, 특수선 피폭을 받는 장소는 납 등 특수재질의 하우징이 필요하다.

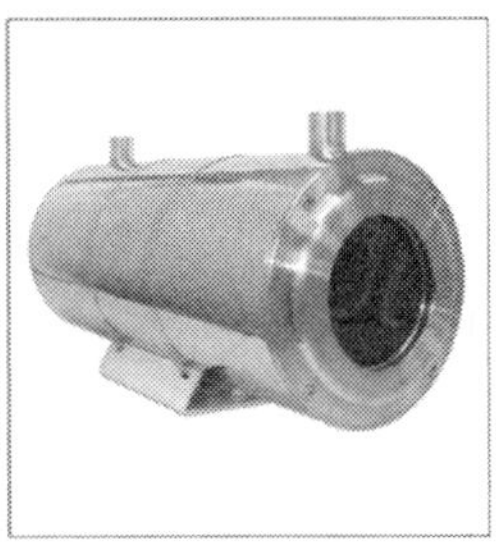  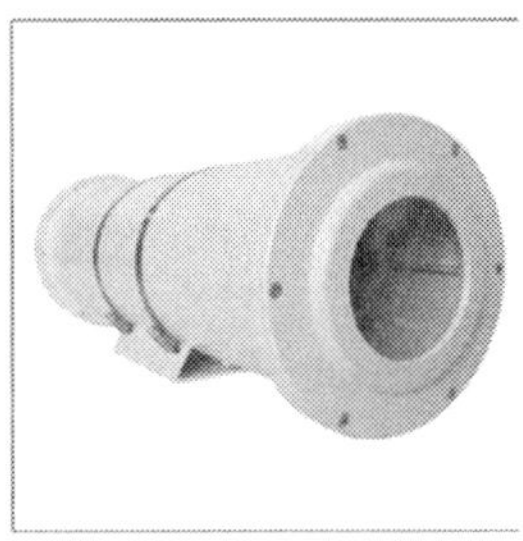 

16) 신상엽, 전게서, P.294.

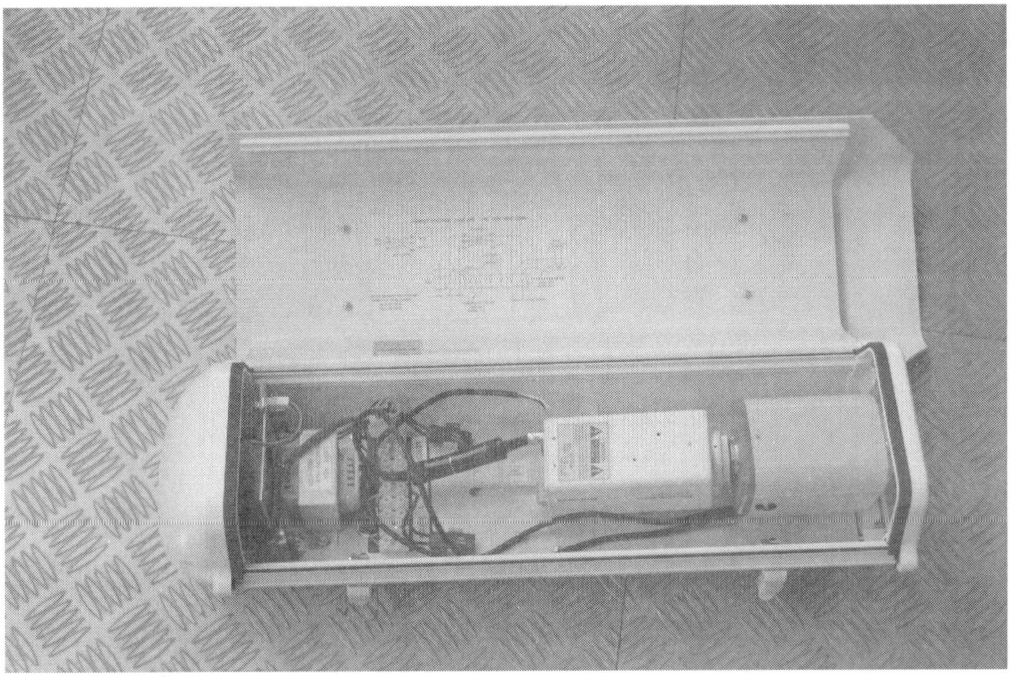

CCTV하우징 내부(냉각팬, 전원부, 전송부, CCD카메라, 마운트 렌즈)

④ 카메라 회전기

카메라 회전기는 더 넓은 범위의 감시와 사각지대의 최소화를 위하여 CCTV의 방향을 고정시키지 않고 카메라를 상하좌우(PAN/TILT)로 움직일 수 있도록 해주는 카메라 받침대와 모터, 사용자의 원격 조정신호를 받아들이고 모터를 움직일수 있는 전력으로 증폭시키는 역할을 하는 수신기 등으로 구성이 되어 있다.

회전기를 기능별로 분류하면 위치값 추적이 가능하도록 팬/틸트 기어부에 Potentiometer이 내장된 프리셋트 회전대와, 회전대 내부에 원격제어 신호수신을 위한 리시버 구동부가 함께 내장돼 간단하게 설치되며 외부로 노출되는 케이블이 없어 잔고장이 없도록 제작된 일체형 회전대가 있다.[17)]

17) 지창환, 전게서, P.17.

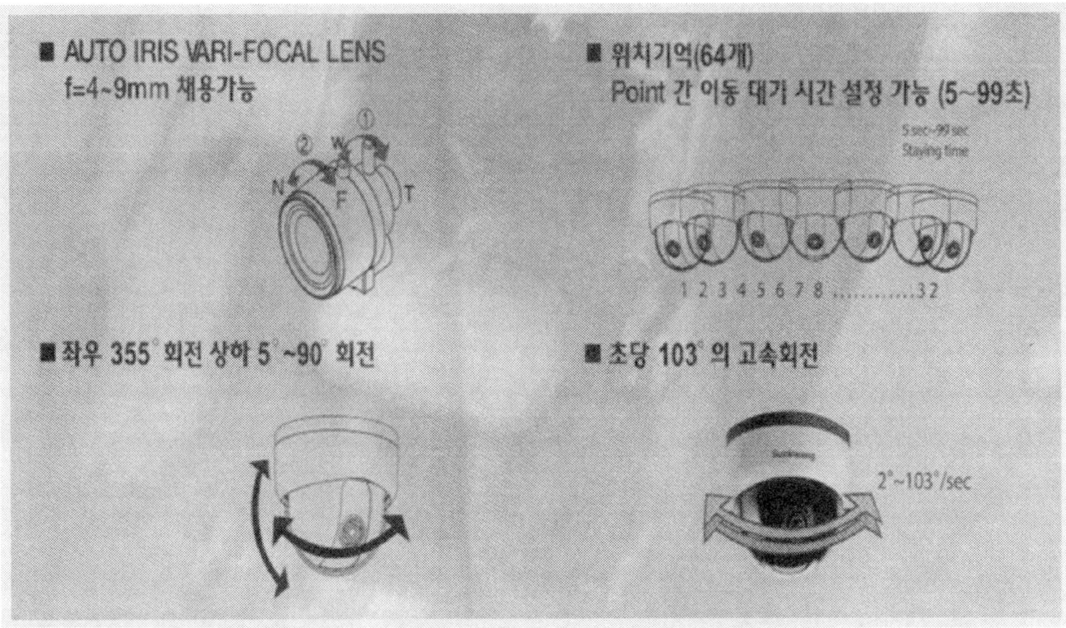

(2) 전송계

전송계는 촬영된 피사체의 이미지를 전기적 신호로 변환하여 수상계에 전송해주는 역할을 하며, 그것을 위해서는 영상신호 전송케이블이 필요한데 대표적으로 광섬유 케이블, 동축케이블, 마이크로웨이브 등을 사용한다. CCTV초기에는 전화회선을 이용한 방식도 사용되었으나 너무 느린 속도로 인해 컬러고화질영상의 전송에는 무리가 있어 현재 설치되어있는 케이블은 광섬유와 동축케이블이 주를 이루고 있다.

광섬유 전송방식의 경우 영상신호를 빛으로 변환하여 먼 거리 전송에도 신호감쇠가 적어 손실이 적고 뛰어난 광대역 전송이 가능하며, 외부적 환경에 대한 장애가 없고 보안성이 높으며, 외경도 작아 설치면적의 효율도 높다는 장점이 있고, 동축케이블 전송방식의 경우 불평형 통신기법을 사용하며 카메라와 수상계가 가까울 경우 짧은 거리에서 간단하게 영상신호를 전송하는데 유용하며 비교적 관리가 편하고 구형 장비들과 호환성이 좋아 상대적으로 장비 업그레이드 비용절감 효과가 있어, 최근 HD급의 고화질CCTV카메라가 등장하며 HD급 화질의 CCTV감시시스템 구성을 위해 케이블 공사까지 새로 해야 하는 과정에서 많은 비용이 추가되기에, 낮은 업그레이드 비용으로 기존에 연결된 동축케이블 전송방식을 그대로 사용하여 아날로그 카메라와 HD카메라의 혼용으로도 사용이 가능한 HD-SDI 방식이 틈새시장 공략에 성공하고 있다.

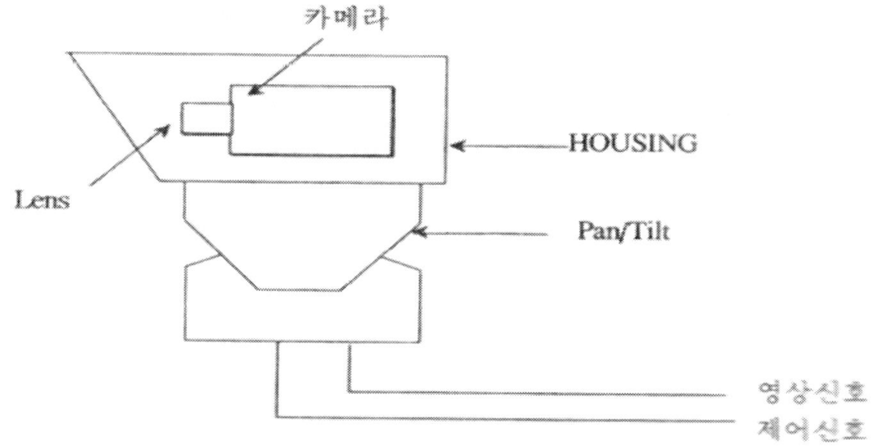

촬상부 구성도

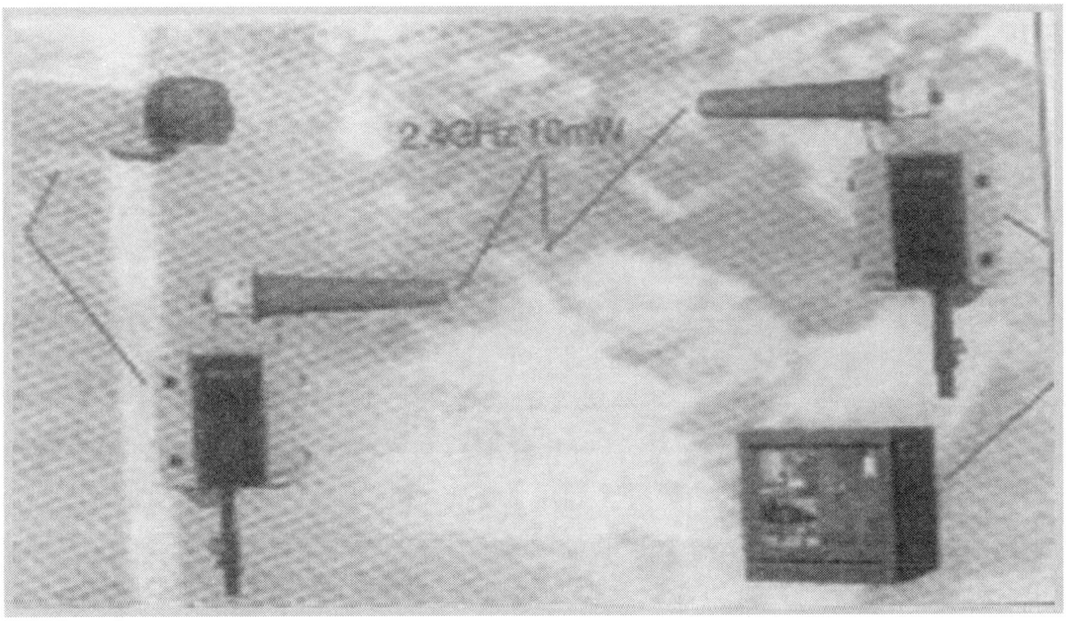

(3) 제어계

제어계는 대표적으로 P/T/Z 컨트롤러 등 카메라와 렌즈 및 화면을 조정하는 장치를 말하며, 기존에는 카메라의 조작을 전담하는 콘솔박스 형태의 제어장치인 P(좌우)/T(상하)/Z(줌) 컨트롤러가 사용하여 카메라의 촬영 각도와 화면상태 및 관련된 설정을 하였으며, 현재는 콘솔형태의 컨트롤러 뿐 아니라 PC형태의 DVR 및 NVR에서 마우스를 이용해 소프트웨어적으로 제어하는 방식도 많이 사용되고 있으며, 소규모 점포나 개인사용자의 경우 터치스크린을 이용한 보다 직관적인 인터페이스도 사용되고 있다.

(4) 수상계

수상계는 수신장치에서 감시 모니터까지 포함하며, 영상기록 및 재생계는 DVR, NVR 등의 기록장치를 말한다. 초기 브라운관 방식의 관제 모니터를 사용했을 때는 일반 브라운관 TV모니터를 사용할 경우 해상도가 낮아 고해상도 전용으로 제작된 고가의 CCTV용 브라운관 모니터를 사용하기도 하였으나, 현재는 LCD, LED 모니터 등 일반 PC용 모니터와 쉽게 연결이 되며, 멀티영상 기술도 좋아져서 더 적은 비용으로도 고해상도의 대화면 모니터링이 가능하다.

(5) 영상기록 및 재생계

영상기록 및 재생계는 수상계로 들어온 영상을 데이터 저장장치(VCR, HDD, 네트워크서버 등)에 기록하고 관리하며, 원하는 영상을 볼 수 있도록 화면을 제어하고 재생시켜 주는 장치를 말한다.

CCTV시스템 초기에는 VCR을 이용한 아날로그 기록장치인 VTR(비디오 테이프 레코더)에서 녹화를 담당하고 영상분배기, 화면전환기, 화면분할기 등 다양한 별도의 영상처리 장비들을 연결하여 영상처리를 담당하여 공간활용이나 전력관리, 사용 편의성 등에서 문제점이 있었으나, 디지털 데이터로 HDD(Hard Disk Drive)에 영상을 기록하고 각종 영상처리기기들의 기능이 통합되어 내장된 DVR시스템이 등장하면서 각 기능을 DVR시스템 안에서 간편하고 빠르게 한 번에 조작이 가능하여 효율성과 활용성을 높이고 있다.

현재는 DVR을 대체하여 HD급 고화질 영상처리과 다중처리 및 보안성과 기록 데이터 관리 등의 활용성을 극대화한 NVR시스템도 사용되고 있다.

2) DVR(디지털 비디오 녹화기) 및 NVR(네트워크 비디오 녹화기)

(1) DVR 시스템의 장점

기존의 VCR을 이용한 VTR방식 녹화시스템에 비하여 DVR 시스템이 가진 장점은 다음과 같다.

- 영상검색의 편의성과 빠른 검색 및 다양한 검색(장비에 따라 -64배속~+64배속 0.5배속 단위의 조정 및 각 프레임단위 검색이 가능함)
- 영상의 화질저하가 없으며, 훨씬 더 오랜 시간 동안 기록이 가능
- 조작이 편리하고 간편하면서도 다양한 기능의 조작이 가능
- 별도의 관리인원을 두지 않거나 적은 관리 인원으로도 프로그래밍에 의한 무인 감시 강화
- 데이터를 사용하기 편한 다양한 형태로 처리 가능
- PC와 높은 호환성으로 주변기기 비용절감 및 데이터의 편리한 활용가능
- 통합된 장비들로 인한 공간절약 효과
- 부정한 목적의 접근에 대한 영상보호기능 강화를 통해 보안성이 높다
- 펌웨어 업그레이드 등을 통해 장비를 소프트웨어적으로 업그레이드가 가능하다.

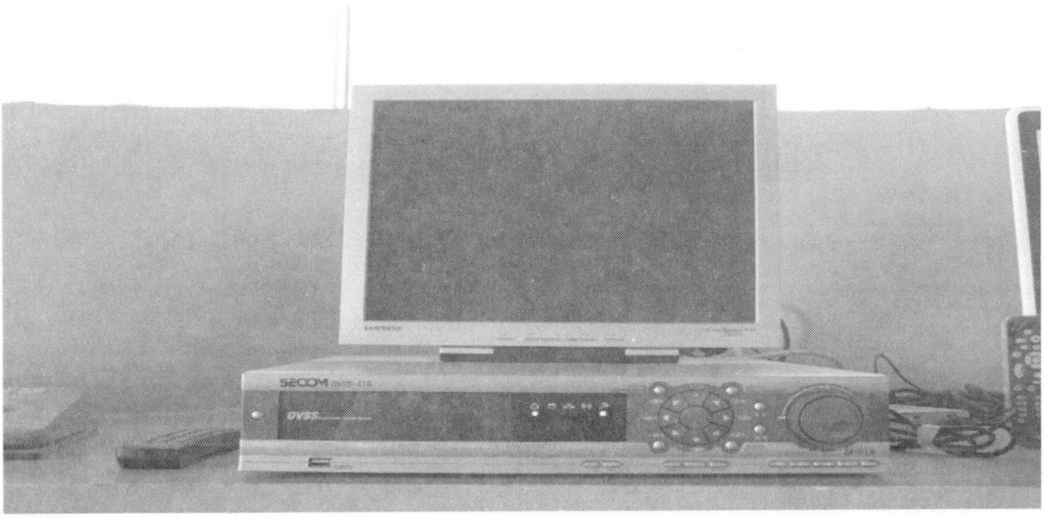

(2) NVR시스템의 장점

DVR시스템도 위와 같이 다양한 장점을 지니고 있지만, NVR시스템은 DVR시스템의 장점을 계승하고 발전시켜 네트워크상에 설치된 카메라나 비디오 서버의 영상 녹화, 모니터링, 이벤트 관리 재생 등을 위한 전용 PC서버와 IP카메라를 통해 디지털 영상을 직접 전송받아 압축 저장하는 기능으로 IP전용 저장장치이기 때문에 아날로그를 디지털로 변환하는 장치가 필요 없고 기존 DVR을 대체하여 사용할 수 있다.[18)]

또한 NVR은 IP카메라를 통한 고화질 HD영상을 높은 대역폭을 통해 손실을 최소화 하여 전송할 수 있고 서버를 통한 데이터의 기록을 통해 보안성이 더욱 높으며, CCTV를 이용하는 기관간의 네트워크 연계를 통해 영상의 확인 등에 있어서도 시간의 절약 및 높은 활용성을 갖추고 지역적 CCTV 시스템을 구축하고 관리할 수 있기에 주목되어 발전하고 있으나, 기존의 시스템에서 변경해줘야 하는 비용적 문제발생이 부담되는 중소기업에서는 HD-SDI방식을 이용한 시스템으로 절충하여 사용하기도 한다.

3) CCTV시스템 운용 시 체크사항

(1) CCTV시스템 이상발생 시

① 전체 화면이 보이지 않을 경우

- 콘센트에 전원인가와 전압이 적절한지 여부
- 카메라 앞의 장애물
- 비디오 입력단자에 케이블 정상 연결 여부
- 모니터와 커넥터의 접속
- 녹화기와 모니터의 이상 여부

18) 한국정보통신기술협회(TTA), TTA 용어사전, 표준 사전용어, 2012.

② 전원이 들어오고 작동하는데 특정 화면이 안보일 경우

- 오토 아이리스 렌즈의 경우 조리개상태
- 케이블의 커넥터부가 충분히 조여져 있는지 여부
- 케이블에 열화나 손상이 없는지 여부
- DVR시스템의 카메라 설정 상태

(2) 정기보수

CCTV시스템은 1년에 최소 1회 정도는 정기보수를 실시하는 것이 좋다.
CCTV는 약 5년 정도 지나면 문제가 발생할 확률이 높아진다.
정기 보수 시 중점적으로 체크해야 할 사항은 다음과 같다.

- 모니터의 재조정
- 하우징의 서리 방지 유리, 방수 바킹, 와이퍼 날개
- 전동 선회 팬/틸트 슬립 링
- 옥외 설치기기 수용 케이스의 외장 보수, 녹슨 나사류
- 장시간 접속 케이블 열화, 접속선류
- 전동 줌 렌즈
- 영상 전송로에서 각 부 레벨 조정, 특성 체크
- 각종 원격제어기능[19)]

(3) CCTV시스템 이상 관리

CCTV시스템의 이상발생 시 전문가의 점검이 필요하지만 간단한 이상발생이나 이상발생을 최소화하기 위한 관리 방법은 다음과 같다.

- 카메라 하우징의 전면유리는 부드러운 천으로 먼지 및 오물을 제거한다.
- 촬상관카메라의 경우 계절에 따른 기온변화에 따라 빔, 포커스, 레벨 등의 재조정이 필요 하다.
- 렌즈나 필터의 표면이 더러워졌을 경우 렌즈 세척제와 중성세제를 묻힌 헝겊으

---

19) 지창환, 전게서, P.133~134.

로 닦으며, 알코올, 벤젠 등을 사용해서는 안되며, 렌즈의 조도 레벨과 커넥터 렌즈의 조임 정도를 확인한다.

- 브라운관방식 모니터의 경우 콘트라스트, 휘도, 포커스, 색상조정 등을 해주며 표면의 먼지는 부드러운 천에 소량의 물을 묻혀 닦아낸 다음 마른천으로 습기를 제거한다.
- VTR방식의 녹화기는 화면떨림 등 상태가 나빠질 수 있으므로 일정시간 녹화 후 클리닝 테이프를 이용해 클리닝 해주거나 클리닝 전용액을 적신 천으로 헤드드럼을 좌우로 움직이며 헤드모터의 회전방향을 따라 헤드의 표면을 가볍게 닦는다.
- DVR시스템의 경우 신호레벨 분석, 조작시험, 영상증폭도, 트래킹레벨, 데이터 재생, 정류회로, 주파수, 입·출력 연결레벨 등을 체크해줘야 하며 자체점검 프로그램이 내장되어있는 경우도 있다.[20]

2. 감시 장비

1) 야간 적외선 쌍안경

적외선을 이용하여 야간에도 감시가 가능하도록 제작된 특수 쌍안경

20) 지창환, 전게서, P.134.

2) 쌍안경

일반적인 광학렌즈를 이용하여 먼 거리의 감시가 가능하도록 제작된 쌍안경

3) 디지털 카메라와 캠코더

휴대하며 영상을 촬영·녹화하며, 촬영된 영상을 바로 디지털 형태로 저장하여 데이터의 관리 편의성을 높인 촬영장치

4) 휴대형 서치라이트

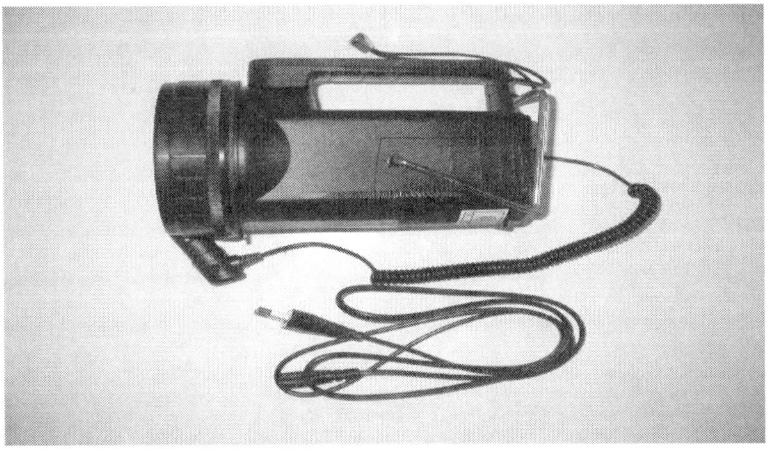

- 할로겐(OSRAM) 라이트와 고밀도 진공증착
- 반사경에 의한3° 이내 집광과 750,000 C.P의 고광도
- 써치라이트의 스탠다드 G.E 200,000 C.P (100DB이상의 경음기내장)
- 항공기 랜딩 스포트 라이트의 강력한 하이빔 사용

5) 포켓용 일반 후래쉬

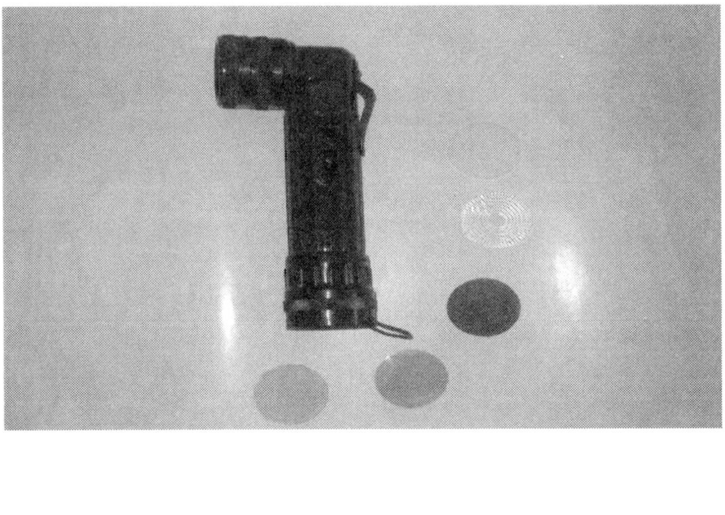

6) 차량 검색경

주로 차량 하부 등 사람이 직접 들어가 확인하기 어려운 장소를 검색하기 위하여 검색거울을 이용하여 거울에 반사되는 모습을 관찰함으로서 폭발물과 위해물질 검색을 할 수 있다.

검색거울은 평면거울과 볼록거울이 주로 사용되는데, 평면거울은 무게가 많이 나가고 각도조절장치가 필요하며 거울이 파손되는 불편함도 있기에, 각도조절 장치가 필요 없으며 가볍고 사용하기 쉬운 볼록거울이 많이 이용된다.

차량검색경만으로 세밀하게 검색하기에는 한계가 있으므로 다른 검색방법과 같이 중복으로 검색하는 것이 효과적이다.[21)]

3. 감지기

감지기는 우리인체의 오감(五感)과 같은 역할을 하며, 기계경비의 최 일선을 담당한다.

21) 정태황, 경호장비의 이해, 백산출판사, 2004, P.79

1) 감지기의 구분

(1) 의용분야에 의한 분류

- 방범용
- 방재용

(2) 감지원리에 의한 분류

- 광학적: 적외선감지기, 열선감지기, 연기감지기
- 전자적: 자석감지기, 셔터감지기
- 역학적: 장력감지기, 충격감지기, 유리감지기
- 열학적: 화재감지기
- 화학적: 연기감지기, 가스감지기

(3) 감지대상에 의한 분류

- 빛: 적외선감지기, 열선감지기
- 자력: 자석감지기, 셔터감지기
- 열: 화재감지기
- 충격: 진동감지기, 유리감지기

(4) 작용형식에 의한 분류

- 능동형: 적외선감지기, 초음파감지기, 셔터감지기
- 수동형: 유리감지기, 음향감지기, 열선감지기 등

(5) 송신방법에 의한 분류

- 유선: 감지기와 컨트롤러 사이를 유선으로 연결.
- 무선: 감지기와 컨트롤러 사이를 무선으로 연결.

2) 감지기의 종류

(1) 자석감지기(Magnetic Sensor)

- 침입감지 시스템에 가장 많이 Tm이는 감지기이며 그 구조가 간단하고 가격이 저렴하며 반영구적으로 사용이 가능하다.

① 감지기의 구성

- 영구자석, 리드(Read)S/W

② 동작원리

- 문에 설치된 영구자석이 문턱에 설치된 리드 스위치에 근접하면 리드 부분인 자성체는 자계에 의해 자화 되고 양 접점에 유기된 N극, S극이 지기 흡인력에 의해 흡인함으로서 접점이 닫히고 자계가 제거되면 리드 스위치는 탄성에 의해 접점아 열리는 구조이다.

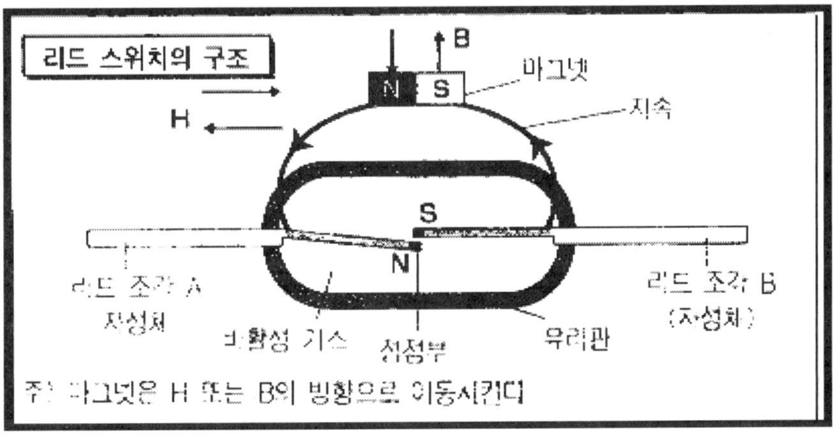

(2) 적외선 감지기

적외선을 이용하여 감지기는 두 가지의 형태로 근적외선을 이용하는 능동형과 원적외선을 이용하는 수동형으로 나뉜다. 일반적으로 적외선 감지기라고하면 근적외선을 이용하는 감지기를 말한다.

① 동작원리

- 가시광선보다 파장이 긴 적외선 중 가시광선에 가장 가까운 영역의 근적외선(0.72㎛-1.5㎛)을 투광기에서 보내고 수광기에서 받을 때 외부의 침입으로 인해 그 적외선이 차단됨으로 감지되어 경보를 발하게 된다.

② 구성

- 반사형: 투광기와 수광기가 한군데 있으며 옥내형으로 사용한다.

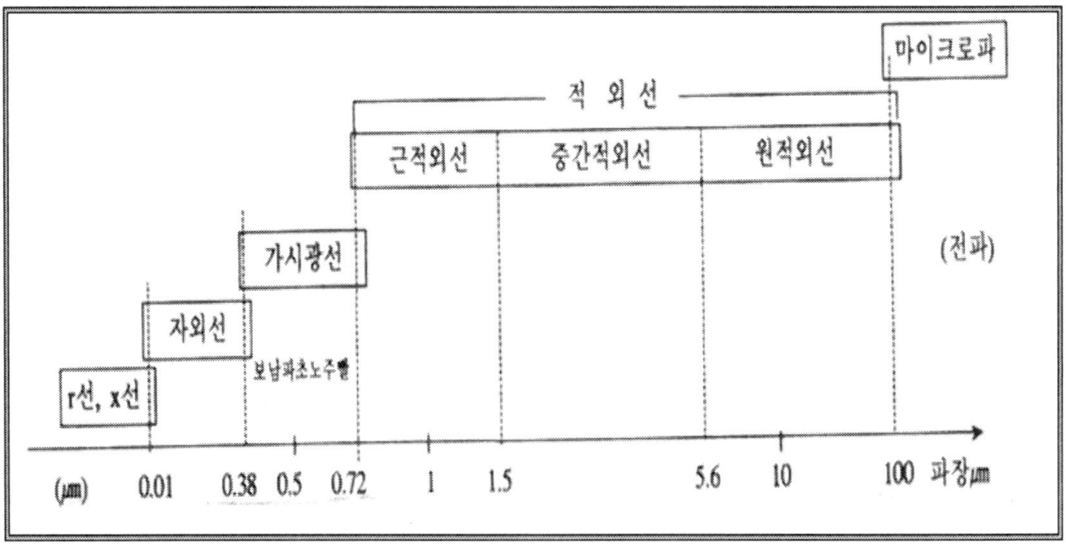

- 대향형: 투광기와 수광기가 서로 마주보고 있는 형태로 일반적으로 적외선감지기라고 하면 대향형을 지칭한다.

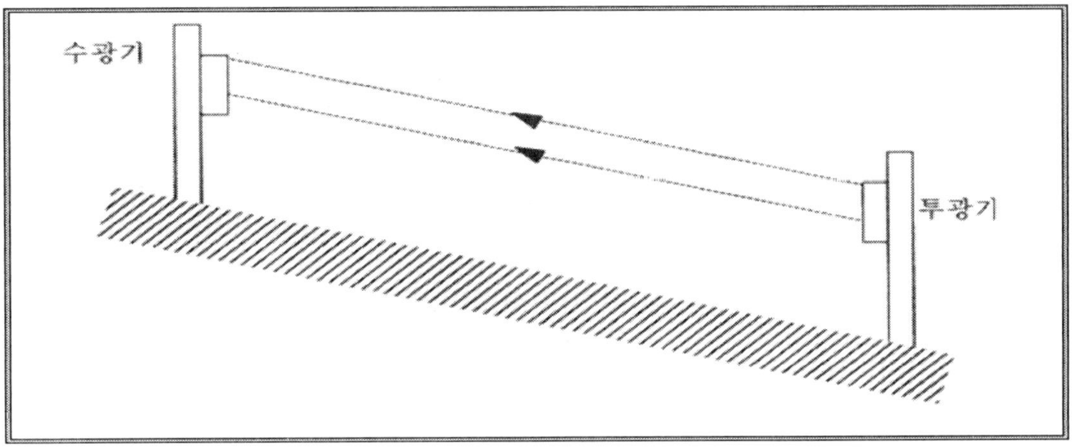

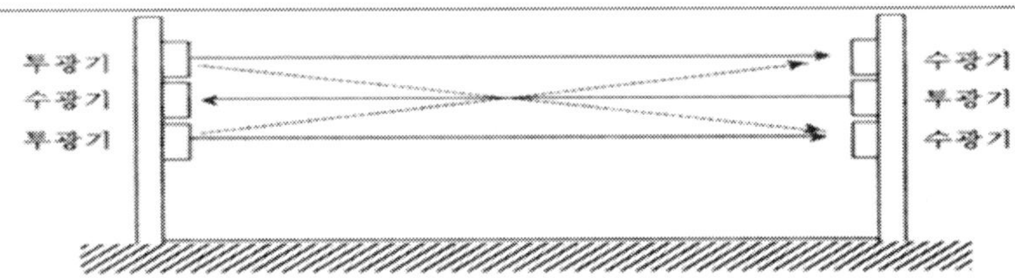

일직선 경계시 광의 간섭

다단 경계시 광의 간섭

(3) 열선감지기(Passive Infrared Sensor)

침입자의 몸에서 방사되는 원적외선을 감지하는 감지기로 실내감지기로 가장 많이 사용된다.

① 동작원리

- 인체에서 방사되는 원적외선은 감지기의 렌즈를 통해 센서로 모아지게 된다.

감지구역은 크게 두 구역으로 나뉘며 열을 발산하는 침입자가 이 두 구역을 가로질러갈 때 그 번갈아 나타나는 온도의 변화는 전기적인 신호로 전환하여 경보를 발하게 된다. 따라서 움직이는 물체만이 감지대상이 된다.

② 구성

- 감열소자: 원적외선을 수광하는 초전소자
  필터: 원격 센싱에 7㎛~14㎛대역의 파장 외의 불필요한 파장 제거
  광학계: 원적외선을 집광하는 프레렐
  처리회로: 감열 소자로부터 나오는 전기신호를 증폭 처리하여 검지신호를 출력

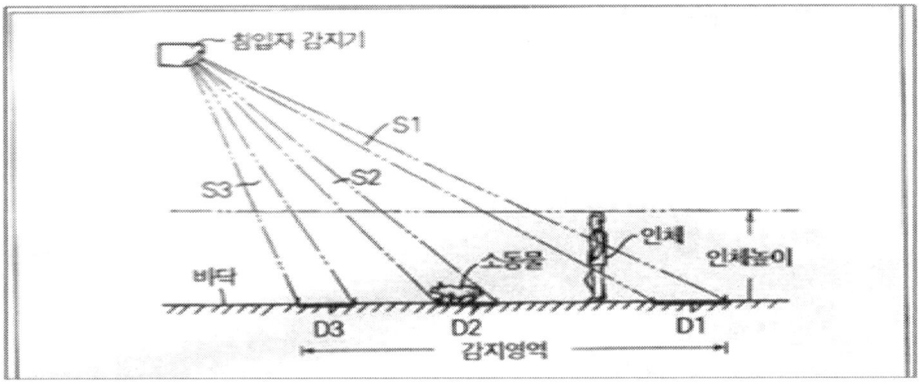

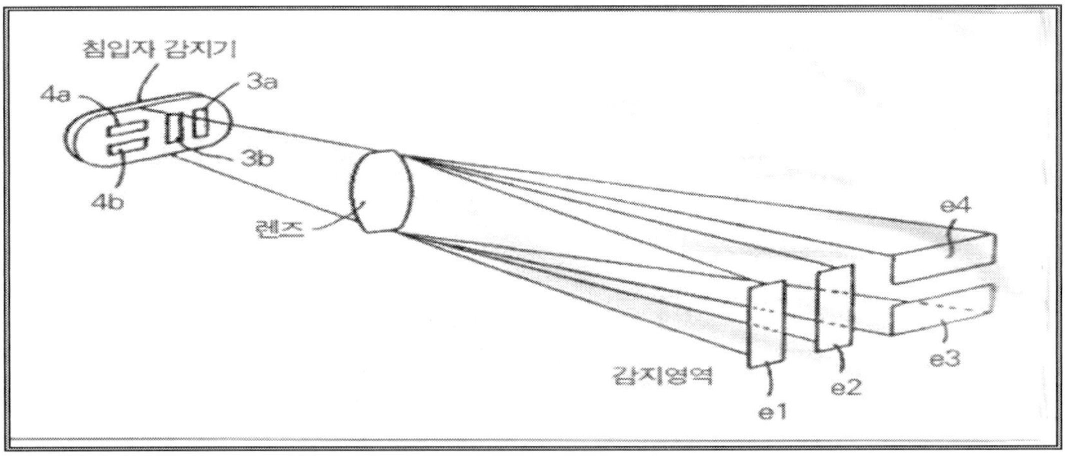

(4) 셔터 감지기

- 우리 주위에 흔히 사용하고 있는 셔터를 통해 침입하려는 침입자를 감지하기 위한 감지기로 셔터나 대형문, 창문 등의 개폐를 감지하며 자석식과 적외선식이 있음.

① 동작원리

- 셔터가 내려진 상태에서 셔터의 안쪽에 감지기를 설치하고 셔터 판에는 자석이나 자석판을 부착한다. 셔터가 내려진 상태에서는 자계가 형성되어 경계를 하고 있다가 셔터가 올라가면 자계가 없어져 감지하게 된다. 리드 스위치형, 저항형, 변조형 등이 있다.

② 구성

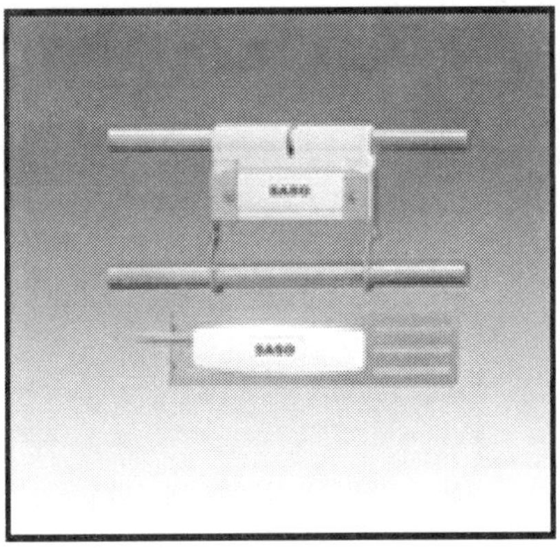

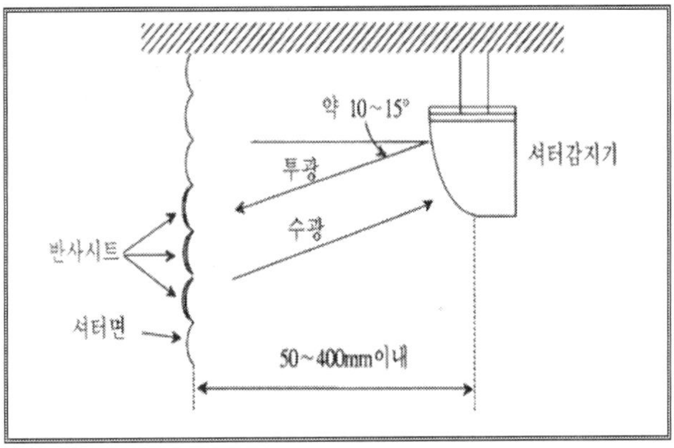

(5) 유리 파손 감지기

유리창은 외부에서 깨기 쉽고 이곳을 통해 침입행위가 일어나기 쉽다. 유리 파손감지기는 부착형 유리감지기와 음향감지기가 있다.

① 부착형 감지기

창문의 유리나 쇼윈도의 유리에 직접 부착하여 침입자에 의해 유리가 파손될 때 발생되는 탄성파를 압전체 세라믹으로 수신하여 감지한다.

유리가 깨질 때 50㎐~150㎑사이의 진동주파수가 발생되며 이 주파수만을 포착하여 감지한다.

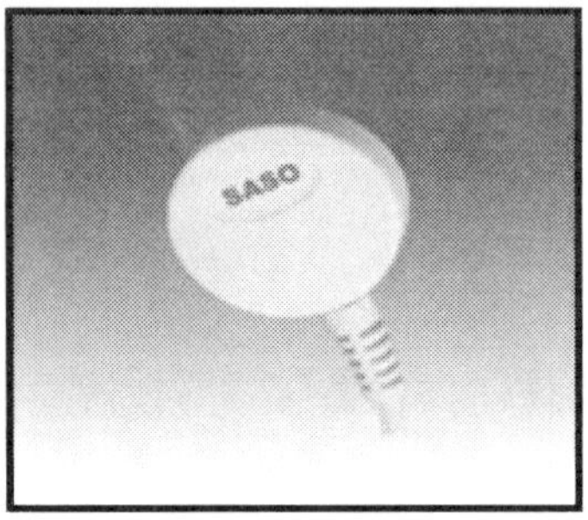

② **음향 감지기**

유리가 완전히 파손될 때 발생되는 주파수인 15㎐~100㎑의 주파수를 초음파 마이크로폰을 사용하여 청취 감지한다. 유리의 종류와 부착 방법 등에 의해서 약간의 차이는 있을 수 있다. 보통 5~8m이내에 설치한다.

(6) 초음파 감지기

초음파를 발진하여 송출하는 송신기와 초음파를 받고 신호 처리하는 수신기로 구성 된다.

① 동작원리

송신기로부터 송출된 초음파가 이동물체에 반사되어 되돌아올 때 송출 시의 초음파주파수와 이동물체의 이동속도에 따라 변화해서 되돌아오는 주파수의 변화를 수신기로 검지하여 신호를 출력한다. 초음파는 가청영역으로 보통 25㎑ 근처의 주파수를 사용한다. 감지영역은 직선거리 약10m, 직경 약7.5m정도의 타원형 입체공간을 감지한다.

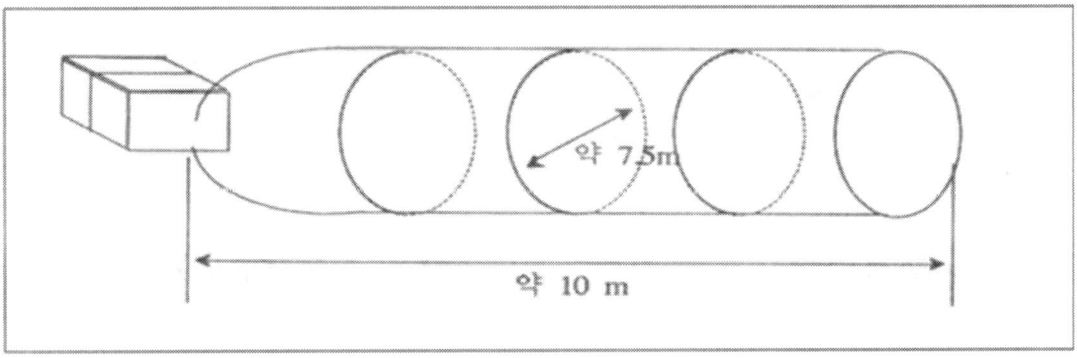

(7) 진동(충격)감지기

금고나 벽 등에 가해지는 기계적인 진동을 전기적 신호로 변화시켜 침입을 감지한다.

(8) 금고 감지기

자석감지기, 진동감지기, 온도이상감지기를 조합하여 금고의 정면 문을 열거나 절단 혹은 파괴를 감지한다.

(9) 자력선 케이블 센서

자석사이를 관통하는 도체가 침입 시 발생되는 절단 또는 충격으로 인해 움직이게 되면 일정한 기전력이 발생하며 신호분석기에서 미세한 전자값을 감지 이를 신호로 변화시켜 알람으로 인식토록 한다.

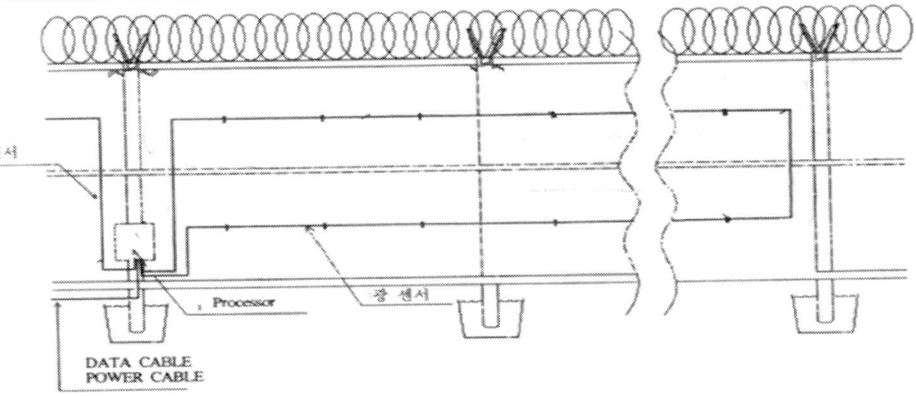

광 Sensor Cable 설치도

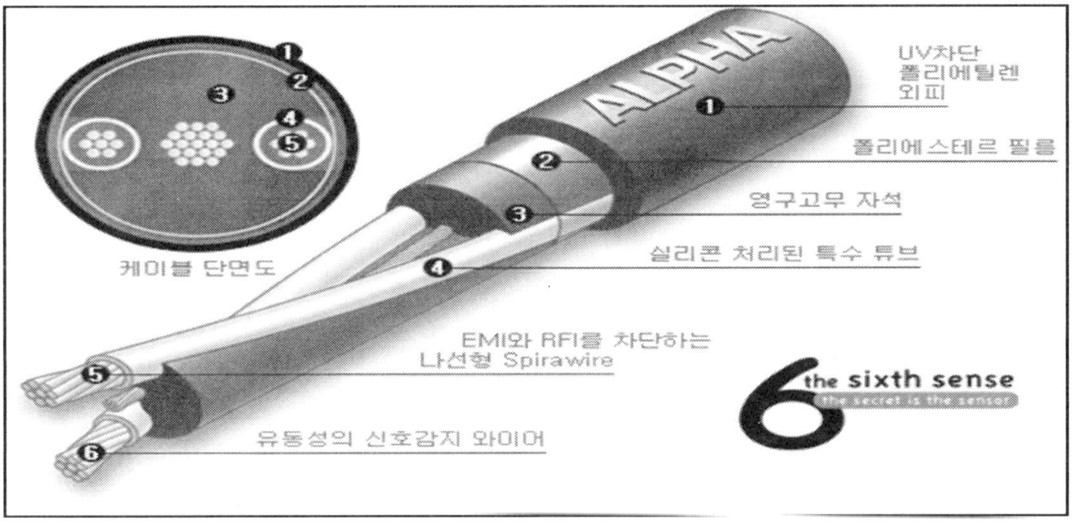

(10) 방재용 감지기

방재용 감지기는 화재감지기, 가스감지기, 그리고 누수, 누전 등의 감지기가 있다.

① 공기관식

- **동작원리**

화재발생 시 발생한 열에 의해 공기관내 공기가 팽창 되면 검출부의 다이어피램도 팽창하여 a접점이 붙어 감지하는 방식

- **구성**

* 감열부 - 열을 감지 (공기관)
* 검출부 - 감열부에서 전달된 공기의 팽창을 감지 (다이어프램, 렉홀, 접점 테스트홀)

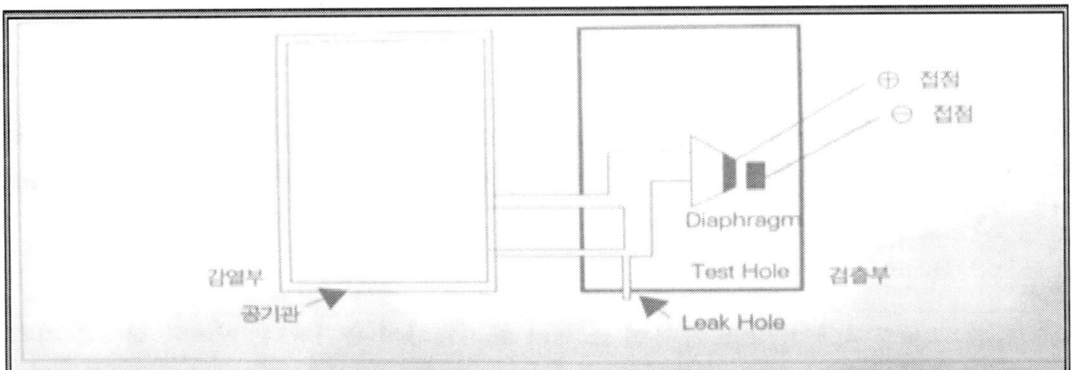

[그림 2-67] 공기관식 열 감지기의 구성도

② 열전대식

• 동작원리

열전대를 급격히 가열하면 다란 종류의 금속판이 상호간 열전효과에 의해 열기전력이 발생되어 릴레이를 구동하여 a접점을 붙여 감지한다.

• 구성

* 열전대부 - 열을 감지하여 열기전력 발생(열전대)
* 검출부 - 열기전력 감지(릴레이)

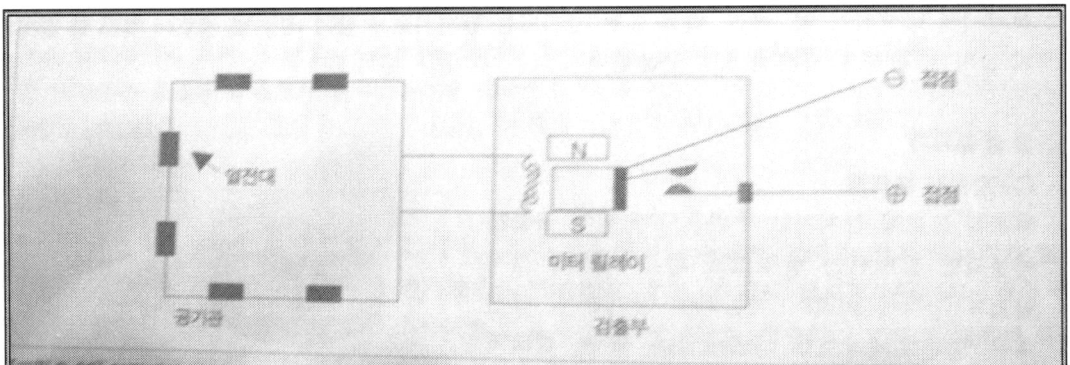

[그림 2-68] 열전대식 열 감지기의 구성도

③ 공기팽창식

- **동작원리**

감지기 표면에 열이 전달되면 감열부의 공기가 급격히 팽창되어 다이아프램을 밀어 올려 상시 떨어져 있던 a접점을 붙여 감지한다.

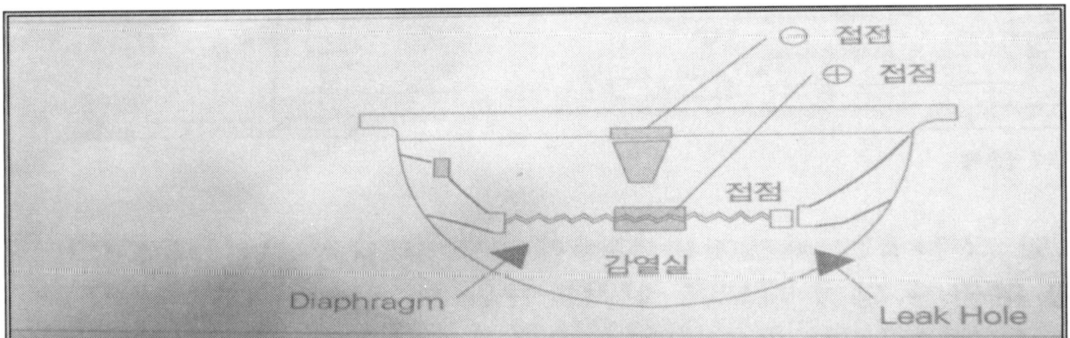

차동식 스포트형(공기 팽창 이용)

④ 열기전력식

- **동작원리**

화재발생 시 급격한 온도 상승은 반도체 열전대에 열기전력을 발생시키며 고감도의 릴레이를 구동 a접점을 붙여 감지하는 방식이다.

- **구성** – 반도체 열전대, 고감도 릴레이

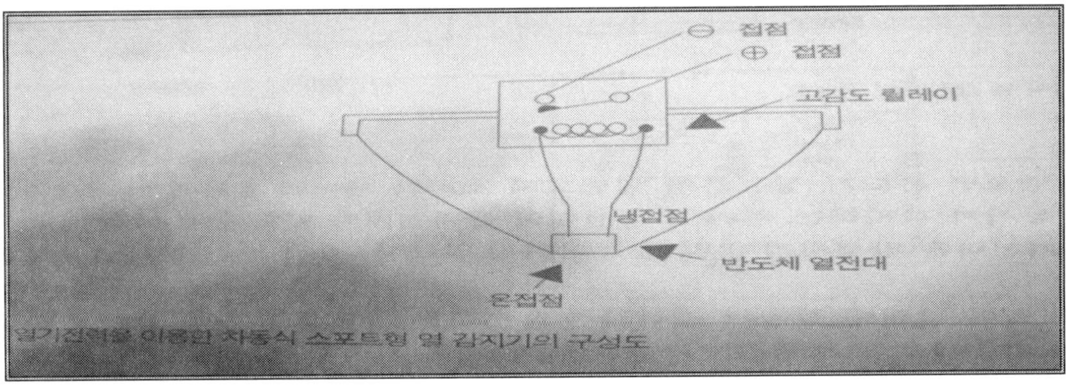

열기전력을 이용한 차동식 스포트형 열 감지기의 구성도

⑤ 연기 감지기

• **동작원리** – 화재 시에 발생되는 연기를 감지하여 경보를 발하는 방식이다.

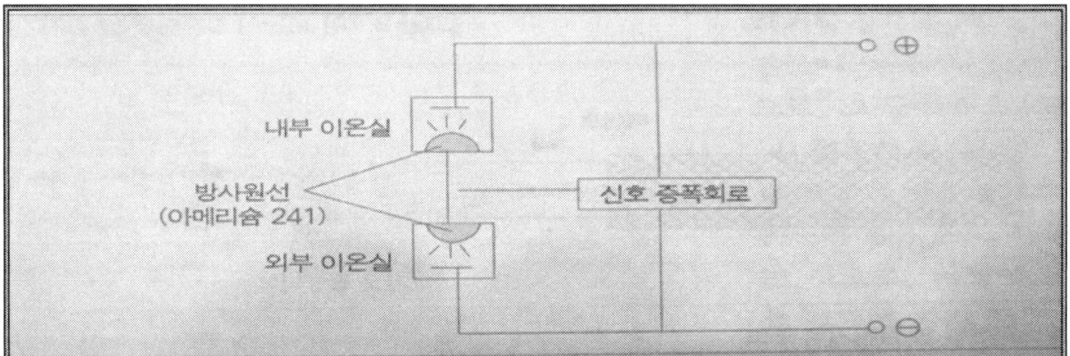

이온화식 연기 감지기의 원리도

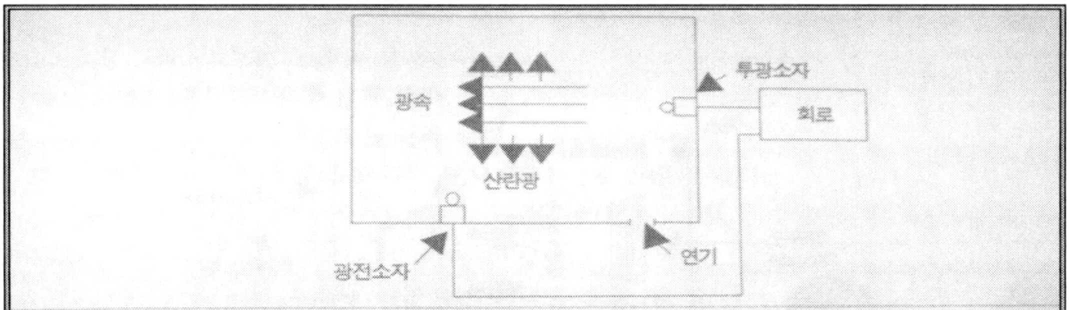

림 2-86] 광전식 연기 감지기의 원리도

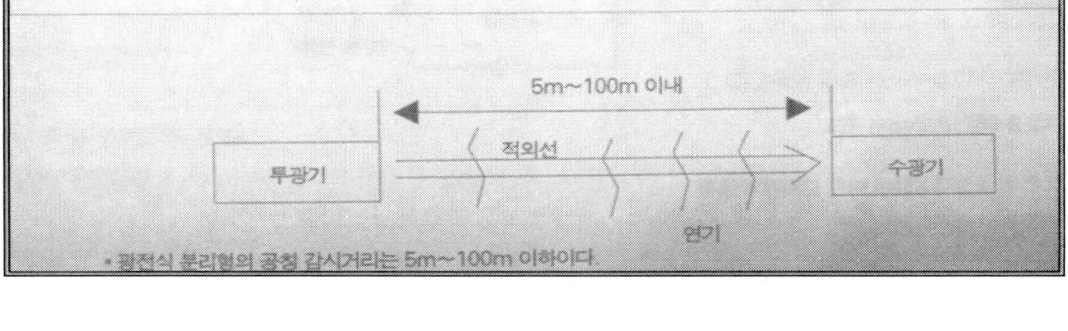

• 광전식 분리형의 공칭 감시거리는 5m~100m 이하이다.

4. 기동장비, 교통통제 및 유도장비

1) 교통 신호봉

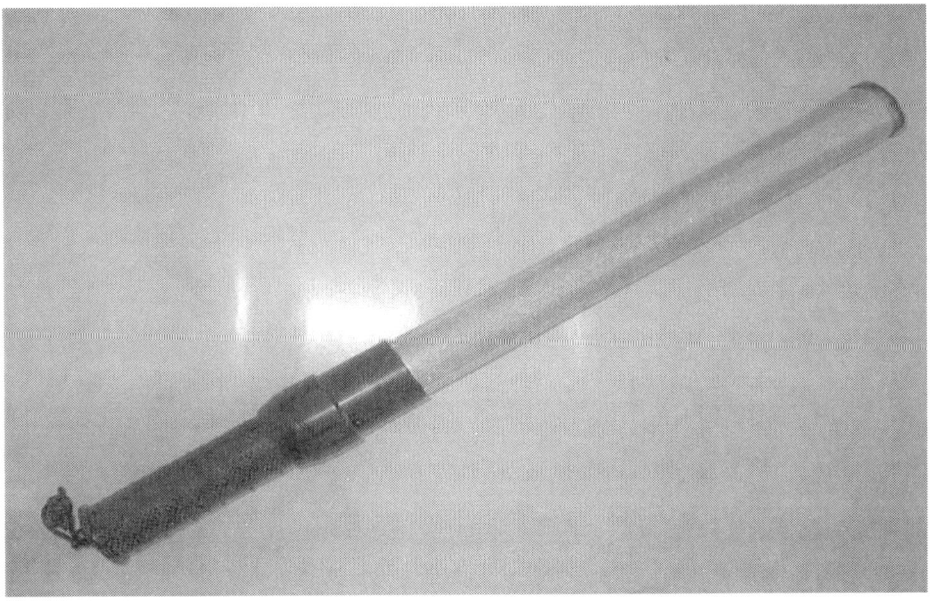

2) 야광X반도

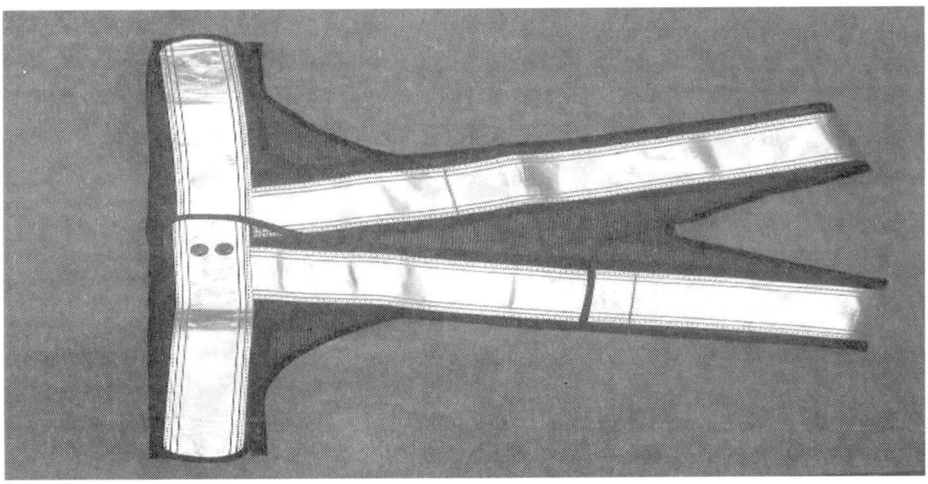

5. 기타 착용 장구류

폭탄 방열복

기동화

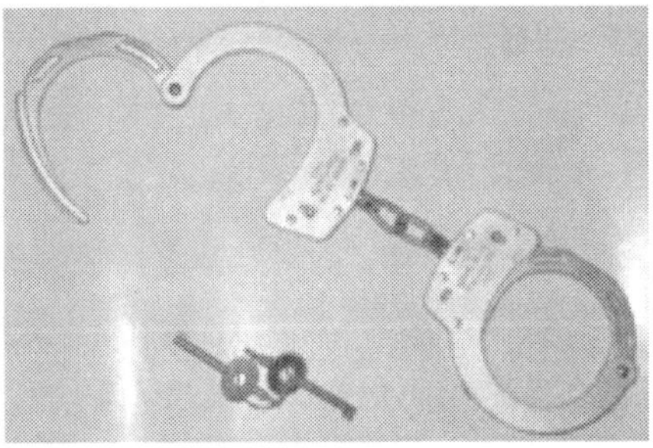

팔목 수갑

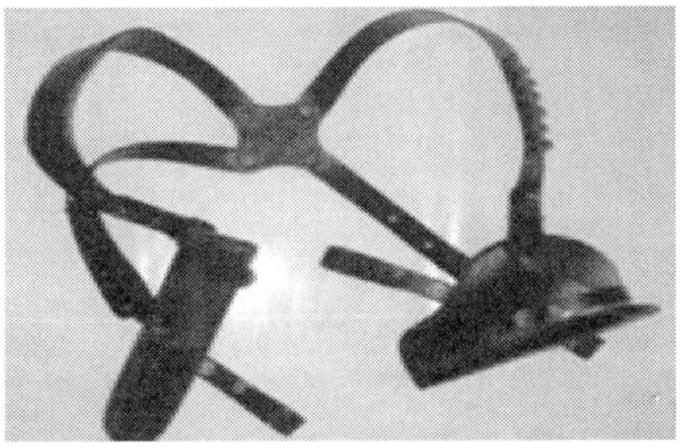

X형 총검집

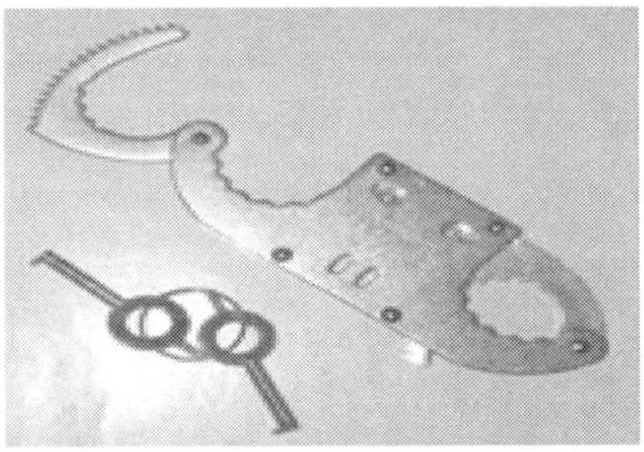

엄지 수갑

방탄 안전헬멧

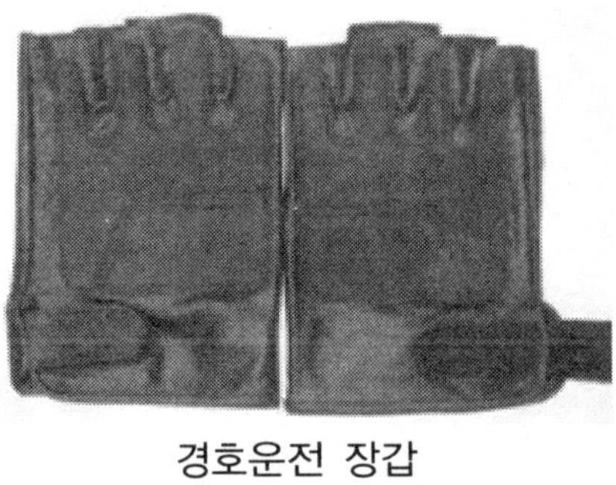

경호운전 장갑

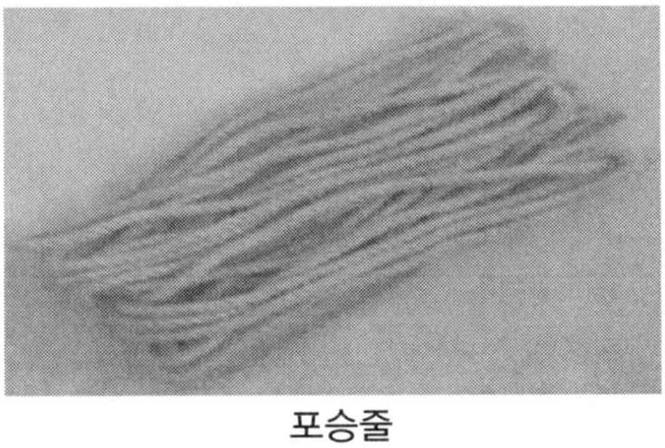

포승줄

참고문헌

강민완 · 전용태 · 김효준, 「경호보안관리론」, 도서출판 진영사, 2011.

강민완 외, 「경호사격과 권총」, 도서출판 진영사, 2009.

경찰대학, 「경비경찰론」, 1998.

경찰대학, 「경찰방범론」, 1998.

경찰청, 「외사경찰의 역사와 비전」. 서울: 경찰청 외사국. 2009.

경찰청, 「2009 경찰백서」. 서울: 경찰청. 2009.

권봉안 · 정순광, "청소년 수련원의 실대조사를 통한 안전교육 필요성의 고찰", 「청소년 안전교육 실천방법모색」, 2001년도 하계학술세미나자료, 2001.

공배완, 범죄예방을 위한 경찰과 민간경비의 협력방안, 한국치안행정논집 제7권2호 51-71. 2010.

김 걸 · 김병선, 일본의 환경설계를 통한 범죄예방 프로그램, 「국토」통권326호: 98-105. 경기:국토연구원, 2008.

김계원, 「경비지도사 경호학」, 백산출판사, 2004.

김계원, 「경비지도사 경호학」, 도서출판 진영사, 2010.

김계원 · 서진석, 「경비지도사 민간경비론」, 도서출판 새롬, 2001.

김대권 · 김양현 · 김순석, "침입절도의 표적선택에 관한 연구- 물리적 환경요인을 중심으로 -" 한국치안행정논집 7권 1호, 209-233.

김두현, 「경호학개론」, 백산출판사, 2001

김두현. 「경호학개론」. 백산출판사. 2002.

김두현, 「경호학개론」. 백산출판사. 2004.

김민선, "여성을 위한 자기방어용 액세서리 디자인에 관한 연구", 홍익대학교 석사학위논문, 2004.

김명곤, 「안전검측론」, 경호출판사, 2005.

김창호, "산업기밀 보호를 위한 법적고찰", 한국치안행정논집 제8권2호 145-162, 2011.

김철주, "아파트 단지 범죄에 관한연구", 건국대학교, 2000.
김태곤, "조직문화에 대한 일선경찰관의 인식차이에 관한 연구", 한국치안행정논집 7권 1호, 2010.
김태민, "기계경비업무 사건들과 정책적 함의".「한국경찰연구」, 8(1): 153-180. 107-125, 2009.
김태민, "기계경비지도사 제도의 발전과제 -일본 기계경비업무관리자와의 비교를 통한 제언-", 한국치안행정논집, 제9권1호. 161-185. 2010.
김태민 · 이상철. "기계경비 대처요원의 임무수행에 관한 고찰". 「한국스포츠리서치」, 14(3): 27-38, 2003.
나하나, "컨텍스트 인식 기반의 스마트홈 서비스 제안-어린 아이의 안전을 중심으로-", 한국디자인트렌드학회 24회. 2009.
남기봉, 「국가안보학」, 도서출판 진영사, 2011.
노성호·김지선, "범죄두려움에 대한 경험적 연구".「피해자학연구」, 6: 169-205. 1998.
민진규, 「산업보안학ISS」, 국가정보전략연구소, 2010.
박동균 · 김태민, "한국 기계경비업무의 오경보 대응책". 「한국경호경비학회지」, 30:33-60. 2012.
박병식.「민간경비론」. 서울: 법률출판사. 1996.
박병식, "침입범죄와 주거안전" 한국안전교육학회지 제1권 제1호. 2010.
배종대, 「형사정책」. 서울: 홍문사, 1998.
성태경 · 이상구 외, '부정·사기에 대한 현황과 대책', 2003.
신상엽, 「기계경비개론」, 백산출판사, 2008.
양재열, "경호의 기본적 이론에 관한 연구". 연세대학교 석사학위논문, 1995.
엄주호, '환경친화성을 적용한 유비쿼터스 주거단지 계획에 관한 연구', 홍익대학교 대학원 석사학위논문. 2005.
염상국. "요인경호시 근접경호원에게 요구되는 행동이론에 관한 연구". 경희대학교석사학위논문. 1997.
이강열, 「경비지도사 기계경비개론」, 백산출판사, 2008.
이상열, "한국 외사경찰의 역사적 변천과 활동에 관한 고찰", 한국치안행정논집 7권 1호, 181-208, 2010.

이상원 「범죄예방론」, 대명출판사, 2005.
이상원 · 김상균, 「경찰학개론」, 대명출판사, 2005.
이상철. 「경호심리학」. 도서출판 홍경. 2002.
이상철, 「경호방법론」, 도서출판 홍경, 2003,
이상철, 「경호현장운용론」, 도서출판 원, 2004.
이상철, 「경호현장운용론」, 도서출판 진영사, 2008.
이승철, "방범용 CCTV 인식에 대한 차이분석 -범죄두려움을 중심으로-", 한국치안행정논집 7권 1호, 153-180, 2010.
이윤근, 「경비지도사 민간경비론」, 도서출판 엑스퍼트, 2004.
이윤근 · 배철효, 「민간경비론」, 엑스퍼트, 2005.
이윤근 · 김창윤 · 조용철, 「경비지도사 민간경비론」, 엑스퍼트, 2010.
이주락 · 강민완, "침입절도 반복피해에 관한 연구".「한국공안행정학회보」, 36: 197-226. 2009.
임준태, 「범죄통제론」. 서울 : 좋은세상, 2003.
임준태, 「범죄예방론」. 서울: 대영문화사, 2009.
장명진, 「경호실무」, 국제경호협회, 2003.
정태황, 「경호장비의 이해」, 백산출판사, 2004.
정태황, 「경호이론 및 실무」, 도서출판 글힘, 2000.
지창환, 'CCTV 활용 마스터', 월간 시큐리티월드 편집국, 2006.
최선태, 「기업보안 핸드북」,도서출판 진영사, 2008.
최선태, 「기업보안관리론」, 도서출판 진영사, 2011.
최윤호, '유비쿼터스 컴퓨팅 시대의 서비스 변화', 설비저널 제34권 제7호, 2005.
최평길, "국가원수 경호관리 개선방안 : 국가원수 경호관리 비교연구 및 정책모형", 「문교부정책과제 연구보고서」, 연세대학교 사회과학, 1980,
허경미, "노인의 범죄피해 특징 및 대책에 관한 연구", 한국공안행정학회지 제17호, 2004.
허원구, "인터넷상 사이버모욕죄 도입에 대한 언론보도 내용분석 - KINDS 신문보도를 중심으로 -" 제7권4호 81-102, 2011.
현대호, 「산업스파이에 대한 법적 대응방안」. 서울: 법제연구원. 2008.
허 홍. "요인경호에 관한 연구". 성균관대학교 석사학위논문, 1998.

황선영, “GIS 활용한 범죄의 공간패턴 분석-주거침입절도를 사례로-”, 경희대학교, 2001.

Bennett, T. and R. Wright. (1984). Burglars on Burglary, England, Gower Publishing co.

Conklin, J. (1975). The Impact of Crime, New York: Macmillan.

Cozens, P. M., Saville, G., & Hillier, D. (2005). Crime Prevention Through Environmental Design, a Review and Modern Bibliography, Property Management, 23(5). 328-356.

Davies, S. (1998). CCTV: A New Battleground for Privacy, in: C. Norris, J. Moran and G. Armstrong(eds.), Surveillance, Closed Circuit Television and Social Control Aldershot UK: Ashgate.

Ditton, J. (2000). “Crime and the City: Public Attitudes to CCTV in Glasgow”, British Journal of Criminology, 40: 692-709.

Garofalo, J. (1977). Public opinion about crime : The attitudes of victims & non-victims in selected cities(Washing, DC : National Criminal JusticeInformation & Statistics Service, Law Enforcement Assistance Adminstration, U.S. Department of Justice. 839-857.

Goold, Benjamin J. (2004). CCTV and Policing: Public Area Surveillance and Police Practices in Britain, Oxford: Oxford University Press.

Gill, M. and Spriggs, A. (2005). Assessing the Impact of CCTV, Home Office Research Study 292, London: Home Office.

Newan, O. (1972), Defensible Space; Crime Prevention Through Urban Design, Macmillan.

McCahill, M. (2002). The Surveillance Web: The Rise of Visual Surveillance in an English City, Cullompton: Willan.

Reeve, A. (1998). Risk and the New Urban Space of Managed Town Centres,International Journal of Risk, Security and Crime Prevention 3(1): 43-54.

Honess, T. and E. Charman. (1992). Closed Circuit Television in Public Place: Police Research Group Crime Prevention Unite Series Paper, #35, London, UK: Home Office.

Sarno, C., Hough, M. and Bulos, M. (1999). Developing a Picture of CCTV in Southwark Town Centers: Final Report, Crime Policy Research Unit, London: South Bank University.

Fischer, Robert J., Hailbozek, Edward & Green, Gion.(2008). Introduction to Security. Burlington: Butterworth-Heinemann.

Robert J. Fisher and Gion Green(1998), Introduction to Security(Woburn, MA : Butterworth-Heinemann,

Philip Melanson. (1988). The politics of protection.

美國 CID. (1978). Protective Services.

美國 Secret Service. (1990). 팸플릿「Moments in History」.

사단법인 한국경비협회,「특수경비원 신임교육 교재」, 한국역비협회, 2012.

에스원. (2011). IR자료. 서울: 에스원.

한국홈네트워크산업협회(2008). 홈네트워크 산업의 미래전략. 서울: 진한M&B,27.

대통령등의 경호에 관한 법률, [시행 2012.7.1] [법률 제11042호, 2011.9.15, 타법개정]

총포·도검·화약류 등 단속법, [시행 2011.1.1] [법률 제10219호, 2010.3.31, 타법개정]

• 인터넷자료

세이픈(호신용품 전문판매) http://www.safen.co.kr/index.php

에이스안전(가스분사기류 전문판매) http://www.acegun.co.kr/

테이저(미국호신장비 (http://www.defenseproducts101.com/index.html)

TTA용어사전, 2012, 한국정보통신기술협회(http://www.tta.or.kr/index.jsp)

http://ko.wikipedia.org/wiki/

http://dic.daum.net/word/view.do?wordid=kkw000168942&q=%EC%95%88%EB%B3%B4

http://k.daum.net/qna/view.html?category_id=QFF001&qid=0BFXn&q=%EC%95%88%EB%B3%B4&srchid=NKS0BFXn

http://dic.daum.net/word/view.do?wordid=kkw000261267&q=%EC%B9%98%EC%95%88%EC%9D%B4%EB%9E%80

http://spy-zone.co.kr/industrysecurity/industrysec-concept/protect
http://bbs1.agora.media.daum.net/gaia/do/debate/read?bbsId=D003&articleId=2569971
http://www.privacy.go.kr/nns/ntc/inf/personalInfo.do
http://cafe.daum.net/kangch95
http://www.boannews.com/media/view.asp?idx=32582
http://cafe.daum.net/CodeLaw/K8Hp/9999?docid=14fHE|K8Hp|9999|20110927000735&q=%B0%B3%C0%CE%C1%A4%BA%B8%BA%B8%C8%A3%B9%FD%20%C1%D6%BF%E4%BF%E4%C1%F6&re=1
http://100.daum.net/encyclopedia/view.do?docid=b01g1858n119
http://www.fnnews.com/view?ra=Sent0601m_View&corp=fnnews&arcid=201201220100198200009534&cDateYear=2012&cDateMonth=01&cDateDay=22
http://ask.nate.com/qna/view.html.
http://cafe104.daum.net/_c21_/bbs_search_read
http://www.0404.go.kr/contentView.do?menuNo=2030100
http://blog.naver.com/PostView.nhn?blogId=hnw1204&logNo=5012462018
http://hosp.ajoumc.or.kr/emc/program/aid_read.asp?c_idx=358

부 록

1. 개인정보보호법

2. 통신비밀보호법

3. 총포 · 도검 · 화약류 등 단속법

부록 1 : 개인정보보호법

법률 제10465호 신규제정 2011. 03. 29. 시행 2012.09.30

제1장 총칙

제1조 (목적)

이 법은 개인정보의 수집·유출·오용·남용으로부터 사생활의 비밀 등을 보호함으로써 국민의 권리와 이익을 증진하고, 나아가 개인의 존엄과 가치를 구현하기 위하여 개인정보 처리에 관한 사항을 규정함을 목적으로 한다.

제2조 (정의)

이 법에서 사용하는 용어의 뜻은 다음과 같다.

1. "개인정보"란 살아 있는 개인에 관한 정보로서 성명, 주민등록번호 및 영상 등을 통하여 개인을 알아볼 수 있는 정보(해당 정보만으로는 특정 개인을 알아볼 수 없더라도 다른 정보와 쉽게 결합하여 알아볼 수 있는 것을 포함한다)를 말한다.
2. "처리"란 개인정보의 수집, 생성, 기록, 저장, 보유, 가공, 편집, 검색, 출력, 정정(訂正), 복구, 이용, 제공, 공개, 파기(破棄), 그 밖에 이와 유사한 행위를 말한다.
3. "정보주체"란 처리되는 정보에 의하여 알아볼 수 있는 사람으로서 그 정보의 주체가 되는 사람을 말한다.
4. "개인정보파일"이란 개인정보를 쉽게 검색할 수 있도록 일정한 규칙에 따라 체계적으로 배열하거나 구성한 개인정보의 집합물(集合物)을 말한다.
5. "개인정보처리자"란 업무를 목적으로 개인정보파일을 운용하기 위하여 스스로 또는 다른 사람을 통하여 개인정보를 처리하는 공공기관, 법인, 단체 및 개인 등을 말한다.
6. "공공기관"이란 다음 각 목의 기관을 말한다.

가. 국회, 법원, 헌법재판소, 중앙선거관리위원회의 행정사무를 처리하는 기관, 중앙행정기관(대통령 소속 기관과 국무총리 소속 기관을 포함한다) 및 그 소속 기관, 지방자치단체

나. 그 밖의 국가기관 및 공공단체 중 대통령령으로 정하는 기관

7. "영상정보처리기기"란 일정한 공간에 지속적으로 설치되어 사람 또는 사물의 영상

등을 촬영하거나 이를 유·무선망을 통하여 전송하는 장치로서 대통령령으로 정하는 장치를 말한다.

제3조 (개인정보 보호 원칙)

① 개인정보처리자는 개인정보의 처리 목적을 명확하게 하여야 하고 그 목적에 필요한 범위에서 최소한의 개인정보만을 적법하고 정당하게 수집하여야 한다.

② 개인정보처리자는 개인정보의 처리 목적에 필요한 범위에서 적합하게 개인정보를 처리하여야 하며, 그 목적 외의 용도로 활용하여서는 아니 된다.

③ 개인정보처리자는 개인정보의 처리 목적에 필요한 범위에서 개인정보의 정확성, 완전성 및 최신성이 보장되도록 하여야 한다.

④ 개인정보처리자는 개인정보의 처리 방법 및 종류 등에 따라 정보주체의 권리가 침해받을 가능성과 그 위험 정도를 고려하여 개인정보를 안전하게 관리하여야 한다.

⑤ 개인정보처리자는 개인정보 처리방침 등 개인정보의 처리에 관한 사항을 공개하여야 하며, 열람청구권 등 정보주체의 권리를 보장하여야 한다.

⑥ 개인정보처리자는 정보주체의 사생활 침해를 최소화하는 방법으로 개인정보를 처리하여야 한다.

⑦ 개인정보처리자는 개인정보의 익명처리가 가능한 경우에는 익명에 의하여 처리될 수 있도록 하여야 한다.

⑧ 개인정보처리자는 이 법 및 관계 법령에서 규정하고 있는 책임과 의무를 준수하고 실천함으로써 정보주체의 신뢰를 얻기 위하여 노력하여야 한다.

제4조 (정보주체의 권리)

정보주체는 자신의 개인정보 처리와 관련하여 다음 각 호의 권리를 가진다.

1. 개인정보의 처리에 관한 정보를 제공받을 권리
2. 개인정보의 처리에 관한 동의 여부, 동의 범위 등을 선택하고 결정할 권리
3. 개인정보의 처리 여부를 확인하고 개인정보에 대하여 열람(사본의 발급을 포함한다. 이하 같다)을 요구할 권리
4. 개인정보의 처리 정지, 정정·삭제 및 파기를 요구할 권리
5. 개인정보의 처리로 인하여 발생한 피해를 신속하고 공정한 절차에 따라 구제받을 권리

제5조 (국가 등의 책무)

① 국가와 지방자치단체는 개인정보의 목적 외 수집, 오용·남용 및 무분별한 감시·추적 등에 따른 폐해를 방지하여 인간의 존엄과 개인의 사생활 보호를 도모하기 위한 시책을 강구하여야 한다.

② 국가와 지방자치단체는 제4조에 따른 정보주체의 권리를 보호하기 위하여 법령의 개선 등 필요한 시책을 마련하여야 한다.

③ 국가와 지방자치단체는 개인정보의 처리에 관한 불합리한 사회적 관행을 개선하기 위하여 개인정보처리자의 자율적인 개인정보 보호활동을 존중하고 촉진·지원하여야 한다.

④ 국가와 지방자치단체는 개인정보의 처리에 관한 법령 또는 조례를 제정하거나 개정하는 경우에는 이 법의 목적에 부합되도록 하여야 한다.

제6조 (다른 법률과의 관계)

개인정보 보호에 관하여는 「정보통신망 이용촉진 및 정보보호 등에 관한 법률」, 「신용정보의 이용 및 보호에 관한 법률」등 다른 법률에 특별한 규정이 있는 경우를 제외하고는 이 법에서 정하는 바에 따른다.

제2장 개인정보 보호정책의 수립 등

제7조 (개인정보 보호위원회)

① 개인정보 보호에 관한 사항을 심의 · 의결하기 위하여 대통령 소속으로 개인정보 보호위원회(이하 "보호위원회"라 한다)를 둔다. 보호위원회는 그 권한에 속하는 업무를 독립하여 수행한다.

② 보호위원회는 위원장 1명, 상임위원 1명을 포함한 15명 이내의 위원으로 구성하되, 상임위원은 정무직 공무원으로 임명한다.

③ 위원장은 위원 중에서 공무원이 아닌 사람으로 대통령이 위촉한다.

④ 위원은 다음 각 호의 어느 하나에 해당하는 사람을 대통령이 임명하거나 위촉한다. 이 경우 위원 중 5명은 국회가 선출하는 자를, 5명은 대법원장이 지명하는 자를 각각 임명하거나 위촉한다.

1. 개인정보 보호와 관련된 시민사회단체 또는 소비자단체로부터 추천을 받은 사람

2. 개인정보처리자로 구성된 사업자단체로부터 추천을 받은 사람
3. 그 밖에 개인정보에 관한 학식과 경험이 풍부한 사람
⑤ 위원장과 위원의 임기는 3년으로 하되, 1차에 한하여 연임할 수 있다.
⑥ 보호위원회의 회의는 위원장이 필요하다고 인정하거나 재적위원 4분의 1 이상의 요구가 있는 경우에 위원장이 소집한다.
⑦ 보호위원회는 재적위원 과반수의 출석과 출석위원 과반수의 찬성으로 의결한다.
⑧ 보호위원회의 사무를 지원하기 위하여 보호위원회에 사무국을 둔다.
⑨ 제1항부터 제8항까지에서 규정한 사항 외에 보호위원회의 조직과 운영에 필요한 사항은 대통령령으로 정한다.

제8조 (보호위원회의 기능 등)
① 보호위원회는 다음 각 호의 사항을 심의·의결한다.
1. 제9조에 따른 기본계획 및 제10조에 따른 시행계획
2. 개인정보 보호와 관련된 정책, 제도 및 법령의 개선에 관한 사항
3. 개인정보의 처리에 관한 공공기관 간의 의견조정에 관한 사항
4. 개인정보 보호에 관한 법령의 해석·운용에 관한 사항
5. 제18조제2항제5호에 따른 개인정보의 이용·제공에 관한 사항
6. 제33조제3항에 따른 영향평가 결과에 관한 사항
7. 제61조제1항에 따른 의견제시에 관한 사항
8. 제64조제4항에 따른 조치의 권고에 관한 사항
9. 제66조에 따른 처리 결과의 공표에 관한 사항
10. 제67조제1항에 따른 연차보고서의 작성·제출에 관한 사항
11. 개인정보 보호와 관련하여 대통령, 보호위원회의 위원장 또는 위원 2명 이상이 회의에 부치는 사항
12. 그 밖에 이 법 또는 다른 법령에 따라 보호위원회가 심의·의결하는 사항
② 보호위원회는 제1항 각 호의 사항을 심의·의결하기 위하여 필요하면 관계 공무원, 개인정보 보호에 관한 전문 지식이 있는 사람이나 시민사회단체 및 관련 사업자로부터 의견을 들을 수 있고, 관계 기관 등에 대하여 자료 등의 제출을 요구할 수 있다.

제9조 (기본계획)
① 개인정보의 보호와 정보주체의 권익 보장을 위하여 행정안전부장관은 3년마다 개

인정보 보호 기본계획(이하 "기본계획"이라 한다)을 관계 중앙행정기관의 장과 협의하에 작성하여 보호위원회에 제출하고, 보호위원회의 심의·의결을 거쳐 시행하여야 한다.
② 기본계획에는 다음 각 호의 사항이 포함되어야 한다.
1. 개인정보 보호의 기본목표와 추진방향
2. 개인정보 보호와 관련된 제도 및 법령의 개선
3. 개인정보 침해 방지를 위한 대책
4. 개인정보 보호 자율규제의 활성화
5. 개인정보 보호 교육·홍보의 활성화
6. 개인정보 보호를 위한 전문인력의 양성
7. 그 밖에 개인정보 보호를 위하여 필요한 사항
③ 국회, 법원, 헌법재판소, 중앙선거관리위원회는 해당 기관(그 소속 기관을 포함한다)의 개인정보 보호를 위한 기본계획을 수립·시행할 수 있다.

제10조 (시행계획)
① 중앙행정기관의 장은 기본계획에 따라 매년 개인정보 보호를 위한 시행계획을 작성하여 보호위원회에 제출하고, 보호위원회의 심의 · 의결을 거쳐 시행하여야 한다.
② 시행계획의 수립 · 시행에 필요한 사항은 대통령령으로 정한다.

제11조 (자료제출 요구 등)
① 행정안전부장관은 기본계획을 효율적으로 수립·추진하기 위하여 개인정보처리자, 관계 중앙행정기관의 장, 지방자치단체의 장 및 관계 단체 등에 개인정보처리자의 법규 준수 현황과 개인정보 관리 실태 등에 관한 자료의 제출이나 의견의 진술 등을 요구할 수 있다.
② 중앙행정기관의 장은 시행계획을 효율적으로 수립·추진하기 위하여 소관 분야의 개인정보처리자에게 제1항에 따른 자료제출 등을 요구할 수 있다.
③ 제1항 및 제2항에 따른 자료제출 등을 요구받은 자는 특별한 사정이 없으면 이에 따라야 한다.
④ 제1항 및 제2항에 따른 자료제출 등의 범위와 방법 등 필요한 사항은 대통령령으로 정한다.

제12조 (개인정보 보호지침)

① 행정안전부장관은 개인정보의 처리에 관한 기준, 개인정보 침해의 유형 및 예방조치 등에 관한 표준 개인정보 보호지침(이하 "표준지침"이라 한다)을 정하여 개인정보처리자에게 그 준수를 권장할 수 있다.

② 중앙행정기관의 장은 표준지침에 따라 소관 분야의 개인정보 처리와 관련한 개인정보 보호지침을 정하여 개인정보처리자에게 그 준수를 권장할 수 있다.

③ 국회, 법원, 헌법재판소 및 중앙선거관리위원회는 해당 기관(그 소속 기관을 포함한다)의 개인정보 보호지침을 정하여 시행할 수 있다.

제13조 (자율규제의 촉진 및 지원)

행정안전부장관은 개인정보처리자의 자율적인 개인정보 보호활동을 촉진하고 지원하기 위하여 다음 각 호의 필요한 시책을 마련하여야 한다.

1. 개인정보 보호에 관한 교육·홍보
2. 개인정보 보호와 관련된 기관·단체의 육성 및 지원
3. 개인정보 보호 인증마크의 도입·시행 지원
4. 개인정보처리자의 자율적인 규약의 제정·시행 지원
5. 그 밖에 개인정보처리자의 자율적 개인정보 보호활동을 지원하기 위하여 필요한 사항

제14조 (국제협력)

① 정부는 국제적 환경에서의 개인정보 보호 수준을 향상시키기 위하여 필요한 시책을 마련하여야 한다.

② 정부는 개인정보 국외 이전으로 인하여 정보주체의 권리가 침해되지 아니하도록 관련 시책을 마련하여야 한다.

제3장 개인정보의 처리

제1절 개인정보의 수집, 이용, 제공 등

제15조 (개인정보의 수집 · 이용)

① 개인정보처리자는 다음 각 호의 어느 하나에 해당하는 경우에는 개인정보를 수집

할 수 있으며 그 수집 목적의 범위에서 이용할 수 있다.
1. 정보주체의 동의를 받은 경우
2. 법률에 특별한 규정이 있거나 법령상 의무를 준수하기 위하여 불가피한 경우
3. 공공기관이 법령 등에서 정하는 소관 업무의 수행을 위하여 불가피한 경우
4. 정보주체와의 계약의 체결 및 이행을 위하여 불가피하게 필요한 경우
5. 정보주체 또는 그 법정대리인이 의사표시를 할 수 없는 상태에 있거나 주소불명 등으로 사전 동의를 받을 수 없는 경우로서 명백히 정보주체 또는 제3자의 급박한 생명, 신체, 재산의 이익을 위하여 필요하다고 인정되는 경우
6. 개인정보처리자의 정당한 이익을 달성하기 위하여 필요한 경우로서 명백하게 정보주체의 권리보다 우선하는 경우. 이 경우 개인정보처리자의 정당한 이익과 상당한 관련이 있고 합리적인 범위를 초과하지 아니하는 경우에 한한다.
② 개인정보처리자는 제1항제1호에 따른 동의를 받을 때에는 다음 각 호의 사항을 정보주체에게 알려야 한다. 다음 각 호의 어느 하나의 사항을 변경하는 경우에도 이를 알리고 동의를 받아야 한다.
1. 개인정보의 수집·이용 목적
2. 수집하려는 개인정보의 항목
3. 개인정보의 보유 및 이용 기간
4. 동의를 거부할 권리가 있다는 사실 및 동의 거부에 따른 불이익이 있는 경우에는 그 불이익의 내용

제16조 (개인정보의 수집 제한)
① 개인정보처리자는 제15조제1항 각 호의 어느 하나에 해당하여 개인정보를 수집하는 경우에는 그 목적에 필요한 최소한의 개인정보를 수집하여야 한다. 이 경우 최소한의 개인정보 수집이라는 입증책임은 개인정보처리자가 부담한다.
② 개인정보처리자는 정보주체가 필요한 최소한의 정보 외의 개인정보 수집에 동의하지 아니한다는 이유로 정보주체에게 재화 또는 서비스의 제공을 거부하여서는 아니 된다.

제17조 (개인정보의 제공)
① 개인정보처리자는 다음 각 호의 어느 하나에 해당되는 경우에는 정보주체의 개인정보를 제3자에게 제공(공유를 포함한다. 이하 같다)할 수 있다.
1. 정보주체의 동의를 받은 경우

2. 제15조제1항제2호·제3호 및 제5호에 따라 개인정보를 수집한 목적 범위에서 개인정보를 제공하는 경우
② 개인정보처리자는 제1항제1호에 따른 동의를 받을 때에는 다음 각 호의 사항을 정보주체에게 알려야 한다. 다음 각 호의 어느 하나의 사항을 변경하는 경우에도 이를 알리고 동의를 받아야 한다.
1. 개인정보를 제공받는 자
2. 개인정보를 제공받는 자의 개인정보 이용 목적
3. 제공하는 개인정보의 항목
4. 개인정보를 제공받는 자의 개인정보 보유 및 이용 기간
5. 동의를 거부할 권리가 있다는 사실 및 동의 거부에 따른 불이익이 있는 경우에는 그 불이익의 내용
③ 개인정보처리자가 개인정보를 국외의 제3자에게 제공할 때에는 제2항 각 호에 따른 사항을 정보주체에게 알리고 동의를 받아야 하며, 이 법을 위반하는 내용으로 개인정보의 국외 이전에 관한 계약을 체결하여서는 아니 된다.

제18조 (개인정보의 이용 · 제공 제한)
① 개인정보처리자는 개인정보를 제15조제1항에 따른 범위를 초과하여 이용하거나 제17조제1항 및 제3항에 따른 범위를 초과하여 제3자에게 제공하여서는 아니 된다.
② 제1항에도 불구하고 개인정보처리자는 다음 각 호의 어느 하나에 해당하는 경우에는 정보주체 또는 제3자의 이익을 부당하게 침해할 우려가 있을 때를 제외하고는 개인정보를 목적 외의 용도로 이용하거나 이를 제3자에게 제공할 수 있다. 다만, 제5호부터 제9호까지의 경우는 공공기관의 경우로 한정한다.
1. 정보주체로부터 별도의 동의를 받은 경우
2. 다른 법률에 특별한 규정이 있는 경우
3. 정보주체 또는 그 법정대리인이 의사표시를 할 수 없는 상태에 있거나 주소불명 등으로 사전 동의를 받을 수 없는 경우로서 명백히 정보주체 또는 제3자의 급박한 생명, 신체, 재산의 이익을 위하여 필요하다고 인정되는 경우
4. 통계작성 및 학술연구 등의 목적을 위하여 필요한 경우로서 특정 개인을 알아볼 수 없는 형태로 개인정보를 제공하는 경우
5. 개인정보를 목적 외의 용도로 이용하거나 이를 제3자에게 제공하지 아니하면 다른 법률에서 정하는 소관 업무를 수행할 수 없는 경우로서 보호위원회의 심의·의결을 거친 경우

6. 조약, 그 밖의 국제협정의 이행을 위하여 외국정부 또는 국제기구에 제공하기 위하여 필요한 경우
7. 범죄의 수사와 공소의 제기 및 유지를 위하여 필요한 경우
8. 법원의 재판업무 수행을 위하여 필요한 경우
9. 형(刑) 및 감호, 보호처분의 집행을 위하여 필요한 경우

③ 개인정보처리자는 제2항제1호에 따른 동의를 받을 때에는 다음 각 호의 사항을 정보주체에게 알려야 한다. 다음 각 호의 어느 하나의 사항을 변경하는 경우에도 이를 알리고 동의를 받아야 한다.
1. 개인정보를 제공받는 자
2. 개인정보의 이용 목적(제공 시에는 제공받는 자의 이용 목적을 말한다)
3. 이용 또는 제공하는 개인정보의 항목
4. 개인정보의 보유 및 이용 기간(제공 시에는 제공받는 자의 보유 및 이용 기간을 말한다)
5. 동의를 거부할 권리가 있다는 사실 및 동의 거부에 따른 불이익이 있는 경우에는 그 불이익의 내용

④ 공공기관은 제2항제2호부터 제6호까지, 제8호 및 제9호에 따라 개인정보를 목적 외의 용도로 이용하거나 이를 제3자에게 제공하는 경우에는 그 이용 또는 제공의 법적 근거, 목적 및 범위 등에 관하여 필요한 사항을 행정안전부령으로 정하는 바에 따라 관보 또는 인터넷 홈페이지 등에 게재하여야 한다.

⑤ 개인정보처리자는 제2항 각 호의 어느 하나의 경우에 해당하여 개인정보를 목적 외의 용도로 제3자에게 제공하는 경우에는 개인정보를 제공받는 자에게 이용 목적, 이용 방법, 그 밖에 필요한 사항에 대하여 제한을 하거나, 개인정보의 안전성 확보를 위하여 필요한 조치를 마련하도록 요청하여야 한다. 이 경우 요청을 받은 자는 개인정보의 안전성 확보를 위하여 필요한 조치를 하여야 한다

제19조 (개인정보를 제공받은 자의 이용 · 제공 제한)

개인정보처리자로부터 개인정보를 제공받은 자는 다음 각 호의 어느 하나에 해당하는 경우를 제외하고는 개인정보를 제공받은 목적 외의 용도로 이용하거나 이를 제3자에게 제공하여서는 아니 된다.
1. 정보주체로부터 별도의 동의를 받은 경우
2. 다른 법률에 특별한 규정이 있는 경우

제20조 (정보주체 이외로부터 수집한 개인정보의 수집 출처 등 고지)

① 개인정보처리자가 정보주체 이외로부터 수집한 개인정보를 처리하는 때에는 정보주체의 요구가 있으면 즉시 다음 각 호의 모든 사항을 정보주체에게 알려야 한다.

1. 개인정보의 수집 출처
2. 개인정보의 처리 목적
3. 제37조에 따른 개인정보 처리의 정지를 요구할 권리가 있다는 사실

② 제1항은 다음 각 호의 어느 하나에 해당하는 경우에는 적용하지 아니한다. 다만, 이 법에 따른 정보주체의 권리보다 명백히 우선하는 경우에 한한다.

1. 고지를 요구하는 대상이 되는 개인정보가 제32조제2항 각 호의 어느 하나에 해당하는 개인정보파일에 포함되어 있는 경우
2. 고지로 인하여 다른 사람의 생명·신체를 해할 우려가 있거나 다른 사람의 재산과 그 밖의 이익을 부당하게 침해할 우려가 있는 경우

제21조 (개인정보의 파기)

① 개인정보처리자는 보유기간의 경과, 개인정보의 처리 목적 달성 등 그 개인정보가 불필요하게 되었을 때에는 지체 없이 그 개인정보를 파기하여야 한다. 다만, 다른 법령에 따라 보존하여야 하는 경우에는 그러하지 아니하다.

② 개인정보처리자가 제1항에 따라 개인정보를 파기할 때에는 복구 또는 재생되지 아니하도록 조치하여야 한다.

③ 개인정보처리자가 제1항 단서에 따라 개인정보를 파기하지 아니하고 보존하여야 하는 경우에는 해당 개인정보 또는 개인정보파일을 다른 개인정보와 분리하여서 저장·관리하여야 한다.

④ 개인정보의 파기방법 및 절차 등에 필요한 사항은 대통령령으로 정한다.

제22조 (동의를 받는 방법)

① 개인정보처리자는 이 법에 따른 개인정보의 처리에 대하여 정보주체(제5항에 따른 법정대리인을 포함한다. 이하 이 조에서 같다)의 동의를 받을 때에는 각각의 동의 사항을 구분하여 정보주체가 이를 명확하게 인지할 수 있도록 알리고 각각 동의를 받아야 한다.

② 개인정보처리자는 제15조제1항제1호, 제17조제1항제1호, 제23조제1호 및 제24조제1항제1호에 따라 개인정보의 처리에 대하여 정보주체의 동의를 받을 때에는 정보주체

와의 계약 체결 등을 위하여 정보주체의 동의 없이 처리할 수 있는 개인정보와 정보주체의 동의가 필요한 개인정보를 구분하여야 한다. 이 경우 동의 없이 처리할 수 있는 개인정보라는 입증책임은 개인정보처리자가 부담한다.
③ 개인정보처리자는 정보주체에게 재화나 서비스를 홍보하거나 판매를 권유하기 위하여 개인정보의 처리에 대한 동의를 받으려는 때에는 정보주체가 이를 명확하게 인지할 수 있도록 알리고 동의를 받아야 한다.
④ 개인정보처리자는 정보주체가 제2항에 따라 선택적으로 동의할 수 있는 사항을 동의하지 아니하거나 제3항 및 제18조제2항제1호에 따른 동의를 하지 아니한다는 이유로 정보주체에게 재화 또는 서비스의 제공을 거부하여서는 아니 된다.
⑤ 개인정보처리자는 만 14세 미만 아동의 개인정보를 처리하기 위하여 이 법에 따른 동의를 받아야 할 때에는 그 법정대리인의 동의를 받아야 한다. 이 경우 법정대리인의 동의를 받기 위하여 필요한 최소한의 정보는 법정대리인의 동의 없이 해당 아동으로부터 직접 수집할 수 있다.
⑥ 제1항부터 제5항까지에서 규정한 사항 외에 정보주체의 동의를 받는 세부적인 방법 및 제5항에 따른 최소한의 정보의 내용에 관하여 필요한 사항은 개인정보의 수집매체 등을 고려하여 대통령령으로 정한다.

제2절 개인정보의 처리 제한

제23조 (민감정보의 처리 제한)

개인정보처리자는 사상·신념, 노동조합·정당의 가입·탈퇴, 정치적 견해, 건강, 성생활 등에 관한 정보, 그 밖에 정보주체의 사생활을 현저히 침해할 우려가 있는 개인정보로서 대통령령으로 정하는 정보(이하 "민감정보"라 한다)를 처리하여서는 아니 된다. 다만, 다음 각 호의 어느 하나에 해당하는 경우에는 그러하지 아니하다.
1. 정보주체에게 제15조제2항 각 호 또는 제17조제2항 각 호의 사항을 알리고 다른 개인정보의 처리에 대한 동의와 별도로 동의를 받은 경우
2. 법령에서 민감정보의 처리를 요구하거나 허용하는 경우

제24조 (고유식별정보의 처리 제한)

① 개인정보처리자는 다음 각 호의 경우를 제외하고는 법령에 따라 개인을 고유하게 구별하기 위하여 부여된 식별정보로서 대통령령으로 정하는 정보(이하 "고유식별정보"

라 한다)를 처리할 수 없다.
1. 정보주체에게 제15조제2항 각 호 또는 제17조제2항 각 호의 사항을 알리고 다른 개인정보의 처리에 대한 동의와 별도로 동의를 받은 경우
2. 법령에서 구체적으로 고유식별정보의 처리를 요구하거나 허용하는 경우
② 대통령령으로 정하는 기준에 해당하는 개인정보처리자는 정보주체가 인터넷 홈페이지를 통하여 회원으로 가입할 경우 주민등록번호를 사용하지 아니하고도 회원으로 가입할 수 있는 방법을 제공하여야 한다. [[시행일 2012.3.30]]
③ 개인정보처리자가 제1항 각 호에 따라 고유식별정보를 처리하는 경우에는 그 고유식별정보가 분실·도난·유출·변조 또는 훼손되지 아니하도록 대통령령으로 정하는 바에 따라 암호화 등 안전성 확보에 필요한 조치를 하여야 한다.
④ 행정안전부장관은 제2항에 따른 방법의 제공을 지원하기 위하여 관계 법령의 정비, 계획의 수립, 필요한 시설 및 시스템의 구축 등 제반 조치를 마련할 수 있다.

제25조 (영상정보처리기기의 설치 · 운영 제한)
① 누구든지 다음 각 호의 경우를 제외하고는 공개된 장소에 영상정보처리기기를 설치 · 운영하여서는 아니 된다.
1. 법령에서 구체적으로 허용하고 있는 경우
2. 범죄의 예방 및 수사를 위하여 필요한 경우
3. 시설안전 및 화재 예방을 위하여 필요한 경우
4. 교통단속을 위하여 필요한 경우
5. 교통정보의 수집·분석 및 제공을 위하여 필요한 경우
② 누구든지 불특정 다수가 이용하는 목욕실, 화장실, 발한실(發汗室), 탈의실 등 개인의 사생활을 현저히 침해할 우려가 있는 장소의 내부를 볼 수 있도록 영상정보처리기기를 설치 · 운영하여서는 아니 된다. 다만, 교도소, 정신보건 시설 등 법령에 근거하여 사람을 구금하거나 보호하는 시설로서 대통령령으로 정하는 시설에 대하여는 그러하지 아니하다.
③ 제1항 각 호에 따라 영상정보처리기기를 설치·운영하려는 공공기관의 장과 제2항 단서에 따라 영상정보처리기기를 설치·운영하려는 자는 공청회·설명회의 개최 등 대통령령으로 정하는 절차를 거쳐 관계 전문가 및 이해관계인의 의견을 수렴하여야 한다.
④ 제1항 각 호에 따라 영상정보처리기기를 설치·운영하는 자(이하 "영상정보처리기기운영자"라 한다)는 정보주체가 쉽게 인식할 수 있도록 대통령령으로 정하는 바에 따라

안내판 설치 등 필요한 조치를 하여야 한다. 다만, 대통령령으로 정하는 시설에 대하여는 그러하지 아니하다.
⑤ 영상정보처리기기운영자는 영상정보처리기기의 설치 목적과 다른 목적으로 영상정보처리기기를 임의로 조작하거나 다른 곳을 비춰서는 아니 되며, 녹음기능은 사용할 수 없다.
⑥ 영상정보처리기기운영자는 개인정보가 분실·도난·유출·변조 또는 훼손되지 아니하도록 제29조에 따라 안전성 확보에 필요한 조치를 하여야 한다.
⑦ 영상정보처리기기운영자는 대통령령으로 정하는 바에 따라 영상정보처리기기 운영·관리 방침을 마련하여야 한다. 이 경우 제30조에 따른 개인정보 처리방침을 정하지 아니할 수 있다.
⑧ 영상정보처리기기운영자는 영상정보처리기기의 설치·운영에 관한 사무를 위탁할 수 있다. 다만, 공공기관이 영상정보처리기기 설치·운영에 관한 사무를 위탁하는 경우에는 대통령령으로 정하는 절차 및 요건에 따라야 한다.

제26조 (업무위탁에 따른 개인정보의 처리 제한)
① 개인정보처리자가 제3자에게 개인정보의 처리 업무를 위탁하는 경우에는 다음 각 호의 내용이 포함된 문서에 의하여야 한다.
1. 위탁업무 수행 목적 외 개인정보의 처리 금지에 관한 사항
2. 개인정보의 기술적·관리적 보호조치에 관한 사항
3. 그 밖에 개인정보의 안전한 관리를 위하여 대통령령으로 정한 사항
② 제1항에 따라 개인정보의 처리 업무를 위탁하는 개인정보처리자(이하 “위탁자”라 한다)는 위탁하는 업무의 내용과 개인정보 처리 업무를 위탁받아 처리하는 자(이하 “수탁자”라 한다)를 정보주체가 언제든지 쉽게 확인할 수 있도록 대통령령으로 정하는 방법에 따라 공개하여야 한다.
③ 위탁자가 재화 또는 서비스를 홍보하거나 판매를 권유하는 업무를 위탁하는 경우에는 대통령령으로 정하는 방법에 따라 위탁하는 업무의 내용과 수탁자를 정보주체에게 알려야 한다. 위탁하는 업무의 내용이나 수탁자가 변경된 경우에도 또한 같다.
④ 위탁자는 업무 위탁으로 인하여 정보주체의 개인정보가 분실·도난·유출·변조 또는 훼손되지 아니하도록 수탁자를 교육하고, 처리 현황 점검 등 대통령령으로 정하는 바에 따라 수탁자가 개인정보를 안전하게 처리하는지를 감독하여야 한다.
⑤ 수탁자는 개인정보처리자로부터 위탁받은 해딩 업무 범위를 초과하여 개인정보를

이용하거나 제3자에게 제공하여서는 아니 된다.
⑥ 수탁자가 위탁받은 업무와 관련하여 개인정보를 처리하는 과정에서 이 법을 위반하여 발생한 손해배상책임에 대하여는 수탁자를 개인정보처리자의 소속 직원으로 본다.
⑦ 수탁자에 관하여는 제15조 부터 제25조까지, 제27조 부터 제31조까지, 제33조 부터 제38조까지 및 제59조를 준용한다.

제27조 (영업양도 등에 따른 개인정보의 이전 제한)
① 개인정보처리자는 영업의 전부 또는 일부의 양도·합병 등으로 개인정보를 다른 사람에게 이전하는 경우에는 미리 다음 각 호의 사항을 대통령령으로 정하는 방법에 따라 해당 정보주체에게 알려야 한다.
1. 개인정보를 이전하려는 사실
2. 개인정보를 이전받는 자(이하 "영업양수자등"이라 한다)의 성명(법인의 경우에는 법인의 명칭을 말한다), 주소, 전화번호 및 그 밖의 연락처
3. 정보주체가 개인정보의 이전을 원하지 아니하는 경우 조치할 수 있는 방법 및 절차
② 영업양수자등은 개인정보를 이전받았을 때에는 지체 없이 그 사실을 대통령령으로 정하는 방법에 따라 정보주체에게 알려야 한다. 다만, 개인정보처리자가 제1항에 따라 그 이전 사실을 이미 알린 경우에는 그러하지 아니하다.
③ 영업양수자등은 영업의 양도·합병 등으로 개인정보를 이전받은 경우에는 이전 당시의 본래 목적으로만 개인정보를 이용하거나 제3자에게 제공할 수 있다. 이 경우 영업양수자등은 개인정보처리자로 본다.

제28조 (개인정보취급자에 대한 감독)
① 개인정보처리자는 개인정보를 처리함에 있어서 개인정보가 안전하게 관리될 수 있도록 임직원, 파견근로자, 시간제근로자 등 개인정보처리자의 지휘·감독을 받아 개인정보를 처리하는 자(이하 "개인정보취급자"라 한다)에 대하여 적절한 관리·감독을 행하여야 한다.
② 개인정보처리자는 개인정보의 적정한 취급을 보장하기 위하여 개인정보취급자에게 정기적으로 필요한 교육을 실시하여야 한다.

제4장 개인정보의 안전한 관리

제29조 (안전조치의무)

개인정보처리자는 개인정보가 분실·도난·유출·변조 또는 훼손되지 아니하도록 내부 관리계획 수립, 접속기록 보관 등 대통령령으로 정하는 바에 따라 안전성 확보에 필요한 기술적·관리적 및 물리적 조치를 하여야 한다.

제30조 (개인정보 처리방침의 수립 및 공개)

① 개인정보처리자는 다음 각 호의 사항이 포함된 개인정보의 처리 방침(이하 "개인정보 처리방침"이라 한다)을 정하여야 한다. 이 경우 공공기관은 제32조에 따라 등록대상이 되는 개인정보파일에 대하여 개인정보 처리방침을 정한다.

1. 개인정보의 처리 목적
2. 개인정보의 처리 및 보유 기간
3. 개인정보의 제3자 제공에 관한 사항(해당되는 경우에만 정한다)
4. 개인정보처리의 위탁에 관한 사항(해당되는 경우에만 정한다)
5. 정보주체의 권리·의무 및 그 행사방법에 관한 사항
6. 그 밖에 개인정보의 처리에 관하여 대통령령으로 정한 사항

② 개인정보처리자가 개인정보 처리방침을 수립하거나 변경하는 경우에는 정보주체가 쉽게 확인할 수 있도록 대통령령으로 정하는 방법에 따라 공개하여야 한다.

③ 개인정보 처리방침의 내용과 개인정보처리자와 정보주체 간에 체결한 계약의 내용이 다른 경우에는 정보주체에게 유리한 것을 적용한다.

④ 행정안전부장관은 개인정보 처리방침의 작성지침을 정하여 개인정보처리자에게 그 준수를 권장할 수 있다.

제31조 (개인정보 보호책임자의 지정)

① 개인정보처리자는 개인정보의 처리에 관한 업무를 총괄해서 책임질 개인정보 보호책임자를 지정하여야 한다.

② 개인정보 보호책임자는 다음 각 호의 업무를 수행한다.

1. 개인정보 보호 계획의 수립 및 시행
2. 개인정보 처리 실태 및 관행의 정기적인 조사 및 개선
3. 개인정보 처리와 관련한 불만의 처리 및 피해 구제

4. 개인정보 유출 및 오용·남용 방지를 위한 내부통제시스템의 구축
5. 개인정보 보호 교육 계획의 수립 및 시행
6. 개인정보파일의 보호 및 관리·감독
7. 그 밖에 개인정보의 적절한 처리를 위하여 대통령령으로 정한 업무

③ 개인정보 보호책임자는 제2항 각 호의 업무를 수행함에 있어서 필요한 경우 개인정보의 처리 현황, 처리 체계 등에 대하여 수시로 조사하거나 관계 당사자로부터 보고를 받을 수 있다.

④ 개인정보 보호책임자는 개인정보 보호와 관련하여 이 법 및 다른 관계 법령의 위반 사실을 알게 된 경우에는 즉시 개선조치를 하여야 하며, 필요하면 소속 기관 또는 단체의 장에게 개선조치를 보고하여야 한다.

⑤ 개인정보처리자는 개인정보 보호책임자가 제2항 각 호의 업무를 수행함에 있어서 정당한 이유 없이 불이익을 주거나 받게 하여서는 아니 된다.

⑥ 개인정보 보호책임자의 지정요건, 업무, 자격요건, 그 밖에 필요한 사항은 대통령령으로 정한다.

제32조 (개인정보파일의 등록 및 공개)

① 공공기관의 장이 개인정보파일을 운용하는 경우에는 다음 각 호의 사항을 행정안전부장관에게 등록하여야 한다. 등록한 사항이 변경된 경우에도 또한 같다.

1. 개인정보파일의 명칭
2. 개인정보파일의 운영 근거 및 목적
3. 개인정보파일에 기록되는 개인정보의 항목
4. 개인정보의 처리방법
5. 개인정보의 보유기간
6. 개인정보를 통상적 또는 반복적으로 제공하는 경우에는 그 제공받는 자
7. 그 밖에 대통령령으로 정하는 사항

② 다음 각 호의 어느 하나에 해당하는 개인정보파일에 대하여는 제1항을 적용하지 아니한다.

1. 국가 안전, 외교상 비밀, 그 밖에 국가의 중대한 이익에 관한 사항을 기록한 개인정보파일
2. 범죄의 수사, 공소의 제기 및 유지, 형 및 감호의 집행, 교정처분, 보호처분, 보안관찰처분과 출입국관리에 관한 사항을 기록한 개인정보파일

3. 「조세범처벌법」에 따른 범칙행위 조사 및 「관세법」에 따른 범칙행위 조사에 관한 사항을 기록한 개인정보파일
4. 공공기관의 내부적 업무처리만을 위하여 사용되는 개인정보파일
5. 다른 법령에 따라 비밀로 분류된 개인정보파일
③ 행정안전부장관은 필요하면 제1항에 따른 개인정보파일의 등록사항과 그 내용을 검토하여 해당 공공기관의 장에게 개선을 권고할 수 있다.
④ 행정안전부장관은 제1항에 따른 개인정보파일의 등록 현황을 누구든지 쉽게 열람할 수 있도록 공개하여야 한다.
⑤ 제1항에 따른 등록과 제4항에 따른 공개의 방법, 범위 및 절차에 관하여 필요한 사항은 대통령령으로 정한다.
⑥ 국회, 법원, 헌법재판소, 중앙선거관리위원회(그 소속 기관을 포함한다)의 개인정보파일 등록 및 공개에 관하여는 국회규칙, 대법원규칙, 헌법재판소규칙 및 중앙선거관리위원회규칙으로 정한다.

제33조 (개인정보 영향평가)

① 공공기관의 장은 대통령령으로 정하는 기준에 해당하는 개인정보파일의 운용으로 인하여 정보주체의 개인정보 침해가 우려되는 경우에는 그 위험요인의 분석과 개선 사항 도출을 위한 평가(이하 "영향평가"라 한다)를 하고 그 결과를 행정안전부장관에게 제출하여야 한다. 이 경우 공공기관의 장은 영향평가를 행정안전부장관이 지정하는 기관(이하 "평가기관"이라 한다) 중에서 의뢰하여야 한다.
② 영향평가를 하는 경우에는 다음 각 호의 사항을 고려하여야 한다.
1. 처리하는 개인정보의 수
2. 개인정보의 제3자 제공 여부
3. 정보주체의 권리를 해할 가능성 및 그 위험 정도
4. 그 밖에 대통령령으로 정한 사항
③ 행정안전부장관은 제1항에 따라 제출받은 영향평가 결과에 대하여 보호위원회의 심의·의결을 거쳐 의견을 제시할 수 있다.
④ 공공기관의 장은 제1항에 따라 영향평가를 한 개인정보파일을 제32조제1항에 따라 등록할 때에는 영향평가 결과를 함께 첨부하여야 한다.
⑤ 행정안전부장관은 영향평가의 활성화를 위하여 관계 전문가의 육성, 영향평가 기준의 개발·보급 등 필요한 조치를 마련하여야 한다.

⑥ 제1항에 따른 평가기관의 지정기준 및 지정취소, 평가기준, 영향평가의 방법·절차 등에 관하여 필요한 사항은 대통령령으로 정한다.
⑦ 국회, 법원, 헌법재판소, 중앙선거관리위원회(그 소속 기관을 포함한다)의 영향평가에 관한 사항은 국회규칙, 대법원규칙, 헌법재판소규칙 및 중앙선거관리위원회규칙으로 정하는 바에 따른다.
⑧ 공공기관 외의 개인정보처리자는 개인정보파일 운용으로 인하여 정보주체의 개인정보 침해가 우려되는 경우에는 영향평가를 하기 위하여 적극 노력하여야 한다.

제34조 (개인정보 유출 통지 등)
① 개인정보처리자는 개인정보가 유출되었음을 알게 되었을 때에는 지체 없이 해당 정보주체에게 다음 각 호의 사실을 알려야 한다.
1. 유출된 개인정보의 항목
2. 유출된 시점과 그 경위
3. 유출로 인하여 발생할 수 있는 피해를 최소화하기 위하여 정보주체가 할 수 있는 방법 등에 관한 정보
4. 개인정보처리자의 대응조치 및 피해 구제절차
5. 정보주체에게 피해가 발생한 경우 신고 등을 접수할 수 있는 담당부서 및 연락처
② 개인정보처리자는 개인정보가 유출된 경우 그 피해를 최소화하기 위한 대책을 마련하고 필요한 조치를 하여야 한다.
③ 개인정보처리자는 대통령령으로 정한 규모 이상의 개인정보가 유출된 경우에는 제1항에 따른 통지 및 제2항에 따른 조치 결과를 지체 없이 행정안전부장관 또는 대통령령으로 정하는 전문기관에 신고하여야 한다. 이 경우 행정안전부장관 또는 대통령령으로 정하는 전문기관은 피해 확산방지, 피해 복구 등을 위한 기술을 지원할 수 있다.
④ 제1항에 따른 통지의 시기, 방법 및 절차 등에 관하여 필요한 사항은 대통령령으로 정한다.

제5장 정보주체의 권리 보장

제35조 (개인정보의 열람)
① 정보주체는 개인정보처리자가 처리하는 자신의 개인정보에 대한 열람을 해당 개인

정보처리자에게 요구할 수 있다.

② 제1항에도 불구하고 정보주체가 자신의 개인정보에 대한 열람을 공공기관에 요구하고자 할 때에는 공공기관에 직접 열람을 요구하거나 대통령령으로 정하는 바에 따라 행정안전부장관을 통하여 열람을 요구할 수 있다.

③ 개인정보처리자는 제1항 및 제2항에 따른 열람을 요구받았을 때에는 대통령령으로 정하는 기간 내에 정보주체가 해당 개인정보를 열람할 수 있도록 하여야 한다. 이 경우 해당 기간 내에 열람할 수 없는 정당한 사유가 있을 때에는 정보주체에게 그 사유를 알리고 열람을 연기할 수 있으며, 그 사유가 소멸하면 지체 없이 열람하게 하여야 한다.

④ 개인정보처리자는 다음 각 호의 어느 하나에 해당하는 경우에는 정보주체에게 그 사유를 알리고 열람을 제한하거나 거절할 수 있다.

1. 법률에 따라 열람이 금지되거나 제한되는 경우
2. 다른 사람의 생명·신체를 해할 우려가 있거나 다른 사람의 재산과 그 밖의 이익을 부당하게 침해할 우려가 있는 경우
3. 공공기관이 다음 각 목의 어느 하나에 해당하는 업무를 수행할 때 중대한 지장을 초래하는 경우

가. 조세의 부과·징수 또는 환급에 관한 업무

나. 「초·중등교육법」및 「고등교육법」에 따른 각급 학교, 「평생교육법」에 따른 평생교육시설, 그 밖의 다른 법률에 따라 설치된 고등교육기관에서의 성적 평가 또는 입학자 선발에 관한 업무

다. 학력·기능 및 채용에 관한 시험, 자격 심사에 관한 업무

라. 보상금·급부금 산정 등에 대하여 진행 중인 평가 또는 판단에 관한 업무

마. 다른 법률에 따라 진행 중인 감사 및 조사에 관한 업무

⑤ 제1항부터 제4항까지의 규정에 따른 열람 요구, 열람 제한, 통지 등의 방법 및 절차에 관하여 필요한 사항은 대통령령으로 정한다.

제36조 (개인정보의 정정 · 삭제)

① 제35조에 따라 자신의 개인정보를 열람한 정보주체는 개인정보처리자에게 그 개인정보의 정정 또는 삭제를 요구할 수 있다. 다만, 다른 법령에서 그 개인정보가 수집 대상으로 명시되어 있는 경우에는 그 삭제를 요구할 수 없다.

② 개인정보처리자는 제1항에 따른 정보주체의 요구를 받았을 때에는 개인정보의 정

정 또는 삭제에 관하여 다른 법령에 특별한 절차가 규정되어 있는 경우를 제외하고는 지체 없이 그 개인정보를 조사하여 정보주체의 요구에 따라 정정·삭제 등 필요한 조치를 한 후 그 결과를 정보주체에게 알려야 한다.
③ 개인정보처리자가 제2항에 따라 개인정보를 삭제할 때에는 복구 또는 재생되지 아니하도록 조치하여야 한다.
④ 개인정보처리자는 정보주체의 요구가 제1항 단서에 해당될 때에는 지체 없이 그 내용을 정보주체에게 알려야 한다.
⑤ 개인정보처리자는 제2항에 따른 조사를 할 때 필요하면 해당 정보주체에게 정정·삭제 요구사항의 확인에 필요한 증거자료를 제출하게 할 수 있다.
⑥ 제1항·제2항 및 제4항에 따른 정정 또는 삭제 요구, 통지 방법 및 절차 등에 필요한 사항은 대통령령으로 정한다.

제37조 (개인정보의 처리정지 등)
① 정보주체는 개인정보처리자에 대하여 자신의 개인정보 처리의 정지를 요구할 수 있다. 이 경우 공공기관에 대하여는 제32조에 따라 등록 대상이 되는 개인정보파일 중 자신의 개인정보에 대한 처리의 정지를 요구할 수 있다.
② 개인정보처리자는 제1항에 따른 요구를 받았을 때에는 지체 없이 정보주체의 요구에 따라 개인정보 처리의 전부를 정지하거나 일부를 정지하여야 한다. 다만, 다음 각 호의 어느 하나에 해당하는 경우에는 정보주체의 처리정지 요구를 거절할 수 있다.
1. 법률에 특별한 규정이 있거나 법령상 의무를 준수하기 위하여 불가피한 경우
2. 다른 사람의 생명·신체를 해할 우려가 있거나 다른 사람의 재산과 그 밖의 이익을 부당하게 침해할 우려가 있는 경우
3. 공공기관이 개인정보를 처리하지 아니하면 다른 법률에서 정하는 소관 업무를 수행할 수 없는 경우
4. 개인정보를 처리하지 아니하면 정보주체와 약정한 서비스를 제공하지 못하는 등 계약의 이행이 곤란한 경우로서 정보주체가 그 계약의 해지 의사를 명확하게 밝히지 아니한 경우
③ 개인정보처리자는 제2항 단서에 따라 처리정지 요구를 거절하였을 때에는 정보주체에게 지체 없이 그 사유를 알려야 한다.
④ 개인정보처리자는 정보주체의 요구에 따라 처리가 정지된 개인정보에 대하여 지체 없이 해당 개인정보의 파기 등 필요한 조치를 하여야 한다.

⑤ 제1항부터 제3항까지의 규정에 따른 처리정지의 요구, 처리정지의 거절, 통지 등의 방법 및 절차에 필요한 사항은 대통령령으로 정한다.

제38조 (권리행사의 방법 및 절차)
① 정보주체는 제35조에 따른 열람, 제36조에 따른 정정·삭제, 제37조에 따른 처리정지 등의 요구(이하 "열람등요구"라 한다)를 문서 등 대통령령으로 정하는 방법·절차에 따라 대리인에게 하게 할 수 있다.
② 만 14세 미만 아동의 법정대리인은 개인정보처리자에게 그 아동의 개인정보 열람등요구를 할 수 있다.
③ 개인정보처리자는 열람등요구를 하는 자에게 대통령령으로 정하는 바에 따라 수수료와 우송료(사본의 우송을 청구하는 경우에 한한다)를 청구할 수 있다.
④ 개인정보처리자는 정보주체가 열람등요구를 할 수 있는 구체적인 방법과 절차를 마련하고, 이를 정보주체가 알 수 있도록 공개하여야 한다.
⑤ 개인정보처리자는 정보주체가 열람등요구에 대한 거절 등 조치에 대하여 불복이 있는 경우 이의를 제기할 수 있도록 필요한 절차를 마련하고 안내하여야 한다.

제39조 (손해배상책임)
① 정보주체는 개인정보처리자가 이 법을 위반한 행위로 손해를 입으면 개인정보처리자에게 손해배상을 청구할 수 있다. 이 경우 그 개인정보처리자는 고의 또는 과실이 없음을 입증하지 아니하면 책임을 면할 수 없다.
② 개인정보처리자가 이 법에 따른 의무를 준수하고 상당한 주의와 감독을 게을리하지 아니한 경우에는 개인정보의 분실·도난·유출·변조 또는 훼손으로 인한 손해배상 책임을 감경받을 수 있다.

제6장 개인정보 분쟁조정위원회

제40조 (설치 및 구성)
① 개인정보에 관한 분쟁의 조정(調停)을 위하여 개인정보 분쟁조정위원회(이하 "분쟁조정위원회"라 한다)를 둔다.
② 분쟁조정위원회는 위원장 1명을 포함한 20명 이내의 위원으로 구성하며, 그 중 1

명은 상임위원으로 한다.

③ 위원은 다음 각 호의 어느 하나에 해당하는 사람 중에서 행정안전부장관이 임명하거나 위촉한다.

1. 개인정보 보호업무를 관장하는 중앙행정기관의 고위공무원단에 속하는 공무원 또는 이에 상당하는 공공부문 및 관련 단체의 직에 재직하고 있거나 재직하였던 사람으로서 개인정보 보호업무의 경험이 있는 사람
2. 대학이나 공인된 연구기관에서 부교수 이상 또는 이에 상당하는 직에 재직하고 있거나 재직하였던 사람
3. 판사·검사 또는 변호사로 재직하고 있거나 재직하였던 사람
4. 개인정보 보호와 관련된 시민사회단체 또는 소비자단체로부터 추천을 받은 사람
5. 개인정보처리자로 구성된 사업자단체의 임원으로 재직하고 있거나 재직하였던 사람

④ 위원장은 위원 중에서 공무원이 아닌 사람으로 행정안전부장관이 임명한다.

⑤ 위원장과 위원의 임기는 2년으로 하되, 1차에 한하여 연임할 수 있다. 다만, 제3항 제1호에 따라 임명된 공무원인 위원은 그 직에 재직하는 동안 재임한다.

⑥ 분쟁조정위원회는 분쟁조정 업무를 효율적으로 수행하기 위하여 필요하면 대통령령으로 정하는 바에 따라 조정사건의 분야별로 5명 이내의 위원으로 구성되는 조정부를 둘 수 있다. 이 경우 조정부가 분쟁조정위원회에서 위임받아 의결한 사항은 분쟁조정위원회에서 의결한 것으로 본다.

⑦ 분쟁조정위원회 또는 조정부는 재적위원 과반수의 출석으로 개의하며 출석위원 과반수의 찬성으로 의결한다.

⑧ 행정안전부장관은 분쟁조정위원회 사무국 운영 등 업무를 지원하기 위하여 대통령령으로 정하는 바에 따라 전문기관을 지정할 수 있다.

⑨ 이 법에서 정한 사항 외에 분쟁조정위원회 운영에 필요한 사항은 대통령령으로 정한다.

제41조 (위원의 신분보장)

위원은 자격정지 이상의 형을 선고받거나 심신상의 장애로 직무를 수행할 수 없는 경우를 제외하고는 그의 의사에 반하여 면직되거나 해촉되지 아니한다.

제42조 (위원의 제척 · 기피 · 회피)

① 분쟁조정위원회의 위원은 다음 각 호의 어느 하나에 해당하는 경우에는 제43조제1항에 따라 분쟁조정위원회에 신청된 분쟁조정사건(이하 이 조에서 "사건"이라 한다)의 심의·의결에서 제척(除斥)된다.

1. 위원 또는 그 배우자나 배우자였던 자가 그 사건의 당사자가 되거나 그 사건에 관하여 공동의 권리자 또는 의무자의 관계에 있는 경우
2. 위원이 그 사건의 당사자와 친족이거나 친족이었던 경우
3. 위원이 그 사건에 관하여 증언, 감정, 법률자문을 한 경우
4. 위원이 그 사건에 관하여 당사자의 대리인으로서 관여하거나 관여하였던 경우

② 당사자는 위원에게 공정한 심의·의결을 기대하기 어려운 사정이 있으면 위원장에게 기피신청을 할 수 있다. 이 경우 위원장은 기피신청에 대하여 분쟁조정위원회의 의결을 거치지 아니하고 결정한다.

③ 위원이 제1항 또는 제2항의 사유에 해당하는 경우에는 스스로 그 사건의 심의·의결에서 회피할 수 있다.

제43조 (조정의 신청 등)

① 개인정보와 관련한 분쟁의 조정을 원하는 자는 분쟁조정위원회에 분쟁조정을 신청할 수 있다.

② 분쟁조정위원회는 당사자 일방으로부터 분쟁조정 신청을 받았을 때에는 그 신청내용을 상대방에게 알려야 한다.

③ 공공기관이 제2항에 따른 분쟁조정의 통지를 받은 경우에는 특별한 사유가 없으면 분쟁조정에 응하여야 한다.

제44조 (처리기간)

① 분쟁조정위원회는 제43조제1항에 따른 분쟁조정 신청을 받은 날부터 60일 이내에 이를 심사하여 조정안을 작성하여야 한다. 다만, 부득이한 사정이 있는 경우에는 분쟁조정위원회의 의결로 처리기간을 연장할 수 있다.

② 분쟁조정위원회는 제1항 단서에 따라 처리기간을 연장한 경우에는 기간연장의 사유와 그 밖의 기간연장에 관한 사항을 신청인에게 알려야 한다.

제45조 (자료의 요청 등)

① 분쟁조정위원회는 제43조제1항에 따라 분쟁조정 신청을 받았을 때에는 해당 분쟁의 조정을 위하여 필요한 자료를 분쟁당사자에게 요청할 수 있다. 이 경우 분쟁당사자는 정당한 사유가 없으면 요청에 따라야 한다.

② 분쟁조정위원회는 필요하다고 인정하면 분쟁당사자나 참고인을 위원회에 출석하도록 하여 그 의견을 들을 수 있다.

제46조 (조정 전 합의 권고)

분쟁조정위원회는 제43조제1항에 따라 분쟁조정 신청을 받았을 때에는 당사자에게 그 내용을 제시하고 조정 전 합의를 권고할 수 있다.

제47조 (분쟁의 조정)

① 분쟁조정위원회는 다음 각 호의 어느 하나의 사항을 포함하여 조정안을 작성할 수 있다.

1. 조사 대상 침해행위의 중지
2. 원상회복, 손해배상, 그 밖에 필요한 구제조치
3. 같거나 비슷한 침해의 재발을 방지하기 위하여 필요한 조치

② 분쟁조정위원회는 제1항에 따라 조정안을 작성하면 지체 없이 각 당사자에게 제시하여야 한다.

③ 제1항에 따라 조정안을 제시받은 당사자가 제시받은 날부터 15일 이내에 수락 여부를 알리지 아니하면 조정을 거부한 것으로 본다.

④ 당사자가 조정내용을 수락한 경우 분쟁조정위원회는 조정서를 작성하고, 분쟁조정위원회의 위원장과 각 당사자가 기명날인하여야 한다.

⑤ 제4항에 따른 조정의 내용은 재판상 화해와 동일한 효력을 갖는다.

제48조 (조정의 거부 및 중지)

① 분쟁조정위원회는 분쟁의 성질상 분쟁조정위원회에서 조정하는 것이 적합하지 아니하다고 인정하거나 부정한 목적으로 조정이 신청되었다고 인정하는 경우에는 그 조정을 거부할 수 있다. 이 경우 조정거부의 사유 등을 신청인에게 알려야 한다.

② 분쟁조정위원회는 신청된 조정사건에 대한 처리절차를 진행하던 중에 한 쪽 당사자가 소를 제기하면 그 조정의 처리를 중지하고 이를 당사자에게 알려야 한다.

第49조 (집단분쟁조정)

① 국가 및 지방자치단체, 개인정보 보호단체 및 기관, 정보주체, 개인정보처리자는 정보주체의 피해 또는 권리침해가 다수의 정보주체에게 같거나 비슷한 유형으로 발생하는 경우로서 대통령령으로 정하는 사건에 대하여는 분쟁조정위원회에 일괄적인 분쟁조정(이하 "집단분쟁조정"이라 한다)을 의뢰 또는 신청할 수 있다.
② 제1항에 따라 집단분쟁조정을 의뢰받거나 신청받은 분쟁조정위원회는 그 의결로써 제3항부터 제7항까지의 규정에 따른 집단분쟁조정의 절차를 개시할 수 있다. 이 경우 분쟁조정위원회는 대통령령으로 정하는 기간 동안 그 절차의 개시를 공고하여야 한다.
③ 분쟁조정위원회는 집단분쟁조정의 당사자가 아닌 정보주체 또는 개인정보처리자로부터 그 분쟁조정의 당사자에 추가로 포함될 수 있도록 하는 신청을 받을 수 있다.
④ 분쟁조정위원회는 그 의결로써 제1항 및 제3항에 따른 집단분쟁조정의 당사자 중에서 공동의 이익을 대표하기에 가장 적합한 1인 또는 수인을 대표당사자로 선임할 수 있다.
⑤ 분쟁조정위원회는 개인정보처리자가 분쟁조정위원회의 집단분쟁조정의 내용을 수락한 경우에는 집단분쟁조정의 당사자가 아닌 자로서 피해를 입은 정보주체에 대한 보상계획서를 작성하여 분쟁조정위원회에 제출하도록 권고할 수 있다.
⑥ 제48조제2항에도 불구하고 분쟁조정위원회는 집단분쟁조정의 당사자인 다수의 정보주체 중 일부의 정보주체가 법원에 소를 제기한 경우에는 그 절차를 중지하지 아니하고, 소를 제기한 일부의 정보주체를 그 절차에서 제외한다.
⑦ 집단분쟁조정의 기간은 제2항에 따른 공고가 종료된 날의 다음 날부터 60일 이내로 한다. 다만, 부득이한 사정이 있는 경우에는 분쟁조정위원회의 의결로 처리기간을 연장할 수 있다.
⑧ 집단분쟁조정의 절차 등에 관하여 필요한 사항은 대통령령으로 정한다.

第50조 (조정절차 등)

① 제43조 부터 제49조까지의 규정에서 정한 것 외에 분쟁의 조정방법, 조정절차 및 조정업무의 처리 등에 필요한 사항은 대통령령으로 정한다.
② 분쟁조정위원회의 운영 및 분쟁조정 절차에 관하여 이 법에서 규정하지 아니한 사항에 대하여는 「민사조정법」을 준용한다.

제7장 개인정보 단체소송

제51조 (단체소송의 대상 등)

다음 각 호의 어느 하나에 해당하는 단체는 개인정보처리자가 제49조에 따른 집단분쟁조정을 거부하거나 집단분쟁조정의 결과를 수락하지 아니한 경우에는 법원에 권리침해 행위의 금지·중지를 구하는 소송(이하 "단체소송"이라 한다)을 제기할 수 있다.

1. 「소비자기본법」 제29조에 따라 공정거래위원회에 등록한 소비자단체로서 다음 각 목의 요건을 모두 갖춘 단체

가. 정관에 따라 상시적으로 정보주체의 권익증진을 주된 목적으로 하는 단체일 것

나. 단체의 정회원수가 1천명 이상일 것

다. 「소비자기본법」 제29조에 따른 등록 후 3년이 경과하였을 것

2. 「비영리민간단체 지원법」 제2조에 따른 비영리민간단체로서 다음 각 목의 요건을 모두 갖춘 단체

가. 법률상 또는 사실상 동일한 침해를 입은 100명 이상의 정보주체로부터 단체소송의 제기를 요청받을 것

나. 정관에 개인정보 보호를 단체의 목적으로 명시한 후 최근 3년 이상 이를 위한 활동실적이 있을 것

다. 단체의 상시 구성원수가 5천명 이상일 것

라. 중앙행정기관에 등록되어 있을 것

제52조 (전속관할)

① 단체소송의 소는 피고의 주된 사무소 또는 영업소가 있는 곳, 주된 사무소나 영업소가 없는 경우에는 주된 업무담당자의 주소가 있는 곳의 지방법원 본원 합의부의 관할에 전속한다.

② 제1항을 외국사업자에 적용하는 경우 대한민국에 있는 이들의 주된 사무소·영업소 또는 업무담당자의 주소에 따라 정한다.

제53조 (소송대리인의 선임)

단체소송의 원고는 변호사를 소송대리인으로 선임하여야 한다.

제54조 (소송허가신청)

① 단체소송을 제기하는 단체는 소장과 함께 다음 각 호의 사항을 기재한 소송허가신청서를 법원에 제출하여야 한다.

1. 원고 및 그 소송대리인
2. 피고
3. 정보주체의 침해된 권리의 내용

② 제1항에 따른 소송허가신청서에는 다음 각 호의 자료를 첨부하여야 한다.

1. 소제기단체가 제51조 각 호의 어느 하나에 해당하는 요건을 갖추고 있음을 소명하는 자료
2. 개인정보처리자가 조정을 거부하였거나 조정결과를 수락하지 아니하였음을 증명하는 서류

제55조 (소송허가요건 등)

① 법원은 다음 각 호의 요건을 모두 갖춘 경우에 한하여 결정으로 단체소송을 허가한다.

1. 개인정보처리자가 분쟁조정위원회의 조정을 거부하거나 조정결과를 수락하지 아니하였을 것
2. 제54조에 따른 소송허가신청서의 기재사항에 흠결이 없을 것

② 단체소송을 허가하거나 불허가하는 결정에 대하여는 즉시항고할 수 있다.

제56조 (확정판결의 효력)

원고의 청구를 기각하는 판결이 확정된 경우 이와 동일한 사안에 관하여는 제51조에 따른 다른 단체는 단체소송을 제기할 수 없다. 다만, 다음 각 호의 어느 하나에 해당하는 경우에는 그러하지 아니하다.

1. 판결이 확정된 후 그 사안과 관련하여 국가·지방자치단체 또는 국가·지방자치단체가 설립한 기관에 의하여 새로운 증거가 나타난 경우
2. 기각판결이 원고의 고의로 인한 것임이 밝혀진 경우

제57조 (「민사소송법」의 적용 등)

① 단체소송에 관하여 이 법에 특별한 규정이 없는 경우에는 「민사소송법」을 적용한다.

② 제55조에 따른 단체소송의 허가결정이 있는 경우에는 「민사집행법」 제4편에 따른

보전처분을 할 수 있다.
③ 단체소송의 절차에 관하여 필요한 사항은 대법원규칙으로 정한다.

제8장 보칙

제58조 (적용의 일부 제외)

다음 각 호의 어느 하나에 해당하는 개인정보에 관하여는 제3장부터 제7장까지를 적용하지 아니한다.
1. 공공기관이 처리하는 개인정보 중 「통계법」에 따라 수집되는 개인정보
2. 국가안전보장과 관련된 정보 분석을 목적으로 수집 또는 제공 요청되는 개인정보
3. 공중위생 등 공공의 안전과 안녕을 위하여 긴급히 필요한 경우로서 일시적으로 처리되는 개인정보
4. 언론, 종교단체, 정당이 각각 취재·보도, 선교, 선거 입후보자 추천 등 고유 목적을 달성하기 위하여 수집·이용하는 개인정보
② 제25조제1항 각 호에 따라 공개된 장소에 영상정보처리기기를 설치·운영하여 처리되는 개인정보에 대하여는 제15조, 제22조, 제27조제1항·제2항, 제34조 및 제37조를 적용하지 아니한다.
③ 개인정보처리자가 동창회, 동호회 등 친목 도모를 위한 단체를 운영하기 위하여 개인정보를 처리하는 경우에는 제15조, 제30조 및 제31조를 적용하지 아니한다.
④ 개인정보처리자는 제1항 각 호에 따라 개인정보를 처리하는 경우에도 그 목적을 위하여 필요한 범위에서 최소한의 기간에 최소한의 개인정보만을 처리하여야 하며, 개인정보의 안전한 관리를 위하여 필요한 기술적·관리적 및 물리적 보호조치, 개인정보의 처리에 관한 고충처리, 그 밖에 개인정보의 적절한 처리를 위하여 필요한 조치를 마련하여야 한다.

제59조 (금지행위)

개인정보를 처리하거나 처리하였던 자는 다음 각 호의 어느 하나에 해당하는 행위를 하여서는 아니 된다.
1. 거짓이나 그 밖의 부정한 수단이나 방법으로 개인정보를 취득하거나 처리에 관한 동의를 받는 행위

2. 업무상 알게 된 개인정보를 누설하거나 권한 없이 다른 사람이 이용하도록 제공하는 행위
3. 정당한 권한 없이 또는 허용된 권한을 초과하여 다른 사람의 개인정보를 훼손, 멸실, 변경, 위조 또는 유출하는 행위

제60조 (비밀유지 등)

다음 각 호의 업무에 종사하거나 종사하였던 자는 직무상 알게 된 비밀을 다른 사람에게 누설하거나 직무상 목적 외의 용도로 이용하여서는 아니 된다. 다만, 다른 법률에 특별한 규정이 있는 경우에는 그러하지 아니하다.
1. 제8조에 따른 보호위원회의 업무
2. 제33조에 따른 영향평가 업무
3. 제40조에 따른 분쟁조정위원회의 분쟁조정 업무

제61조 (의견제시 및 개선권고)

① 행정안전부장관은 개인정보 보호에 영향을 미치는 내용이 포함된 법령이나 조례에 대하여 필요하다고 인정하면 보호위원회의 심의·의결을 거쳐 관계 기관에 의견을 제시할 수 있다.
② 행정안전부장관은 개인정보 보호를 위하여 필요하다고 인정하면 개인정보처리자에게 개인정보 처리 실태의 개선을 권고할 수 있다. 이 경우 권고를 받은 개인정보처리자는 이를 이행하기 위하여 성실하게 노력하여야 하며, 그 조치 결과를 행정안전부장관에게 알려야 한다.
③ 관계 중앙행정기관의 장은 개인정보 보호를 위하여 필요하다고 인정하면 소관 법률에 따라 개인정보처리자에게 개인정보 처리 실태의 개선을 권고할 수 있다. 이 경우 권고를 받은 개인정보처리자는 이를 이행하기 위하여 성실하게 노력하여야 하며, 그 조치 결과를 관계 중앙행정기관의 장에게 알려야 한다.
④ 중앙행정기관, 지방자치단체, 국회, 법원, 헌법재판소, 중앙선거관리위원회는 그 소속 기관 및 소관 공공기관에 대하여 개인정보 보호에 관한 의견을 제시하거나 지도·점검을 할 수 있다.

제62조 (침해 사실의 신고 등)

① 개인정보처리자가 개인정보를 처리할 때 개인정보에 관한 권리 또는 이익을 침해

받은 사람은 행정안전부장관에게 그 침해 사실을 신고할 수 있다.
② 행정안전부장관은 제1항에 따른 신고의 접수·처리 등에 관한 업무를 효율적으로 수행하기 위하여 대통령령으로 정하는 바에 따라 전문기관을 지정할 수 있다. 이 경우 전문기관은 개인정보침해 신고센터(이하 "신고센터"라 한다)를 설치·운영하여야 한다.
③ 신고센터는 다음 각 호의 업무를 수행한다.
1. 개인정보 처리와 관련한 신고의 접수·상담
2. 사실의 조사·확인 및 관계자의 의견 청취
3. 제1호 및 제2호에 따른 업무에 딸린 업무
④ 행정안전부장관은 제3항제2호의 사실 조사·확인 등의 업무를 효율적으로 하기 위하여 필요하면 「국가공무원법」 제32조의4에 따라 소속 공무원을 제2항에 따른 전문기관에 파견할 수 있다.

제63조 (자료제출 요구 및 검사)
① 행정안전부장관은 다음 각 호의 어느 하나에 해당하는 경우에는 개인정보처리자에게 관계 물품 · 서류 등 자료를 제출하게 할 수 있다.
1. 이 법을 위반하는 사항을 발견하거나 혐의가 있음을 알게 된 경우
2. 이 법 위반에 대한 신고를 받거나 민원이 접수된 경우
3. 그 밖에 정보주체의 개인정보 보호를 위하여 필요한 경우로서 대통령령으로 정하는 경우
② 행정안전부장관은 개인정보처리자가 제1항에 따른 자료를 제출하지 아니하거나 이 법을 위반한 사실이 있다고 인정되면 소속 공무원으로 하여금 개인정보처리자의 사무소나 사업장에 출입하여 업무 상황, 장부 또는 서류 등을 검사하게 할 수 있다. 이 경우 검사를 하는 공무원은 그 권한을 나타내는 증표를 지니고 이를 관계인에게 내보여야 한다.
③ 관계 중앙행정기관의 장은 소관 법률에 따라 개인정보처리자에게 제1항에 따른 자료제출을 요구하거나 제2항에 따른 검사를 할 수 있다.
④ 행정안전부장관과 관계 중앙행정기관의 장은 개인정보처리자로부터 제출받거나 수집한 서류·자료 등을 이 법에 따른 경우를 제외하고는 제3자에게 제공하거나 일반에게 공개하여서는 아니 된다.
⑤ 행정안전부장관과 관계 중앙행정기관의 장은 정보통신망을 통하여 자료의 제출 등을 받은 경우나 수집한 자료 등을 전자화한 경우에는 개인정보·영업비밀 등이 유출되지 아니하도록 제도적·기술적 보완조치를 하여야 한다.

第64조 (시정조치 등)

① 행정안전부장관은 개인정보가 침해되었다고 판단할 상당한 근거가 있고 이를 방치할 경우 회복하기 어려운 피해가 발생할 우려가 있다고 인정되면 이 법을 위반한 자(중앙행정기관, 지방자치단체, 국회, 법원, 헌법재판소, 중앙선거관리위원회는 제외한다)에 대하여 다음 각 호에 해당하는 조치를 명할 수 있다.

1. 개인정보 침해행위의 중지
2. 개인정보 처리의 일시적인 정지
3. 그 밖에 개인정보의 보호 및 침해 방지를 위하여 필요한 조치

② 관계 중앙행정기관의 장은 개인정보가 침해되었다고 판단할 상당한 근거가 있고 이를 방치할 경우 회복하기 어려운 피해가 발생할 우려가 있다고 인정되면 소관 법률에 따라 개인정보처리자에 대하여 제1항 각 호에 해당하는 조치를 명할 수 있다.

③ 지방자치단체, 국회, 법원, 헌법재판소, 중앙선거관리위원회는 그 소속 기관 및 소관 공공기관이 이 법을 위반하였을 때에는 제1항 각 호에 해당하는 조치를 명할 수 있다.

④ 보호위원회는 중앙행정기관, 지방자치단체, 국회, 법원, 헌법재판소, 중앙선거관리위원회가 이 법을 위반하였을 때에는 해당 기관의 장에게 제1항 각 호에 해당하는 조치를 하도록 권고할 수 있다. 이 경우 권고를 받은 기관은 특별한 사유가 없으면 이를 존중하여야 한다.

第65조 (고발 및 징계권고)

① 행정안전부장관은 개인정보처리자에게 이 법 등 개인정보 보호와 관련된 법규의 위반에 따른 범죄혐의가 있다고 인정될 만한 상당한 이유가 있을 때에는 관할 수사기관에 그 내용을 고발할 수 있다.

② 행정안전부장관은 이 법 등 개인정보 보호와 관련된 법규의 위반행위가 있다고 인정될 만한 상당한 이유가 있을 때에는 책임이 있는 자를 징계할 것을 그 소속 기관·단체 등의 장에게 권고할 수 있다. 이 경우 권고를 받은 사람은 이를 존중하여야 하며 그 결과를 행정안전부장관에게 통보하여야 한다.

③ 관계 중앙행정기관의 장은 소관 법률에 따라 개인정보처리자에 대하여 제1항에 따른 고발을 하거나 소속 기관·단체 등의 장에게 제2항에 따른 징계권고를 할 수 있다. 이 경우 제2항에 따른 권고를 받은 사람은 이를 존중하여야 하며 그 결과를 관계 중앙행정기관의 장에게 통보하여야 한다.

제66조 (결과의 공표)

① 행정안전부장관은 제61조에 따른 개선권고, 제64조에 따른 시정조치 명령, 제65조에 따른 고발 또는 징계권고 및 제75조에 따른 과태료 부과의 내용 및 결과에 대하여 보호위원회의 심의·의결을 거쳐 공표할 수 있다.

② 관계 중앙행정기관의 장은 소관 법률에 따라 제1항에 따른 공표를 할 수 있다.

③ 제1항 및 제2항에 따른 공표의 방법, 기준 및 절차 등은 대통령령으로 정한다.

제67조 (연차보고)

① 보호위원회는 관계 기관 등으로부터 필요한 자료를 제출받아 매년 개인정보 보호시책의 수립 및 시행에 관한 보고서를 작성하여 정기국회 개회 전까지 국회에 제출(정보통신망에 의한 제출을 포함한다)하여야 한다.

② 제1항에 따른 보고서에는 다음 각 호의 내용이 포함되어야 한다.

1. 정보주체의 권리침해 및 그 구제현황
2. 개인정보 처리에 관한 실태조사 등의 결과
3. 개인정보 보호시책의 추진현황 및 실적
4. 개인정보 관련 해외의 입법 및 정책 동향
5. 그 밖에 개인정보 보호시책에 관하여 공개 또는 보고하여야 할 사항

제68조 (권한의 위임 · 위탁)

① 이 법에 따른 행정안전부장관 또는 관계 중앙행정기관의 장의 권한은 그 일부를 대통령령으로 정하는 바에 따라 특별시장, 광역시장, 도지사, 특별자치도지사 또는 대통령령으로 정하는 전문기관에 위임하거나 위탁할 수 있다.

② 제1항에 따라 행정안전부장관 또는 관계 중앙행정기관의 장의 권한을 위임 또는 위탁받은 기관은 위임 또는 위탁받은 업무의 처리 결과를 행정안전부장관 또는 관계 중앙행정기관의 장에게 통보하여야 한다.

③ 행정안전부장관은 제1항에 따른 전문기관에 권한의 일부를 위임하거나 위탁하는 경우 해당 전문기관의 업무 수행을 위하여 필요한 경비를 출연할 수 있다

제69조 (벌칙 적용 시의 공무원 의제)

행정안전부장관 또는 관계 중앙행정기관의 장의 권한을 위탁한 업무에 종사하는 관계 기관의 임직원은 「형법」 제129조 부터 제132조까지의 규정을 적용할 때에는 공무원으로 본다.

제9장 벌칙

제70조 (벌칙)

공공기관의 개인정보 처리업무를 방해할 목적으로 공공기관에서 처리하고 있는 개인정보를 변경하거나 말소하여 공공기관의 업무 수행의 중단·마비 등 심각한 지장을 초래한 자는 10년 이하의 징역 또는 1억원 이하의 벌금에 처한다.

제71조 (벌칙)

다음 각 호의 어느 하나에 해당하는 자는 5년 이하의 징역 또는 5천만원 이하의 벌금에 처한다.

1. 제17조제1항제2호에 해당하지 아니함에도 같은 항 제1호를 위반하여 정보주체의 동의를 받지 아니하고 개인정보를 제3자에게 제공한 자 및 그 사정을 알고 개인정보를 제공받은 자
2. 제18조제1항·제2항, 제19조, 제26조제5항 또는 제27조제3항을 위반하여 개인정보를 이용하거나 제3자에게 제공한 자 및 그 사정을 알면서도 영리 또는 부정한 목적으로 개인정보를 제공받은 자
3. 제23조를 위반하여 민감정보를 처리한 자
4. 제24조제1항을 위반하여 고유식별정보를 처리한 자
5. 제59조제2호를 위반하여 업무상 알게 된 개인정보를 누설하거나 권한 없이 다른 사람이 이용하도록 제공한 자 및 그 사정을 알면서도 영리 또는 부정한 목적으로 개인정보를 제공받은 자
6. 제59조제3호를 위반하여 다른 사람의 개인정보를 훼손, 멸실, 변경, 위조 또는 유출한 자

제72조 (벌칙)

다음 각 호의 어느 하나에 해당하는 자는 3년 이하의 징역 또는 3천만원 이하의 벌금에 처한다.

1. 제25조제5항을 위반하여 영상정보처리기기의 설치 목적과 다른 목적으로 영상정보처리기기를 임의로 조작하거나 다른 곳을 비추는 자 또는 녹음기능을 사용한 자
2. 제59조제1호를 위반하여 거짓이나 그 밖의 부정한 수단이나 방법으로 개인정보를 취득하거나 개인정보 처리에 관한 동의를 받는 행위를 한 자 및 그 사정을 알면서도

영리 또는 부정한 목적으로 개인정보를 제공받은 자
3. 제60조를 위반하여 직무상 알게 된 비밀을 누설하거나 직무상 목적 외에 이용한 자

제73조 (벌칙)
다음 각 호의 어느 하나에 해당하는 자는 2년 이하의 징역 또는 1천만원 이하의 벌금에 처한다.
1. 제24조제3항, 제25조제6항 또는 제29조를 위반하여 안전성 확보에 필요한 조치를 하지 아니하여 개인정보를 분실·도난·유출·변조 또는 훼손당한 자
2. 제36조제2항을 위반하여 정정·삭제 등 필요한 조치를 하지 아니하고 개인정보를 계속 이용하거나 이를 제3자에게 제공한 자
3. 제37조제2항을 위반하여 개인정보의 처리를 정지하지 아니하고 계속 이용하거나 제3자에게 제공한 자

제74조 (양벌규정)
① 법인의 대표자나 법인 또는 개인의 대리인, 사용인, 그 밖의 종업원이 그 법인 또는 개인의 업무에 관하여 제70조에 해당하는 위반행위를 하면 그 행위자를 벌하는 외에 그 법인 또는 개인을 7천만원 이하의 벌금에 처한다. 다만, 법인 또는 개인이 그 위반행위를 방지하기 위하여 해당 업무에 관하여 상당한 주의와 감독을 게을리하지 아니한 경우에는 그러하지 아니하다.
② 법인의 대표자나 법인 또는 개인의 대리인, 사용인, 그 밖의 종업원이 그 법인 또는 개인의 업무에 관하여 제71조 부터 제73조까지의 어느 하나에 해당하는 위반행위를 하면 그 행위자를 벌하는 외에 그 법인 또는 개인에게도 해당 조문의 벌금형을 과(科)한다. 다만, 법인 또는 개인이 그 위반행위를 방지하기 위하여 해당 업무에 관하여 상당한 주의와 감독을 게을리하지 아니한 경우에는 그러하지 아니하다.

제75조 (과태료)
① 다음 각 호의 어느 하나에 해당하는 자에게는 5천만원 이하의 과태료를 부과한다.
1. 제15조제1항을 위반하여 개인정보를 수집한 자
2. 제22조제5항을 위반하여 법정대리인의 동의를 받지 아니한 자
3. 제25조제2항을 위반하여 영상정보처리기기를 설치·운영한 자
② 다음 각 호의 어느 하나에 해당하는 자에게는 3천만원 이하의 과태료를 부과한다.

1. 제15조제2항, 제17조제2항, 제18조제3항 또는 제26조제3항을 위반하여 정보주체에게 알려야 할 사항을 알리지 아니한 자
2. 제16조제2항 또는 제22조제4항을 위반하여 재화 또는 서비스의 제공을 거부한 자
3. 제20조제1항을 위반하여 정보주체에게 같은 항 각 호의 사실을 알리지 아니한 자
4. 제21조제1항을 위반하여 개인정보를 파기하지 아니한 자
5. 제24조제2항을 위반하여 정보주체가 주민등록번호를 사용하지 아니할 수 있는 방법을 제공하지 아니한 자 [[시행일 2012.3.30]]
6. 제24조제3항, 제25조제6항 또는 제29조를 위반하여 안전성 확보에 필요한 조치를 하지 아니한 자
7. 제25조제1항을 위반하여 영상정보처리기기를 설치·운영한 자
8. 제34조제1항을 위반하여 정보주체에게 같은 항 각 호의 사실을 알리지 아니한 자
9. 제34조제3항을 위반하여 조치 결과를 신고하지 아니한 자
10. 제35조제3항을 위반하여 열람을 제한하거나 거절한 자
11. 제36조제2항을 위반하여 정정·삭제 등 필요한 조치를 하지 아니한 자
12. 제37조제4항을 위반하여 처리가 정지된 개인정보에 대하여 파기 등 필요한 조치를 하지 아니한 자
13. 제64조제1항에 따른 시정명령에 따르지 아니한 자

③ 다음 각 호의 어느 하나에 해당하는 자에게는 1천만원 이하의 과태료를 부과한다.

1. 제21조제3항을 위반하여 개인정보를 분리하여 저장·관리하지 아니한 자
2. 제22조제1항부터 제3항까지의 규정을 위반하여 동의를 받은 자
3. 제25조제4항을 위반하여 안내판 설치 등 필요한 조치를 하지 아니한 자
4. 제26조제1항을 위반하여 업무 위탁 시 같은 항 각 호의 내용이 포함된 문서에 의하지 아니한 자
5. 제26조제2항을 위반하여 위탁하는 업무의 내용과 수탁자를 공개하지 아니한 자
6. 제27조제1항 또는 제2항을 위반하여 정보주체에게 개인정보의 이전 사실을 알리지 아니한 자
7. 제30조제1항 또는 제2항을 위반하여 개인정보 처리방침을 정하지 아니하거나 이를 공개하지 아니한 자
8. 제31조제1항을 위반하여 개인정보 보호책임자를 지정하지 아니한 자
9. 제35조제3항·제4항, 제36조제2항·제4항 또는 제37조제3항을 위반하여 정보주체에게 알려야 할 사항을 알리지 아니한 자

10. 제63조제1항에 따른 관계 물품·서류 등 자료를 제출하지 아니하거나 거짓으로 제출한 자
11. 제63조제2항에 따른 출입·검사를 거부·방해 또는 기피한 자
④ 제1항부터 제3항까지의 규정에 따른 과태료는 대통령령으로 정하는 바에 따라 행정안전부장관과 관계 중앙행정기관의 장이 부과 · 징수한다. 이 경우 관계 중앙행정기관의 장은 소관 분야의 개인정보처리자에게 과태료를 부과 · 징수한다.

부 칙[2011.3.29 제10465호]

제1조(시행일)
이 법은 공포 후 6개월이 경과한 날부터 시행한다. 다만, 제24조제2항 및 제75조제2항제5호는 공포 후 1년이 경과한 날부터 시행한다.

제2조(다른 법률의 폐지) 공공기관의 개인정보보호에 관한 법률은 폐지한다.

제3조(개인정보분쟁조정위원회에 관한 경과조치)
이 법 시행 당시 종전의 「정보통신망 이용촉진 및 정보보호 등에 관한 법률」에 따른 개인정보분쟁조정위원회의 행위나 개인정보분쟁조정위원회에 대한 행위는 그에 해당하는 이 법에 따른 개인정보 분쟁조정위원회의 행위나 개인정보 분쟁조정위원회에 대한 행위로 본다.

제4조(처리 중인 개인정보에 관한 경과조치)
이 법 시행 전에 다른 법령에 따라 적법하게 처리된 개인정보는 이 법에 따라 처리된 것으로 본다.

제5조(벌칙의 적용에 관한 경과조치)
① 이 법 시행 전에 종전의 「공공기관의 개인정보보호에 관한 법률」을 위반한 행위에 대하여 벌칙을 적용할 때에는 종전의 「공공기관의 개인정보보호에 관한 법률」에 따른다.
② 이 법 시행 전에 종전의 「정보통신망 이용촉진 및 정보보호 등에 관한 법률」을 위반한 행위에 대하여 벌칙을 적용할 때에는 종전의 「정보통신망 이용촉진 및 정보보호 등에 관한 법률」에 따른다.

제6조(다른 법률의 개정)

① 6·25 전사자유해의 발굴 등에 관한 법률 일부를 다음과 같이 개정한다.

제14조제1항제2호 중 "「공공기관의 개인정보보호에 관한 법률」 제2조제2호"를 "「개인정보 보호법」 제2조제1호"로 한다.

② 공직자윤리법 일부를 다음과 같이 개정한다.

제6조제6항 및 제9항 중 "「공공기관의 개인정보보호에 관한 법률」 제10조"를 각각 "「개인정보 보호법」 제18조"로 한다.

③ 국가공무원법 일부를 다음과 같이 개정한다.

제19조의3제3항 중 "「공공기관의 개인정보보호에 관한 법률」 제2조제1호"를 "「개인정보 보호법」 제2조제6호"로 하고, 같은 조 제4항 중 "「공공기관의 개인정보보호에 관한 법률」"을 "「개인정보 보호법」"으로 한다.

④ 발명진흥법 일부를 다음과 같이 개정한다.

제20조의2제1항 중 "「공공기관의 개인정보보호에 관한 법률」"을 "「개인정보 보호법」"으로 한다.

⑤ 신용정보의 이용 및 보호에 관한 법률 일부를 다음과 같이 개정한다.

제23조제2항제2호를 다음과 같이 한다.

2. 「개인정보 보호법」

⑥ 아동복지법 일부를 다음과 같이 개정한다.

제9조의2제3항 중 "「공공기관의 개인정보보호에 관한 법률」"을 "「개인정보 보호법」"으로 한다.

⑦ 법률 제10333호 암관리법 전부개정법률 일부를 다음과 같이 개정한다.

제14조제1항 후단 중 "「공공기관의 개인정보보호에 관한 법률」 제3조제2항"을 "「개인정보 보호법」 제58조제1항"으로 한다.

제49조 중 "「공공기관의 개인정보보호에 관한 법률」 제10조제3항"을 "「개인정보 보호법」 제18조제2항"으로 한다.

⑧ 장애인차별금지 및 권리구제 등에 관한 법률 일부를 다음과 같이 개정한다.

제3조제8호다목 중 "「공공기관의 개인정보보호에 관한 법률」 제2조제2호"를 "「개인정보 보호법」 제2조제1호"로 한다.

제22조제2항 중 "「공공기관의 개인정보보호에 관한 법률」"을 "「개인정보 보호법」"으로 한다.

⑨ 전자서명법 일부를 다음과 같이 개정한다.

제24조제2항을 삭제한다.
⑩ 전자정부법 일부를 다음과 같이 개정한다.
제21조제2항 중 "「공공기관의 개인정보보호에 관한 법률」 제2조제2호"를 "「개인정보 보호법」 제2조제1호"로 한다.
제39조제4항 중 "「공공기관의 개인정보보호에 관한 법률」 제5조"를 "「개인정보 보호법」 제32조"로, "같은 법 제20조제1항에 따른 공공기관개인정보보호심의위원회의 심의를 거쳐"를 "「개인정보 보호법」 제7조에 따른 개인정보 보호위원회의 심의·의결을 거쳐"로 한다.
제42조제1항 중 "「공공기관의 개인정보보호에 관한 법률」 제2조제8호"를 "「개인정보 보호법」 제2조제3호"로, "「공공기관의 개인정보보호에 관한 법률」 제10조제3항제1호 및 같은 조 제5항은"을 "「개인정보 보호법」 제18조제2항제1호 및 제19조제1호는"으로 한다.
⑪ 정보통신망 이용촉진 및 정보보호 등에 관한 법률 일부를 다음과 같이 개정한다.
제4장제4절(제33조, 제33조의2, 제34조부터 제40조까지), 제66조제1호 및 제67조를 각각 삭제한다.
제4조제1항·제3항, 제64조의2제3항 후단, 제65조제1항 및 제69조 중 "행정안전부장관, 지식경제부장관 또는 방송통신위원회"를 각각 "지식경제부장관 또는 방송통신위원회"로 한다.
제64조제1항 각 호 외의 부분·제3항·제4항 전단·제5항 전단·제6항·제9항·제10항, 제64조의2제1항·제2항·제3항 각 호 외의 부분 전단, 제65조제3항, 제76조제1항제12호 및 제4항부터 제6항까지 중 "행정안전부장관 또는 방송통신위원회"를 각각 "방송통신위원회"로 한다.
⑫ 채권의 공정한 추심에 관한 법률 일부를 다음과 같이 개정한다.
제2조제5호 중 "「공공기관의 개인정보보호에 관한 법률」 제2조제2호"를 "「개인정보 보호법」 제2조제1호"로 한다.
⑬ 출입국관리법 일부를 다음과 같이 개정한다.
제12조의2제6항 및 제38조제3항 중 "「공공기관의 개인정보보호에 관한 법률」"을 각각 "「개인정보 보호법」"으로 한다.
⑭ 한국장학재단 설립 등에 관한 법률 일부를 다음과 같이 개정한다.
제50조제3항 중 "「공공기관의 개인정보보호에 관한 법률」"을 "「개인정보 보호법」"으로 한다.

제7조(다른 법령과의 관계)
이 법 시행 당시 다른 법령에서 종전의「공공기관의 개인정보보호에 관한 법률」또는 그 규정을 인용하고 있는 경우 이 법 중 그에 해당하는 규정이 있을 때에는 종전의 규정을 갈음하여 이 법 또는 이 법의 해당 규정을 인용한 것으로 본다.

부록 2 : 통신비밀보호법

[시행 2010.5.3] [법률 제9819호, 2009.11.2, 타법개정]

제1조 (목적) 이 법은 통신 및 대화의 비밀과 자유에 대한 제한은 그 대상을 한정하고 엄격한 법적 절차를 거치도록 함으로써 통신비밀을 보호하고 통신의 자유를 신장함을 목적으로 한다.

제2조 (정의) 이 법에서 사용하는 용어의 정의는 다음과 같다. 〈개정 2001.12.29, 2004.1.29, 2005.1.27〉

1. "통신"이라 함은 우편물 및 전기통신을 말한다.
2. "우편물"이라 함은 우편법에 의한 통상우편물과 소포우편물을 말한다.
3. "전기통신"이라 함은 전화·전자우편·회원제정보서비스·모사전송·무선호출 등과 같이 유선·무선·광선 및 기타의 전자적 방식에 의하여 모든 종류의 음향·문언·부호 또는 영상을 송신하거나 수신하는 것을 말한다.
4. "당사자"라 함은 우편물의 발송인과 수취인, 전기통신의 송신인과 수신인을 말한다.
5. "내국인"이라 함은 대한민국의 통치권이 사실상 행사되고 있는 지역에 주소 또는 거소를 두고 있는 대한민국 국민을 말한다.
6. "검열"이라 함은 우편물에 대하여 당사자의 동의없이 이를 개봉하거나 기타의 방법으로 그 내용을 지득 또는 채록하거나 유치하는 것을 말한다.
7. "감청"이라 함은 전기통신에 대하여 당사자의 동의없이 전자장치·기계장치등을 사용하여 통신의 음향·문언·부호·영상을 청취·공독하여 그 내용을 지득 또는 채록하거나 전기통신의 송·수신을 방해하는 것을 말한다.
8. "감청설비"라 함은 대화 또는 전기통신의 감청에 사용될 수 있는 전자장치·기계장치 기타 설비를 말한다. 다만, 전기통신 기기·기구 또는 그 부품으로서 일반적으로 사용되는 것 및 청각교정을 위한 보청기 또는 이와 유사한 용도로 일반적으로 사용되는 것 중에서, 대통령령이 정하는 것은 제외한다.

8의2. "불법감청설비탐지"라 함은 이 법의 규정에 의하지 아니하고 행하는 감청 또는 대화의 청취에 사용되는 설비를 탐지하는 것을 말한다.

9. “전자우편”이라 함은 컴퓨터 통신망을 통해서 메시지를 전송하는 것 또는 전송된 메시지를 말한다.

10. “회원제정보서비스”라 함은 특정의 회원이나 계약자에세 제공하는 정보서비스 또는 그와 같은 네트워크의 방식을 말한다.

11. “통신사실확인자료”라 함은 다음 각목의 어느 하나에 해당하는 전기통신사실에 관한 자료를 말한다.
    가. 가입자의 전기통신일시
    나. 전기통신개시 · 종료시간
    다. 발 · 착신 통신번호 등 상대방의 가입자번호
    라. 사용도수
    마. 컴퓨터통신 또는 인터넷의 사용자가 전기통신역무를 이용한 사실에 관한 컴퓨터통신 또는 인터넷의 로그기록자료
    바. 정보통신망에 접속된 정보통신기기의 위치를 확인할 수 있는 발신기지국의 위치추적자료
    사. 컴퓨터통신 또는 인터넷의 사용자가 정보통신망에 접속하기 위하여 사용하는 정보통신기기의 위치를 확인할 수 있는 접속지의 추적자료

12. “단말기기 고유번호”라 함은 이동통신사업자와 이용계약이 체결된 개인의 이동전화 단말기기에 부여된 전자적 고유번호를 말한다.

제3조 (통신 및 대화비밀의 보호) ①누구든지 이 법과 형사소송법 또는 군사법원법의 규정에 의하지 아니하고는 우편물의 검열 · 전기통신의 감청 또는 통신사실확인자료의 제공을 하거나 공개되지 아니한 타인간의 대화를 녹음 또는 청취하지 못한다. 다만, 다음 각호의 경우에는 당해 법률이 정하는 바에 의한다. 〈개정2000.12.29, 2001.12.29, 2004.1.29, 2005.3.31, 2007.12.21, 2009.11.2〉

1. 환부우편물등의 처리 : 우편법 제28조 · 제32조 · 제35조 · 제36조등의 규정에 의하여 폭발물등 우편금제품이 들어 있다고 의심되는 소포우편물(이와 유사한 우편물을 포함한다) 을 개피하는 경우, 수취인에게 배달할 수 없거나 수취인이 수령을 거부한 우편물을 발송인에게 환부하는 경우, 발송인의 주소·성명이 누락된 우편물로서 수취인이 수취를 거부하여 환부하는 때에 그 주소 · 성명을 알기 위하여 개피하는 경우 또는 유가물이 든 환부불능우편물을 처리하는 경우
2. 수출입우편물에 대한 검사 : 관세법 제256조 · 제257조 등의 규정에 의한 신서외의 우편물에 대한 통관

검사절차

3. 구속 또는 복역중인 사람에 대한 통신 : 형사소송법 제91조, 군사법원법 제131조, 「형의 집행 및 수용자의 처우에 관한 법률」 제41조·제43조·제44조 및 「군에서의 형의 집행 및 군수용자의 처우에 관한 법률」 제42조 · 제44조 및 제45조에 따른 구속 또는 복역중인 사람에 대한 통신의 관리
4. 파산선고를 받은 자에 대한 통신 : 「채무자 회생 및 파산에 관한 법률」 제484조의 규정에 의하여 파산선고를 받은 자에게 보내온 통신을 파산관재인이 수령하는 경우
5. 혼신제거등을 위한 전파감시 : 전파법 제49조 내지 제51조의 규정에 의한 혼신제거등 전파질서유지를 위한 전파감시의 경우

②우편물의 검열 또는 전기통신의 감청(이하 "통신제한조치"라 한다)은 범죄수사 또는 국가안전보장을 위하여 보충적인 수단으로 이용되어야 하며, 국민의 통신비밀에 대한 침해가 최소한에 그치도록 노력하여야 한다.〈신설 2001.12.29〉

③누구든지 단말기기 고유번호를 제공하거나 제공받아서는 아니된다. 다만, 이동전화단말기 제조업체 또는 이동통신사업자가 단말기의 개통처리 및 수리 등 정당한 업무의 이행을 위하여 제공하거나 제공받는 경우에는 그러하지 아니하다.〈신설 2004.1.29〉

제4조 (불법검열에 의한 우편물의 내용과 불법감청에 의한 전기통신내용의 증거사용 금지) 제3조의 규정에 위반하여, 불법검열에 의하여 취득한 우편물이나 그 내용 및 불법감청에 의하여 지득 또는 채록된 전기통신의 내용은 재판 또는 징계절차에서 증거로 사용할 수 없다.

제5조 (범죄수사를 위한 통신제한조치의 허가요건) ①통신제한조치는 다음 각호의 범죄를 계획 또는 실행하고 있거나 실행하였다고 의심할만한 충분한 이유가 있고 다른 방법으로는 그 범죄의 실행을 저지하거나 범인의 체포 또는 증거의 수집이 어려운 경우에 한하여 허가할 수 있다. 〈개정 1997.12.13, 2000.1.12, 2001.12.29, 2007.12.21〉

1. 형법 제2편중 제1장 내란의 죄, 제2장 외환의 죄중 제92조 내지 제101조의 죄, 제4장 국교에 관한 죄중 제107조, 제108조, 제111조 내지 제113조의 죄, 제5장 공안을 해하는 죄중 제114조, 제115조의 죄, 제6장 폭발물에 관한 죄, 제7

장 공무원의 직무에 관한 죄중 제127조, 제129조 내지 제133조의 죄, 제9장 도주와 범인은닉의 죄, 제13장 방화와 실화의 죄중 제164조 내지 제167조·제172조 내지 제173조·제174조 및 제175조의 죄, 제17장 아편에 관한 죄, 제18장 통화에 관한 죄, 제19장 유가증권, 우표와 인지에 관한 죄중 제214조 내지 제217조, 제223조(제214조 내지 제217조의 미수범에 한한다) 및 제224조(제214조 및 제215조의 예비·음모에 한한다), 제24장 살인의 죄, 제29장 체포와 감금의 죄, 제30장 협박의 죄중 제283조제1항, 제284조, 제285조(제283조제1항, 제284조의 상습범에 한한다), 제286조[제283조제1항, 제284조, 제285조(제283조제1항, 제284조의 상습범에 한한다)의 미수범에 한한다]의 죄, 제31장 약취와 유인의 죄, 제32장 강간과 추행의 죄중 제297조 내지 제301조의2, 제305조의 죄, 제34장 신용, 업무와 경매에 관한 죄중 제315조의 죄, 제37장 권리행사를 방해하는 죄중 제324조의2 내지 제324조의4·제324조의5(제324조의2 내지 제324조의4의 미수범에 한한다)의 죄, 제38장 절도와 강도의 죄중 제329조 내지 제331조, 제332조(제329조 내지 제331조의 상습범에 한한다), 제333조 내지 제341조, 제342조[제329조 내지 제331조, 제332조(제329조 내지 제331조의 상습범에 한한다), 제333조 내지 제341조의 미수범에 한한다]의 죄, 제39장 사기와 공갈의 죄중 제350조의 죄

2. 군형법 제2편중 제1장 반란의 죄, 제2장 이적의 죄, 제3장 지휘권 남용의 죄, 제4장 지휘관의 항복과 도피의 죄, 제5장 수소이탈의 죄, 제7장 군무태만의 죄중 제42조의 죄, 제8장 항명의 죄, 제9장 폭행·협박·상해와 살인의 죄, 제11장 군용물에 관한 죄, 제12장 위령의 죄중 제78조·제80조·제81조의 죄
3. 국가보안법에 규정된 범죄
4. 군사기밀보호법에 규정된 범죄
5. 「군사기지 및 군사시설 보호법」에 규정된 범죄
6. 마약류관리에관한법률에 규정된 범죄중 제58조 내지 제62조의 죄
7. 폭력행위등처벌에관한법률에 규정된 범죄중 제4조 및 제5조의 죄
8. 총포·도검·화약류등단속법에 규정된 범죄중 제70조 및 제71조제1호 내지 제3호의 죄
9. 특정범죄가중처벌등에관한법률에 규정된 범죄중 제2조 내지 제8조,

제10조 내지 제12조의 죄

10. 특정경제범죄가중처벌등에관한법률에 규정된 범죄중 제3조 내지 제9조의 죄
11. 제1호와 제2호의 죄에 대한 가중처벌을 규정하는 법률에 위반하는 범죄

②통신제한조치는 제1항의 요건에 해당하는 자가 발송·수취하거나 송·수신하는 특정한 우편물이나 전기통신 또는 그 해당자가 일정한 기간에 걸쳐 발송·수취하거나 송·수신하는 우편물이나 전기통신을 대상으로 허가될 수 있다.

제6조 (범죄수사를 위한 통신제한조치의 허가절차) ①검사(검찰관을 포함한다. 이하 같다) 는 제5조제1항의 요건이 구비된 경우에는 법원(군사법원을 포함한다. 이하 같다)에 대하여 각 피의자별 또는 각 피내사자별로 통신제한조치를 허가하여 줄 것을 청구할 수 있다. 〈개정 2001.12.29〉

②사법경찰관(군사법경찰관을 포함한다. 이하 같다)은 제5조제1항의 요건이 구비된 경우에는 검사에 대하여 각 피의자별 또는 각 피내사자별로 통신제한조치에 대한 허가를 신청하고, 검사는 법원에 대하여 그 허가를 청구할 수 있다.〈개정 2001.12.29〉

③제1항 및 제2항의 통신제한조치 청구사건의 관할법원은 그 통신제한조치를 받을 통신당사자의 쌍방 또는 일방의 주소지·소재지, 범죄지 또는 통신당사자와 공범관계에 있는 자의 주소지·소재지를 관할하는 지방법원 또는 지원(보통군사법원을 포함한다)으로 한다.〈개정 2001.12.29〉

④제1항 및 제2항의 통신제한조치청구는 필요한 통신제한조치의 종류·그 목적·대상·범위·기간·집행장소·방법 및 당해 통신제한조치가 제5조제1항의 허가요건을 충족하는 사유등의 청구이유를 기재한 서면(이하 "청구서"라 한다)으로 하여야 하며, 청구이유에 대한 소명자료를 첨부하여야 한다. 이 경우 동일한 범죄사실에 대하여 그 피의자 또는 피내사자에 대하여 통신제한조치의 허가를 청구하였거나 허가받은 사실이 있는 때에는 다시 통신제한조치를 청구하는 취지 및 이유를 기재하여야 한다.〈개정 2001.12.29〉

⑤법원은 청구가 이유 있다고 인정하는 경우에는 각 피의자별 또는 각 피내사자별로 통신제한조치를 허가하고, 이를 증명하는 서류(이하 "허가서"라 한다)를 청구인에게 발부한다.〈개정 2001.12.29〉

⑥제5항의 허가서에는 통신제한조치

의 종류 · 그 목적 · 대상 · 범위 · 기간 및 집행장소와 방법을 특정하여 기재하여야 한다.〈개정 2001.12.29〉

⑦통신제한조치의 기간은 2월을 초과하지 못하고, 그 기간중 통신제한조치의 목적이 달성되었을 경우에는 즉시 종료하여야 한다. 다만, 제5조 제1항의 허가요건이 존속하는 경우에는 제1항 및 제2항의 절차에 따라 소명자료를 첨부하여 2월의 범위안에서 통신제한조치기간의 연장을 청구할 수 있다.〈개정 2001.12.29〉

⑧법원은 청구가 이유없다고 인정하는 경우에는 청구를 기각하고 이를 청구인에게 통지한다.

[헌법불합치, 2009헌가30, 2010. 12. 28. 통신비밀보호법(2001. 12. 29 법률 제6546호로 개정된 것) 제6조 제7항 단서 중 전기통신에 관한 '통신제한조치기간의 연장'에 관한 부분은 헌법에 합치하지 아니한다. 위 법률조항은 2011. 12. 31.을 시한으로 입법자가 개정할 때까지 계속 적용한다.]

제7조 (국가안보를 위한 통신제한조치)

①대통령령이 정하는 정보수사기관의 장(이하 "정보수사기관의 장"이라 한다)은 국가안전보장에 대한 상당한 위험이 예상되는 경우에 한하여 그 위해를 방지하기 위하여 이에 관한 정보수집이 특히 필요한 때에는 다음 각호의 구분에 따라 통신제한조치를 할 수 있다. 〈개정 2001.12.29〉

1. 통신의 일방 또는 쌍방당사자가 내국인인 때에는 고등법원 수석부장판사의 허가를 받아야 한다. 다만, 군용전기통신법 제2조의 규정에 의한 군용전기통신(작전수행을 위한 전기통신에 한한다)에 대하여는 그러하지 아니하다.
2. 대한민국에 적대하는 국가, 반국가활동의 혐의가 있는 외국의 기관·단체와 외국인, 대한민국의 통치권이 사실상 미치지 아니하는 한반도내의 집단이나 외국에 소재하는 그 산하단체의 구성원의 통신인 때 및 제1항제1호 단서의 경우에는 서면으로 대통령의 승인을 얻어야 한다.

②제1항의 규정에 의한 통신제한조치의 기간은 4월을 초과하지 못하고, 그 기간중 통신제한조치의 목적이 달성되었을 경우에는 즉시 종료하여야 하되, 제1항의 요건이 존속하는 경우에는 소명자료를 첨부하여 고등법원 수석부장판사의 허가 또는 대통령의 승인을 얻어 4월의 범위 이내에서 통신제한조치의 기간을 연장할 수 있다. 다만, 제1항제1호 단서의 규정에 의한 통신제한조치는 전시 · 사변 또는 이에 준하는 국가

비상사태에 있어서 적과 교전상태에 있는 때에는 작전이 종료될 때까지 대통령의 승인을 얻지 아니하고 기간을 연장할 수 있다.〈개정2001.12.29〉
③제6조제2항·제4항 내지 제6항 및 제8항은 제1항제1호의 규정에 의한 허가에 관하여 이를 적용한다. 이 경우 "사법경찰관(군사법경찰관을 포함한다. 이하 같다)"은 "정보수사기관의 장"으로, "법원"은 "고등법원 수석부장판사"로, "제5조제1항"은 "제7조제1항제1호 본문"으로, 제6조제2항 및 제5항중 "각 피의자별 또는 각 피내사자별로 통신제한조치"를 각각 "통신제한조치"로 한다.〈개정 2001.12.29〉
④제1항제2호의 규정에 의한 대통령의 승인에 관한 절차등 필요한 사항은 대통령령으로 정한다.

제8조 (긴급통신제한조치) ①검사, 사법경찰관 또는 정보수사기관의 장은 국가안보를 위협하는 음모행위, 직접적인 사망이나 심각한 상해의 위험을 야기할 수 있는 범죄 또는 조직범죄등 중대한 범죄의 계획이나 실행 등 긴박한 상황에 있고 제5조제1항 또는 제7조제1항제1호의 규정에 의한 요건을 구비한 자에 대하여 제6조 또는 제7조제1항 및 제3항의 규정에 의한 절차를 거칠 수 없는 긴급한 사유가 있는 때에는 법원의 허가없이 통신제한조치를 할 수 있다.
②검사, 사법경찰관 또는 정보수사기관의 장은 제1항의 규정에 의한 통신제한조치(이하 "긴급통신제한조치"라 한다)의 집행착수후 지체없이 제6조 및 제7조제3항의 규정에 의하여 법원에 허가청구를 하여야 하며, 그 긴급통신제한조치를 한 때부터 36시간 이내에 법원의 허가를 받지 못한 때에는 즉시 이를 중지하여야 한다.
③사법경찰관이 긴급통신제한조치를 할 경우에는 미리 검사의 지휘를 받아야 한다. 다만, 특히 급속을 요하여 미리 지휘를 받을 수 없는 사유가 있는 경우에는 긴급통신제한조치의 집행착수후 지체없이 검사의 승인을 얻어야 한다.
④검사, 사법경찰관 또는 정보수사기관의 장이 긴급통신제한조치를 하고자 하는 경우에는 반드시 긴급검열서 또는 긴급감청서(이하 "긴급감청서등"이라 한다)에 의하여야 하며 소속기관에 긴급통신제한조치대장을 비치하여야 한다.
⑤긴급통신제한조치가 단시간내에 종료되어 법원의 허가를 받을 필요가 없는 경우에는 그 종료후 7일 이내에 관할 지방검찰청검사장(제1항의 규정에 의하여 정보수사기관의 장이 제7

조제1항제1호의 규정에 의한 요건을 구비한 자에 대하여 긴급통신제한조치를 한 경우에는 관할 고등검찰청 검사장)은 이에 대응하는 법원장에게 긴급통신제한조치를 한 검사, 사법경찰관 또는 정보수사기관의 장이 작성한 긴급통신제한조치통보서를 송부하여야 한다. 다만, 검찰관 또는 군사법경찰관이 제5조제1항의 규정에 의한 요건을 구비한 자에 대하여 긴급통신제한조치를 한 경우에는 관할 보통검찰부장이 이에 대응하는 보통군사법원 군판사에게 긴급통신제한조치통보서를 송부하여야 한다.

⑥제5항의 규정에 의한 통보서에는 긴급통신제한조치의 목적·대상·범위·기간·집행장소·방법 및 통신제한조치허가청구를 하지 못한 사유등을 기재하여야 한다.

⑦제5항의 규정에 의하여 긴급통신제한조치통보서를 송부받은 법원 또는 보통군사법원 군판사는 긴급통신제한조치통보대장을 비치하여야 한다.

⑧정보수사기관의 장은 국가안보를 위협하는 음모행위, 직접적인 사망이나 심각한 상해의 위험을 야기할 수 있는 범죄 또는 조직범죄등 중대한 범죄의 계획이나 실행 등 긴박한 상황에 있고 제7조제1항제2호에 해당하는 자에 대하여 대통령의 승인을 얻을 시간적 여유가 없거나 통신제한조치를 긴급히 실시하지 아니하면 국가안전보장에 대한 위해를 초래할 수 있다고 판단되는 때에는 소속 장관(국가정보원장을 포함한다)의 승인을 얻어 통신제한조치를 할 수 있다.

⑨제8항의 규정에 의하여 긴급통신제한조치를 한 때에는 지체없이 제7조의 규정에 의하여 대통령의 승인을 얻어야 하며, 36시간 이내에 대통령의 승인을 얻지 못한 때에는 즉시 그 긴급통신제한조치를 중지하여야 한다.

[전문개정 2001.12.29]

제9조 (통신제한조치의 집행) ①제6조 내지 제8조의 통신제한조치는 이를 청구 또는 신청한 검사·사법경찰관 또는 정보수사기관의 장이 집행한다. 이 경우 체신관서 기타 관련기관등(이하 "통신기관등"이라 한다)에 그 집행을 위탁하거나 집행에 관한 협조를 요청할 수 있다. <개정 2001.12.29>

②통신제한조치의 집행을 위탁하거나 집행에 관한 협조를 요청하는 자는 통신기관등에 통신제한조치허가서(제7조제1항제2호의 경우에는 대통령의 승인서를 말한다. 이하 이 조, 제16조제2항제1호 및 제17조제1항제1호·제3호에서 같다) 또는 긴급

감청서등의 표지의 사본을 교부하여야 하며, 이를 위탁받거나 이에 관한 협조요청을 받은 자는 통신제한조치허가서 또는 긴급감청서등의 표지 사본을 대통령령이 정하는 기간동안 보존하여야 한다.〈개정 2001.12.29〉

③통신제한조치를 집행하는 자와 이를 위탁받거나 이에 관한 협조요청을 받은 자는 당해 통신제한조치를 청구한 목적과 그 집행 또는 협조일시 및 대상을 기재한 대장을 대통령령이 정하는 기간동안 비치하여야 한다.〈신설 2001.12.29〉

④통신기관등은 통신제한조치허가서 또는 긴급감청서등에 기재된 통신제한조치 대상자의 전화번호 등이 사실과 일치하지 않을 경우에는 그 집행을 거부할 수 있으며, 어떠한 경우에도 전기통신에 사용되는 비밀번호를 누설할 수 없다.〈신설 2001.12.29〉

제9조의2 (통신제한조치의 집행에 관한 통지) ①검사는 제6조제1항 및 제8조제1항의 규정에 의한 통신제한조치를 집행한 사건에 관하여 공소를 제기하거나, 공소의 제기 또는 입건을 하지 아니하는 처분(기소중지 결정을 제외한다)을 한 때에는 그 처분을 한 날부터 30일 이내에 우편물 검열의 경우에는 그 대상자에게, 감청의 경우에는 그 대상이 된 전기통신의 가입자에게 통신제한조치를 집행한 사실과 집행기관 및 그 기간 등을 서면으로 통지하여야 한다.

②사법경찰관은 제6조제1항 및 제8조제1항의 규정에 의한 통신제한조치를 집행한 사건에 관하여 검사로부터 공소를 제기하거나 제기하지 아니하는 처분(기소중지 결정을 제외한다)의 통보를 받거나 내사사건에 관하여 입건하지 아니하는 처분을 한 때에는 그 날부터 30일 이내에 우편물 검열의 경우에는 그 대상자에게, 감청의 경우에는 그 대상이 된 전기통신의 가입자에게 통신제한조치를 집행한 사실과 집행기관 및 그 기간 등을 서면으로 통지하여야 한다.

③정보수사기관의 장은 제7조제1항제1호 본문 및 제8조제1항의 규정에 의한 통신제한조치를 종료한 날부터 30일 이내에 우편물 검열의 경우에는 그 대상자에게, 감청의 경우에는 그 대상이 된 전기통신의 가입자에게 통신제한조치를 집행한 사실과 집행기관 및 그 기간 등을 서면으로 통지하여야 한다.

④제1항 내지 제3항의 규정에 불구하고 다음 각호의 1에 해당하는 사유가 있는 때에는 그 사유가 해소될 때까지 통지를 유예할 수 있다.

1. 통신제한조치를 통지할 경우 국가의 안전보장·공공의 안녕질서를 위태롭게 할 현저한 우려가 있는 때
2. 통신제한조치를 통지할 경우 사람의 생명·신체에 중대한 위험을 초래할 염려가 현저한 때

⑤검사 또는 사법경찰관은 제4항의 규정에 의하여 통지를 유예하고자 하는 경우에는 소명자료를 첨부하여 미리 관할지방검찰청검사장의 승인을 얻어야 한다. 다만, 검찰관 및 군사법경찰관이 제4항의 규정에 의하여 통지를 유예하고자 하는 경우에는 소명자료를 첨부하여 미리 관할 보통검찰부장의 승인을 얻어야 한다.

⑥검사, 사법경찰관 또는 정보수사기관의 장은 제4항 각호의 사유가 해소된 때에는 그 사유가 해소된 날부터 30일 이내에 제1항 내지 제3항의 규정에 의한 통지를 하여야 한다.

[본조신설 2001.12.29]

제9조의3 (압수 · 수색 · 검증의 집행에 관한 통지) ① 검사는 송·수신이 완료된 전기통신에 대하여 압수·수색·검증을 집행한 경우 그 사건에 관하여 공소를 제기하거나 공소의 제기 또는 입건을 하지 아니하는 처분(기소중지결정을 제외한다)을 한 때에는 그 처분을 한 날부터 30일 이내에 수사대상이 된 가입자에게 압수·수색·검증을 집행한 사실을 서면으로 통지하여야 한다.

② 사법경찰관은 송·수신이 완료된 전기통신에 대하여 압수·수색·검증을 집행한 경우 그 사건에 관하여 검사로부터 공소를 제기하거나 제기하지 아니하는 처분의 통보를 받거나 내사사건에 관하여 입건하지 아니하는 처분을 한 때에는 그 날부터 30일 이내에 수사대상이 된 가입자에게 압수 · 수색 · 검증을 집행한 사실을 서면으로 통지하여야 한다.

[본조신설 2009.5.28]

제10조 (감청설비에 대한 인가기관과 인가절차) ①감청설비를 제조 · 수입 · 판매 · 배포 · 소지 · 사용하거나 이를 위한 광고를 하고자 하는 자는 방송통신위원회의 인가를 받아야 한다. 다만, 국가기관의 경우에는 그러하지 아니하다. 〈개정 1997.12.13, 2008.2.29〉

② 삭제〈2004.1.29〉

③방송통신위원회는 제1항의 인가를 하는 경우에는 인가신청자, 인가연월일, 인가된 감청설비의 종류와 수량등 필요한 사항을 대장에 기재하여 비치하여야 한다.〈개정 1997.12.13, 2008.2.29〉

④제1항의 인가를 받아 감청설비를 제조·수입·판매·배포·소지 또는 사용하는 자는 인가연월일, 인가된 감청설비의 종류와 수량, 비치장소 등 필요한 사항을 대장에 기재하여 비치하여야 한다. 다만, 지방자치단체의 비품으로서 그 직무수행에 제공되는 감청설비는 해당 기관의 비품대장에 기재한다.
⑤제1항의 인가에 관하여 기타 필요한 사항은 대통령령으로 정한다.

제10조의2 (국가기관 감청설비의 신고) ①국가기관(정보수사기관을 제외한다)이 감청설비를 도입하는 때에는 매 반기별로 그 제원 및 성능 등 대통령령이 정하는 사항을 방송통신위원회에 신고하여야 한다. 〈개정 2008.2.29〉
②정보수사기관이 감청설비를 도입하는 때에는 매 반기별로 그 제원 및 성능 등 대통령령이 정하는 사항을 국회 정보위원회에 통보하여야 한다.
[본조신설 2001.12.29]

제10조의3 (불법감청설비탐지업의 등록 등) ①영리를 목적으로 불법감청설비탐지업을 하고자 하는 자는 대통령령이 정하는 바에 의하여 방송통신위원회에 등록을 하여야 한다. 〈개정2008.2.29〉
②제1항의 규정에 의한 등록은 법인에 한하여 할 수 있다.
③제1항의 규정에 의한 등록을 하고자 하는 자는 대통령령이 정하는 이용자보호계획·사업계획·기술·재정능력·탐지장비 그 밖에 필요한 사항을 갖추어야 한다.〈개정 2008.2.29〉
④제1항의 규정에 의한 등록의 변경요건 및 절차, 등록한 사업의 양도·양수·승계·휴지·폐지 및 그 신고, 등록업무의 위임 등에 관하여 필요한 사항은 대통령령으로 정한다.
[본조신설 2004.1.29]

제10조의4 (불법감청설비탐지업자의 결격사유) 법인의 대표자가 다음 각호의 1에 해당하는 경우에는 제10조의3의 규정에 의한 등록을 할 수 없다. 〈개정 2005.3.31〉
1. 금치산자 또는 한정치산자
2. 파산선고를 받은 자로서 복권되지 아니한 자
3. 금고 이상의 실형을 선고받고 그 집행이 종료(집행이 종료된 것으로 보는 경우를 포함한다)되거나 집행이 면제된 날부터 2년이 경과되지 아니한 자
4. 금고 이상의 형의 집행유예 선고를 받고 그 유예기간중에 있는 자

5. 법원의 판결 또는 다른 법률에 의하여 자격이 상실 또는 정지된 자
6. 제10조의5의 규정에 의하여 등록이 취소된 법인의 취소 당시 대표자로서 그 등록이 취소된 날부터 2년이 경과되지 아니한 자

[본조신설 2004.1.29]

제10조의5 (등록의 취소) 방송통신위원회는 불법감청설비탐지업을 등록한 자가 다음 각호의 1에 해당하는 경우에는 그 등록을 취소하거나 6월 이내의 기간을 정하여 그 영업의 정지를 명할 수 있다. 다만, 제1호 또는 제2호에 해당하는 경우에는 그 등록을 취소하여야 한다. 〈개정 2008.2.29〉

1. 거짓 그 밖의 부정한 방법으로 등록 또는 변경등록을 한 경우
2. 제10조의4의 규정에 의한 결격사유에 해당하게 된 경우
3. 영업행위와 관련하여 알게된 비밀을 다른 사람에게 누설한 경우
4. 불법감청설비탐지업 등록증을 다른 사람에게 대여한 경우
5. 영업행위와 관련하여 고의 또는 중대한 과실로 다른 사람에게 중대한 손해를 입힌 경우
6. 다른 법률의 규정에 의하여 국가 또는 지방자치단체로부터 등록취소의 요구가 있는 경우

[본조신설 2004.1.29]

제11조 (비밀준수의 의무) ①통신제한조치의 허가·집행·통보 및 각종 서류작성 등에 관여한 공무원 또는 그 직에 있었던 자는 직무상 알게 된 통신제한조치에 관한 사항을 외부에 공개하거나 누설하여서는 아니된다.

②통신제한조치에 관여한 통신기관의 직원 또는 그 직에 있었던 자는 통신제한조치에 관한 사항을 외부에 공개하거나 누설하여서는 아니된다.

③제1항 및 제2항에 규정된 자외에 누구든지 이 법의 규정에 의한 통신제한조치로 지득한 내용을 이 법의 규정에 의하여 사용하는 경우외에는 이를 외부에 공개하거나 누설하여서는 아니된다.

④법원에서의 통신제한조치의 허가절차·허가여부·허가내용 등의 비밀유지에 관하여 필요한 사항은 대법원규칙으로 정한다.

[전문개정 2001.12.29]

제12조 (통신제한조치로 취득한 자료의 사용제한) 제9조의 규정에 의한 통신제한조치의 집행으로 인하여 취득된 우편물 또는 그 내용과 전기통신의 내용은 다음 각호의 경우외에는 사용할 수 없다.

1. 통신제한조치의 목적이 된 제5조 제1항에 규정된 범죄나 이와 관련되는 범죄를 수사·소추하거나 그 범죄를 예방하기 위하여 사용하는 경우
2. 제1호의 범죄로 인한 징계절차에 사용하는 경우
3. 통신의 당사자가 제기하는 손해배상소송에서 사용하는 경우
4. 기타 다른 법률의 규정에 의하여 사용하는 경우

제13조 (범죄수사를 위한 통신사실 확인자료제공의 절차) ①검사 또는 사법경찰관은 수사 또는 형의 집행을 위하여 필요한 경우 전기통신사업법에 의한 전기통신사업자(이하 "전기통신사업자"라 한다)에게 통신사실 확인자료의 열람이나 제출(이하 "통신사실 확인자료제공"이라 한다)을 요청할 수 있다.

②제1항의 규정에 의한 통신사실 확인자료제공을 요청하는 경우에는 요청사유, 해당 가입자와의 연관성 및 필요한 자료의 범위를 기록한 서면으로 관할 지방법원(보통군사법원을 포함한다. 이하 같다) 또는 지원의 허가를 받아야 한다. 다만, 관할 지방법원 또는 지원의 허가를 받을 수 없는 긴급한 사유가 있는 때에는 통신사실 확인자료제공을 요청한 후 지체 없이 그 허가를 받아 전기통신사업자에게 송부하여야 한다.〈개정 2005.5.26〉

③제2항 단서의 규정에 의하여 긴급한 사유로 통신사실확인자료를 제공받았으나 지방법원 또는 지원의 허가를 받지 못한 경우에는 지체 없이 제공받은 통신사실확인자료를 폐기하여야 한다.〈개정 2005.5.26〉

④ 삭제〈2005.5.26〉

⑤검사 또는 사법경찰관은 제2항의 규정에 따라 통신사실 확인자료제공을 받은 때에는 당해 통신사실 확인자료제공요청사실 등 필요한 사항을 기재한 대장과 통신사실 확인자료제공요청서 등 관련자료를 소속기관에 비치하여야 한다.〈개정 2005.5.26〉

⑥지방법원 또는 지원은 제2항의 규정에 따라 통신사실 확인자료제공요청허가청구를 받은 현황, 이를 허가한 현황 및 관련된 자료를 보존하여야 한다.〈개정 2005.5.26〉

⑦전기통신사업자는 검사, 사법경찰관 또는 정보수사기관의 장에게 통신사실 확인자료를 제공한 때에는 자료제공현황 등을 연 2회 방송통신위원회에 보고하고, 당해 통신사실 확인자료 제공사실등 필요한 사항을 기재한 대장과 통신사실 확인자료제공요청서등 관련자료를 통신사실확인자료를 제공한 날부터 7년간 비치

하여야 한다.〈개정 2008.2.29〉
⑧방송통신위원회는 전기통신사업자가 제7항의 규정에 의하여 보고한 내용의 사실여부 및 비치하여야 하는 대장등 관련자료의 관리실태를 점검할 수 있다.〈개정 2008.2.29〉
⑨이 조에서 규정된 사항 외에 범죄수사를 위한 통신사실 확인자료제공과 관련된 사항에 관하여는 제6조(동조제7항을 제외한다)의 규정을 준용한다.〈신설 2005.5.26〉
[본조신설 2001.12.29]
[제목개정 2005.5.26]

제13조의2 (법원에의 통신사실확인자료제공) 법원은 재판상 필요한 경우에는 민사소송법 제294조 또는 형사소송법 제272조의 규정에 의하여 전기통신사업자에게 통신사실확인자료제공을 요청할 수 있다. 〈개정 2002.1.26〉
[본조신설 2001.12.29]

제13조의3 (범죄수사를 위한 통신사실 확인자료제공의 통지) ①제13조의 규정에 의하여 통신사실 확인자료제공을 받은 사건에 관하여 공소를 제기하거나, 공소의 제기 또는 입건을 하지 아니하는 처분(기소중지결정을 제외한다)을 한 때에는 그 처분을 한 날부터 30일 이내에 통신사실 확인자료제공을 받은 사실과 제공요청기관 및 그 기간 등을 서면으로 통지하여야 한다.
②제1항에 규정된 사항 외에 통신사실 확인자료제공을 받은 사실 등에 관하여는 제9조의2(동조제3항을 제외한다)의 규정을 준용한다.
[본조신설 2005.5.26]

제13조의4 (국가안보를 위한 통신사실 확인자료제공의 절차 등) ①정보수사기관의 장은 국가안전보장에 대한 위해를 방지하기 위하여 정보수집이 필요한 경우 전기통신사업자에게 통신사실 확인자료제공을 요청할 수 있다.
②제7조 내지 제9조 및 제9조의2제3항·제4항·제6항의 규정은 제1항의 규정에 의한 통신사실 확인자료제공의 절차 등에 관하여 이를 준용한다. 이 경우 "통신제한조치"는 "통신사실 확인자료제공 요청"으로 본다.
③제13조제3항 및 제5항의 규정은 통신사실확인자료의 폐기 및 관련 자료의 비치에 관하여 이를 준용한다.
[본조신설 2005.5.26]

제13조의5 (비밀준수의무 및 자료의 사용 제한) 제11조 및 제12조의 규

정은 제13조의 규정에 의한 통신사실 확인자료제공 및 제13조의4의 규정에 의한 통신사실 확인자료제공에 따른 비밀준수의무 및 통신사실확인자료의 사용제한에 관하여 이를 각각 준용한다.
[본조신설 2005.5.26]

제14조 (타인의 대화비밀 침해금지) ①누구든지 공개되지 아니한 타인간의 대화를 녹음하거나 전자장치 또는 기계적 수단을 이용하여 청취할 수 없다.
②제4조 내지 제8조, 제9조제1항 전단 및 제3항, 제9조의2, 제11조제1항·제3항·제4항 및 제12조의 규정은 제1항의 규정에 의한 녹음 또는 청취에 관하여 이를 적용한다.〈개정 2001.12.29〉

제15조 (국회의 통제) ①국회의 상임위원회와 국정감사 및 조사를 위한 위원회는 필요한 경우 특정한 통신제한조치 등에 대하여는 법원행정처장, 통신제한조치를 청구하거나 신청한 기관의 장 또는 이를 집행한 기관의 장에 대하여, 감청설비에 대한 인가 또는 신고내역에 관하여는 방송통신위원회에 대하여 보고를 요구할 수 있다. 〈개정 2008.2.29〉
②국회의 상임위원회와 국정감사 및 조사를 위한 위원회는 그 의결로 수사관서의 감청장비보유현황, 감청집행기관 또는 감청협조기관의 교환실 등 필요한 장소에 대하여 현장검증이나 조사를 실시할 수 있다. 이 경우 현장검증이나 조사에 참여한 자는 그로 인하여 알게 된 비밀을 정당한 사유없이 누설하여서는 아니된다.
③제2항의 규정에 의한 현장검증이나 조사는 개인의 사생활을 침해하거나 계속중인 재판 또는 수사중인 사건의 소추에 관여할 목적으로 행사되어서는 아니된다.
④통신제한조치를 집행하거나 위탁받은 기관 또는 이에 협조한 기관의 중앙행정기관의 장은 국회의 상임위원회와 국정감사 및 조사를 위한 위원회의 요구가 있는 경우 대통령령이 정하는 바에 따라 제5조 내지 제10조와 관련한 통신제한조치보고서를 국회에 제출하여야 한다. 다만, 정보수사기관의 장은 국회정보위원회에 제출하여야 한다.
[전문개정 2001.12.29]

제15조의2 (전기통신사업자의 협조의무) ①전기통신사업자는 검사·사법경찰관 또는 정보수사기관의 장이 이 법에 따라 집행하는 통신제한조치 및 통신사실 확인자료제공의 요청에

협조하여야 한다.

②제1항의 규정에 따라 통신제한조치의 집행을 위하여 전기통신사업자가 협조할 사항, 통신사실확인자료의 보관기간 그 밖에 전기통신사업자의 협조에 관하여 필요한 사항은 대통령령으로 정한다.

[본조신설 2005.5.26]

제16조 (벌칙) ①다음 각호의 1에 해당하는 자는 10년 이하의 징역과 5년 이하의 자격정지에 처한다.

1. 제3조의 규정에 위반하여 우편물의 검열 또는 전기통신의 감청을 하거나 공개되지 아니한 타인간의 대화를 녹음 또는 청취한 자
2. 제1호의 규정에 의하여 지득한 통신 또는 대화의 내용을 공개하거나 누설한 자

②다음 각호의 1에 해당하는 자는 10년 이하의 징역에 처한다.〈개정 2005.5.26〉

1. 제9조제2항의 규정에 위반하여 통신제한조치허가서 또는 긴급감청서등의 표지의 사본을 교부하지 아니하고 통신제한조치의 집행을 위탁하거나 집행에 관한 협조를 요청한 자 또는 통신제한조치허가서 또는 긴급감청서등의 표지의 사본을 교부받지 아니하고 위탁받은 통신제한조치를 집행하거나 통신제한조치의 집행에 관하여 협조한 자
2. 제11조제1항(제14조제2항의 규정에 의하여 적용하는 경우 및 제13조의5의 규정에 의하여 준용되는 경우를 포함한다)의 규정에 위반한 자

③제11조제2항(제13조의5의 규정에 의하여 준용되는 경우를 포함한다)의 규정에 위반한 자는 7년 이하의 징역에 처한다.〈개정 2005.5.26〉

④제11조제3항(제14조제2항의 규정에 의하여 적용하는 경우 및 제13조의5의 규정에 의하여 준용되는 경우를 포함한다)의 규정에 위반한 자는 5년 이하의 징역에 처한다.〈개정 2005.5.26〉

[전문개정 2001.12.29]

제17조 (벌칙) ①다음 각호의 1에 해당하는 자는 5년 이하의 징역 또는 3천만원 이하의 벌금에 처한다. 〈개정 2004.1.29〉

1. 제9조제2항의 규정에 위반하여 통신제한조치허가서 또는 긴급감청서등의 표지의 사본을 보존하지 아니한 자
2. 제9조제3항(제14조제2항의 규정에 의하여 적용하는 경우를 포함한다)의 규정에 위반하여 대장을 비치하지 아니한 자

3. 제9조제4항의 규정에 위반하여 통신제한조치허가서 또는 긴급감청서등에 기재된 통신제한조치 대상자의 전화번호 등을 확인하지 아니하거나 전기통신에 사용되는 비밀번호를 누설한 자
4. 제10조제1항의 규정에 위반하여 인가를 받지 아니하고 감청설비를 제조·수입·판매·배포·소지·사용하거나 이를 위한 광고를 한 자
5. 제10조제3항 또는 제4항의 규정에 위반하여 감청설비의 인가대장을 작성 또는 비치하지 아니한 자
5의2. 제10조의3제1항의 규정에 의한 등록을 하지 아니하거나 거짓으로 등록하여 불법감청설비탐지업을 한 자
6. 제13조제4항의 규정에 위반하여 통신사실확인자료를 제공받거나 제공한 자

②다음 각호의 1에 해당하는 자는 3년 이하의 징역 또는 1천만원 이하의 벌금에 처한다.〈개정 2004.1.29, 2008.2.29〉

1. 제3조제3항의 규정을 위반하여 단말기기 고유번호를 제공하거나 제공받은 자
2. 제8조제2항 후단 또는 제9항 후단의 규정에 위반하여 긴급통신제한조치를 즉시 중지하지 아니한 자
3. 제9조의2(제14조제2항의 규정에 의하여 적용하는 경우를 포함한다)의 규정에 위반하여 통신제한조치의 집행에 관한 통지를 하지 아니한 자
4. 제13조제7항의 규정에 위반하여 통신사실확인자료제공 현황등을 방송통신위원회에 보고하지 아니하였거나 관련자료를 비치하지 아니한 자

[전문개정 2001.12.29]

제18조 (미수범) 제16조 및 제17조에 규정된 죄의 미수범은 처벌한다.

부칙 〈제9819호,2009.11.2〉

제1조(시행일) 이 법은 공포 후 6개월이 경과한 날부터 시행한다.

제2조부터 제4조까지 생략

제5조(다른 법률의 개정) ① 및 ② 생략

③ 통신비밀보호법 일부를 다음과 같이 개정한다.

제3조제1항제3호 중 "군행형법 제15조·제16조등의 규정에 의한"을 "「군에서의 형의 집행 및 군수용자의 처우에 관한 법률」 제42조·제44조 및 제45조에 따른"으로 한다.

제6조 생략

부록 3 : 총포 · 도검 · 화약류 등 단속법

[시행 2011.1.1] [법률 제10219호, 2010.3.31, 타법개정]

제1장 총칙

제1조(목적) 이 법은 총포 · 도검 · 화약류 · 분사기 · 전자충격기 · 석궁의제조 · 거래 · 소지 · 사용 그 밖의 취급에 관한 사항을 규제하여 총포 · 도검 · 화약류 · 분사기 · 전자충격기 · 석궁으로 인한 위험과 재해를 미리 방지함으로써 공공의 안전을 유지하는데 이바지함을 목적으로 한다. 〈개정 1989.12.30, 1995.12.6〉

제2조(정의) ①이 법에서 "총포"라 함은 권총 · 소총 · 기관총 · 포 · 엽총,금속성 탄알이나 가스등을 쏠 수 있는 장약총포, 공기총(압축가스를 이용하는 것을 포함한다. 이하 같다) 및 총포신 · 기관부 등 그 부품(이하 "부품"이라 한다)으로서 대통령령이 정하는 것을 말한다. 〈개정 1995.12.6, 2003.7.29〉

②이 법에서 "도검"이라 함은 칼날의 길이가 15센티미터 이상 되는 칼 · 검 · 창 · 치도(雉刀) · 비수 등으로서 성질상 흉기로 쓰여지는 것과 칼날의 길이가 15센티미터 미만이라 할지라도 흉기로 사용될 위험성이 뚜렷이 있는 것 중에서 대통령령이 정하는 것을 말한다.

③이 법에서 "화약류"라 함은 다음 각호의 화약 · 폭약 및 화공품(화공품: 화약 및 폭약을 써서 만든 공작물을 말한다. 이하 같다)을 말한다.〈개정 1989.12.30, 1995.12.6, 1999.3.31〉

1. 화약
   가. 흑색화약 또는 질산염을 주성분으로 하는 화약
   나. 무연화약 또는 질산에스테르를 주성분으로 하는 화약
   다. 그 밖에 "가"목 및 "나"목의 화약과 비슷한 추진적 폭발에 사용될 수 있는 것으로서 대통령령이 정하는 것
2. 폭약
   가.뇌홍 · 아지화연 · 로단염류 · 테트라센 등의 기폭제
   나.초안폭약 · 염소산칼리폭약 · 카리트 그 밖의 질산염 · 염소산염 또는 과염소산염을 주성분으로 하는 폭약
   다.니트로글리세린·니드로글리콜

그 밖의 폭약으로 사용되는 질산에스테르
라. 다이나마이트 그 밖의 질산에스테르를 주성분으로 하는 폭약
마. 폭발에 쓰이는 트리니트로벤젠 · 트리니트로토루엔 · 피크린산 · 트리니트로클로로벤젠 · 테트릴 · 트리니트로아니졸 · 핵사니트로디페닐아민 · 트리메틸렌트리니트라민·펜트리트 및 니트로기 3 이상이 들어 있는 그 밖의 니트로화합물과 이들을 주성분으로 하는 폭약
바. 액체산소폭약 그 밖의 액체폭약
사. 그 밖의 "가"목 내지 "바"목의 폭약과 비슷한 파괴적 폭발에 사용될 수 있는 것으로서 대통령령이 정하는 것
3. 화공품
가. 공업용뇌관 · 전기뇌관 · 총용뇌관 및 신호뇌관
나. 실탄(실탄산탄을 포함한다. 이하 같다) 및 공포탄(空包彈)
다. 신관 및 화관
라. 도폭선 · 미진동파쇄기 · 도화선 및 전기도화선
마. 신호염관 · 신호화전 및 신호용화공품
바. 시동약(始動藥)
사. 꽃불 그 밖의 화약이나 폭약을 사용한 화공품
아. 장난감용 꽃불 등으로서 행정자치부령이 정하는 것
자. 자동차 긴급신호용 불꽃신호기
차. 자동차에어백용 가스발생기

④이 법에서 "분사기"라 함은 사람의 활동을 일시적으로 곤란하게 하는 최루 또는 질식 등의 작용제를 분사할 수 있는 기기로서 대통령령이 정하는 것을 말한다.〈신설 1989.12.30〉

⑤이 법에서 "전자충격기"라 함은 사람의 활동을 일시적으로 곤란하게 하거나 인명에 위해를 가하는 전류를 방류할 수 있는 기기로서 대통령령이 정하는 것을 말한다.〈신설 1989.12.30〉

⑥이 법에서 "석궁"이라 함은 활과 총의 원리를 이용하여 화살등의 물체를 발사하여 인명에 위해를 줄 수 있는 것으로서 대통령령이 정하는 것을 말한다.〈신설 1995.12.6〉

제3조(적용의 배제) ①제2조제3항제3호 "아"목의 장난감용 꽃불류에 대하여는 제6조 내지 제8조, 제10조, 제12조, 제13조, 제18조 내지 제21조, 제23조, 제32조 및 제35조의 규정을 적용하지 아니한다. 다만, 장난감용 꽃불류에 관하여 제4조·제9조 또는 제25조의 규정에 의한 허가

를 받는 사람의 경우에는 제6조 내지 제8조, 제10조, 제12조, 제18조, 제21조 및 제23조의 규정만을 적용하지 아니한다. <개정 2001.1.26>
②제2조제3항제3호 "차"목의 자동차 에어백용 가스발생기에 대하여는 제4조 및 제5조의 규정을 제외하고 이 법을 적용하지 아니한다.
③군수용으로 제조·판매·수출·수입 또는 관리되는 총포·도검·화약류·분사기·전자충격기·석궁에 대하여는 이 법을 적용하지 아니한다.
④수출하기 위한 목적으로 제조되는 총포·도검·화약류·분사기·전자충격기 및 석궁에 대하여는 제4조제1항 및 제2항의 해당종류별 제조허가에 관한 구조 및 성능기준을 적용하지 아니한다.<신설 1999.3.31>
[전문개정 1995.12.6]

제2장 총포·도검·화약류·분사기·전자충격기·석궁의 제조·판매 등

제4조(제조업의 허가) ①총포·화약류의 제조업(총포의 개조·수리업과 화약류의 변형·가공업을 포함한다. 이하 같다)을 영위하고자 하는 사람은 제조소마다 행정안전부령이 정하는 바에 의하여 경찰청장의 허가를 받아야 한다. 제조소의 위치·구조·시설 또는 설비를 변경하거나 제조하는 총포·화약류의 종류 또는 제조방법을 변경하고자 하는 때에도 또한 같다. <개정 1989.12.30, 1991.5.31, 1995.12.6, 1999.3.31, 2008.2.29>
②도검·분사기·전자충격기·석궁의 제조업을 영위하고자 하는 사람은 제조소마다 행정안전부령이 정하는 바에 의하여 제조소의 소재지를 관할하는 지방경찰청장의 허가를 받아야 한다.
제조소의 위치·구조·시설 또는 설비를 변경하거나 제조하는 도검·분사기·전자충격기·석궁의 종류 또는 제조방법을 변경하고자 하는 때에도 또한 같다.<신설 1995.12.6, 1999.3.31, 2008.2.29>
③제1항 또는 제2항의 규정에 의하여 총포·도검·화약류·분사기·전자충격기·석궁제조업의 허가를 받은 사람(이하 "제조업자"라 한다)이 아니면 총포·도검·화약류·분사기·전자충격기·석궁을 제조하지 못한다. 다만, 화약류를 물리·화학상의 실험 또는 의료의 목적으로 사용하기 위하여 대통령령이 정하는 종류와 수량이하를 제조하는 경우에는 그러하지 아니하다.<개정 1995.12.6>
④제45조제1항의 규정에 의하여 허가가 취소된 후 6월이 지나지 아니한 경우에 그 영업장소에서 같은 종

류의 영업을 하고자 하는 때에는 제1항 또는 제2항의 규정에 의한 허가를 할 수 없다.〈신설 2003.7.29〉
⑤총포 · 도검 · 화약류 · 분사기 · 전자충격기 · 석궁의 제조에 관한 시설 및 기술의 기준은 대통령령으로 정한다.〈개정 1989.12.30, 1995.12.6〉

제4조의2(제조업자의 지위승계) ①제조업자가 사망하거나 그 제조업을 양도한 때에는 그 상속인 또는 제조업을 양수한 자는 그 제조업자의 지위를 승계한다.
②민사집행법에 의한 경매, 「채무자회생 및 파산에 관한 법률」에 의한 환가, 국세징수법·관세법 또는 「지방세기본법」에 따른 압류재산의 매각 그 밖에 이에 준하는 절차에 따라 영업시설의 전부를 인수한 자는 그 제조업자의 지위를 승계한다.〈개정 2005.3.31, 2010.3.31〉
③제1항 또는 제2항의 규정에 의하여 제조업자의 지위를 승계한 사람은 1월 이내에 행정안전부령이 정하는 바에 따라 경찰청장 또는 지방경찰청장에게 승계사실을 신고하여야 한다.〈개정 2008.2.29〉
④제5조의 규정은 제1항 또는 제2항의 규정에 의한 제조업자의 지위승계에 관하여 이를 준용한다. 다만, 상속인이 제5조 각호의 1에 해당하는 경우 상속받은 날부터 3월동안은 그러하지 아니하다.
[본조신설 2003.7.29]

제5조(제조업자의 결격사유) 다음 각호의 1에 해당하는 사람은 총포 · 도검 · 화약류 · 분사기 · 전자충격기 · 석궁제조업의 허가를 받을 수 없다.〈개정 1989.12.30, 1995.12.6, 2001.1.26, 2005.3.31〉

1. 금고 이상의 형의 선고를 받고 그 집행이 끝나거나 집행을 받지 아니하기로 확정된 후 3년이 지나지 아니한 사람
2. 금고 이상의 형의 집행유예선고를 받고 그 집행유예의 기간이 끝난 날로부터 1년이 지나지 아니한 사람
3. 심신상실자, 마약·대마·향정신성의약품 또는 알콜의 중독자 그 밖에 이에 준하는 정신장애인
4. 20세 미만인 사람·금치산자 또는 한정치산자
5. 파산선고를 받은 자로서 복권되지 아니한 사람
6. 제45조제1항의 규정에 의하여 허가취소처분을 받고 3년이 지나지 아니한 사람
7. 임원중에 제1호 내지 제6호의 1에 해당하는 사람이 있는 법인 또는 단체

제6조(판매업의 허가) ①총포·도검·화약류·분사기·전자충격기·석궁의 판매업을 영위하고자 하는 사람은 판매소마다 행정안전부령이 정하는 바에 의하여 판매소의 소재지를 관할하는 지방경찰청장의 허가를 받아야 한다. 판매소의 위치·구조·시설 또는 설비를 변경하거나 판매하는 총포·도검·화약류·분사기·전자충격기·석궁의 종류를 변경하고자 하는 때에도 또한 같다. 〈개정 1989.12.30, 1991.5.31, 1995.12.6, 1999.3.31, 2008.2.29〉

②제1항의 규정에 의하여 총포·도검·화약류·분사기·전자충격기·석궁판매업의 허가를 받은 사람(이하 "판매업자"라 한다)이 아니면 총포·도검·화약류·분사기·전자충격기·석궁을 판매(분사기 판매의 경우 분사기에 최루 또는 질식 등의 작용제를 충전하는 것을 포함한다. 이하 같다)하지 못한다. 다만, 제조업자가 그 제조한 총포·도검·화약류·분사기·전자충격기·석궁을 제조소에서 직접 판매하거나 총포판매업자가 대통령령이 정하는 범위 안에서 판매허가를 받은 총포의 실탄 또는 공포탄을 판매하는 경우에는 그러하지 아니하다.〈개정1989.12.30, 1995.12.6〉

③제45조제1항의 규정에 의하여 허가가 취소된 후 6월이 지나지 아니한 경우에 그 영업장소에서 같은 종류의 영업을 하고자 하는 때에는 제1항의 규정에 의한 허가를 할 수 없다.〈신설2003.7.29〉

④제1항의 규정에 의한 총포·도검·화약류·분사기·전자충격기·석궁판매업의 시설기준은 대통령령으로 정한다.〈개정 1989.12.30, 1995.12.6〉

제6조의2(판매업자의 지위승계) 제4조의2의 규정은 판매업자가 사망하거나 판매업을 양도한 경우에 이를 준용한다. 이 경우 "경찰청장 또는 지방경찰청장"은 "지방경찰청장"으로 본다.
[본조신설 2003.7.29]

제7조(판매업자의 결격사유)

제5조의 규정은 총포·도검·화약류·분사기·전자충격기·석궁판매업의 허가의 경우에 이를 준용한다. 〈개정 1989.12.30, 1995.12.6〉

제8조(행상과 옥외판매금지) 총포·도검·화약류·분사기·전자충격기·석궁은 행상으로나 노점 그 밖의 옥외에서 이를 판매하지 못한다. 〈개정 1989.12.30, 1995.12.6〉

제9조(수출입의 허가 등) ①총포·화약류를 수출 또는 수입하고자 하는 사람은 행정안전부령이 정하는 바에 의하여 그때마다 경찰청장의 허가를 받아야 한다. 〈개정 1989.12.30, 1991.5.31, 1995.12.6, 1999.3.31, 2008.2.29〉

②도검 · 분사기 · 전자충격기 · 석궁을 수출 또는 수입하고자 하는 사람은 행정안전부령이 정하는 바에 의하여 그때마다 주된 사업장의 소재지를 관할하는 지방경찰청장의 허가를 받아야 한다.〈신설 1995.12.6, 1999.3.31, 2008.2.29〉

③제1항 또는 제2항의 규정에 의하여 수출 또는 수입허가를 받을 수 있는 사람은 제조업자 또는 판매업자에 한한다. 다만, 국가기관 또는 지방자치단체에서 사용하고자 하는 것으로서 경찰청장의 승인을 얻은 경우에는 그러하지 아니하다.〈신설 1995.12.6, 1996.12.30〉

④경찰청장 또는 지방경찰청장은 공공의 안전유지를 위하여 필요하다고 인정되는 때에는 총포 · 도검 · 화약류 · 분사기 · 전자충격기 · 석궁의 수출 또는 수입을 제한하거나 허가하지 아니할 수 있다.〈개정1989.12.30, 1991.5.31, 1995.12.6〉

⑤화약류를 수입한 사람은 지체없이 행정안전부령이 정하는 바에 의하여 수입지를 관할하는 경찰서장에게 신고하여야 한다.〈개정 1999.3.31, 2008.2.29〉

제3장 총포 · 도검 · 화약류 · 분사기 · 전자충격기 · 석궁의 소지와 사용

제10조(소지의 금지) 누구든지 다음 각호의 1에 해당하는 경우를 제외하고는 허가없이 총포 · 도검 · 화약류 · 분사기 · 전자충격기 · 석궁을 소지하여서는 아니된다. 〈개정1989.12.30, 1991.5.31, 1995.12.6〉

1. 법령에 의하여 직무상 총포 · 도검 · 화약류 · 분사기 · 전자충격기 · 석궁을 소지하는 경우
2. 제4조제1항 또는 제2항의 규정에 의한 제조업자가 그가 제조한 총포 · 도검 · 화약류 · 분사기 · 전자충격기 · 석궁을 소지하는 경우
3. 제4조제3항 단서의 규정에 의하여 화약류를 제조한 사람이 그가 제조한 화약류를 소지하는 경우
4. 제6조제1항의 규정에 의한 판매업자가 총포 · 도검 · 화약류 · 분사기 · 전자충격기 · 석궁을 소지하는 경우
5. 제6조제1항의 규정에 의한 총포판매업자가 같은조 제2항 단서의

규정에 의하여 판매하는 총용실탄 또는 공포탄을 소지하는 경우
6. 제9조제1항 또는 제2항의 규정에 의하여 수출입허가를 받은 사람이 그총포·도검·화약류·분사기·전자충격기를 소지하는 경우
7. 제18조제1항의 규정에 의한 화약류의 사용허가를 받은 사람(제18조제1항 단서의 규정에 의하여 사용허가를 받지 아니하여도 되는 사람을 포함한다)이 그 화약류를 소지하는 경우
8. 제21조제1항의 규정에 의한 화약류의 양수허가를 받은 사람(제21조제1항 단서의 규정에 의하여 경찰서장의 양수허가를 받지 아니하여도 되는 사람을 포함한다)이 그 화약류를 소지하는 경우
9. 제2호 내지 제8호의 1에 해당하는 사람의 종업원이 그 직무상 총포·도검·화약류·분사기·전자충격기·석궁을 소지하는 경우
10. 대통령령이 정하는 사람이 총포·도검·화약류·분사기·전자충격기·석궁을 소지하는 경우

제11조(모의총포의 제조·판매·소지의 금지) ①누구든지 총포와 아주 비슷하게 보이는 것으로서 대통령령이 정하는 것(이하 "모의총포"라 한다)을 제조·판매 또는 소지하지 못한다. 다만, 수출하기 위한 목적으로 모의총포를 제조·판매 또는 소지하는 경우에는 그러하지 아니하다. 〈개정1989.12.30〉

②제1항 단서의 규정에 의하여 수출하기 위한 목적으로 모의총포를 제조하는 경우에는 행정자치부령이 정하는 바에 의하여 제조소의 소재지를 관할하는 경찰서장에게 신고하여야 한다.〈개정 1999.3.31〉

제12조(총포·도검·화약류·분사기·전자충격기·석궁의 소지허가)

①제10조 각호의 1에 해당되지 아니하는 사람이 총포·도검·화약류·분사기·전자충격기·석궁을 소지하고자 하는 때에는 행정안전부령이 정하는 바에 의하여 총포의 경우에는 주소지를 관할하는 지방경찰청장의, 도검·화약류·분사기 및 전자충격기·석궁의 경우에는 주소지를 관할하는 경찰서장의 허가를 각각 받아야 한다. 다만, 총포중 엽총·가스발사총·공기총·마취총·도살총·산업용총·구난구명총 또는 그 부품을 소지하고자 하는 때에는 주소지를 관할하는 경찰서장의 허가를 받아야 한다. 〈개정 1989.12.30, 1991.5.31, 1995.12.6, 1999.3.31, 2001.1.26, 2003.7.29, 2008.2.29〉

②건설공사·경비등을 위하여 법인의 대표자 또는 대리인·사용인 기타 종업원이 산업용총·가스발사총·분사기 또는 전자충격기를 소지하고자 하는 때에는 그 법인의 대표자가 허가를 받고자 하는 산업용총·가스발사총·분사기 또는 전자충격기의 수 및 이를 소지할 사람을 특정하여 그 법인의 주된 사업장의 소재지를 관할하는 경찰서장의 허가를 받아야 한다. 이 경우 가스발사총의 소지허가는 이를 소지할 사람이 관계법령에 의하여 무기를 휴대할 수 있는 경우에 한한다.〈신설 1995.12.6〉

③총포·도검·화약류·분사기·전자충격기·석궁의 소지허가의 범위는 그 종류 및 용도별로 대통령령으로 정한다.〈개정 1989.12.30, 1995.12.6〉

第13조(총포·도검·화약류·분사기·전자충격기·석궁소지자의 결격사유 등)

①다음각호의 1에 해당하는 사람은 총포·도검·화약류·분사기·전자충격기·석궁의 소지허가를 받을 수 없다.〈개정 1989.12.30, 1995.12.6, 2003.7.29〉

1. 20세 미만인 사람. 다만, 대한체육회장이나 특별시·광역시 또는 도의 체육회장이 추천한 선수 또는 후보자가 사격경기용 총을 소지하고자 하는 경우에는 그러하지 아니하다.
2. 심신상실자, 마약·대마·향정신성의약품 또는 알코올 중독자 그 밖의 이에 준하는 정신장애자
3. 금고 이상의 실형의 선고를 받고 그 집행이 종료(집행이 종료된 것으로 보는 경우를 포함한다)되거나 집행이 면제된 날부터 3년이 지나지 아니한 사람
4. 이 법의 규정을 위반하여 벌금형의 선고를 받고 3년이 지나지 아니한 사람
5. 특정강력범죄의처벌에관한특례법 제2조제1항 각호의 1의 규정에 의한 특정강력범죄를 범하여 징역 이상의 형의 집행유예선고를 받고 그 유예기간이 끝난 날부터 2년이 지나지 아니한 사람
6. 이 법의 규정을 위반하여 금고 이상의 형의 집행유예선고를 받고 그 집행유예의 기간이 끝난 날로부터 1년이 지나지 아니한 사람
7. 제45조 또는 제46조제1항의 규정에 의한 허가취소처분을 받고 1년이 지나지 아니한 사람

②지방경찰청장 또는 경찰서장은 제1항 각호의 1에 해당하지 아니하는 사람에 대하여도 다른 사람의 생명·재산 또는 공공의 안전을 해칠 염려

가 있다고 인정되는 경우에는 총포·도검·화약류·분사기·전자충격기·석궁의 소지허가를 하지 아니할 수 있다.〈개정 1989.12.30, 1991.5.31, 1995.12.6〉

③지방경찰청장 또는 경찰서장은 위장한 총포·도검·화약류·분사기·전자충격기·석궁 또는 그 구조와 기능이 행정안전부령이 정하는 기준에 적합하지 아니한 총포·분사기·전자충격기·석궁에 대하여는 소지허가를 하여서는 아니된다.〈개정 1989.12.30, 1991.5.31, 1995.12.6, 1999.3.31, 2008.2.29〉

제14조(국제경기에 참가하는 사람에 대한 허가의 특례) ①국내 또는 국외에서 개최되는 국제사격경기대회·수렵대회 또는 무술대회 등에 참가하기 위하여 출국 또는 입국하는 사람은 행정자치부령이 정하는 바에 의하여 그 대회에서 사용할 총포·도검·석궁의 일시 수출입 및 일시 소지에 관하여 출입국항의 소재지를 관할하는 지방경찰청장의 허가(일시 소지허가의 경우는 외국인에 한한다. 이하 같다)를 받아야 한다. 〈개정 1991.5.31, 1995.12.6, 1999.3.31〉

②지방경찰청장은 제1항의 규정에 의한 허가신청을 받은 때에는 기간을 정하여 일시 수출입 및 일시 소지허가를 할 수 있다.〈개정 1991.5.31〉

제15조(총포소지허가에 대한 특례) 제12조 또는 제14조의 규정에 의하여 총포의 소지허가를 받은 사람이 그 허가된 용도에 사용하기 위하여 소지하는 실탄·공포탄·총용뇌관·신호용뇌관·신호용염관·신호용화전·신호용화공품 또는 시동약으로서 행정안전부령이 정하는 수량에 대하여는 제10조·제18조·제21조 및 제25조의 규정을 적용하지 아니한다. 〈개정 1995.12.6, 1999.3.31, 2008.2.29〉

제16조(총포소지허가의 갱신) ①제12조의 규정에 의한 총포의 소지허가를 받은 사람은 허가를 받은 날로부터 5년마다 이를 갱신하여야 한다.

②제1항의 규정에 의한 허가갱신의 절차 그 밖의 필요한 사항은 행정안전부령으로 정한다.〈개정 1999.3.31, 2008.2.29〉

제17조(총포·도검·분사기·전자충격기·석궁의 휴대·운반·사용 및 개조 등의 제한) ①제12조 또는 제14조의 규정에 의한 총포·도검·분사기·전자충격기·석궁의 소지허가를 받은 사람은 허가받은 용도에 사용하기

위한 경우와 그 밖에 정당한 사유가 있는 경우 외에는 그 총포 · 도검 · 분사기 · 전자충격기 · 석궁을 지니거나 운반하여서는 아니 된다.〈개정 1989.12.30, 1995.12.6〉

②제1항의 총포 · 도검 · 분사기 · 전자충격기 · 석궁의 소지허가를 받은 사람은 허가받은 용도나 그 밖의 정당한 사유가 있는 경우 외에는 그 총포 · 도검 · 분사기 · 전자충격기 · 석궁을 사용하여서는 아니된다.〈개정 1989.12.30, 1995.12.6〉

③제1항의 총포의 소지허가를 받은 사람이 그 총포를 보관·휴대 또는 운반하는 경우에는 실탄이나 공포탄을 장전하여서는 아니되며, 총집에 넣거나 포장하여야 한다.〈개정 1995.12.6〉

④제1항의 총포의 소지허가를 받은 사람은 그 총포의 성능을 변경하기 위하여 임의로 개조하여서는 아니된다.〈신설 1986.12.31〉

⑤ 삭제〈2003.7.29〉

제18조(화약류의 사용) ①화약류를 발파 또는 연소시키려는 사람은 행정안전부령이 정하는 바에 의하여 화약류의 사용지를 관할하는 경찰서장의 화약류의 사용허가를 받아야 한다. 다만, 광업법에 의하여 광물의 채굴을 하는 사람과 그 밖의 대통령령으로 정하는 사람은 그러하지 아니하다.〈개정 1999.3.31, 2008.2.29〉

②제1항의 규정에 의한 화약류의 사용허가를 받은 사람(이하 "화약류사용자"라 한다)이 그 화약류를 허가받은 용도와 다른 용도로 사용하고자 하는 때에는 제1항의 규정에 의한 화약류의 사용허가를 다시 받아야 한다.

③경찰서장은 화약류 사용의 목적 · 장소 · 일시 · 수량 또는 방법이 적당하지 아니하거나 공공의 안전유지에 지장이 있다고 인정되는 때에는 제1항 또는 제2항의 허가를 하여서는 아니된다.

④화약류의 발파와 연소는 대통령령이 정하는 기술상의 기준에 따라야 한다.

⑤제13조제1항 또는 제2항의 규정은 제1항 및 제2항의 허가의 경우에 이를 준용한다.〈개정 1995.12.6〉

제19조(취급의 금지) 다음 각호의 1에 해당하는 사람은 총포 · 도검 · 화약류 · 분사기 · 전자충격기 · 석궁을 취급(제조·판매·수수·적재·운반·저장·소지·사용 · 폐기 등을 말한다. 이하 같다)하여서는 아니되며, 누구든지 그들에게 이를 취급하게 하여서는 아니된다. 〈개정1989.12.30, 1995.12.6, 2003.7.29〉

1. 18세 미만의 사람. 다만, 대한체육회장이나 특별시·광역시 또는 도의 체육회장이 추천한 선수 또는 후보자가 사격경기용총·석궁을 소지하는 경우에는 그러하지 아니하다.
2. 제5조 또는 제13조제1항 각호의 1에 해당하는 사람(제5조제4호 및 제13조제1항제1호중 20세 미만인 사람을 제외한다)

제20조(화약류의 폐기) ①화약류를 폐기하고자 하는 사람은 행정자치부령이 정하는 바에 의하여 그 폐기하고자 하는 곳을 관할하는 경찰서장에게 신고하여야 한다. 다만, 제조업자가 제조과정에서 생긴 화약류를 그 제조소안에서 폐기하는 경우에는 그러하지 아니하다. 〈개정1999.3.31〉

②경찰서장은 화약류폐기의 장소·일시·수량 또는 방법등이 적당하지 아니하거나, 공공의 안전유지에 지장이 있다고 인정되는 때에는 그 화약류폐기의 중지를 명할 수 있다.

③화약류의 폐기는 대통령령이 정하는 기술상의 기준에 따라야 한다.

제21조(양도·양수 등의 제한) ①화약류를 양도 또는 양수하고자 하는 사람은 행정안전부령이 정하는 바에 의하여 그 주소지 또는 화약류의 사용지를 관할하는 경찰서장의 허가를 받아야 한다. 다만, 다음 각호의 1에 해당하는 경우에는 그러하지 아니하다. 〈개정 1995.12.6, 1999.3.31, 2003.7.29, 2008.2.29〉

1. 제조업자가 제조할 목적으로 화약류를 양수하거나 제조한 화약류를 양도하는 경우
2. 판매업자가 판매할 목적으로 화약류를 양도·양수하는 경우
3. 화약류의 수출입허가를 받은 사람이 그 수출입과 관련하여 화약류를 양도·양수하는 경우
4. 총포의 소지허가를 받은 사람이 수렵 또는 사격을 하기 위하여 대통령령이 정하는 수량 이하의 화약류를 양수하는 경우
5. 광업법에 의하여 광물의 채굴을 하는 사람이 그 광물의 채굴을 목적으로 대통령령이 정하는 수량 이하의 화약류를 양수하는 경우
6. 화약류의 제조업·판매업 또는 화약류저장소를 양도·양수하는 경우

②경찰서장은 화약류의 양도·양수의 목적이 분명하지 아니하거나 공공의 안전유지에 지장이 있다고 인정되는 때에는 제1항의 허가를 하여서는 아니된다.

③화약류의 제조업자·판매업자 또는 수입허가를 받은 사람은 제1항의

규정에 의하여 양수허가를 받은 사람과 제1항 단서의 규정에 의하여 양수허가를 필요로 하지 아니하는 사람외의 사람에게 화약류를 양도하여서는 아니되며, 누구든지 제조업자·판매업자 또는 수입허가를 받은 사람과 제1항의 규정에 의하여 양도허가를 받은 사람외의 사람으로부터 화약류를 양수하여서는 아니된다.
④총포·도검·분사기·전자충격기·석궁의 제조업자·판매업자 및 수입허가를 받은 사람과 소지허가를 받은 사람은 총포·도검·분사기·전자충격기·석궁의 제조업자·판매업자 및 수출허가를 받은 사람과 소지허가를 받은 사람외의 사람에게 총포·도검·분사기·전자충격기·석궁을 양도하여서는 아니되며, 또한 이들로부터 총포·도검·분사기·전자충격기·석궁을 양수하여서도 아니된다. 다만, 총포·도검·분사기·전자충격기·석궁의 제조업 또는 판매업을 양도·양수하는 경우에는 그러하지 아니하다.〈개정 1989.12.30, 1995.12.6, 2003.7.29〉
⑤총포·도검·분사기·전자충격기·석궁의 제조업자·판매업자, 수출허가 또는 수입허가를 받은 사람이나 소지허가를 받은 사람은 총포·도검·분사기·전자충격기·석궁을 다른 사람에게 각각 빌려주어서는 아니되며, 또한 다른 사람으로부터 그것을 각각 빌려서도 아니된다.〈신설 2003.7.29〉

제22조(교육실시) ①총포(엽총 및 공기총에 한한다)·석궁의 소지허가를 받고자 하는 사람과 제28조의 규정에 의한 화약류제조보안책임자 또는 화약류관리보안책임자의 면허를 받고자 하는 사람은 그 허가 또는 면허를 받기 전에 허가 또는 면허를 하는 지방경찰청장 또는 경찰서장이 실시하는 다음 각호의 사항에 관한 교육을 받아야 한다. 다만, 대통령령이 정하는 사람이 총포·석궁의 소지허가를 받고자 하는 경우에는 교육을 면제하거나 소지허가를 한 후에 교육을 받게 할 수 있다. 〈개정 1986.12.31, 1989.12.30, 1991.5.31, 1995.12.6, 2001.1.26〉
1. 총포·도검·화약류·석궁에 관한 법령
2. 엽총·공기총·석궁의 사용·보관 및 취급에 관한 실기
3. 화약류의 제조 및 취급상의 안전관리에 관한 실기

②허가 또는 면허를 하는 지방경찰청장 또는 경찰서장은 제1항의 규정에 의한 교육과정을 마친 사람에 대하여는 수료증을 교부하여야 한다.〈개정 1986.12.31, 1991.5.31〉
③허가 또는 면허를 하는 지방경찰청장 또는 경찰서장은 제1항의 교육

에 관한 사무의 전부 또는 일부를 제48조의 규정에 의한 총포·화약안전기술협회 그 밖의 행정자치부령이 정하는 자에게 위탁하여 실시할 수 있다.〈개정 1986.12.31, 1991.5.31, 1999.3.31〉

제23조(발견·습득의 신고등) 누구든지 유실·매몰 또는 정당하게 관리되고 있지 아니하는 총포·도검·화약류·분사기·전자충격기·석궁이라고 인정되는 물건을 발견하거나 습득한 경우에는 24시간 이내에 가까운 국가경찰관서에 신고하여야 하며, 국가경찰공무원(전투경찰순경을 포함한다. 이하 같다)의 지시없이 이를 만지거나 옮기거나 두들기거나 또는 해체하여서는 아니된다. 〈개정 1989.12.30, 1995.12.6, 2003.7.29, 2006.2.21〉

제4장 총포·도검·화약류·분사기·전자충격기·석궁의 관리

제24조(화약류의 저장) ①화약류의 저장은 제25조의 규정에 의한 화약류저장소에 하여야 하며, 대통령령이 정하는 저장방법·저장량 그 밖의 재해예방에 필요한 기술상의 기준에 따라야 한다. 다만, 대통령령이 정하는 수량 이하의 화약류에 있어서는 그러하지 아니하다.
②화약류의 제조업자와 판매업자는 자가전용의 화약류저장소를 설치하여야 한다.

제25조(화약류저장소설치허가) ①화약류저장소를 설치하고자 하는 사람은 대통령령이 정하는 화약류저장소의 종별구분에 따라 그 설치하고자 하는 곳을 관할하는 지방경찰청장 또는 경찰서장의 허가를 받아야 한다. 화약류저장소의 위치·구조·설비를 변경하고자 하는 때에도 또한 같다. 〈개정 1991.5.31〉
②지방경찰청장 또는 경찰서장은 제1항의 규정에 의한 허가신청을 받은 경우에 그 저장소의 구조·위치 및 설비가 대통령령이 정하는 기준에 적합하지 아니하는 때에는 허가하여서는 아니된다.〈개정 1991.5.31〉
③제5조의 규정은 화약류저장소 설치허가의 경우에 이를 준용한다.
④제45조제2항의 규정에 의하여 화약류저장소의 설치허가가 취소된 후 6월이 지나지 아니한 경우에 그 장소에서 화약류저장소를 설치하고자 하는 때에는 제1항의 규정에 의한 허가를 할 수 없다.〈신설 2003.7.29〉
⑤화약류저장소의 설치허가를 받은

사람(이하 "화약류저장소설치자" 라 한다)은 화약류저장소를 다른 사람에게 관리 위탁하거나 빌려주어서는 아니된다.

제25조의2(화약류저장소설치자의 지위 승계) 제4조의2의 규정은 화약류저장소설치자의 지위승계에 관하여 이를 준용한다. 이 경우 "제조업"은 "화약류저장소"로, "제조업자"는 "화약류저장소설치자"로, "경찰청장 또는 지방경찰청장"은 "지방경찰청장 또는 경찰서장"으로 본다.
[본조신설 2003.7.29]

제26조(화약류의 운반) ①화약류를 운반하고자 하는 사람은 행정안전부령이 정하는 바에 의하여 발송지를 관할하는 경찰서장에게 신고하여야 한다. 다만, 대통령령이 정하는 수량 이하의 화약류를 운반하는 경우에는 그러하지 아니하다. 〈개정 1999.3.31, 2008.2.29〉
②제1항의 규정에 의한 운반신고를 받은 경찰서장은 행정안전부령이 정하는 바에 의하여 화약류운반신고필증을 교부하여야 한다. 〈개정 1999.3.31, 2008.2.29〉
③화약류를 운반하는 사람은 제2항의 규정에 의하여 교부받은 화약류운반신고필증을 지니고 있어야 한다.
④화약류를 운반하는 때에는 그 적재방법·운반방법·운반경로·운반표지 등에 관하여 대통령령이 정하는 기술상의 기준과 제2항의 규정에 의한 화약류운반신고필증에 기재된 지시에 따라야 한다. 다만, 철도·선박·항공기에 의한 운반은 그러하지 아니하다.

제27조(화약류제조보안책임자 및 화약류관리보안책임자의 선임) ①화약류제조업자는 화약류제조보안책임자와 화약류관리보안책임자를, 화약류판매업자·화약류저장소설치자 및 대통령령이 정하는 수량 이상의 화약류사용자는 화약류관리보안책임자를 제28조의 규정에 의한 면허를 받은 사람중에서 각각 선임하여야 한다.
②제1항의 규정에 의하여 화약류제조보안책임자 또는 화약류관리보안책임자를 선임한 때에는 행정안전부령이 정하는 바에 의하여 허가관청에 신고하여야 한다. 화약류제조보안책임자 또는 화약류관리보안책임자를 해임한 때에도 또한 같다. 〈개정 1999.3.31, 2008.2.29〉
③허가관청은 제1항의 규정에 의한 화약류제조보안책임자 또는 화약류관리보안책임자가 제29조제1항의 규정에 의한 결격사유에 해당하거나 이

법 또는 이 법에 의한 명령을 위반한 때에는 그 해임을 명할 수 있다.
④화약류제조보안책임자와 화약류관리보안책임자의 선임기준 그 밖의 필요한 사항은 대통령령으로 정한다.

제28조(화약류제조보안책임자 및 화약류관리보안책임자의 면허) ①국가기술자격법에 의한 화약류제조 · 관리기술계 기술자격취득자와 화약취급기능계 기술자격취득자는 행정안전부령이 정하는 바에 의하여 지방경찰청장의 화약류제조보안책임자면허 또는 화약류관리보안책임자면허를 받을 수 있다. 〈개정 1989.12.30, 1991.5.31, 1995.12.6, 1999.3.31, 2008.2.29〉
②제1항의 규정에 의한 면허를 받지 아니한 사람은 화약류제조보안책임자 또는 화약류관리보안책임자가 될 수 없다.
③화약류제조보안책임자와 화약류관리보안책임자의 면허의 종류 및 면허를 받을 수 있는 자격에 관하여 필요한 사항은 대통령령으로 정한다.
④제1항의 규정에 의한 면허를 받은 사람은 그 면허를 받은 날로부터 5년마다 행정안전부령이 정하는 바에 의하여 이를 갱신하여야 한다.〈개정 1999.3.31, 2008.2.29〉

제29조(화약류제조보안책임자 및 화약류관리보안책임자의 결격사유) ①다음 각호의 1에 해당하는 사람은 화약류제조보안책임자 또는 화약류관리보안책임자의 면허를 받을 수 없다. 〈개정 1995.12.6, 2003.7.29〉
1. 20세 미만인 사람
2. 색맹이거나 색약인 사람, 앞을 보지 못하는 사람, 말 못하는 사람, 듣지 못하는 사람, 그 밖의 팔·다리의 활동이 뚜렷이 온전하지 못한 사람
3. 제30조제1항(제2호를 제외한다)의 규정에 의하여 면허가 취소된 날부터 1년이 지나지 아니한 사람(제28조제4항의 규정에 위반하여 면허가 취소된 사람을 제외한다)
4. 제13조제1항제2호 내지 제7호의 1에 해당되는 사람

②제13조제2항의 규정은 화약류제조보안책임자 및 화약류관리보안책임자의 면허에 이를 준용한다.

제30조(면허의 취소·정지) ①면허관청은 화약류제조보안책임자면허 또는 화약류관리보안책임자면허를 받은 사람이 다음 각호의 1에 해당하는 경우에는 그 면허를 취소하거나 6월의 범위 안에서 일정한 기간을 정하여 면허의 효력을 정지할 수 있다.

다만, 제1호 내지 제4호의 1에 해당하는 경우에는 그 면허를 취소하여야 한다.

1. 속임수를 쓰거나 그 밖의 옳지 못한 방법으로 면허를 받은 사실이 드러난 때
2. 국가기술자격법에 의하여 자격이 취소된 때
3. 제29조제1항의 규정에 의한 결격사유에 해당하게 된 때
4. 면허를 다른 사람에게 빌려준 때
5. 화약류를 취급함에 있어 고의 또는 중대한 과실로 폭발 등의 사고를 일으키어 사람을 죽거나 다치게 한 때
6. 공공의 안녕질서를 해칠 염려가 있다고 믿을 만한 상당한 이유가 있는 때
7. 이 법 또는 이 법에 의한 명령에 위반한 때

②면허관청은 화약류제조보안책임자면허 또는 화약류관리보안책임자면허를 받은 사람이 국가기술자격법에 의하여 자격이 정지된 때에는 그 정지기간동안 면허의 효력을 정지하여야 한다.〈신설 1995.12.6〉

제31조(화약류제조보안책임자 및 화약류관리보안책임자의 의무 등) ①화약류제조보안책임자는 화약류의 제조작업에 관한 사항을, 화약류관리보안책임자는 화약류의 취급(제조를 제외한다) 전반에 관한 사항을 각각 주관하되, 대통령령이 정하는 안전상의 감독업무를 성실히 수행하여야 한다.

②화약류를 취급하는 사람은 화약류제조보안책임자 및 화약류관리보안책임자의 안전상의 지시감독에 따라야 한다.

제32조(화약류의 안정도시험) ①화약류를 제조하거나 수입한 사람 또는 제조·수입 후 대통령령이 정하는 기간이 지난 화약류를 소유하고 있는 사람은 대통령령이 정하는 바에 의하여 그 안정도를 시험하여야 한다.

②제1항의 규정에 의하여 안정도를 시험한 사람은 그 시험결과를 지방경찰청장에게 보고하여야 한다.〈개정 1991.5.31〉

③경찰청장 또는 지방경찰청장은 재해의 예방상 필요하다고 인정되는 때에는 화약류의 소유자에 대하여 제1항의 규정에 의한 안정도시험을 실시하도록 명할 수 있다.〈개정 1991.5.31〉

④제1항 및 제3항의 규정에 의한 안정도시험결과 대통령령이 정하는 기술상의 기준에 미달하는 화약류는 폐기하여야 한다.

제33조(남은 화약류에 대한 조치) 이 법 또는 다른 법의 규정에 의하여 화약류를 소지 또는 사용할 수 있는 사람이 그 허가가 취소되거나 소지 또는 사용할 필요가 없게 된 경우에는 지체 없이 그 화약류를 양도하거나 폐기하여야 한다.

제34조(화약류의 포장 등) ①화약류의 포장은 행정안전부령이 정하는 화약류포장기준에 따라야 한다. 〈개정 1999.3.31, 2008.2.29〉

②총포 · 도검 · 화약류 · 분사기 · 전자충격기 · 석궁은 이를 위장하거나 다른 물건과 혼합 포장하여 소지 · 저장 · 운반하거나 발송하여서는 아니된다.〈개정 1989.12.30, 1995.12.6〉

제35조(도난 · 분실의 신고) 총포 · 도검 · 화약류 · 분사기 · 전자충격기 · 석궁을 도난당하거나 잃어버린 때에는 소유자 또는 관리자는 지체없이 국가경찰관서에 신고하여야 한다. 〈개정 1989.12.30, 1995.12.6, 2006.2.21〉

제36조(응급조치등) 화약류의 안정도에 이상이 있거나 화약류저장소의 인근에서 화재 그 밖의 위험상태가 발생하여 긴급을 요할 때에는 화약류의 소유자·관리자 또는 화약류저장소설치자는 즉시 대통령령이 정하는 바에 의하여 응급조치를 하고 국가경찰관서에 신고하여야 한다. 〈개정 2006.2.21〉

제37조(화기취급 및 흡연의 금지 등) ①누구든지 화약류의 제조소 · 판매소 · 저장소 그 밖의 취급소에서는 지정된 장소 외에서 불씨를 다루거나 담배를 피워서는 아니 된다.

②누구든지 제1항의 화약류의 제조소 · 판매소 · 저장소 그 밖의 취급소에 관리자의 승낙 없이 불이 일어나기 쉬운 물건을 지니고 들어가서는 아니된다.

제38조(위해예방규정) ①총포 · 도검 · 화약류 · 분사기 · 전자충격기 · 석궁의 제조업자는 행정자치부령이 정하는 기준에 따라 위해예방규정을 정하여 지방경찰청장의 승인을 얻어야 한다. 이를 변경하고자 하는 때에도 또한 같다. 〈개정 1989.12.30, 1991. 5.31, 1995.12.6, 1999.3.31〉

②지방경찰청장은 제1항의 규정에 의한 위해예방규정이 제4조제5항의 규정에 의한 총포 · 도검 · 화약류 · 분사기 · 전자충격기 · 석궁의 제조에 관한 시설 및 기술의 기준에 적합하지 아

니하거나 재해의 예방상 적당하지 아니하다고 인정되는 때에는 승인을 하여서는 아니된다.〈개정 1989.12.30, 1991.5.31, 1995.12.6, 2003.7.29〉

③지방경찰청장은 재해의 예방 및 공공의 안전유지를 위하여 필요하다고 인정되는 때에는 위해예방규정의 변경을 명할 수 있다.〈개정 1991.5.31〉

④총포·도검·화약류·분사기·전자충격기·석궁의 제조업자 및 그 종업원은 위해예방규정을 지켜야 한다.〈개정 1989.12.30, 1995.12.6〉

第39조(자체안전교육) ①총포·도검·화약류·분사기·전자충격기·석궁제조업자는 행정안전부령이 정하는 기준에 따라 그 종업원에 대한 자체적인 안전교육계획을 세워 지방경찰청장의 승인을 얻어야 한다. 이를 변경하고자 하는 때에도 또한 같다. 〈개정 1989.12.30, 1991.5.31, 1995.12.6, 1999.3.31, 2008.2.29〉

②지방경찰청장은 제1항의 규정에 의한 안전교육계획이 행정안전부령이 정하는 기준에 적합하지 아니하다고 인정되는 때에는 이를 승인하여서는 아니된다.〈개정 1991.5.31, 1999.3.31, 2008.2.29〉

③총포·도검·화약류·분사기·전자충격기·석궁제조업자는 제1항의 규정에 의하여 승인을 얻은 안전교육계획에 따라 성실하게 안전교육을 실시하여야 한다.〈개정 1989.12.30, 1995.12.6〉

④지방경찰청장은 재해의 예방을 위하여 특히 필요하다고 인정되는 때에는 다량의 화약류를 사용하거나 상당기간 계속하여 화약류를 사용하는 사람에 대하여도 안전교육계획을 세우도록 명할 수 있다. 이 경우 제1항 내지 제3항의 규정을 준용한다.〈개정 1991.5.31〉

第40조(자체안전점검) ①화약류저장소설치자는 행정안전부령이 정하는 기준에 따라 자체적으로 안전점검계획을 세워 그 점검을 실시하되, 허가관청에 그 안전점검계획서를 제출하여야 한다. 이를 변경하고자 하는 때에도 또한 같다. 〈개정 1999.3.31, 2008.2.29〉

②제1항의 규정에 의한 자체안전점검계획서에는 대통령령이 정하는 횟수 이상의 정기점검이 포함되어야 하며, 정기점검을 마친 때에는 지체없이 그 점검결과를 허가관청에 보고하여야 한다.

③지방경찰청장 또는 경찰서장은 필요하다고 인정되는 때에는 관계공무원으로 하여금 제1항의 규정에 의한 자체안전점검에 참여하게 할 수 있다.〈개정 1991.5.31〉

제41조(정기안전검사) 총포·도검·화약류·분사기·전자충격기·석궁의 제조업자·판매업자 또는 화약류저장소설치자는 대통령령이 정하는 바에 의하여 허가관청이 매년 정기적으로 실시하는 안전검사를 받아야 한다. 〈개정 1989.12.30, 1995.12.6〉

제42조(총포·분사기·전자충격기·석궁의 검사) ①제4조의 규정에 의하여 총포·분사기·전자충격기·석궁 제조업의 허가를 받은 사람이 제조한 총포·분사기·전자충격기·석궁 및 제9조의 규정에 의하여 총포·분사기·전자충격기·석궁수입의 허가를 받은 사람이 수입한 총포·분사기·전자충격기·석궁중 대통령령이 정하는 것은 경찰청장의 검사를 받아야 한다. 〈신설 1986.12.31, 1989.12.30, 1991.5.31, 1995.12.6〉

②제1항의 검사의 기준이 될 총포·분사기·전자충격기·석궁의 구조·성능합격표시, 검사수수료 그 밖의 검사에 필요한 사항은 행정안전부령으로 정한다.〈신설 1986.12.31, 1989.12.30, 1995.12.6, 1999.3.31, 2008.2.29〉

③경찰청장은 필요하다고 인정할 때에는 제1항의 규정에 의한 검사업무를 제48조의 규정에 의한 총포·화약안전기술협회에 위탁할 수 있다. 이 경우, 총포·화약안전기술협회가 갖추어야 할 시설기준과 검사업무를 행할 자의 자격기준등 검사업무의 수행에 관하여 필요한 사항은 행정안전부령으로 정한다.〈신설 1986.12.31, 1991.5.31, 1999.3.31, 2008.2.29〉

④제3항의 규정에 의하여 총포·분사기·전자충격기·석궁의 검사를 위탁받은 경우에 검사업무를 행하는 총포·화약안전기술협회의 임·직원은 형법 제129조 내지 제132조의 적용에 있어서 이를 공무원으로 본다.〈신설 1986.12.31, 1989.12.30, 1995.12.6〉

⑤제1항의 규정에 의하여 행한 검사의 합격표시가 없는 총포·분사기·전자충격기·석궁은 이를 판매하거나 판매의 목적으로 진열하여서는 아니된다.〈신설 1986.12.31, 1989.12.30, 1995.12.6〉

⑥총포·분사기·전자충격기·석궁의 소지허가를 받은 사람의 총포·분사기·전자충격기·석궁소지에 관한 적정여부를 조사하기 위하여 필요하다고 인정되는 때에는 허가관청은 행정안전부령이 정하는 바에 의하여 총포·분사기·전자충격기·석궁에 대한 검사를 실시할 수 있다.〈개정 1989.12.30, 1995.12.6, 1999.3.31, 2008.2.29〉

⑦총포·분사기·전자충격기·석궁의 소지허가를 받은 사람은 제6항의 규정에 의한 총포의 검사를 받아야 한다.〈개정 1986.12.31, 1989.12.30, 1995.12.6〉

제5장 감독

제43조(완성검사) 총포·도검·화약류·분사기·전자충격기·석궁의 제조업자·판매업자 또는 화약류저장소설치자는 그 허가를 받은 날부터 1년 이내에 그 시설 또는 설비에 대하여 허가관청의 검사를 받아야 하며 그 검사에 합격한 후가 아니면 업무를 개시하거나 시설 또는 설비를 사용할 수 없다. 다만, 부득이한 사유가 있는 때에는 그 기간을 연장할 수 있되, 1년을 초과할 수 없다.〈개정 1989.12.30, 1995.12.6, 2001.1.26〉

제44조(출입·검사등) ①허가관청은 재해의 예방 또는 공공의 안전유지를 위하여 필요하다고 인정되는 때에는 관계공무원으로 하여금 총포·도검·화약류·분사기·전자충격기·석궁의 제조소·판매소나 화약류저장소 또는 화약류사용장소 그 밖의 필요한 장소를 출입하여 장부·서류 그 밖의 필요한 물건을 검사하게 하거나 관계자에 대하여 질문을 하도록 할 수 있다. 〈개정 1989.12.30, 1995.12.6〉

②제1항의 규정에 의하여 출입·검사에 종사하는 공무원은 그 권한을 표시하는 증표를 지니고 관계자에게 이를 제시하여야 한다.

③허가관청은 재해의 예방이나 공공의 안전유지를 위하여 필요하다고 인정되는 때에는 총포·도검·화약류·분사기·전자충격기·석궁의 제조업자·판매업자 및 수출입의 허가를 받은 사람과 총포·도검·분사기·전자충격기·석궁의 소지허가를 받은 사람, 화약류저장소설치자 또는 화약류사용자등에 대하여 필요한 보고를 하게 할 수 있다.〈개정 1989.12.30, 1995.12.6〉

제45조(제조업자등에 대한 행정처분) ①제4조제1항 또는 제2항 및 제6조제1항의 규정에 의한 허가관청은 총포·도검·화약류·분사기·전자충격기·석궁의 제조업자 또는 판매업자가 다음 각호의 1에 해당하는 경우에는 그 허가를 취소하여야 한다. 다만, 제5호 내지 제7호의 1에 해당하는 경우에는 6월의 범위안에서 일정한 기간을 정하여 영업의 정지를

명할 수 있다. 〈개정1986.12.31, 1989.12.30, 1995.12.6, 1999.3.31〉

1. 속임수를 쓰거나 그 밖의 옳지 못한 방법으로 허가를 받은 때

1의2. 수출하기 위한 목적으로 제3조제4항의 규정에 의하여 구조 및 성능기준을 적용하지 아니하고 제조된 총포·도검·화약류·분사기·전자충격기 또는 석궁을 국내에 판매하거나 유출시킨 때

2. 제4조·제6조의 규정에 의한 제조·판매시설 설비를 갖추지 못한 때 또는 제5조(제7조에 의하여 준용되는 경우를 포함한다)의 규정에 의한 결격사유에 해당하게 된 때

3. 제43조의 규정에 의한 기간내에 완성검사를 받지 못한 때

4. 사업을 개시한 후 정당한 사유없이 1년 이상 휴업한 때

5. 지정된 기한내에 사업을 개시하지 아니한 때

6. 공공의 안녕질서를 해칠 염려가 있다고 믿을만한 상당한 이유가 있을 때

7. 이 법 또는 이 법에 의한 명령에 위반한 때

②제1항의 규정은 제25조의 규정에 의한 화약류저장소설치자에게 이를 준용한다.〈개정 1986.12.31〉

제45조의2(행정처분효과의 승계) ①제4조의2 및 제6조의2의 규정에 의한 제조업자·판매업자의 지위승계가 있는 경우 종전의 제조업자·판매업자에 대한 제45조제1항의 위반을 사유로 행한 행정처분의 효과는 그 처분기간이 끝나는 날까지 양수인·상속인에게 승계되며, 행정처분의 절차가 진행중인 때에는 양수인·상속인에 대하여 그 절차를 계속 진행할 수 있다. 다만, 양수인(상속에 의하여 승계를 받은 자를 제외한다)이 그 영업의 승계시에 그 처분 또는 위반사실을 알지 못한 경우에는 그러하지 아니한다.

②제1항의 규정은 제25조의2의 규정에 의한 화약류저장소설치자의 지위승계가 있는 경우 종전의 화약류저장소설치자에 대한 행정처분효과의 승계에 관하여 이를 준용한다.

[본조신설 2003.7.29]

제46조(총포등의 소지허가를 받은 사람등에 대한 행정처분) ①제12조제1항·제2항·제14조·제18조제1항 및 제2항의 규정에 의한 허가관청은 총포·도검·화약류·분사기·전자충격기·석궁의 소지허가를 받은 사람(제12조제2항의 경우에는 소지할 사람으로 특정된 사람을 말한다) 또는

화약류사용자가 다음 각호의 1에 해당하는 경우에는 그 허가를 취소하여야 한다. 이 경우 제12조제2항의 규정에 의하여 법인의 대표자가 소지허가를 받은 경우에는 대통령령이 정하는 바에 의하여 허가받은 산업용총 · 가스발사총 · 분사기 또는 전자충격기의 대수의 일부에 대한 허가를 취소한다. 〈개정 1986.12.31, 1989.12.30, 1995.12.6, 2003.7.29, 2006.2.21〉

1. 제13조제1항의 규정에 의한 결격사유에 해당하게 된 때
2. 제17조제1항·제2항 또는 제4항의 규정을 위반한 때
3. 총포 · 도검 · 화약류 · 분사기 · 전자충격기 · 석궁을 도난당하거나 분실하여 국가경찰관서에 신고한 후 30일이 지난 때
4. 이 법 또는 이 법에 의한 명령을 위반한 때

②허가관청이 제1항의 규정에 의하여 허가를 취소한 때에는 법원의 재판 또는 검사의 결정에 따라 총포 · 도검 · 화약류 · 분사기 · 전자충격기 · 석궁이 몰수 또는 국고에 귀속된 경우를 제외하고는 그 총포 · 도검 · 화약류 · 분사기 · 전자충격기 · 석궁의 제출을 명하여 그 허가관청에 임시영치하여야 한다.〈개정 1989.12.30, 1995.12.6〉

③제2항의 규정에 의하여 임시 영치되거나 위법한 소지 · 사용 그 밖의 사유로 총포 · 도검 · 화약류 · 분사기 · 전자충격기 · 석궁을 허가관청에 제출한 사람은 6월 이내에 적법하게 소지·사용할 수 있는 제3자에게 양도·증여하거나 폐기하는 등 그 총포 · 도검 · 화약류 · 분사기 · 전자충격기 · 석궁의 소유권 포기를 위한 조치를 하여야 한다.〈개정 1989.12.30, 1995.12.6〉

④제3항의 규정에 의하여 양수·증여를 받고 그 총포 · 도검 · 화약류 · 분사기 · 전자충격기 · 석궁의 소지허가를 받은 사람은 행정안전부령이 정하는 바에 의하여 허가관청에 그 총포 · 도검 · 화약류 · 분사기 · 전자충격기 · 석궁의 반환신청을 할 수 있다. 〈개정1989.12.30, 1995.12.6, 1999.3.31, 2008.2.29〉

⑤제3항의 규정에 의하여 6월 이내에 총포 · 도검 · 화약류 · 분사기 · 전자충격기 · 석궁의 소유권 포기를 위한 조치를 할 의무가 있는 사람이 그 의무를 이행하지 아니하거나 그 소재가 명확하지 아니한 경우에는 허가관청은 행정안전부령이 정하는 바에 의하여 일정기간 그 총포 · 도검 · 화약류 · 분사기 · 전자충격기 · 석궁의 처리에 대한 최고 또는 공고를 할 수 있다. 〈개정 1989.12.30, 1995. 12.6,

1999.3.31, 2008.2.29〉
⑥제5항의 규정에 따라 최고 또는 공고에서 정한 처리기간이 끝난 날로부터 6월이 지나도 그 총포·도검·화약류·분사기·전자충격기·석궁에 대한 반환신청이 없거나 또는 처리기간이 끝난 후 부패·변질될 염려가 있거나 보관에 지나치게 많은 비용이 드는 등 계속적인 보관이 곤란한 경우에는 이를 매각할 수 있다. 다만, 매각할 수 없거나 매수를 원하는 사람이 없는 경우에는 이를 폐기할 수 있다.〈개정 1989.12.30, 1995.12.6〉
⑦제6항의 규정에 의한 총포·도검·화약류·분사기·전자충격기·석궁의 매각대금은 권리자에게 반환하여야 하며, 처리기간이 끝난 후 6월이 지나도 권리자의 반환청구가 없는 경우에는 대통령령이 정하는 바에 의하여 국고에 귀속한다. 다만, 매각대금을 반환하는 경우에는 매각대금에서 보관 및 매각에 든 비용을 공제한다.〈개정 1989.12.30, 1995.12.6〉

제46조의2(청문) 면허관청 또는 허가관청은 다음 각호의 1에 해당하는 처분을 하고자 하는 경우에는 청문을 실시하여야 한다.
1. 제30조제1항의 규정에 의한 화약류제조보안책임자 또는 화약류관리보안책임자의 면허취소
2. 제45조의 규정에 의한 총포·도검·화약류·분사기·전자충격기·석궁의 제조업자 또는 판매업자의 허가취소
3. 제46조제1항의 규정에 의한 총포·도검·화약류·분사기·전자충격기·석궁의 소지허가를 받은 사람 또는 화약류사용자의 허가취소

[전문개정 1997.12.13]

제47조(공공의 안전을 위한 조치등) ① 허가관청은 재해의 예방 또는 공공의 안전유지를 위하여 필요하다고 인정되는 때에는 다음 각호의 명령 또는 조치를 할 수 있다. 〈개정 1989.12.30, 1995.12.6〉
1. 총포·도검·화약류·분사기·전자충격기·석궁의 소지허가 및 화약류의 사용·양도·양수허가의 취소 또는 화약류 운반의 제한
2. 총포·도검·화약류·분사기·전자충격기·석궁의 제조업자·판매업자나 화약류저장소설치자 또는 화약류사용자에 대한 시설의 전부나 일부의 사용금지 또는 시설의 이전·보완 그 밖의 시정조치
3. 총포·도검·화약류·분사기·전자충격기·석궁의 제조업자·판매업자, 수출입허가를 받은 사람, 소

지허가를 받은 사람과 화약류저장소설치자 또는 화약류사용자 그 밖의 취급자에 대한 제조 · 판매 · 수수 · 수출입 · 적재 · 운반 · 저장 · 소지 · 사용 · 폐기의 일시금지 또는 제한

4. 화약류의 소유자나 점유자에 대한 화약류 보관장소의 변경 또는 폐기의 명령, 화약류를 운반하고자 하는 사람에 대한 그 안전운반을 위한 명령

5. 총포 · 도검 · 화약류 · 분사기 · 전자충격기 · 석궁의 제조업자 · 판매업자 · 화약류저장소설치자에 대한 그 시설의 안전 · 방호를 위한 명령

②허가관청은 제1항제1호 내지 제3호의 조치를 하는 경우에 필요하다고 인정되는 때에는 총포 · 도검 · 화약류 · 분사기 · 전자충격기 · 석궁을 허가관청이 지정하는 곳에 보관할 것을 명할 수 있다. 이 경우 보관대상, 보관 및 반환절차, 보관기간 등에 관하여 필요한 사항은 대통령령으로 정한다. 〈개정 1989.12.30, 1995.12.6, 1996.12.30〉

③이 법에 의하여 총포 · 도검 · 화약류 · 분사기 · 전자충격기 · 석궁을소지하는 사람은 제1항 및 제2항의 규정에 의한 명령 또는 조치 외에 공공의 안전유지를 위하여 총포 등의 운반 및 취급 등과 관련하여 행정자치부령이 정하는 사항을 준수하여야 한다.〈신설 1995.12.6, 1999.3.31, 2003.7.29〉

제6장 총포 · 화약안전기술협회

제48조(총포 · 화약안전기술협회의 설립) ①총포 · 화약류 · 분사기 · 전자충격기 · 석궁으로 인한 위험과 재해의 예방을 위한 안전기술의 연구 · 개발과 행정관청이 위탁하는 총포 · 화약류 · 분사기 · 전자충격기 · 석궁의안전에 관한 교육 그 밖의 업무를 수행하기 위하여 총포 · 화약안전기술협회(이하 "협회"라 한다)를 설립한다. 〈개정 1989.12.30, 1995.12.6〉

②협회는 법인으로 한다.

③협회의 설립과 등기에 관하여 필요한 사항은 대통령령으로 정한다.

제49조(회원)총포 · 화약류 · 분사기 · 전자충격기 · 석궁의 제조업자 · 판매업자, 소지허가를 받은 사람(분사기 · 전자충격기 · 석궁소지허가를 받은 사람을 제외한다)과 화약류저장소설치자, 화약류사용자,화약류제조보안책임자면허 및 화약류관리보안책임자면허를 받은 사람은 이 법에 의하여 허가 또는 면허를 받은 날로부터 협회의 회원이 된다. 다만, 총포의 일시 수출입 또는 일시 소지허가를 받거나 일시적인

화약류사용자로서 협회의 정관으로 정하는 사람은 그러하지 아니하다. 〈개정 1989.12.30, 1995.12.6〉

제50조(지부의 설치) 협회는 정관이 정하는 바에 의하여 지부 또는 지회를 둘 수 있다.

제51조(정관) ①협회의 정관에는 다음 각호의 사항을 기재하여야 한다.

1. 목적
2. 명칭
3. 주된 사무소의 소재지
4. 사업에 관한 사항
5. 이사회에 관한 사항
6. 회원과 임원 및 직원에 관한 사항
7. 재정 및 회계에 관한 사항
8. 공고에 관한 사항
9. 정관의 변경에 관한 사항

②제1항의 규정에 의한 정관은 경찰청장의 승인을 얻어야 한다. 정관을 변경하고자 하는 때에도 또한 같다.〈개정 1991.5.31〉

제52조(사업) 협회는 다음 각호의 사업을 한다. 〈개정 1989.12.30, 1991.5.31, 1995.12.6〉

1. 총포·화약류·분사기·전자충격기·석궁의 안전에 관한 기술지원 및 조사·연구
2. 총포·분사기·전자충격기·석궁안전검사 및 화약류 안정도 시험
3. 총포·화약류·분사기·전자충격기·석궁의 제조·운반·사용·저장 등의 기술 및 시설에 관한 연구·개발·보급
4. 총포·화약류·분사기·전자충격기·석궁 안전사상의 계몽 및 홍보
5. 총포·화약류·분사기·전자충격기·석궁의 안전 및 기술 교육
6. 총포·화약류·분사기·전자충격기·석궁 안전에 관한 자료 수집과 기술서적등의 간행 및 반포
7. 총포·화약류·분사기·전자충격기·석궁 안전에 관한 기술도입 및 국제협력
8. 총포·화약류·분사기·전자충격기·석궁 안전을 위한 행정업무에 관한 기술자문
9. 경찰청장이 위탁하는 총포·화약류·분사기·전자충격기·석궁 안전에 관한 업무
10. 그 밖의 협회의 목적 달성에 필요한 사업

제53조(임원) ①협회에 이사장 1인을 포함한 5인 이내의 이사와 감사 1인을 둔다.

②이사장 및 감사의 임명과 해임은 경찰청장이 하고, 이사는 이사장이 경찰청장의 승인을 얻어 임명 또는 해임한다.〈개정 1991.5.31〉

③이사장 · 이사 및 감사의 임기는 2년으로 한다.〈개정 1996.12.30〉

제54조(임원의 임무) ①이사장은 협회를 대표하고 협회의 사무를 통할한다.
②감사는 협회의 회계 및 업무를 감사한다.

제55조(임원의 결격사유) 다음 각호의 1에 해당하는 사람은 협회의 임원이 될 수 없다.
1. 금치산자·한정치산자 또는 파산선고를 받은 사람으로서 복권되지 아니한 사람
2. 금고 이상의 형의 선고를 받고 그 집행이 끝났거나 집행을 받지 아니하기로 확정된 후 3년이 지나지 아니한 사람
3. 금고 이상의 형의 집행유예선고를 받고 그 집행유예기간이 끝난 날로부터 1년이 지나지 아니한 사람
4. 금고 이상의 형의 선고유예기간 중에 있는 사람
5. 법률 또는 판결에 의하여 자격이 상실 또는 정지된 사람

제56조(이사회) ①협회의 중요사항을 결정하기 위하여 협회에 이사회를 둔다.
②이사회는 이사장을 포함한 이사로 구성한다.
③이사장은 이사회를 소집하며, 그 의장이 된다.
④이사회는 재적이사 과반수의 출석과 출석이사 과반수의 찬성으로 의결한다.
⑤감사는 이사회에 출석하여 의견을 진술할 수 있다.

제57조(직원) 협회의 직원은 정관이 정하는 바에 의하여 이사장이 임명 또는 해임한다.

제58조(재정) ①협회의 운영 및 사업에 드는 경비는 다음 각호의 재원으로 충당한다. 〈개정 1999.3.31, 2008.2.29〉
1. 정부 및 지방자치단체의 보조금
2. 행정안전부령이 정하는 총포의 안전검사, 화약류의 안정도시험 및 교육등의 수수료
3. 회원 중 대통령령이 정하는 사람의 회비
②제1항제3호의 규정에 의한 회비의 부담방법·부담비율 그 밖의 회비에 관하여 필요한 사항은 대통령령으로 정한다.

제59조(사업계획의 승인등) ①협회의 사업연도는 정부의 회계연도에 따른다.
②협회는 사업연도마다 미리 사업계

회서를 작성하여 경찰청장의 승인을 얻어야 한다. 이를 변경하고자 하는 때에도 또한 같다.〈개정1991.5.31〉

第60조(결산서의 제출) 협회는 사업연도마다 세입세출결산서를 작성하여 경찰청장이 지정하는 공인회계사의 회계감사를 받아 다음 연도 2월말까지 경찰청장에게 제출하여야 한다. 〈개정1991.5.31〉

第61조(감독) 경찰청장은 협회를 감독하여 협회 설립목적의 달성에 필요한 명령을 할 수 있다. 〈개정 1991.5.31〉

第62조(민법의 준용) 협회에 관하여 이 법에 규정된 것을 제외하고는 민법중 재단법인에 관한 규정을 준용한다.

제7장 보칙

第63조(장부비치와 기장) 총포·도검·화약류·분사기·전자충격기·석궁의 제조업자·판매업자, 화약류저장소설치자 또는 화약류사용자는 대통령령이 정하는 바에 의하여 장부를 비치하고 필요한 사항을 기재하여야 한다. 〈개정 1989.12.30, 1995.12.6〉

第64조(간판 그 밖의 표지) 총포·도검·화약류·분사기·전자충격기·석궁의 제조업자·판매업자 및 화약류저장소설치자는 그 제조소·판매소 또는 저장소마다 이를 나타내는 간판 그 밖의 표지를 하여야 한다. 〈개정 1989.12.30, 1995.12.6〉

第65조(허가증등) ①이 법의 규정에 의하여 허가관청 또는 면허관청이 허가 또는 면허를 하는 경우에는 행정안전부령이 정하는 바에 의하여 허가증이나 면허증을 교부하여야 한다. 〈개정 1999.3.31, 2008.2.29〉

②제1항의 규정에 의하여 허가증이나 면허증을 교부받은 사람은 그 허가 또는 면허가 취소된 때 또는 영업정지, 사용정지, 면허의 효력정지 처분을 받은 때에는 행정안전부령이 정하는 바에 의하여 허가증이나 면허증을 그 허가관청 또는 면허관청에 지체없이 반납하여야 한다.〈개정 1999.3.31, 2008.2.29〉

③제1항의 규정에 의하여 허가증이나 면허증을 교부받은 사람은 그 허가증 또는 면허증의 기재사항에 관하여 변경이 있는 때에는 행정안전부령이 정하는 바에 의하여 그 허가

관청 또는 면허관청에 신고하여야 한다.〈개정 1999.3.31, 2008.2.29〉
④허가증 또는 면허증을 잃어버렸거나 그 허가증 또는 면허증이 헐어 못쓰게 된 때에는 행정안전부령이 정하는 바에 의하여 그 허가관청 또는 면허관청에 신고하여 다시 교부받을 수 있다.〈개정 1999.3.31, 2008.2.29〉

제66조(폐업 및 휴업신고등) 총포·도검·화약류·분사기·전자충격기·석궁의 제조업자 또는 판매업자가 그 영업의 전부 또는 일부를 폐지하거나 화약류저장소설치자가 그 저장소의 용도를 폐지하는 경우와 총포·도검·화약류·분사기·전자충격기·석궁의 제조업 또는 판매업을 1년 이내 기간동안 휴업하고자 하는 경우에는 행정안전부령이 정하는 바에 의하여 허가관청에 신고하여야 한다. 〈개정 1989.12.30, 1995.12.6, 1999.3.31, 2008.2.29〉

제67조(수수료) ①이 법에 의한 허가 또는 면허를 받거나 허가증 또는 면허증을 재교부받고자 하는 사람은 행정안전부령이 정하는 바에 의하여 수수료를 납부하여야 한다. 〈개정 1999.3.31, 2008.2.29〉
②제1항의 수수료중 지방경찰청장 또는 경찰서장이 허가 또는 면허를 하거나 허가증 또는 면허증을 재교부하는 경우의 수수료는 그 특별시·광역시 또는 도의 수입으로 한다. 〈개정 1991.5.31, 1995.12.6〉

제68조(권한의 위임) 경찰청장 또는 지방경찰청장은 이 법에 의한 권한의 일부를 대통령령이 정하는 바에 의하여 지방경찰청장 또는 경찰서장에게 위임할 수 있다. 〈개정 1991.5.31〉

제69조 삭제 〈2001.1.26〉

제8장 벌칙

제70조(벌칙) ①다음 각호의 1에 해당하는 사람은 10년 이하의 징역 또는 2천만원 이하의 벌금에 처한다. 〈개정 1999.3.31〉
1. 수출하기 위한 목적으로 제3조제4항의 규정에 의하여 구조 및 성능기준을 적용하지 아니하고 제조된 총포·도검·화약류·분사기·전자충격기 또는 석궁을 국내에 판매하거나 유출시킨 사람
2. 제4조제1항·제3항(총포·화약류에 한한다), 제6조제1항(총포·화약류

에 한한다)·제2항(총포·화약류에 한한다), 제9조제1항 또는 제12조제1항(총포·화약류에 한한다)·제2항(산업용총·가스발사총에한한다)의 규정에 위반한 사람

②제1항의 미수범은 처벌한다.

제71조(벌칙) 다음 각호의 1에 해당하는 사람은 5년 이하의 징역 또는 1천만원 이하의 벌금의 형으로 벌한다. 〈개정 1995.12.6, 1996.12.30, 2003.7.29〉

1. 제4조제2항·제3항(도검·분사기·전자충격기·석궁에 한한다), 제6조제1항(도검·분사기·전자충격기·석궁에 한한다)·제2항(도검·분사기·전자충격기·석궁에 한한다), 제9조제2항 또는 제12조제1항(도검·분사기·전자충격기·석궁에 한한다)·제2항(분사기·전자충격기에 한한다)의 규정을 위반한 사람
2. 제18조제1항 또는 제2항의 규정을 위반한 사람
3. 제21조제1항·제3항·제4항 또는 제5항의 규정을 위반한 사람
4. 제31조제1항의 규정을 위반하여 안전상의 감독업무를 게을리 한 사람
5. 제45조제1항 또는 제2항의 규정에 의한 영업정지명령 또는 사용정지명령을 위반한 사람
6. 제47조제1항의 규정에 이한 명령 또는 조치를 위반하거나 같은조제2항의 규정에 의한 보관명령에 위반한 사람

제72조(벌칙) 다음 각호의 1에 해당하는 사람은 3년 이하의 징역 또는 700만원 이하의 벌금의 형으로 벌한다. 〈개정 1986.12.31, 1989.12.30, 1995.12.6, 2003.7.29〉

1. 제8조, 제19조, 제24조제1항·제2항, 제25조제1항·제5항, 제27조제1항, 제32조제1항, 제34조제1항·제2항, 제36조, 제38조제1항·제4항, 제40조제1항 또는 제43조의 규정을 위반한 사람
2. 제27조제3항 또는 제32조제3항의 규정에 의한 명령을 위반한 사람
3. 제41조 또는 제42조제7항의 규정을 위반한 사람
4. 제42조제1항 또는 제5항의 규정을 위반한 총포·분사기·전자충격기·석궁의 제조업자·수입자 또는 판매업자
5. 제44조제1항의 규정에 의한 출입 또는 검사를 거부·기피 또는 방해하거나 거짓진술을 한 사람
6. 제18조제4항 또는 제26조제4항의 규정에 의한 기술상의 기준이나 지시에 따르지 아니한 사람
7. 거짓이나 그 밖의 옳지 못한 방법으로 이 법의 규정에 의한 허가 또는 면허를 받은 사람

제73조(벌칙) 다음 각호의 1에 해당하는 사람은 2년 이하의 징역 또는 500만원 이하의 벌금의 형으로 벌한다. 〈개정 1986.12.31, 1989.12.30, 1995.12.6, 2003.7.29〉

1. 제4조의2제3항(제6조의2 및 제25조의2의 규정에 의하여 준용되는 경우를 포함한다), 제11조제1항, 제17조제2항·제4항, 제31조제2항 또는 제37조제1항 · 제2항의 규정을 위반한 사람
2. 제20조제3항의 규정에 의한 기술상의 기준을 위반하여 화약류를 폐기한 사람
3. 제23조의 규정에 위반한 사람
4. 제26조제1항의 규정에 의한 신고를 하지 아니하거나 거짓으로 신고를 한 사람

제74조(과태료) ①다음 각호의 1에 해당하는 자는 300만원 이하의 과태료를 과한다. 〈개정 1995.12.6, 2003.7.29〉

1. 제9조제5항, 제11조제2항, 제20조제1항, 제27조제2항, 제35조 또는 제66조의 규정에 따른 신고를 하지 아니하거나 거짓으로 신고를 한 사람
2. 제17조제1항·제3항, 제32조제4항, 제33조, 제39조제1항·제3항, 제63조, 제64조, 제65조제2항 또는 제3항의 규정을 위반한 사람
3. 제26조제3항의 규정을 위반하여 화약류운반신고필증을 지니지 아니한 자
4. 제32조제2항, 제40조제2항 또는 제44조제3항의 규정에 의한 보고를 하지 아니하거나, 거짓으로 보고를 한 자
5. 제20조제2항 또는 제39조제4항의 규정에 의한 명령을 위반한 자
6. 제47조제3항의 규정에 의한 준수사항을 위반한 사람

②제1항의 규정에 의한 과태료는 대통령령이 정하는 바에 의하여 소관에 따라 경찰청장, 지방경찰청장 또는 경찰서장(이하 이 조에서 "관할관청"이라 한다)이 부과 · 징수한다. 〈개정 1991.5.31〉

③제2항의 규정에 의한 과태료처분에 불복이 있는 자는 그 처분이 있음을 안 날부터 30일 이내에 관할관청에 이의를 제기할 수 있다.〈개정 1989.12.30〉

④제2항의 규정에 의하여 관할관청의 과태료처분을 받은 자가 제3항의 규정에 의하여 이의를 제기한 때에는 관할관청은 지체없이 관할법원에 그 사실을 통보하여야 하며, 그 통보를 받은 관할법원은 비송사건절차법에 의한 과태료 재판을 한다.

⑤제3항의 규정에 의한 기간 내에 이의를 제기하지 아니하거나 과태료를 납부하지 아니한 때에는 국세체납처분의 예에 의하여 이를 징수한다.〈개정 1995.12.6〉

제75조(형의 병과) 제70조 내지 제73조의 규정에 의하여 벌함에 있어서는 징역과 벌금형을 함께 과할 수 있다.

제76조(양벌규정) 법인의 대표자나 법인 또는 개인의 대리인, 사용인, 그 밖의 종업원이 그 법인 또는 개인의 업무에 관하여 제70조부터 제73조까지의 어느 하나에 해당하는 위반행위를 하면 그 행위자를 벌하는 외에 그 법인 또는 개인에게도 해당 조문의 벌금형을 과(科)한다. 다만, 법인 또는 개인이 그 위반행위를 방지하기 위하여 해당 업무에 관하여 상당한 주의와 감독을 게을리하지 아니한 경우에는 그러하지 아니하다.
[전문개정 2008.12.26]

부칙 〈제10219호,2010.3.31〉

제1조(시행일) 이 법은 2011년 1월 1일부터 시행한다.

제2조부터 제10조까지 생략

제11조(다른 법률의 개정) ① 부터 〈50〉 까지 생략
〈51〉 총포·도검·화약류 등 단속법 일부를 다음과 같이 개정한다.
제4조의2제2항 중 "지방세법에 의한"을 "「지방세기본법」에 따른"으로 한다.
〈52〉 부터 〈61〉 까지 생략

제12조 생략

저 자 소 개

□ 권 창 기 (경호안전학박사, 이학박사)

- 용인대학교 대학원 졸업 (이학박사)
- 경기대학교 대학원 졸업 (경호안전학박사)
- 대한유도협회 홍보위원
- 한국경호경비학회 지역상임이사
- 한국시큐리티정책학회 감사
- 한국산업인력공단 경비지도사 시험출제검증위원(경호학)
- 한국시큐리티자격검정 및 신변보호사 자격시험평가 심의위원
- 안전관리자문단 자문위원
- 경운대학교 경호학부 학부장, 교수

□ 강 영 숙 (경호학박사)

- 용인대학교 대학원 경호학 박사졸업(경호학박사)
- 검도4단, 합기도3단
- 한국테러학회 연구이사
- 한국민간경비학회 이사
- 사단법인 한국경비협회 교육강사(테러학, 직업윤리, 경비업법)
- 2008년도 여성부 사이버멘토링 대표멘토
- 경운대학교 경호학부 연구교수

□ 정 준 식 (경호안전학박사)

- 경기대학교 대학원 졸업 (경호안전학박사)
- 경비지도사시험 출제 및 검증위원(3,4회)
- 한국SS경호협회 회장, 경호무술원 원장
- 한국치안행정학회이사
- 한국테러학회, 경호경비학회, 한국사이버정보전학회 회원
- 중부대학교 경찰경호대학 경찰경호학과 겸임교수(전)
- 경운대학교 경호학부 외래교수
- 동서대학교 레포츠과학부 경호학과 겸임교수